正心之念
与
修身之思

■ 刘庆昌 著

Thoughts on Mindset Cultivation and
Moral Self-Refinement

科学出版社

北京

内 容 简 介

本书是作者在教育人文精神和"生活即教育"理念引领下，对现代社会中个人自我教育和发展的理性思考，主题集中在"正心"和"修身"两个范畴，充分体现了当代精神和中华优秀传统文化的结合。作者以随笔的形式书写，对具体环境中的个人存在和发展进行了潜在的教育学关注，内容通俗而深刻，体现了教育之道和"教育家精神"的内涵，既具有理论的严谨性，又具有面向实践的生动性。

本书可供一线教育工作者、教育学专业研究者和学习者，以及具有中等以上文化水平的社会公众阅读。

图书在版编目（CIP）数据

正心之念与修身之思 / 刘庆昌著. --北京：科学出版社，2025.2.

ISBN 978-7-03-081042-7

Ⅰ. G4-53

中国国家版本馆 CIP 数据核字第 2025SU1734 号

责任编辑：崔文燕 / 责任校对：郑金红
责任印制：徐晓晨 / 封面设计：有道文化

科 学 出 版 社 出版

北京东黄城根北街 16 号
邮政编码：100717
http://www.sciencep.com

北京建宏印刷有限公司印刷
科学出版社发行 各地新华书店经销
*

2025 年 2 月第 一 版 开本：720×1000 1/16
2025 年 2 月第一次印刷 印张：23 1/4
字数：368 000

定价：139.00 元
（如有印装质量问题，我社负责调换）

目录

正 心 之 念

3	一	克服麻木的精神状态
4		在物的世界里
5		印象"精神困顿"
9		精神贫乏与心态浮躁
14		克服麻木的精神状态
16		走出推磨或推水车的怪圈
19		意识从当下的逃逸
22		抖落困顿与远离孤独
24		避免生命意义缺失的可能性
27		也不能迷信思想的力量
29		至少不能没有希望的兴趣
32		意会"最重要"的相对性
34		思索心灵的空荡
36		放空心灵的意蕴

修身之理

正心之念

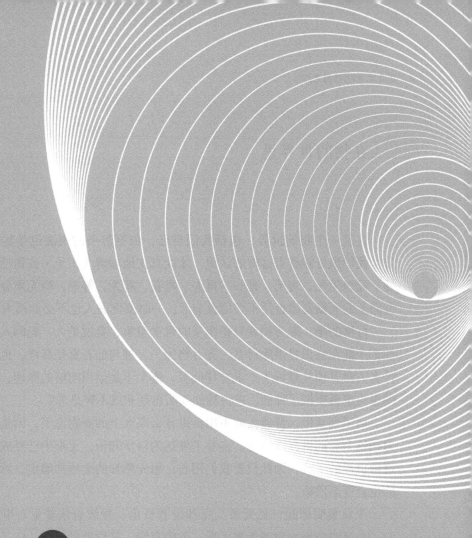

一

克服麻木的精神状态

在物的世界里

这是一个物的世界，包括我们自己，依据辞书的说法也是物的一部分。我们最好能具有这样的认识，才能真正地理解《庄子·齐物论》的妙处。设想生死、寿夭、是非、得失、物我、有无，等等，均无须分别，那世路上的先据要津者便不必得意忘形，一时潦倒的人也不必如槁木死灰。

可惜的是，能齐物者只是庄子的哲学想象，莫说是人，起码人造的神仙都未能在意识里消除对立、齐万物为一。神与仙若真是那样，也就没有什么人对其顶礼膜拜了。求神拜仙者，哪个不是运用贿赂的原理，以自己的得失逻辑模拟了神仙，求得神仙或明辨是非或不辨是非？

话说到这里，普通人就不用再讲什么高大上的齐物论了，倒是应当尽力把这个物的世界弄清楚。多亏了发达的科学知识，无形中已经成为我们理解世界的工具，因此只要我们用心，原先熟知的会更加确定，原先模糊的也会逐渐清晰。

今日黎明即起，见天虽大亮却没有日出。接续着浅梦里对事物的倾心，心灵空空地面对着近水无形、远山有影，隐约地觉察到从庄子的背后逃逸出来的各种事物。它们结对而来，静物与动物在先，死物与生物、私物与公物紧随其后，它们似乎代表了世间的万物，从而摆造出一个物世界的图像。我自然不能照单全收，因为即便作为一个顾客，也需要使用自己有限的理性来检视一下各种事物的细节。

还真应了一句话：功夫不负有心人。在我的检视下，静有主静与被静；动有主动与被动。死有无生之死与有生之死；生有无灵之生与有灵之生。如上两对，最可谓自然事物之全体。至于私与公，显现的则是人物与他物的关系性质。

继续深入地检视，我发现凡物均有其形、其性、其能、其用。形，是一物的形状，可延及一切能被感知的外相；性，是一物之属性，是基于外相感知的性格特征；能，是一物之存在和运动对他物可能的影响；用，是关于一物可服役于人的目的的理性想象。想必对一物的形、性、能、用有所体味，便可说是对一物的掌握，所谓的知识大致就是这样的。

知识的产生其实得益于事物自身的显现，当然还必须借助我们的明察和深思。其中，事物自身的显现可分两种情形：一为自然的显现。无论事物有灵无灵，无论有灵的事物有意无意，它的形与性均无法被遮掩。二为有意的表现。这显然仅限于有灵的事物。这种事物依于自己的欲望或是理想，本能地或是策略地流露出仅靠静观无法觉知的内容。

明察和深思也可以分为两种情况：一是立足于求知并以认识的方式发现事物的内涵，二是立足于求愿，为行动构思值得实现的目标。在明察、深思的过程中，人展演了自身与事物的多重关联，同时也就显示了人作为万物中的一物之于他之外事物的超越性。在认识的侧面，人会感物之象，格物之理；在实践的侧面，人则会拥物之名，造物之灵。

人与物在生命的层面本就无法分离，一旦在认识和实践的意义上形成深刻的联系，那么物与人就不只是一种理论上的关系，还存在着现实的功能性关系。具体而言，人会因物而喜忧、而实虚、而高低。理清物的世界后，便可以看着当前的事物，想已逝之现实，念未来之可能。

印象"精神困顿"

现在的城里人已经不存在基本层面的衣食住行问题，再不济也不至于衣不蔽体、食不果腹，房子也许是租来的，或是按揭买来的，但总归是有房子可租可买，出门会有公交、地铁，必要的时候还可以选择共享单车。比之更高层面的具体情况就不用多说了，但需要补充说明的是，有锦衣玉食、大院豪车者，无疑更有机会体验世间稀有的快意，却也需要接受只有他们才有条件体察的苦痛。因而，从总体上看，无论一个人身处什么样的阶层和位置，各自的苦乐也只有各自知晓。不同的人因所创造的和所拥有的参差不齐而具有不同性质的快乐与烦恼，但其快乐与烦恼的总量与结构应是大致相同的。

像这样的道理，我们都无须追究它的严谨与精确，即便真的借助统计检验获得了接近客观的数据，也不会影响人们关于对象状况的整体判断，这种思维上的差异可能是科学主义者和人文主义者相互难以通融的根由。要说其核心的内容，就是个理据，人文主义者通常重视理据中的理，而科学主义者则尤其强调理之所以成立的据。这样说来，科学主义者从思维的角度讲显然更为理性一些，他们的不足通常只是有一些机械和简单化，除此之外似乎并无缺陷。与此相较，倾向于人文主义的人们，通常自信自己对生活世界的细腻体验和到位的洞察，从而在他们那里一定觉得天经地义、顺理成章，而在别人的眼里却格外武断地对生活世界的事端做出自己的判断，就像我即将要做的事情一样。

那我要做怎样的事情呢？简而言之，正是基于前述不同人的快乐与烦恼总量和结构的大致相同这一认识，对眼下人们的存在状况进行必要的探测，一是为了满足某种认知上的需要，二是顺便主动地理解一下我们的生活世界。我相信这样的探测如果有效，对社会教育和精神文明建设也会具有支持作用。切入主题，我最为上心的其实是基本解决了衣食住行问题的人们的存在状态问题。我的这种上心自然不是欲从其中获得有利于自我提高的经验，而是想释解基本需要获得满足之后人的精神出奇困顿的疑惑。不用多说，这样的愿望必有一个前提是，至少在我看来，当下的生活世界里实际和普遍地存在着精神困顿的现象。

具体地讲，所有承担着责任的个体，无不处于劳作、奔波和忙碌之中，但在这一切临时租用了个体生命的事端暂时撤出后，无数的个体却立即像泄没了气的气球一样，既没有了形状，也没有了光泽。有人曾坦率地把这种现象称为失魂落魄，这话听起来的确有些尖刻，却也基本符合事实。带着这样的信息，我开始留意生活世界的远近讯息，并从共在者的表达中披沙拣金，终于注意到了一些虽非独属于我们的时代，却因我们正存在而能够真切感受到的精神困顿具象。它现实地呈现为一系列的个体感觉，具体有"简单的重复""清晰的迷惘""记忆的异化""持续的无奈"。这些感觉当然不是人的精神体验的全部，却能比任何积极的精神体验更为有力地作用于人的精神。

　　什么是"简单的重复"呢？这是指人们每日的劳作几乎没有新意，只是在近乎固化的节奏与路径中做着同样的事情，进而获取几乎没有变化的收益。日出而作，日落而息，固然能让他们感觉到季节的循环和身心的变化，却难以使他们摆脱陀螺式的生活。经济的转型本来是容易使人身心漂泊的，然而具体的处境又使人不敢轻易放逐身心，因为他们唯恐脱离了现有节奏和路径之后连同原有的状态也无法复有。所以，人们就这样年复一年、日复一日地重复着自己的存在。这就如同我每日早晨出门一定能见到同一个位置上的同一种表情和同一种劳作一样，它会让我一方面感叹新的一天又来了，另一方面经常自问新的一天究竟新在何处。

　　我们街上的早市很是红火，只要能起个早，日常生活所需要的东西应有尽有，而最让我注意的是卖鸡蛋的聪明男人和卖水果的两口子。他们极具代表性，真的可以说是数年如一日地在不变的位置以不变的表情做着不变的事情，这就是所谓的"简单的重复"。而我能日复一日地见证他们的存在状态，岂不是说明我自己也身处"简单的重复"之中吗？客观地说，任何人都不可能完全地重复以往，但格式化的生活却是一种现实。在一般的情况下，我们可以视这种格式化的重复为合理合情，但那通常是因为人们坚信他们的重复能把自己带到理想的未来。可如果这种未来在人们的视野中日渐模糊，又将如何呢？

　　如今，我们恐怕是需要面对"清晰的迷惘"这一事实的。再平凡的人也知道日子总得有个奔头，问题在于意识中的内容却是前路的迷惘似乎无可争议，此即所谓"清晰的迷惘"。它显然具有两个意思，一个是前路的迷惘，另一个是这种迷惘具有相当程度的确定性。问题恰恰就在这里，当迷惘的确定性增强的时候，平凡人心中的奔头就会走远和模糊。以往，人们通常知悉勤劳可以致富，于是义无反顾地去勤劳；目下，人们发觉勤劳并不必然致富，甚至有时候连同勤劳的愿望也难以实现。以往，人们知悉积德行善就可以造福自己；目下，人们发觉积德行善并不必然通向幸福之境，有些时候他们的积德行善甚至还会给他们带来真切的麻烦。

　　这是多么有趣的生活世界呀！难怪从过去走来的人们偶尔会有回到过去的幼稚念头。可惜的是，他们根本不可能回到过去，"记忆的异化"现象正在许多人的精神世界里发生。这里所说的"记忆的异化"，是指个人曾经的美好记忆，不仅随着时间的推移而渐行渐远，而且逐渐地与己身精神世界彻底分离。分离出去的美好记忆先是与己身当下的存在相互平行，最终的结果则是与己身当下的境遇在性质上相互对立。这种情况发展到极致，就是个人对自己历史过程的真实性开始怀疑，进而反问今天的自己是不是曾经的自己。如果一个人在当下的感受并不是很理想，那么最令他揪心的应该是他虽然断定曾经的生活世界更适合自己，却也同时断定自己不可能再回到那里。

一定有理性的人会说，谁也回不到自己的过去，这话的确无可挑剔，但人们并未因此彻底打消回到过去的念头。时光不能倒流，所以也没有人能在时间的维度回到过去，较为常见的是一部分人选择了在空间的维度向过去靠拢。常常听到有从乡下走出来的退休老人回家乡养老的消息，他们分明就是要在那个被称为家乡的空间中寻找自认为美好的过去的记忆。在这一方面取得成功的人在过去其实也不多，但零星的总有，在今天则更为少见。也因此，我们越来越容易听到有的退休老人回乡之后不久便追悔莫及的自我叙事和新闻报道。究其缘由，不就是时过境迁、物是人非吗？

严格地讲，能够引发个人回到过去的历史记忆必是与具体的人物相关联的。如若只是养个鸡、种个菜，一个人也不见得非得回到自己的家乡。对于今天的城里人来说，"记忆的异化"更主要地表现为本属于自己的历史记忆，哪怕是在最为个人的空间里也难以尽情地回味，因为在他精神的周边已经存在着精心设计的各种可透视人精神的仪器，使得他的心灵再无可隐藏的秘密。于是，他们可能开始惊慌失措，继而无计可施，最终则是进入一种持续无奈的新常态。无奈者，没有办法也。在此之上，还须加上无语。其中的没有办法，并不是说个人因智识上的不足而缺乏技术意义上的方法，而是特指因存在着个人无法抗拒的力量作用而使某种技术上有效的方法派不上用场。

举个例子来说吧。如果明知不应如何却必须如何，或者明知应如何却不能够如何，那一个人就遭遇到了真的无奈；如果这种无奈的质地格外坚硬，在可见的视野里找寻不到一点点得以消解的可能，这就叫"持续的无奈"。说到这里，我隐约地觉得以上四种精神困顿的具象竟然具有内在的连续性和一致性，因而精神困顿的人，他们的精神世界中应是同时存在四种具象的，只是在不同的个人那里，四种具象的结构比例不大一致，这就属于个体差异问题。别的人咱不太清楚，就我个人的感觉来说，"记忆的异化"是最让我惊心的。至于其他三种具象，总体上都有释解之法，未能构成困扰。

我不觉得"简单的重复"是个大问题，只要心中有所追求，重复其实只是一种表层现象；"清晰的迷惘"我也是有的，但"同类项"比比皆是，也就不成为心理上的负担；"持续的无奈"，实话实说，我从未有过。这倒不是因为我有多少能耐，更不是因为世界上缺少具有可持续性的无奈心情，而是因为我具有知难而退的德性。每当意识到此种无奈光临，我便立即寻找路径远离。尽管如此，也不可能把一切的无奈都拒之门外，过于纯粹和轻松的精神毕竟不太现实。俗话说："人生不如意者十之八九，可与人言无一二"，自古皆然，凡人概莫能外。重要的是，对于"不如意者"和"可与人言者"均不能聚精会神，以免任何的无奈心情得以持续。

精神贫乏与心态浮躁

物质贫乏的年代，食物提供给人的营养总跟不上去，但人还得从事各种劳动，也就难免干一阵子、歇一会儿，其中的原理是缓解疲劳、节省体力。过上好久，吃上一顿好的，通常会誉之为改善生活，实际上也就是多了一点细粮和几片肥肉，可是人的兴奋是全身心的，可以说吃一顿好的，不只是能够立即提高人的劳动热情，还能在下一次改善来临之前让人们时时回味。后来，物质不再贫乏，甚至有点过剩，一些人对细粮和肥肉之类的东西便不再有任何的渴望，还会在医生尤其是在养生专家的熏陶下渐渐视其为寇仇，避之唯恐不及。

把两个极端的现象在思维中加以整合，即可知在物质的和生存需要的范畴内，第一重要的是必要的资源不能短缺，第二重要的则是人自己对有效的资源需要理性地取用而不能够享用无度。但是，这一番道理在精神的和发展需要的范畴中就不那么适用了。尽管人们常说文化是人的精神食粮，而稍让人不解的是，即使在精神极为贫乏的今天，人们与精神文化资源之间的合理关系仍然没有形成。

我这里所说的今天，并不是熟人世界里的一个当下的时间概念，而是一个可以用意识把握却无法实际度量的时间范围，同时也必须说明这个时间范围并不属于全人类，而是更适用于熟人构成的当下空间。海德格尔说："今天的人的这个'今天'已经长久地延续，而且还将长久地延续，其长度之久长，是任何一种历史纪年法都无法为之提供一个尺度的。"（海德格尔著，孙周兴译，《什么叫思想？》，商务印书馆，2022年版第17页）这是一种必要的说明，有利于我们较为自在地表达一些评论性的意见。

比如说精神贫乏这件事情，它和物质贫乏的性质就截然不同。如果有人说我贫穷，虽然会让我不大体面，但并不至于伤及我的灵魂；可如果有人说我空虚，虽然一点也不影响我的吃肉喝酒，但心里头还是会感到不舒服。由此可知，对具体时间和空间的精神品质进行议论是很需要在理性上铺平垫稳的。

今天的人，应该说正处在一个精神资源高度丰富但个体精神普遍贫乏共存的时代，这中间的原因都用不着做细致分析，显然就是个人面对高营养的文化产品缺乏汲取营养的动力。但他们的精神客观上仍有需要，自然就把不会消失的渴望朝向虽然缺乏营养价值却具有吸引力的文化产品。在此原理的作用下，快餐文化作品的创作者就在人们需要的驱动下转成大众的消费对象。

这种情况甚至会顺理成章地影响到人们对文化作品本身的欣赏和认同。客观而言，这种结果在新一代人那里要表现得更为显著一些，比如观看一部影视剧，我们这一代人从一开始就是把荧屏和银幕上的人物当作角色本身来看的，即便偶尔会想到扮演者角色之外的信息，也通常是一念之间，很快就会忘却扮演角色的演员本人。但新一代人就不一样了，他们既可以因为主观上喜欢某一个演员而开启一部影视剧的观看，也可以因为主观上不喜欢一个演员而中止之，这在我们这一代人看来就属于买椟还珠、看问题不抓本质。

　　我们其实也知道那种现象属于正常，在每一代人身上多多少少都会发生，但由于这种现象在新一代人那里更具有普遍性，这便成为一个值得重视的问题。说值得重视当然不是因为这种现象好得不得了，恰恰相反，是因为它总体上不是一种积极的现象，它所折射出的实际上是新一代人更易染上的浮躁症。这话一说出来，我就觉得有些不妥，但既然说出了，也不想轻易收回。基于补救偏失的立场，我可以补充一点，即处于共时状态的每一代人，都比以往更容易感染浮躁病毒。年长太多的一代只是因为整体上远离了主干道上的现实生活，才幸运地保全了自己既有的稳健。

　　但只要他们还与新一代人在共同的规则下共事，次年长一代的人已经无法彻底与浮躁隔离了。我们虽然已经将浮躁升格为一种病症，却也不意味着浮躁是一种多么严重的问题，它无非就是会影响我们的整体发展，对基本能够满足于自己一定水平生存的人们来说也没有什么大不了的。要说最受其害的，主要是那些想浮躁但天性不允许的个人。这倒启示我们意识到，那些务实肯干的、兢兢业业的、似有理想的个人也不值得我们惊奇，因为他们身上的诸多好品质更多是天性而非他后天努力的结果。

　　进一步说，他们之所以不浮躁，主要是因为他们缺乏浮躁的能力，如果浮躁了，他们就会很难受甚至无法自认，这有什么了不起的呢？正因此，我很久以来就觉得那些没有浮躁天赋的人不过是一群幸运儿，他们的幸运主要在于无须过分地用力就能够沉浸于自己喜欢的和自己认为有意义的事情之中，从而比其余的同类多了一些关于这个包括我们自己在内的世界的有意义的感受。反过来说容易感染浮躁病毒的人们，我的立场也很明确，即很久以来就认为他们是不幸的人。

　　毕竟生活在同一个时代里，所以我有了解那一部分不幸者的便利，而过去的人与未来的人显然是没有这种便利的。我真切地注意到，除了较少一部分个人属于天生的浮躁之外，多数人的浮躁属于类似空气质量较差这样的情况所致。就说我的一位同龄朋友，年轻的时候绝对意气风发，那理想主义情怀和不食人间烟火的清气，真的让人既难以理解，又十分钦佩。然而后来，他就像是上了什么高级培训班，俨然换了一个人，那口气，那思维，那派头，同样让人难以理解，却无法让人一如既往地钦佩。

　　我简单地比较和总结了一下，发现他与年轻的时候相比发生了以下变化：口气更大了，本事较之于口气更小了；野心更多了，实现野心的行动基本上以语言的方式存在；过去爱看一些不着边际的天书，现在连科普读物都不读了。这样的变化不一而足，总体来看，他的心是飘浮着的。就像我前面诉说的，其实浮躁也没有多么可怕，只可惜这样的认识也就只能作为泛泛之谈。一旦把具体的个人与具体的社会责任联系起来，就会发现浮躁至少对社会分工中的一部分领域和岗位是万万要不得的。

但这话说出来又一次让我觉得有些不妥，因为现实的存在很轻易地就能把我的嘴堵得严严实实。我习惯性地利用中国知网搜索了含有"浮躁"的文章篇名，没想到收获颇丰，原来在我还在羞羞答答地谈论浮躁问题的时候，有识之士早就把握了我们时代的一些实质。把我的搜索小结一下，我一方面知道了浮躁主要是一种心态和风气，并被一些思考者提拔为一种时代性格；另一方面也知道了积极价值的代表们对浮躁的正确态度。

为了更有说服力，我愿意把能够表达此种态度的关键词列举如下：祛除浮躁、拒绝浮躁、放下浮躁、克服浮躁、力戒浮躁、摒弃浮躁、遏制浮躁、荡涤浮躁、褪去浮躁、直面浮躁、切忌浮躁、抚平浮躁、远离浮躁、走出浮躁、不容浮躁、修复浮躁，等等。我们把每一个词语中的动词提取出来，就可以知道人们对浮躁的态度是明确的和不留余地的否定，从逻辑上则能说明浮躁无论对个人还是对社会，都是一种消极的和有害的现象。

这个道理是明摆着的，没有人会为浮躁辩护，即便一个人是家喻户晓的浮躁，他也不会承认，更不愿意被人们定义为浮躁的人。但令人不解的是，这样一种毋庸置疑的消极现象却能够如雨后春笋般茁壮生长。贾平凹有一部小说就叫《浮躁》，有一位学者的评论文章叫《浮躁：时代精神的天才概括——评贾平凹〈浮躁〉》。这就有点意思了。

我捉摸着像贾平凹这样的"鬼才"作家，还不至于如此认知我们时代的精神，便去下了一点笨功夫。先行百度了一下，得知浮躁确实已成病症。再直击"浮躁症"，又得知这是一种冲动性、情绪性、盲目性相互交织的病态症候，它让人找不到对自我的准确定位，使人随波逐流，对于组织和制度而言，浮躁的氛围也是发展的大忌。一个浮躁的领导只能好大喜功、盲目自大，一个浮躁的组织无法反躬自省和健康成长。

浮躁症的症状主要包括对立竿见影的过度追求、处处充满匆促之感以及人的满意感和幸福感的丧失。应该说，这几种病症是符合经验实际的，但我觉得贾平凹所概括的作为时代精神的"浮躁"不应只是这种消极的内容。我继而打开了那篇评论文章，一个简洁的说明让我倍感欣慰。那篇评论文章的作者说道："这里的浮躁，不仅是人心的躁动，也是对未来的希望和憧憬。"（赵慧. 浮躁：时代精神的天才概括——评贾平凹《浮躁》，青春岁月，2017 年第 11 期）这话说得极好。

以此为参照来观察我们的生活世界，固然无法为浮躁本身大唱赞歌，但我们分明从人们无法自制的浮躁中还是意会到了上进和前行的趋势。如果我们想为这个时代和其中的人们做一点建设性的事情，恐怕不应是不断重复那些居高临下的教谕词，而应当在充分肯定浮躁者上进、前行动机的基础上，直面他们的浮躁，抚平他们的浮躁。但这好像也是无法落地的建议，核心在于谁来直面和谁来抚平。因而只能再改换思路。我们先不必给浮躁者增加任何心理上的负担，而应当扎扎实实地去消除导致浮躁心态和风气的外在的、客观的因素。在这一问题上也不必讲什么内因起决定作用，我以为，除了有浮躁天资的少数个人之外，普遍的浮躁是符合环境决定论的。做出这样的判断，首先是理性思维的结果，其次我也不掩饰自己的观点，那就是优化和美化精神环境比在改善物理环境上下力气更为重要。到什么时候，人们在环境中能感觉到浮躁没用和浮躁丢人了，我们的精神环境就算是达到优化和美化的标准了。

理想的精神环境犹如一个完全可以想象和期待的伊甸园，幸福和美好在其中应似水中之鱼，自由自在。在那个伊甸园里，公务员不再投机钻营，工厂不再生产假货，商人不再欺诈顾客，会计不再做假账，农民不再给青涩的番茄上涂抹药水，学生不再会逆反教育，读书人能够气定神闲地一年读上几本像样的书……只要还对未来充满着希望和憧憬，暂时的浮躁就如同伤风感冒，多喝点开水也就渐渐好了。我们需要时常提醒自己丰富和建构自我精神世界，因为精神世界丰富了、合理了，浮躁就不会再有立足之地。

克服麻木的精神状态

动力的消退可能是近几个月的事情，回想起来，就像患了一场感冒，每一个阶段都有自己的特征。虽然我也没有采取特别的方法，但这几天，那种什么也不想干的心情渐渐消散了。按照医学上的说法，这说明我的心理系统对一些刺激产生了抗体。因为有了抗体，原先会让人不舒服甚至植物神经紊乱的刺激，现在即便是如雷贯耳、如影随形，也对我起不了什么作用。这种情况，积极地去想，就属于精神的免疫力提升了；消极地去想，差不多就是心理麻木。

若放在以往，当有人说我们心理麻木时，我们即使未立即反戈一击，也会把不屑掩藏在心底，而现在根本用不上他人批评式的提醒，我们自己极有可能已具备了如获至宝的心情。而且只有我们自己知道，在一定的条件下，能够不费力气地麻木无异于一种略带传奇性质的幸运。

为什么说这是一种幸运呢？我也说不好其中的道理，但可以从经验中寻找到相关的事例。比如，我们听到了不忍听的声音，通常会本能性地捂住耳朵远离现场；看到了不忍看的图像，通常会闭住眼睛或者转过身去。这一类的反应固然能够说明我们的感觉功能正常，但同时也足以表明我们感觉能力的平庸。若是不忍听的我们就不听、不忍看的我们就不看，那么我们人类知识的多一半是不可能产生的。从这个角度思考，是不是就容易理解麻木的价值了？

暂时搁置学术的那种思维的刻板，从生活实践的层面切入，我们甚至不难发现精神的适度麻木正是具有某种实用价值的成熟表现，与此形成对照的则是些微的离经叛道就能引发出的一惊一乍。只有当一个人经历了风雨、见多了世面，才能够任凭风吹浪打总能似闲庭信步，其内在的道理应是因为熟视无睹所以见怪不怪。有了这样的修为，人的生活过程通常是比较轻松的，也算得上是一种幸运。

那为什么说能够不费力气地麻木作为一种幸运是具有传奇性质的呢？简而言之，应该是因为太难得，以至让人难以置信吧。要知道单一的刺激，不论其性质，相对来说容易使人麻木无感，而时常出新的刺激，理论上是能够让人精神亢奋直至精疲力竭的。在这种情况下，如果有人竟然能够让精神麻木起来，那绝对算得上传奇。既然具有传奇性质，说明能够有此幸运的人必是少数，不敢说是凤毛麟角，那也得是百里挑一的。

恰好我就熟悉这样的一位人物，这就有了机会去进一步了解此种传奇背后的秘密。那是一位看上去也没有什么奇异之处的中年人，具体多大，这多年我也没问过，只记得十年前他四十二岁，这样算来他今年怎么也得五十多了。在我的记忆中，他是一个点火就着的主，长得算不上强壮，却给人以有力的印象，像"嫉恶如仇""侠肝义胆"这一类的词，分明就是为他这样的人发明的。

他天生就是一个容易有故事的人，因而周围的人在无聊的日常生活之余，对他的存在和显现总抱有真诚的期望。每过一阵子，大家就能听到自己熟悉的某个熟人被他戏弄了，或是某个不守规矩的人被他暴打了二十二分钟……然而，就是这样一个很有强度的人物，他现在竟然麻木了，而且一点也看不出有可逆的迹象。你说这到哪儿讲理去？他自己倒是因麻木而幸福了，可那些曾经每日对他有所期望的人们又该怎么办呢？当然，这都是些无关紧要的事情，我还是觉得像他这样曾经对不真不正严重过敏的人竟然能够麻木，必然被载入传奇的历史。

麻木真的好吗？这个问题的答案并不难做出，只是麻木的好与不好必须与具体的语境和立场结合起来才有意义。对于整个社会生活来说，麻木就不是一种好现象。试想所有的人对所有的事情都没有了反应和态度，那满街熙熙攘攘的人群与电脑复制的机器人马拉松也就没什么区别了。实际上，这样的担心不知从何时开始已经趋于普遍的现实，我们只要留心那些敏感的人文主义思想家的著作，就会知道情感淡漠与人际疏离已非天方夜谭，更会知道"麻木"一词不再单指没有灵性和没有德性，还可以指代某种实用的智慧。

从这个角度讲，麻木在一定的条件下，对于自主麻木的人来说就没有什么不好。我们也许有机会获悉那些自主的麻木中不乏无可奈何的元素，即使这样，也不可磨灭他们所选择的麻木的价值。既然是无可奈何，便已说明自主的麻木起码不失为一种权宜之计。

若问我自己对智慧型麻木的态度，毫不遮掩地说，我不喜欢这样的麻木，更不愿意接受由此带来的生活的福利。这是因为，当人自主地选择麻木时，他实际上选择了对自己灵魂和阳光的放弃。他因此显现出来的那一点可怜的智慧姿态，不过是对自我意识的欺哄和对平庸与堕落的功利性依附之修饰与保护，无论怎么去衡量都逃不出一个退缩，就其性质来说铁定属于消极，而我生性中就是喜欢积极和进取的。

正因此，对近几个月来精神上的"伤风感冒"及作为其结果的动力消退，我就像遭受了生理上的感冒一样感到不适。好在情况开始好转，我又开始意识到了曾经的自己和曾经的阳光明媚。又是一年即将过去，我们都会在简短的盘点之后整理对来年的希望，但在这一次的新旧交替之间，我以为特别要做的是先确立克服精神麻木的可能。新生的日子里一定会出现新生风物，只有保持生动的心境和敏锐的思维，才能不辜负时光的恩赐。

走出推磨或推水车的怪圈

不知道有多少人推过磨或者推过水车，那可真是个力气活，一个人推是转不了几圈的，所以通常是几个人一起推，而且需要分组轮替，才能够较快地完成预定的任务。这里说的是人力推磨或推水车，若是有牛马驴，就不用人那么辛苦了。后来有了柴油机，再后来有了电动机，连同牛马驴也从苦役中解放了出来。说句大实话，现在就是做一头驴也比以前要轻松得多，可见这时光飞驰、社会发展，物理的条件日新月异，人的心理感受也不同于从前。可也说不清什么缘由，心里头竟又出现了推磨和推水车的表象，要知道这样的直接经验对于我来说已经是四十年前的事情了。

那个时候，回到村里还能见到东头和西头的两个磨盘，每到夏季，总有人排着队推磨碾制韭菜花酱，那添加了苹果与辣椒的韭菜花香，即便在半里开外也能闻见。到了秋季，磨盘那里则会有碾制旱烟末的男人们，他们一手推磨，一手舞弄着笤帚，许多时候是可以飘洒出芝麻油的香气和仁丹之清爽的。

这样的推磨景象之于观瞻者具有一种朴素的美感，之于那些做活的主人，他们的身体不可能不累，但他们的心里却是美滋滋的。现在的人们已经享受到了技术的巨大红利，因而即便在村里，磨盘及与之相连的推磨都已经成为历史，毛头小伙子们估计连听到的机会也不多。可我却想到了，而且没有一闪而过，更出格的是我意识中的推磨，仅仅是推磨的纯粹表象：推磨的人满头是汗，并不健硕的身体随着用力的节奏一起一伏。他的脚下是明显下陷的圆圈，磨盘上的碾子下不知道有什么东西。推磨的人只是死心塌地地一圈一圈地转着，毫无停歇的意思。理性谕示人凡事总有个因果，我也觉得在信息化的时代竟生成了一种农业时代的意象，一定会有内内外外、远远近近的什么因素作用，总不至于是因为我的年龄优势而获得的优惠吧？这当然是一种调侃，我自然知道这样的情况是与目下人们的存在方式和存在状态直接联系在一起的。结合自我的体验，我实际上和一些敏感的同时代人一样，无意中意识到了推磨或推水车是一种普遍存在的人的存在方式和状态。

作为一种存在的方式，人在其中犹如上紧了发条的钟表上的秒针，始终以最勤快的姿态一圈一圈地转着。你说它有价值吧，它转来转去也没有改变周边的一切，连同它自己的分量也没有分毫的增减；你说它没价值吧，它转着转着，三点就变成了五点。

作为一种存在的状态，人在其中就是一种原地打转式的重复，年复一年，日复一日，青丝白发，沧海桑田。人不似推车向前，而是终日的劳顿却无法走出那个深陷下去的圆圈。这岂不就与希腊神话中的西西弗斯没什么两样了？但问题是西西弗斯是得罪了众神而领受了惩罚，那正在推磨或推水车的我等凡人又是得罪了什么而领受的惩罚呢？

若是有人愿意去走近我等凡人，定能发现我们从上到下、从左到右无不是规矩与本分，无不是勤勉与进取，哪是应领受惩罚的西西弗斯呢？想着也没有多少人愿意走近一个个推着磨或水车的人，不过，即便有人有此意愿，其实也解决不了任何问题，倒不如不去走近，大致也接近于不去打扰了。让我等凡人在日复一日的重复中自我修炼、自我体悟，或许还能够创造出前所未有的奇迹。

毕竟我们这样的人并没有去摆烂。虽然难以确立一个像样的理想，但还是走在想有理想的路上；虽然在简单的重复中并没有创造像样的价值，但还是转着圈地实现了自食其力，所以我相信这样的存在方式和状态还是有望随着斗转星移而发生变化的。

这是我们必须拥有的乐观精神，这种精神对于当下的我们来说近似于身体健康所需的蛋白质和维生素。反过来说，如果连同这种乐观的精神都没有了，那我们与拉磨或水车的牛马驴就真没有什么区别了。你可知道拉磨的牛马驴是怎样的处境吗？这个问题只能依赖于我们的推测，牛马驴是无法接受问卷和访谈的。很多年前我讲授"管理心理学"课程，就曾以驴拉磨为例阐释过管理的策略，同时也道出了以驴为代表的牛马驴的处境。具体内容如下：驴是有惰性的，它在拉磨的过程中往往根据人的监督力度变化而走走停停。人为了让驴能够持续地拉磨，通常会采用三种办法：一是打骂。驴一停脚，人就打骂，如此，驴为了避免被打被骂，只好持续地走着。二是引诱。人在驴脖子上绑一个长杆，并在杆头挂上驴子最爱吃的东西，驴为了能够获得食物，只能不知疲倦地稳步向前。三是蒙蔽。人应是为了避免驴子的分心，用布蒙住驴子的眼睛，直至任务完成再行解除蒙蔽，我分析其中的原理应是让驴知道光明就在前头。

说一说驴的处境，我们的心理是不是就欢畅了许多？生活在高度文明的世界里，没有人打骂我们，没有人引诱我们，也没有人蒙蔽我们。我把这话告诉了一些和我一样的推磨人，本是要提振他们的士气，没想到他们中却没有一个知趣和领情的，一个个好像商量过似的，均以"呵呵"声回敬了我的善意。这便让我很是失落。

有一日下班后，我抱着反思的态度向自己提出了几个问题：难道我们被打骂过？难道我们被引诱过？难道我们被蒙蔽过？紧接着，我以小学生的姿态对这几个问题依次进行了回答。

答案一：没有人直接打骂我们，但变相的打骂还是客观存在的，那就是每当我们把磨推坏了，或是没推出什么结果来，就会受到各种各样的批评和惩罚。

答案二：虽然没有人使用"引诱"二字，但激励我们不断转圈推磨的具体策略，说是引诱也不为过。

答案三：也不知道有没有被蒙蔽，只是觉得自己的脑子转得越来越慢了，关于人间事端的见识越来越短了。偶尔应要求表达己见，说出来的话连同自己都觉得要么是陈词滥调，要么就是一派胡言。也算是接受过许多教育的，却还能提出"济南离山东有多远"之类的荒谬问题。

对问题的认真回答并没有使人豁然开朗，我深知以我的愚钝，转圈推磨的存在方式和状态应该还得持续下去。这种没有锐气的心境也许就是知识人的命中该有，即使有突围的意念，也难有从我做起的意志。1839年龚自珍写了一首传世的诗，曰："九州生气恃风雷，万马齐暗究可哀。我劝天公重抖擞，不拘一格降人才"，后人多觉其好，我倒觉得这诗里还是透着一股书生气，因为他的愿望固然具有锐气，但终了还是寄希望于天公，实乃书生也。

龚自珍写了这诗30多年后的1871年，欧仁·鲍狄埃作词《国际歌》，其中有"从来就没有什么救世主，也不靠神仙皇帝。要创造人类的幸福，全靠我们自己。"这也是一首诗，这诗里洋溢着的是自力更生的锐气。所以，仍像钟表上的秒针一样无休止转圈的推磨人，真的应该对自己做一次精神的体检，看一看是不是缺钙、缺铁、缺石头。然后，丢下包袱，戒绝埋怨。如果不好有远大的理想，就先把不让每一天荒废摆在优先的位置。只要能够这样，推着推着，转着转着，就会走出让我们无助、无奈和无望的怪圈。

意识从当下的逃逸

下雨天和要下雨的天应会让人的意识降低垂直运动的可能性，这完全是一种主观体验的结果，是否具有普遍的意义不得而知，其鲜明的表征是意识会在平面上向四周扩张。有人注意到这种扩张也不是完全没有障碍，比如在下雨天和要下雨的天，左右两个方向的扩张就比较困难，但意识的扩张又无法中止，因而只能向前、向后运动，用专业的术语来表达，就是只能向后回忆和向前展望。一般来说，既回忆又展望的人要少一些，因为要同时兼顾先后，必然对当下最为实质的内容产生目盲现象，多数人是不忍把自己的当下状态搞得过分糊涂的。从而，在下雨天和要下雨的天，一部分人的意识主打回忆，另一部分人的意识主打展望，这才是比较正常的状态。通常情况下，前一部分人多为年长者，后一部分人自然多是年轻人，其中的道理实在明了，年长的人通常没什么可展望的，而年轻人通常没有多少可回忆的。若是年长者非得仰着脖子展望，除了可能拉伤颈椎，往往只能说点不咸不淡的空话；若是年轻人非得手托着下巴若有所思，或能让比他们还要轻浅的人儿误以为是深沉，但对他们自身来说，往往逃不脱"为赋新词强说愁"的结局。他们哪知道真到了能识得愁滋味的时候，一个人反倒会"欲说还休"。

这样说来，回忆虽不是年长人的特权，却只有在年长者那里才更大可能地具有深度和厚度。年轻人也不必羡慕这种深度和厚度，更不必羡慕年长者可以无障碍回忆的优势，等自己年长的时候就会知道他们的回忆只是无法中止的意识运动向过往的突围。用一句接地气的问句来说："谁愿意回忆呢？"如果一个人尚能感叹"路漫漫其修远兮，吾将上下而求索"，他便没有闲暇去回首往事。一样的道理，如果一个人的当下就充满了意义，他又何苦从日出到日落整天地展望未来呢？

说了一通回忆和展望的道理，也不过是关于这一话题的蒙蒙细雨，真的走进回忆和展望的深处，就会发现其无与伦比的容括和生产能力，甚至可以说一切关于人的存在的哲学都可以在其中寻找到适合自己张扬的角落。而现实的个人则会在与当下的关系未实现和谐之时，借助回忆或展望而让自己暂时栖身于过去或未来。你听过"不要总活在过去"和"不要总活在未来"的劝告吗？无论有没有听过，都需要明确那些被劝告的人们就是为了躲避当下而逃逸到过去和未来的。

对于这种现象，我的认识是：对于当下的逃逸者，固然可以劝告，却需要在劝告的同时给予他们理解。当然，如果他们的逃逸并没有和并不会给他人带来什么危害，最好不要张开劝告的嘴。因为，对于无力的逃逸者来说，逃逸不仅是一种应急之策，很可能也是他们能够保持最优自我意识的恒常之法。在这种情况下，外来的劝告反倒会让他们六神无主、无所适从。而对于有力的逃逸者来说，逃逸很可能只是他暂时的休整，一旦精神复活，必定重新投入当下，又何须他人的劝告呢？

任何人都可以说，休整自己也不见得非得从当下逃逸，那只能说明言说者自己的当下，亦即他所处的"此地"之"此刻"尚没有能够引发他过敏反应的刺激，因而当下的他还能隔江高唱后庭花。这样的说法也许文学了一点，但剥去修饰的外衣，我们言说的实质应是具有唯物主义之现实性的。离开用语言营构出来的虚虚实实，我们不妨捧着一杯热茶回到当下的世界。就说今天早晨，我是没有见到太阳的。睁开眼睛，先看了看天下的消息，出人意料地眼前一亮。有自媒体报道，中石油原董事长王宜林疑受贿 9000 亿元人民币被依法逮捕。在这一时刻，我的意识中没有了过去和未来，我的心理机能中也没有了回忆与展望。

审视了一通消息之后，我开始反思自己为什么今天能够被这一则消息拉回到当下：今天的天气应该属于前述"要下雨的天"，按照以往的规律，人的意识是不容易留在当下的，可我的意识为什么就留下了呢？思来想去，我终于察觉到是 9000 亿这个数字。难怪实证研究者十分崇信数字的力量。9000 亿，这是一个什么概念呢？以我所知道的一所大学一年的经费大约 30 亿元人民币来计算，9000 亿在共时的意义上可以满足 300 所大学一年的运行，而在历时的意义上，则可以满足一所大学 300 年的经费需求。细思可知，网传数字不可全信。

数字的确具有神奇的力量，它不只能让人触目惊心，还能够激发起人发散性的联想。比如，我们可以设想搞一个受贿排行榜，然后把前 500 强的受贿款全部集中起来，看看究竟能够办多少所大学？等等。我有时候，真的想责怪我们的媒体，为什么要报道这样的消息呢？虽然它能让人一时回到当下，但难道没可能让人紧接着会加速逃逸到过去和未来吗？这种可能性显然是有的。基于自然的规律，生命个体对当下的态度好坏完全取决于当下是否更有利于它的生存；而有精神的生命个体，除了生存方面的考虑，还会考虑马斯洛所讲的后几个层次的需要能否得到满足。

现实的情形是极为现实的。一般的情况下，为了生存的逃逸虽然也不多见，但属于正常现象；要说为了马斯洛的后几个需要的满足而逃逸，尽管也算不上新闻，但其难度却是人所共知的，即一个人必须在当下具有可资利用的价值。如此看来，多数人与当下不和谐的结果实际上也只能是放任着自己与当下继续不和谐地共存，时日一久，他们的意识就难免在水平面上向非现实的过去和未来游荡。意识的这种存在状态是值得我们重视的，因为它能外在地表征为个人对当下世界的冷漠，进而会改变世界的色彩和温度。

抖落困顿与远离孤独

假如人性不至于在千百年之间有所变化，那我们就能够理解历史上许多思想者的大致存在状态，并能进一步以比较理性的头脑去想象过去的时代。在这种理性的想象中，那些浪漫的或是崇古的史学家所建构的历史就不会轻易迷惑我们，所谓"今不如昔"的说法也就自然失去了效用。即使越是过往的时代越近于朴素，我们也不会轻易相信过往的人们会比今人有更好的处境。

历史是存在过的事实，虽然它无法自己呈现出来，但精神的传承注定了今人即使缺乏回顾的兴趣，也无法丢弃已经融入血液的基因。因而，我们才有理由也才有信心以今天的感受来推测过去的那些思想者的存在状态。只要史书上说曾经有一个人是真的思想者，那他必定是存在于自己的世界中的，他的世界或大或小，但一定是更大世界中的一个极具个性和强度的亚世界。

如果他的思想见用于更大的世界，那他自己的世界应是多喧闹而少清静的，门前应有车马繁忙，厅堂应有闲士来往，而他自己大概也无须忙里偷闲，而应享受难得的无功之禄了。如果他的思想与更大的世界不那么有缘，那他自己的世界就应是多寂静而少繁华的，门前自然鞍马稀少，厅堂上不外是零星的清高之徒，他即便耐不得寂寞也只能演绎宁静致远了。

可记得刘禹锡的《陋室铭》？知音者能读出其中的高洁与自在，未知音者恐怕会误以为他是自命清高的酸腐文人。仅当我们走进他的世界，才会知道史书上的"诗豪""哲学家""改革者"不仅屡遭贬谪，而且为趋炎附势者所欺。面对世态炎凉，先有了"面对大江观白帆，身在和州思争辩"，再有了"杨柳青青江水平，人在历阳心在京"，之后才有了传世佳作《陋室铭》。

他的陋室是实在的陋，虽说也属于河景房，且门前有排柳，但大小总归不过可怜的一间有半。在此陋室之中，命运坎坷、境遇日下之人，非有超凡脱俗的心境，绝对难免会郁闷成疾。刘禹锡却能泰然处之，并能庆幸自己"无丝竹之乱耳，无案牍之劳形"，进而在自比为孔明、扬雄的意气之中不觉陋室之陋。

后人在想象中，可将刘禹锡的处境美学化，便能觉其境界高远、精神卓绝，同时也就省去了对他胸中无奈的上心。于是，我们的意识中就有了一个完美的古人，以至于这种完美只能存在于美学的想象之中，无数崇仰他的人也只能传颂而很难效法那种完美在美学想象中的古人。

要我说，刘禹锡的居所之陋无须争议，他之所以发出"何陋之有"的声音，皆因"谈笑有鸿儒，往来无白丁"，至于"苔痕上阶绿，草色入帘青"的景象，也只有在"有鸿儒"和"无白丁"的前提下才会成为一种自然之美。换言之，刘禹锡自己的世界是一个高远精神主导的世界，在这样的世界里往来谈笑者也应是他的同类。

同好于精神的人们尽可以拿水作酒，谈笑畅快之时，又怎会顾及什么厅堂的狭小和饮食的朴素？

设想一个名叫刘禹锡的人并无足够的精神，或是他的精神拥有远不足以构成一个独立的世界，那么他的一间半房子又有什么不陋的理由？门前的小河、排柳对他而言又怎能与美学的意义联系起来？对于一个没有精神世界的刘禹锡来说，他的实际的世界就是他的一间半房子，最多再加上一个平常的院子，当然还可能有来吃酒、赌钱的阿三、阿五。在这样的情况下，如果他还发出"何陋之有"的声音，我们就只能感叹他的心大了。

回到现实中，任何人恐怕都没有理由对着茅草屋里的穷汉子说"何陋之有"。古今之人并无异样的实质，只是古今生活的场子显著不同。不过这不一样的场子却具有奇特的作用，以致今天生活的场子应是更需有刘禹锡的心境，但又很难让人在逆境中成为刘禹锡。场子的巨大力量可以让任何的个人自惭形秽，即使一个人满腹经纶，也很难为自己建设起像样的精神世界。

我们也可以把这种情况解释为个人无须在精神世界的建设上花力气。然而，一般的个人并不愿意浪费自己的力量，自然就会把力量置入与精神世界同在的另外的世界，从而在无限的希望和追求中，当下的世界无论怎样地超越了以往，都会成为我们希望映衬下的陋室。

那这是不是今不如昔的表现形式呢？我以为不能如此说，想着刘禹锡再世也会对今人充满理解与同情。反过来，刘禹锡当年的清高姿态也会减少对后人的震撼效果。我们在今日世界参与生活的实践，自有古人无法想象的便利，却也有古人难以理解的艰难，走出高楼的人们大概是难以寻到"诸葛庐"和"子云亭"的。

虽然如此，今人也没有理由为自己的偏失做合理化的推脱，可取的策略是在对非精神事物的无限希望和追求中忙里偷闲地营造自己的精神世界。这并不是一种额外附加的情怀式努力，而是平衡我们人格和健康我们生活的明智选择。

应知难能可贵。生活的自然会给我们精神世界建设的艰难以某种恰当的补偿。当个人的整体世界开始由精神主导后，无论我们居庙堂之高还是处江湖之远，均能如刘禹锡那样"调素琴""阅金经"，即便有丝竹乱耳和案牍劳形又能如何？劳碌之余，我们不妨让自己回到自然和走进历史，这样的选择应能使我们迅速抖落困顿，同时还应能使我们逐渐远离孤独。

避免生命意义缺失的可能性

熟人相遇，总会习惯性地问询对方最近都忙些什么，这看似客套的问候中其实包含着一个价值共识，即忙于事情对人来说属于一种有意义的存在状态。因而，相互均设定了对方必有所忙的前提进而直接问询忙些什么。除非是肆无忌惮地低看对方，通常是不会问询对方是否仍然闲极无聊的。明白地说，在人们的意识中，有的做总胜过没的做，盖因做事总会有功效，做事的人能从中有所收获甚至能惠及他人，终了是有价值的人。

这样的逻辑相当自然，以至身心俱健的人几乎都会不假思考地躲避空虚，在生活的行进中必定会设法保证自己有事可做。这一方面是生存延续和水平提升的需要，另一方面也是对价值虚空状态的本能性躲避。就说一个人突然失业所引发的心理变化，许多时候应与生活资料的难以为继有关。即便他先前有所积蓄从而长期赋闲也不愁吃穿，通常也不会安于无所事事，这就很可能与他无法忍受时光的虚度相关联。

这样，我们就很好理解实际存在的有意义作为并不完全是为了取利的现象，也好理解各种类型的义工行为。这中间既有墨子主张的兼爱追求，也有，甚至更有以做事情的方式充实生命的私人企图。正常情况下，一个人的无事可做或被动休闲的状态如果持续过久，就会体验到自身价值感的衰退，而且迟早会承受自身与环境关系的消极变化。

应因此，许多刚刚离开工作岗位的人会出现所谓的"退休综合征"，他们一则不习惯于生活的惯性被制度化地终止，二则也对自身价值感的消退感到忧虑。相对而言，前一种情形的实质是适应问题，随着时间的推移必将消失；但后一种情形在心理的层面就是一种伤筋动骨，需要人另辟蹊径加以处理，否则就会导致类型和程度不同的心理创伤，修复起来的难度自然会加大。基于这种客观的事实，不断地去做事情，不管其功利的意义大小，都会成为人们的主动选择，这也是人生可贵和人之可敬的重要依据。

或有人说，每个人总有退出社会舞台的时候，但这并不意味着每个人必然会有无事可做的时候。只是这一判断的成立绝非自然而然，它需要人们明了世上的事情数不胜数，尤其需要人们在自觉理所应当的做事范围之外开辟其他的做事领域。假如我们视制度化的岗位工作为正业，就需要提早思考业余的哪些事情可以在适当的时候替代曾经的正业。

我目睹许多退休的人们爱上了琴棋书画，很是羡慕，据说他们中的一部分人以此弥补年轻时在兴趣实现上的遗憾，另一部分人则以此丰富休闲时光。无论出于怎样的考虑，这都算得上是一种值得欣赏的选择。但毕竟有更多的人或无条件或无意愿接近琴棋书画，那就只好另寻他途去营构自己新的生活。原则上讲，只要能够通过具体的做使得生活不会因自然的变化而风光不再，那任何一种做都具有积极的意义。

说了这许多究竟有什么意义呢？我自然不是在无病呻吟地唠叨一种司空见惯的现象，而是想在这样的唠叨中寻觅某种可使生命全程避免意义缺失的可能性。最为关键的是，我相信这样的可能性注定存在，只不过是这样的可能性在具体的个人那里成为现实并不容易。我们可以设想，如果一个人连同为了健康的各种运动和为了愉悦的各种活动都没有兴趣，那他是不是只能在对环境刺激的被动反应中无目的地等待什么呢？

好在现代社会信息媒体发达，人们可以在浏览信息、观赏文艺的过程中让时光无痕流逝，心灵的空寂可以被控制在最小的范围。然而，这样的生活也不会是一个没有烦恼的过程，因为媒体上的信息和文艺也会给人带来疲劳，心理的虚空最终还是难以避免。那该怎么办呢？这显然是一个问题。不过，我在提出这一问题的同时就意识到这并不是每一个人的问题。要知道曾经过于辛劳的人们本就视无须辛劳为幸福的，可以什么都不想、什么也不用想，这难道不是生活对他们的礼遇吗？

但是，对于那些曾经不得不付出精神的人们，什么都不想和什么也不用想，恐怕就是一种折磨。他们无疑也有接近琴棋书画的权利和自由，但延续自己一直以来的劳动也不失为一种明智之举，而且这样的延续并不必然意味着人生的单调。只是他们需要把自己一直以来的劳动置入自由之中。果能如此，他们必能发现自己精神的潜力远远没有枯竭，并能更深刻地体会到"老骥伏枥，志在千里"实际上是一种局部的自然现象，而不是一种野心未泯的自我沉醉。

也不能迷信思想的力量

大小的书生总会对思想的力量产生迷信，哪怕他们真实地感觉到了思想在现实中的孱弱无力，也会颇具英雄气地相信时间将说明一切。他们最大的误区在于根本不知道时间早已经不是洪荒时代的忠厚老人，它的世故一点也不亚于我们生活世界里的二级甚至一级乡愿，而且基本不需要它自己寻找理由，管理它的人就已经投入资源、设置项目，为它世故的合理和智慧属性做好论证。所以，如果一个人热爱思考，那么就尽情地去思考，无须过分强调思考所带来的具体成效或力量。从宽泛的角度来看，无论是我们深入的思考，还是他人可能更侧重实践的生活方式，都是在以各自的方式寻求生活的满足和充实。你可以为了思想的探索而甘愿忍受物质上的匮乏，将热情倾注于思想的颂歌中；而他人则可能更享受于物质生活的富足，以他们自己的方式欣赏并理解你那种对思想执着追求的热情与决心。

你何时曾见到过真正的思想者以油头粉面、趾高气扬的形象示人？不过，这并不是说我会因此排斥和反对思想。恰恰相反，我很喜欢思想者那份看似天真傻气的执着，这很大程度上源于我对最朴素人文主义的崇尚。在对待思想的态度上，我始终认为，在可能的情况下，生活世界应当为那些不过分追求功利的思想者提供一份基本的生活保障。我并不苛求他们的饭碗中必须盛满美味佳肴，甚至在节日时，众人只需在高兴之余为他们添上一些简单的豆腐和土鸡蛋，便足以让他们心满意足。我相信，那些在生活世界中负责分发饭碗和增添食物的人们终将发现，思想者其实是最容易满足的群体。

现在还基本形成了一种状况，即爱思想的人随着时间的推移，已经少了太多他们前辈们所具有的内心的骚动。他们的外表大多是木讷的，偶有口若悬河的，只要不给他们言说的舞台，应该说不会对环境产生任何消极的影响。还有一个比较明显的趋势也已经能够初见端倪，那就是思想的学术化程度已达到相当高的水平，这便使高纯度的思想作品在形式上慢慢地成为过去。一部分思想含量较高的作品已经能被思想者成功地转化为符合主流学术规范的文本，并由此使作品中的思想难以转成街谈巷议。

我结合历史的变化进行判断，人类思想的水准应该已经走进了一个更高水平的阶段。我在这里所说的更高水平有两个基本的含义：

一是思想的内容虽然不会脱离生活世界，但思想者的成熟却能使思想的运动与生活世界的实际保持一定的距离。形象地说，思想的列车具有磁悬浮的特征，它不会因完全脱离实际而离谱甚至沦为空想，也不会因与实际过分地交织而增添额外的烦恼。

二是越往后的思想者会越加明智与豁达，悟性好一点的应该能够批判地接受"横渠四句"。思想本来就是一种和做木匠活、种地、说相声等一样的具体劳动形式，任性地赋予它许多意义，一则不见得能够服众，二则也会形成自我束缚的结局。再说了，思想凭什么就要居于很高的地位？你不能只截取帕斯卡尔所说的"但他是一根能思想的苇草"，还要知道他所说的人"是自然界最脆弱的东西"，"用不着整个宇宙都拿起武器来才能毁灭他；一口气、一滴水就足以致他死命了"（帕斯卡尔著，何兆武译，《思想录：论宗教和其他主题的思想》，商务印书馆，1985年版，第157-158页）。

思想者也不能想当然地以为历史上曾经存在过思想的黄金时代，只有走进历史，你才会知道那些思想的巅峰，就如同你见到的自然界里的山峰一样，是地壳运动挤压继而产生纵向运动断裂上升的结果。想一想你站在太行山上，去看那崇高的悬崖峭壁，会不会想象到地壳运动中山峰的剧烈疼痛？也许我们真的应当选择把思想作为人区别于他之外任何事物的一种标志，这种选择在人工智能不断发展的今天显然更具有说服力。

至于说思想的力量，这固然是一种客观的事实，但的确不能无原则地放大。只要我们的社会生活仍然照着目前的路子向前延续，一个注定的结局应是思想的力量主要会显现在思想者的小圈子之内。若问为什么，答案很简单，即解决困扰人前行的问题根本不是思想力所能及的，个人的一种也可称为禀赋的胆略和实际可操作的物理的技术或人际的艺术，就足以在目前社会生活文明的水平上解决差不多九成的问题。

剩下的那一成问题，可能牵涉到思想，但要知道沉迷于技术和艺术所致成功的人们，通常是不存在那一成问题的。换言之，他所解决的问题就是他意识中的所有问题。

听说近年来流行一种叫掼蛋的扑克游戏，这种游戏是用不着思想的，技术加上艺术再加上运气就足矣。同样的道理，在那些类似于掼蛋的各种人间事务中，思想同样是一种多余。但也需要指出，这种情况的存在属于绝对的自然合理，生活的事务繁多，深陷于其中的个人时刻欲摆脱困顿，能用简明的手段达到目的，是绝不会选择复杂的。

更关键的是，思想之于日常事务的价值，更多具有修辞的意义，这对于务实的人们而言多少也算是一种麻烦。因而，实际上倒是很有必要告知那些爱思想的人们，必须清楚思想的功能，并在此基础上清楚自己可以自主的范围。如果爱思想的人知道思想只能发挥自己能发挥的作用，也就没有理由对无视或轻视思想的现象感到疑惑了。尼采用哲学的这把锤子敲碎了偶像，着实厉害，然而锤子也只是千万工具中的一种。所以，爱思想的人万万执拗不得，他们至少还需要知道思想的不太好的运气，有时候并非来自思想本身，而是来自思想者自己的坏脾气。

至少不能没有希望的兴趣

不同行业的人具有不同的风貌，应是因为从业者到了一定的境界便可以反映出行业的本质。如果每个行业都有自己的本质，我们也就能从学理上说明"隔行如隔山"的道理了。但人们反过来又说"隔行不隔理"，这又是为什么呢？道理十分简单，即无论哪一个行业的从业者，都需要具备做事情的通用品格，都需要遵循做事情的共通逻辑。只有认识到这一点，我们才能理解超越行业的成功学原理，也才能从自己行业之外的成功者那里有所借鉴。

仅根据有限的观察和思考，我们就能发现各行业的优秀分子，虽然各有其看家的本领和至少中常的智能，但都具有大致相同的人格品质。这一类的品质主要有沉着冷静、勇于担当和心性有恒，客观而言，不同个人的相对长项有异，但这几种主要的品质却无一缺席。当然，人间的事情总会有例外，从而我们也能偶尔见识到不具备如上的优秀品质却也能混得风生水起的个人，这大概就是人们所说的奇迹，又因这种奇迹根底上有悖于常理，一般会被称为奇葩。

对于人文类的奇葩来说，其发生与持续的前提应是具体时空之下的精神性标准多元林立，以至于传统的所谓大道一时难释放威力，结果只能是各色的存在者各行其道，感觉上就是人们常说的"猪往前拱，鸡往后刨，各有各的招"。人们甚至还会悬置一切标准，并心安理得地宣示"谁也莫说谁，谁也莫笑谁"。这看起来很像是一种尊重个性选择的宽厚，实为放弃和拒绝常理和公道的苟且。

也许任何的个人都无力改变整体的现实，但对文明略有感觉和感情的人们并不应从心底忘却人文的常理和公道，否则，共同体的生活就不会有希望，每一个个人也难有持久的惬意。因而，在完成了必要的劳务和应付了必要的俗务之后，我们完全有必要给自己留一点空闲去品味一下那些值得尊敬的成功者的优秀品质。从功效上来讲，这样的品味可能很难立竿见影，但一定能够启发我们少走弯路、不走邪路。我们毕竟知道，走多了弯路会浪费生命，走多了邪路会亵渎人生。

真的不要轻信什么"怎么活都是一辈子"的无原则信条，须知"好活着"和"赖活着"绝对是不一样的一辈子。法国作家雨果在《莎士比亚论》中说："人有了物质才能生存；人有了理想才能谈生活。你要了解生存与生活的不同吗？动物生存，而人则生活。"我理解雨果所说的"理想"不仅意味着人对自己的超越，更意味着超越中的高贵与尊严。无论生活的历史怎样演进，一切未来的新生事物都不会挤走人之为人的高贵与尊严。没有了对高贵与尊严的崇尚，一个人无论拥有了什么和拥有了多少，都只能作为他自己贪欲的量度，除此之外，少有价值。

这样的信念并没有什么浪漫的色彩，它所表达的只是生活世界的物质财富达到一定水准之后的理性选择。借用古人的话说，"仓廪实而知礼节，衣食足而知荣辱"（《史记·管晏列传》）。现代人总不能在仓廪丰实之后还不知礼节、在衣食充足之后还不知荣辱吧？要知道所谓讲礼节和讲荣辱之要义正是对高贵与尊严的积极追求。在这一认识的基础上谈论各行业优秀分子所具有的沉着冷静、勇于担当、心性有恒等品质才有意义。

沉着冷静与一个人天生的气质和性格应有关系，而且关系不小，但也不是完全得自遗传，理性思维的作用和生活实践的磨炼尤其不能忽视，这两个方面也恰是人力可为的领域。只有当具有了理性思维能力和习惯之后，我们才能有机会知道，与遗传有关的沉着冷静很可能只是一种没有实质的和不可靠的形式。因而可以说，真正的沉着冷静是我们运用理性思维能力的一种状态。

这样看来，孔夫子是深谙此理的，所以能够在子路问询"闻斯行诸？"时答之以"有父兄在，如之何其闻斯行之？"（《论语》）。冒失的子路如果每遇到紧要的事情均能征询父兄的意见，在他人眼里岂不就是一个沉着冷静之人。显而易见，这里面主要是说礼数对冒进的约束，而能够根植于心的沉着冷静，更容易来自生活实践的磨炼。世间的许多沉着冷静是可以用"一朝被蛇咬，十年怕井绳"来解释的。很多有阅历的老人确实说过，沉着冷静是人在复杂的社会生活中保持基本尊严和高贵的最省力办法。想一想，沉着冷静的确省力一些，却也显得消极，有力量的高贵与尊严还是要建基于勇于担当这样的品质。

目前这个时期最缺乏的就是勇于担当的人，而最不缺的就是各种形态的新犬儒主义者。闭住眼睛，脑海里立即就能浮现出成群结队的、一肚子清楚却一脸麻木的个人。他们在公共的事务上揣着明白装糊涂，在私己的事情上则能表现出颇具精致的精明。说白了，他们没有担当。他们的心里只能装下自己那一点点小心思，什么天下，什么人类，什么大变局，在他们的意识里都上不了台面，他们意识的台面上一般来说也就是几十亩地和几头牛之类的东西。但也由于他们不能担当公义，因而充其量也就是个富而不贵。

我们虽然在批评这样的心思，却也清楚与此相关的个人通常并不缺乏心智上的能力，恰恰相反，用大众的标准衡量，他们往往是日常生活里的聪明人。甚至在他们之中，我们会发现一部分人原先也是有担当的，只是没有坚持下来。他们之所以没有坚持下来，并非因为存在心理学意义上的意志障碍，而是受到了某种生活或人生哲学的影响。因此，他们一方面失去了抱有希望的能力，另一方面也失去了对希望产生兴趣的动力。

意会"最重要"的相对性

对于人来说什么最重要？在这个问题上，我们可不能相信任何一个结论的绝对性，因为最重要的东西总是与具体的条件联系在一起的，此时此地最重要的，换一个时空就会位居其次。这几年，公共卫生事件成了人们生活的大背景，一个时期我们会觉得自主最重要，但现在我们又会觉得免疫力最重要。如果有强大的免疫力做后盾，那我们即使不是最幸福的人，也会是最自在的人。

再接地气一点说，渴的时候水最重要，饿的时候饭最重要。而由于我们在生存和生活的过程中会面临许多的困难，所以对我们最重要的东西也会因时因地地有许多，并因此，一切我们意识中的存在，理论上都可能成为具体条件下对我们最重要的东西。认识到这一点，我们是不是对所触及的事物都不可等闲视之呢？

如果不同的事物在我们心里的天平上有了差异，我们必不能成为理性上妥当的人，很有可能不时面临生存和生活中的尴尬与被动，但我们通常很难做出到位的归因，从而类似的处境在往后仍然会重复出现。反观令我们羡慕的各种处之泰然和举措有适，会发现无一不具有理性上的妥当，这就让我们不能不重视思维的修炼，以规避难以把控的情志急切和举措错位。

我们为什么要规避情志急切和举措错位呢？一是从效果上看，这里的急切和错位一旦被不同的个体分享，必然产生没有结果的纷争和嘈杂；二是从整全性上看，情志急切和举措错位本质上是一种偏失。若是我们无所谓这样的偏失则另当别论，无非是我们不在乎自我的心灵被不断侵扰，也无所谓什么超越平面上的真假以改换自己的境界；但如果我们并不满足于始终徘徊在某一个平面，那么对偏失的自觉处理就成为必要的选择。

庄子说过"大知闲闲，小知间间；大言炎炎，小言詹詹"（《庄子·齐物论》），意思是大知者是广阔豁达的，小知者则习惯于明察细别；大言者是光焰夺人的，而小言者则是琐碎坚执的。虽说普通人难免身处具体的情境，但也需要意识到只有发挥意识的能动性、跳出具体的情境，才能够有机会体验到心性的超越。对于"超越"这一现象，我们不可简单地视之为自寻烦恼，恐怕只有体验过它的究竟，才能够意会到它之于个人进步和发展的特殊意义。有了这样的意会倒不必然走向新境，但我们至少能明了进步和发展的机制。

我举一个宏大的事例，即教育从传承文化到化民成俗再到立德树人，细察其间的每一次变化，我们一方面可以收获教育的意义增长，另一方面也在收获教育的境界提升。假设教育意义具体成分的坚守者围炉而坐、互通有无，是不是可以想见他们在相互理解的同时会有相互的争执呢？假设我们因为处于历史的末端有机会超越不同的坚执，是不是会觉得他们的争执除了自然生成一种气氛之外并无实际的意义呢？

本来，各执一词的一词在整全的意义上既是一得也是一失。有一得者需要拾其所失才算是掌握了客观的全真，但问题在于个体仅用其自然的能力又的确难以抹去对得失的分别。归根到底，缘由仍在于我们对一己之得的绝对信念，而这种绝对信念固然能够散发出人性的崇高和某种通俗的美感，却也携带着思维偏失的基因。然而，这样的基因并非无法更改，思维意义上的基因工程事实上能够给我们带来期待的重组，此种重组正是解决我们思维偏失的有效方法。

紧接着的问题是这样的基因重组由谁来承担。现实地看，它的承担者只能是每一个人自己。心力充足的个人应该能够独立承担这一任务，但如果我们一时难以独立承担也没有关系，因为借助既有思想和行动领域的经验完成基因的重组，本质上也还是在人类力所能及的范围。实际上，复杂和高深的任务对于个人来说历来就是在与他人的互动中完成的，其要领是互动者需要把握互动的本质，只有这样才能实现通常所说的互通有无。

人之为人重在其群性，而"群"并非一定数量的个人集聚，而是个体与个体之间的有机结合。换言之，人与人的互动并不像不同的碰碰车在场地上的偶然碰撞，而是"群"在自然运动中呈现出来的不同个体之间的功能性交往。这就意味着互动过程中必有相互间的物质、能量和信息的交换，而互动之后则必有互动参与者各自的心性变化。

我们自然期望作为互动结果的心性变化是有利于我们进步和发展的，

同时也需要领会到这样的期望实现需要我们做艰辛的精神努力。不管怎么说，一个人要走出自己相对独立的心理场是要费一些力气的，即便开始了努力，半途而废也不算稀奇，但肯定是一种遗憾。要想避免半途而废，我们立即想到的是意志上的坚持，现在看来，意会到"对于人来说什么最重要"的相对性也很重要。

思索心灵的空荡

若不是因为尚未启用，心灵的空荡就一定是人遗失了顶得上所有的事物。既然顶得上所有的事物，即意味着此事物在原本运行的心灵中很有可能是排在首位的。如果按照日常的算法，不能被认定为排在首位，那这事物就一定是占据着重要位置的；但如果这种占位一样无法遵循日常的算法判定，那这事物就属于人们常说的埋在心灵深处的。

这样的事物既可能是一种观念，也可能是一种特别的表象，当然也可能是一种集结了观念和特别表象的客观存在者。但无论属于哪一种情况，只要这事物的遗失既成事实，主体心灵的空荡便应是必然的结果。

心灵的空荡到底是一种什么样的感觉？

据老一点的人说，心灵的空荡是一种个人历史性的寂灭。过往的风云、阅历、负重、通达，以及与它们相伴随的所有经验，在自我的意识中莫名其妙地荡然无存。间或有熟人提及他们自以为可以共同回忆的经验，自己却茫然不知所以，因为自己真正地无法觉察到对方所述说的一切其实与自己本有关系。

这也许是一种极端的非常态现象，更多的情况下应是自己的潜意识中活跃着悬隔和粉碎记忆的壮士，他们并不接受主人意识的左右，从而自作主张地替主人挡驾了所有的经历，好像是要减轻甚至消除主人的心理负担。

据年轻一点的人说，心灵的空荡是一种没有目的的情智木然。虽然躯体总贴近着最前沿的时间雾幕，但除了能感觉到冷暖清浊，从自身之外并不能有些微的收获。因为没有目的，恰恰又没有多老，前路迷惘，过往贫瘠，也就只能任血脉支撑的身躯感知当下的自然影响。

在这种状态下，原本有真假、善恶、美丑分化的所有事物顿然失去了差别，实际呈现给心灵的是毫无差等的颜色和形状组合。这样的无差等，使得闯入人心灵的刺激除了能引出生理性的兴奋和抑制之外别无功效。无所旨归的心灵，遇凉则凉，遇热则热，没有想象，自然也没有追溯和展望，在社会学的意义上就是空荡。

反观不老不小的自身，意识到的是心灵的另一种空荡，或可说这样的心灵其实属于一种没有缝隙的实物。它最接近田赛场上的实心铅球，从外观看上去圆而又圆，仅能借助聪慧者的洞察才能知晓里面几无变通可能的凝固。而在自己对自己的意识里，飘浮在最表层的是如霜的清晰，但我隐约地记得有如雾的朦胧，它就躲藏在霜雾的后面。

如果比附于季节，人生的现阶段只能是寒秋，因为春夏的信息已被保存，而冬季显然还没有被列入议事日程。很不理解人们常常感叹的秋愁与秋燥，更难懂得幸福人常常歌咏的秋色和秋波。我真切的感受分明是一种没有激越也没有哀怨、没有妄图也没有消沉的，一种平而且静的空荡。

在人生的这个季节里，过去的一切虽很难活泼地存在，却也不至于忘记；虽也知作为财富的可能性日渐消瘦，但也不至于满眼迷茫。心灵的常态有如淡悲淡喜，即使这样，也能时而有无力和困累的感觉。有质感的愿景挤不到意识的中心，无厘头的事情却接踵而来。原先可心的山山水水，构成了泥石巨流；曾经动人的形形色色，转眼间竟像是灰飞烟灭。

我的没有缝隙的另类空荡心灵，在各种合理存在者的帮扶下，其凝固的程度一日胜似一日，无疑是有些发堵了。因而，最为紧迫的任务如今看来应是放空心灵，变没有缝隙的另类空荡为并非荒芜、苍白的坦荡式空荡。这个主意，我早已经有了，从今往后，付诸实施。不是说生命是有季节的吗？在具体的季节，理当进行符合季节本性的决策。

放空心灵的意蕴

平日里看到类似放空自己的建议，我们多多少少会觉得建议者有些不切实际，依据是平凡的人们总在平凡但无法省略任何一个环节的生活过程中。整日繁忙的个人又怎能随心所欲地把自己的心灵放空？再说放空之后的心灵，除了休闲地自处还能有什么额外的效能？然而，这一切的怀疑却能在某个情境中的某个瞬间消失得无影无踪。

这种感受源自我们自己被置入纯粹的自然之中，比如我们爬到了某个山顶，在那里远眺山下一定忙碌的村镇，忽然觉得那只是一个个仅具有几何特征的视觉材料。当然，与此同时我们可以想象每一个视野中的村镇里都会有正快乐或正忧郁的人群，但这种想象很快就会被足够强大的美的自然吞没，一时间我们便与山下的所有存在没有了关系，据说这就是一种放空的状态。

在这样的状态中，我们的确能够发现天地之间只留下了自己，过往的记忆很可能被打包封存，直至我们下山之后，各样的记忆才会复活。而对于某一时刻正被自然收纳的心灵而言，一定是处于放空的状态。任何人都不要试着质疑那一时刻我们的心灵，不必书生气地告诉我们说我们的心灵并没有转为空无，只不过是被山水星云替换。

对于这样的变化，我们心里还是有数的，而我们之所以自觉心灵已被放空，是因为大自然中的一切，虽然占据了我们心灵的空间，消费了我们生命的时间，却没有给我们带来一丝一毫的压力，给予我们的只是自愿的感动和不需努力便可获得的平静。

通常情况下，被我们依恋的眼前的一切，宛如海市蜃楼的诗性之美。这种无与伦比、绝缘修饰的美丽，实际上神奇地把我们带入它的灵魂，从而我们在不必照料心灵的心态下巧妙地融入自然。比起山下那些还得依靠冥想的程序才能够如意的人们来说，飘浮在自然灵魂中的我们简直就是宇宙的宠儿。

忽然间，脚下的顽石会把我们迅速唤回到现实的存在中，我们的心灵一时间就像从失重的时空跌入人世，紧随其后是我们由衷的感叹：如果长留在山水之间那该有多好！由此，我们竟然开始羡慕从身边走过的僧人。毫不遮掩地说，我真的想打探一下通过什么样的渠道也能像他们一样心安理得地寄身于山水之间。可惜的是，后来的我很可能又能看到一位也可能是遵循了"酒肉穿肠过，佛祖心中留"的小僧人。

　　这便使我立刻意识到心灵的放空并不见得是在感觉的意义上把自己交给自然的山水。听说过那些得道的高僧是超凡脱俗的，但凡俗的生活一则更具有普遍性，二则自有其内在的趣味，因而凡俗之人在凡俗之世中的超然才更具有实用的价值和可以直接审视的美感。换句话说，要真的让我们大多数的人"跳出三界外、不在五行中"，恐怕是极不现实的。

　　我们所说的不现实，不只是人世间有无数的责任需要每一个人去承担，更重要的是心灵的放空只能作为有责任的人们紧张生活过程的休止符。照实地讲，真正能适应仅与山水做伴、每日打坐唱经生活的个人应是寥寥无几。除此之外，还有一个非常重要的事实是凡俗的生活才是符合自然世界法则的。这当然已经是一种人文性的信念，当我们想到所谓自然世界法则的时候，其实也就想到了人的存在的最基础性价值。

　　具体而言，正是人在现实世界中确立起来的追求，才能导出具有积极倾向的创造性的思想和行动。各个寺院里的僧侣是来自凡俗世界的，但我们一样知道也有从寺院里走出来的还俗的人。他们之所以还俗，也许是经验了僧侣生活自身的艰难，但更具有力度的影响因素，一定是他们跳出俗世之后才真切地意识到了怎样的人生才更为本质。

　　对于那些彻底皈依了信仰的人们，我们可以理解他们，甚至可以赞美他们；而对于那些真诚地热爱现实生活的人们，我们何止是理解他们？我们甚至能够带着超越的心情去爱怜他们。之所以如此，皆因给我们带来焦虑和烦躁的工作和生活，始终也是我们的快乐和力量的源泉。

　　人间的事情无一不是利害相连的。得一事之利者，就得承受一事之害。反过来也一样。受一事之害者，自然可以得一事之利。这并不是一种相对主义的无原则谨慎和自我安慰，而是生活自身辩证运动的结果。正是这个原因，有经验和有见识的前辈总会劝诲人们既不能因一时之失而沉沦，也不能因一时之成而忘形。简而言之，在那些前辈们看来，有花开自有花落，有云卷自有云舒，任得失与名利去留，多在意心灵的安泰，方为明智。

人是有限的，却可以憧憬无限

所谓人的有限性完全可以扩展为一切生物的有限性，其症结仅在于任何的生命都无可能占据全部的时间和空间。照这样说，宇宙中的万物好像都是这样，但生物与非生物相比更不占优势。在生物中，人则更处于劣势，全因为人不仅客观上的确有限，而且在进化中越来越清晰地意识到了自己的有限，反倒不如无意识或意识混沌的生物那样，以模糊整体、清晰目下的方式完成生命的过程。理性可能引领人把环境和自身一点点看清，但今天的人类难道不是在拥有智力自信的同时，不断远离了不那么理性的意义吗？这方面的一个典型的表现，是曾经很有身份的诗人和他们的诗，正演化为让人们有些陌生的东西。

很多人觉得这是因为诗已经养活不了诗人，还有很多人说诗人存活的条件被解构，这两种情况都符合实际，但后者显然更接近问题的本质。当然，诗人的存活以至意气风发究竟需要什么样的条件，这就是比较复杂的问题了，直觉上，一定不只是诗能否养活诗人这个因素，而是生活世界能否接纳诗人必需的某种状态。我想到了维科的一段话："正是人类推理能力的欠缺才产生了崇高的诗，崇高到使后来的哲学家们尽管写了些诗论和文学批评的著作，却没有创造出比得上神学诗人们更好的作品来，甚至妨碍了崇高的诗的出现。"（维柯著，朱光潜译，《新科学》，人民文学出版社，1986年版，第167页）维柯本来是要说诗的思维与理性思维的客观差异，但我似乎能从中意识到，地道的诗人必须使自己处于与事物融汇的状态中才能够有诗的感觉，甚至略微有点酒醉的感觉才能使意识天马行空。

由此再审察目前生活世界的状况，终于发现不是诗养活不了诗人，而是生活世界的土壤已不能支持诗人所必需的某种状态。回想起自己的大学时代，像海子、北岛这样的诗人，在青年人心目中的地位，不仅不亚于而且明显高于那些时下的娱乐名人。同龄人中若有能写几行朦胧句子的，不管他们潇洒倜傥还是其貌不扬，都不影响让人肃然起敬。

那时候，整个生活世界还处于由计划向市场的过渡时期，体制内的诗人并不比其他角色的人们少吃少喝，而他们因能为充满理想的生活世界贡献出情调和意义，还能收获到额外的赞扬。在那样的大气候下，实际上并非诗而是生活世界养活了诗人。也许可以这样描述那个短暂的生活历史阶段，即人们知道自身在各方面的有限，却对无限的追求情有独钟。每个人一方面站立在大地上，另一方面却在各种力量的激励下毫无顾忌地仰望星空，因为他们一定能够意识到大众给予他们的不只是接纳，还有欣赏。

现在，我们在没有和他们协商的情况下，把他们掷入精致的利己主义人群，以致他们除了被同化，事实上就只能知趣地隐身。他们中间如果还有一些脚步迟缓的，夹杂着对环境有所期盼的主观心理，自然还有机会吟诵一行一行的句子，但在新异的生活世界中，注定显得仓促，且在无回馈的吟诵中失却大半的诗性。随着秉性难移的岁月流动，连同仓促的吟诵也会渐渐消匿。诗，从认识论的角度分析，本就最适宜表达难以言传、不可理喻的存在，而且其本性只能运动在天地之间，转换为可读的语文，就其内容而言必然有不着边际的倾向。

然而，大地上的事情越来越多，对感觉的快乐痴迷的爱好，召唤着人们只有专注街面上的事情才不至于错失良机，那么诗人所必需的状态又从何而来？这就很像早期的哲学家乐于探索与己无关的自然，还要探寻什么世界的本原和原型，到了生活世界动荡不安之时，正处于其中的哲学家还不得把目光转向人生与人心？人是有限的，这一事实没人能够改变，但因此而放弃对于无限的憧憬和遐想，必会使人匍匐于有限的时空。这种情况对于任何个人都可以承受，但对于人类整体而言，是不能永久持续的。

主观世界的许多想象，可能永远只能想象，这并不意味着想象是一种多余。须知正是这样的想象，让无法摆脱有限性的人最大限度地超越了自己。人为什么非得超越自己呢？原因其实很简单，那就是人知道自己虽属于自然却可以与自然相对。再凶猛的狮虎也不知道自己是谁，因而它们可以以有限的方式完成有限的生命；而再柔弱的人也知道自己是人，他们只有以超越有限的姿态出现，才能够标识自己在自然中的身份，这与他们最终能否超越有限并无关系。

诗人们度假过后还会回来

什么情况下人就会有写诗的愿望呢？这个问题很容易让我们想到一个人的激情浪漫或者是忧郁彷徨。这种与情绪相关的原因自然不能忽略，但怎样想都不是最为本质的。相对而言，世界的变形或是自我的变形才是最贴近本质的原因。这里所说的世界的变形并不是世界真的变了形状，而是人一时的主观状态使得世界失去了它原本的形状进而引发了人的惊异，而更多的时候则是因为人主观地欲使世界变化到符合自己理想的形状。

关于主观状态所带来的世界变形，有时候是令人愉悦的，有时候则正好相反，使人郁闷、烦躁、失望、忧郁。无论是正向的还是反向的感受，一旦与人的表达欲望相遇，一种最能触动他人心灵的诗就会产生。关于主观意欲的那些理想的世界形状，可能符合了人的善愿，也可能符合了人纯粹美学的想象，与此相关联的诗作通常不会触动他人，它自身还极可能运动在明朗与幼稚之间。

因而，整体地说来，诗这种存在不只是人心灵自由、浪漫的表征，同样可以显露人的孱弱、无奈和某种情绪上的放任。而且应该说，这两种情形的出现在概率上不分伯仲，从而诗人的心并不必然是诗性的，一样可以是本性的。在此意义上，尽管诗的语言更在迂回，但世间再没有比诗的语言更能展示人心灵的真实，甚至可以说它多多少少在诠释"欲盖弥彰"一词的意涵。

思悟及此，我们实际上应该告诉自己的朋友，哪怕是有一分的奈何，都不要动用诗这种语言的形式，因为这样的语言几乎是天才的卧底，就像一位深得我们信任的伪装者。我相信如此看待诗的语言，一定会让大大小小的诗人惊出一身冷汗，八成还会从此远离诗性的表达。果真有这样的效果，那虽然在意料之中，却不是我的初衷。

对于我来说，真希望满世界都是高高低低的诗人，他们的真性情流露才是世界真实、美好的前提。要知道在充满诗人的世界里，每一个人都不必心存戒备，原因是这样的世界里既不存在弯弯绕，也不存在赤裸裸，只有一种看似单调却最可珍惜的艺术的真性情。

某一时刻，我们兴许会忽然觉察到我们世界里的诗作越来越稀罕，源头在于作诗的人越来越少。偶尔遇到一人颇似诗人，与此伴随的感觉大概会是两种，一是那人颇是纯粹，二是那人颇为疯魔，而永远值得我们思虑的是具有这两种特质或具有其中一种特质的人，已经或正在被涛流之风推到了日常生活的边缘。

但这也只是一种角度的解释，有人已经发现诗和诗人长期的负增长，完全是因为世界被硬化，从而很难随着人的主观状态变化而改换形状。世界没有了诗意，诗人便没有了食粮，饿着的诗人是无力作诗的。更麻烦的是，也许具有诗人潜质的个体，在地形、气候等因素的影响下懵懵懂懂地失去了想象力。诗人的心灵不再纯粹与敏感，善愿和美学的想象被转换为形式逻辑的概念，诗自然也就失去了问世的机会。

话虽这样说，诗还是倔强地存在着，摆放诗的货架在数量上应该也没有减少，但诗与普通人的生活在普遍的意义上已经是相当间接的关系，代之而存的是现实、现实以及现实。现实难道不好吗？人总不能生活在想象之中，进而无论多么动人的诗句也比不上即使布满了包浆的金币，更比不得可以铸造出金币的各种档次的机器。

无意间竟然说到了机器，这东西我们都见过，却忽然有些不认得了。查了查百度，确知机器是由各种金属和非金属部件组装成的装置，消耗能源，可以运转、做功。天哪！机器原来是这样的。又想起18世纪的法国哲学家拉梅特利模仿笛卡儿的"动物是机器"的观点写了《人是机器》。既然人就是一架物质的机器，那就本本分分地像机器一样运转、做功。

这样也好。做一架现实的机器，少一些浪漫的想象，才能够至少让首先具有物理性的自己健康茁壮。有了好的身体，就会有好的胃口，坚硬的世界也有可能被软化和消化，脱胎换骨的新诗说不准也会诞生。人间的事迹总会有其内在的逻辑，螺旋式的发展在过去已经呈现出美丽的波浪式律动。

实际上，最天才的诗人也不可能时时刻刻作诗，诗人的体验只是他们生命中极小的片段。他们之所以被称作诗人，本就不是因为他们活在诗的时间里和空间中，而是因为他们有触动他人心灵的诗作。既然如此，我们为什么不能认为目前的时代很可能是诗人集体度假的时代呢？只要他们没有在度假中乐不思蜀，没有在享乐中迷失自信，诗人和他们的诗就一定会在假期结束以后再回来。

无限的视野中有无数值得忠敬的事物

敬业的实质是确立自己与工作的和谐关系，在和谐的关系中，我们自己应是自在的，有时候还能够平添一种道德感，而工作本身，如果它有意识，则应有一种被肯定的感受。现在，敬业常常作为一种外在的要求存在，这一方面说明环境需要每一个人的敬业，因为敬业具有实际的价值；另一方面说明敬业较不容易成为一种自然的品质。

不过，这也不意味着我们人有多么不堪，积极地理解，任何一种外在的要求，其实只是环境对我们发出的一种善意和有用的提醒。之所以有这种提醒，完全是由于我们要记忆的东西和要实施的行动太多，难免在忙碌中发生暂时的忘却。但这也只是一种理解，在此之外的其他理解也都有相关经验的支持，否则就不会有人觉得有关让人敬业的要求是一种束缚。

不管怎么样，人人敬业肯定是理想的状态，不敬业则肯定是不可取的，在这个问题上不应该存在见仁见智的问题。较深层的道理是，群体的生活是由每一个人共同促成的，进而群体的利益是由每一个人共同创造的。难道我们可以认为创造仅仅是智力的一种功效吗？恐怕不全是。

智力最多是一种能量，它能否成为创造的力量，即使不是全部，也基本取决于人对工作的忠敬程度。这是因为创造即使在天才人物那里也是需要专心致志的一件事情，而专心致志一般情况下是敬业的必然结果，甚至可以说是敬业的外在表现。要不然，自古及今的有识之士也不会对人的敬业精神不约而同地重视。

也许更为重要的问题是人怎么样才能够敬业，这中间的道理不会很复杂，但普遍的敬业至今仍然不可能轻易实现。尤其是发自人内心的敬业，估计在未来也是要听天由命的。这在很大程度上意味着自觉的敬业与人天性的联系更为内在，换句话说，那些未经鞭策便能恒久敬业的个人，撇开他也许默默接受了优秀传统的规训这一因素，基本上可以视之为个人的禀赋。

但拥有这种禀赋的个人应是较为稀有的。或因此，敬业才成为历来教育上的显在要求。这种要求在生活节奏相对缓慢的时期会以一种劝诲的形态出现，在生活节奏较快的时期则会伴随着略显生硬的强化与激励。简言之，敬业者会受到褒奖，不敬业者会受到警示与惩罚。从此演绎开，各种追求效率的管理思维不正是运演了这种逻辑吗？

现在看来，这样的管理思维是有效果的，虽然算不上一种理想的作为。其中的主要问题是，一旦管理松懈，人的敬业表现往往消失。客观事实就是这样，但我们好像也很难有什么更好的办法，毕竟在普遍的意义上，谁也不能把普遍持久的敬业寄希望于大多数的个人。除非社会财富的增长足以让大多数的个人可以基于兴趣而劳动，否则能够带来最大效率的管理还是有必要持续下去的。

检视我们的经验，就能发现真的能恒久热爱工作的个人，的确无外乎有此天赋和有此幸运两种。前者无须多说，后者就是指那些恰好做了自己感兴趣的事情的个人，他们的确是幸运的人。要知道我们多数人长期从事的工作，并非我们当初自主的选择，如果没有外在的必要力量作用，又怎能做到自觉不懈地坚持呢？

从这个角度讲，我们虽然会体验到约束下的紧张，却也应该感谢那些必要的约束。它们就像我们的诤友，时时提醒我们把热情投入到工作之中。我们应相信敬业的功夫绝不负每一个敬业的个人，其中是有自然逻辑的。如果做不到爱一行干一行，那我们就争取干一行爱一行。必有的收获反过来一定会让我们知道一个道理，即在无限宽阔的视野中，存在着无数值得我们忠敬的事物。

心灵说起来只有一个季节

秋天容易让人伤感，一定与它真切的凉意有关。设想一早或一晚，在朦胧中，我们可感到夏日生气的残留所携带的落寞，原本平和的心情中会不会顿然生出一丝萧冷呢？在这样的经验中，分明是自然无法掩饰的退缩带给我们心理上的反应，进而由我们自己用心把整个人搞凉。但这只是多种可能性中的一种，因为我们曾经、想必未来也会在寒冷的冬季自觉温暖。只要内心充满了火炭，即使手脚被冻得发抖，我们也不会觉得生活的当下与未来、与悲凉有关。

反过来，若是我们在夏季里遭受冷遇，陷于失败，或是碰到了触心的不快，纵然是骄阳似火，又怎能赶走我们内心的苍凉呢？所以我就在想，假如一个人并无生活中的特殊遭遇，那他在秋天里的所有伤感便只有两种来源：一是他强求诗意、故作愁状，原理上无异于内心悲苦者强作欢颜；二是他自己正处于人生的秋季，等于说内外自然的频率恰好一致，以至秋风秋雨无不与他的精神勾连，进而，自然界生机的衰退近乎他时时准备收敛的心情。

尽管人们常说，无论怎样变老，心是可以永远年轻的。这话倒也不是糊人的鸡汤，但爬山涉水过来的人们，怎么可能让自己的心灵不染尘埃呢？见多则识广，识广则心熟，从此会敏感于愁的滋味，并开始怀疑快乐的真实。虽然人的内心仍可以自感到与老无缘，但在山思静、在水思动的德性已悄然来临，哪还有少年时和青春季里心无挂碍的纯粹呢？人到中年，心到三秋，该是收获的时令，却也得为赫赫炎炎的夏天送别。

近几日，天大阴，小雨连绵，远处视觉上的道路尽头是足以遮挡前程的薄雾，你向前走，它向后退，只是不散开，最终无解，唯有等晴天再来、艳阳高照。以往的很多年前，遇到这样的薄雾，我心里总有点着急，后来就能耐心等候了，其实机缘仅在于偶尔地回顾，发现自己曾在的地方也在同一种风格的雾中，从此便懂得了惊异于任何的事物都可能是因为我们运动的方向比较单一。假如能够在运动中随时或至少周期性地回顾和环视我们的世界，那么比较日常的喜怒哀乐是不容易萌生的，更不会泛滥，宁静一定会成为心境的基调。

我们当然也可以质疑宁静的价值，时时处处的宁静说不准会使自己成为透明的人，这对于不甘寂寞的主体而言一定是无法忍受的。可如果一个人不习惯于喧嚣，或是因阴阳五行而不宜走动，让心境宁静就成为最好的选择。真宁静的人，不喜形于色，也少有伤感，确是难得的状态。想一想人生有限，而宇宙的变化无穷，还有什么能比宁静的心态更利于自我一以贯之的自觉和有尊严的实现呢？

诸葛亮在《诫子书》中说："非淡泊无以明志，非宁静无以致远。"只说这心境的安宁清静，无疑是通向有意义远方的必要条件，在这一点上我们无须去试验，应该相信无宁静必无远方。然而，仅有宁静的心境还是远远不够的，以此为必要的前提，我们尚需做主动的努力，否则也就是在现实中没有功绩，仅仅饰演了一个能走向远方的他人。诸葛亮在《诫子书》中说："年与时驰，意与日去，遂成枯落，多不接世，悲守穷庐，将复何及！"品味这一番感慨，分明是在说岁月不可蹉跎，最不能见人空悲切白了少年头。

宁静而奋进的人，不大在意季节流转，他们为了自己的目标选择了存在的最适宜姿态。奋进中的乐趣和困难雇用了他们的精神，而且很苛刻地监督着他们的劳作，在这种情况下，他们哪有空闲在乎周围的变化呢？无论宁静多少载，无论奋进到何年，他们也会是一种姿态，轮番往来的季节在他们的意识中大约是似曾相识的陌生人，分解不了他们的专心致志。此刻已近中秋，宁静而奋进的人也会因凉添衣，但他们不伤感，因为他们的心灵说起来只有一个季节，且不在四季之中。

心灵的迟钝

岁月匆匆的感觉，不仅能从我们个人的体验中获取，而且能从环境的瞬息万变中得知。比如在今年的春天，很多人有一种恍恍惚惚的感觉，也不知道自己做了什么，只是感觉到日子一天一天地飞过，这就是个人主观的体验。

偶然间注意自己每天走过的那一条路，审视路边各种各样的树，才意识到曾经干枯的树枝上竟然绿意盈盈。三两天前，它们才刚刚脱下冬天的衣服，忽然却有人告诉你今日立夏。

在这样的变化中，我不知道每个人的心理感觉究竟是什么样子。情形自然会是千奇百怪，但有一点可以肯定，即大家觉得时间过得太快了。

客观地说，自然的节奏就是自然的节奏，它一定不会落下自己变化的每一个环节，而我们之所以有恍恍惚惚的感觉，之所以记忆还在冬天、身体却已经进入夏天，不过是由于我们自己心灵的迟钝。

迟钝说明我们不敏感，而从科学的道理上讲，我们的不敏感，一方面可能是由于我们机体功能的衰退，另一方面很可能是我们的心灵被某种任务雇用并因此无暇顾及外界的变化。

仔细想一想好像还真是这样。我们每天好像也没有荒废时光，至少没有自觉地去荒废，但当日落而息之时，又实实在在地觉得劳而无功，真的不知道究竟是什么样的事情巧妙地占用了我们的生命，却给不了我们丝毫的效益。

理性地思考，那些占用我们生命却给不了我们效益的事情，应该不是全然无意义，只是它所产生的意义与我们自己的生命没有本质的关系。如果真的是这样，那么，虽然所有的事情都是由我们自己完成的，但我们自己并不是事情的主人，换一种说法，我们很可能只是在不同的水平上表演了别人编好的剧本。

现实地讲，这样的表演即使不是我们自己主动的选择，也会是我们现实生命的一个部分。但如果这样的表演在我们整个生命中占据的比例过大，那我们自己就很可能被动地消失在其中。

消失在其中的一定是我们的心灵，也就是我们的心灵自身。它的消失使得它实际上没有去工作，所以它的迟钝现在看来还不是它功能的退化，而是它几乎没有机会去发挥自己本有的功能。

这样的处境及由此生成的存在状态，最有利于人们抒发郁闷、无奈等消极的情绪，并会让人们很容易为自己的无所适从和得过且过寻找到切实的理由。

我相信很多人对自己的这种存在状态不满意，却又找不到能摆脱它的有效方法。我想这并不是因为他们懒于思考或是乐于思考但视野狭窄，真正的原因是这种状态是任何人运用日常的思维都无法真正摆脱的。如果有人告白他自己成功地摆脱了这种状态，那他很可能是把消极的退缩和积极的摆脱混同了。

在我看来，消极的退缩无异于被先前的状态抛弃，退缩者只是回到了纯粹的、没有状态的自己，并没有从旧的状态转向新的状态；而积极的摆脱，不仅仅是一个人使自身远离了原先的旧状态，更重要的是由于他自己创造性的思与行，自己由少有意义的旧状态进入更有意义的新状态。

然而，由于那种状态客观上无法被摆脱，因而积极的摆脱实际上也无意义。难道我们注定要持续承受心灵的迟钝并束手无策吗？应该不会是注定，关键是我们无论怎样都不应该接受，否则生命的意义就只剩下了"还活着"这一简单的事实，附着在这一简单事实之上的东西，并不能使我们的生命更复杂，只能让我们的生命更沉重。

当这样的沉重达到一定限度的时候，我们的心灵就开始迟钝，不加以处理的话，紧接着就是昏迷不醒，终了则是改变了它本为精神现象的事实。这是一种多么让人难以想象的情况呀！这样的我们就会和近代沿海码头上的劳工一样，佝偻着腰，流淌着汗，听人说在海边，却一辈子无缘海的观念。

很庆幸我们自己的心灵目前还只是迟钝，并没有发展到昏迷不醒，如果能够找寻到好的办法，我们的生命品质还有提升的希望。我刻意进行了文献检索，没能发现这一类的方法，只好寄希望于相关学者专家在这一方面有所贡献。

生命不是零碎的表象

夜里走路的时候，如果遇到晴空万里，我最喜欢观赏天上的星星，几乎每一次，我都会想到一个问题，即我视野中的那些星星是不是我小时候所看到的那一些。有时候我觉得是，有时候又觉得不是。当我觉得是的时候，我好像又回到了童年或少年的时候；当我觉得不是的时候，是我深知一切过往的日子只是记忆，不会重来。

说到记忆，它好像既充满诗意，同时也让人感觉到一种淡淡的忧伤，而这种诗意和忧伤实质上就是一回事。或可说，我所感觉到的诗意是忧伤的诗意，而我所感觉到的忧伤是一种诗意的忧伤。

因为，人年少的时候，一切的记忆都可以被称为昨天；而到年轻的时候，所有的记忆都会转换成为一种观念或一个概念。显而易见，在生命的昨天中，所有的存在都是具体的和清晰的，而仅仅作为观念或概念的过去，则是抽象的和模糊的。

从开始意识到自己可以思想的那时起，我们也就面临把过往的生命撕为碎片的风险，具体地表现为对过去偶尔的回忆，只能索引到像飘飞的蒲公英一样的表象。

表象这种东西是脱离了事物本身的，也不在我们的感觉中，真的觉得它就是幽灵一样的存在。我们对它的态度，只是取决于它是一种令我们愉悦的幽灵还是令我们忧伤的幽灵。

我们姑且把前一种幽灵叫作好幽灵，把后一种幽灵叫作坏幽灵。如果我们记忆中的好幽灵远远多于坏幽灵，我们就愿意回忆过去；而如果我们记忆中的坏幽灵远远多于好幽灵，那我们就不愿意回头看。

在愿意回忆过去的心境下，我们通常会说过去的日子挺有意思的，日子过得好快，做梦都想回到过去；相反，在不愿意回忆过去的心境下，我们通常会感叹往事不堪回首，所以过去的就让它过去吧，还是往前看。

实际上，再好的过去，我们也回不去，而再坏的过去，我们也不用担心还得回去。人只能向前走，所以无论我们愿意不愿意，都得往前看，那也就只能往前看吧。

可前面又是什么呢？当然是未来。未来的一切，我们只可以去想，也可以去规划，但就是看不到。等能看到的时候，它又会从我们所在的当下一闪而过，随即变为过去，继而化作可以撕为记忆碎片的原材料。

这就是人的生命的常态，这竟然也是人的生活的原理。如果我们不经意间想到了这些，反过来会如何看待我们的平凡生命和日常生活呢？我们会不会忽然觉得眼前的一切都如幻象，唯一真实的，可能仅剩下我们正在制造或享用幻象这件事情。

如果真的会这样，我们就不应该去多想那一切，因为上天赐予我们的最珍贵的礼物，就是让我们每一个人都能真切地感受到自己以及环境的真实存在。只有在拥有了享用真实的权利之后，我们才能感受到春风得意、夏阳似火、秋雨潇凉、冬雪茫茫。

恐怕只有能感受到的每一个此刻才是最有意义的，那已经成为记忆的过去，一则犹如被切割的、与我们分离的无关事物，二则又像是我们生命自己燃烧掉为无形的那一部分。

这虽然是两个比喻，却也符合生命运动的实际。对于这一生命运动的实际，我们应该理性地接受下来，但不可到此为止。积极的思维，应该是动用我们的智慧，加上我们的努力，让不断被切割的生命没有伤痕，让持续燃烧的生命能释放出光华。

没有切割留下的伤痕，生命就是包含过去、现在和未来的整体，我们抱着这样的整体生命意识，抬头去看天上那些星星，就可以自信地说它们还是我们儿童和少年时期所看到的那一些；能够释放出光华，我们的生命就是明亮的和温暖的，即便过去成为零碎的表象、未来仍然无法看到，也没有什么。

好的和真的一样重要

我把一个好消息告诉一个人，他那忍不住的喜悦撒落一地，握着我的手说："这是真的吗？"我说："当然是真的，什么时候骗过你。""那为什么不早告诉我？"他一脸嗔怪我的神情。我说："我也是刚刚知道的。"后来那个人请我喝了酒，还说了三五句感谢的话。我在酒的飘香中感觉到生活真的美好。

我把一个坏消息告诉一个人，虽然并非由我制造了消息后面的事实，我还是忍不住心怀愧疚。我揉搓着自己的手，听着他控制着烈火地问："这是真的吗？"我故作镇静地告诉他"应该是真的"，同时表达着我的惊讶和惋惜。他的呼吸变得急促，想来很肖似感染了病毒。还好他学历高、有涵养，尽管神情懊丧，还是即兴组织了一点笑容，说等我闲了告诉他，他要请我喝酒。可我就是天天闲着，能告诉人家吗？在郁闷中，我深感生活有的时候真不尽如人意。

经历多了，经验就丰富了。我慢慢地发现，相较于真假，消息的好坏才是重要的。善意的谎言，不仅能让人原谅，而且能成就一个人的练达；而恶意的真言，不仅能招来愤怒，而且能印证一个人的邪恶。这种令人深思的现象，其实并没有什么荒诞，恰恰折射出了人性最本真的内涵。这本真的内涵就是人的情绪比理性更具有原始性和基础性。

未形成理性的人无疑完全受情绪的摆布，形成了理性的人，在一定的条件下还会回到完全受情绪支配的状态。"对不起，我有些失态了。"我们是不是经常听到这样的道歉？但我们何时听到过有人说"对不起，我有些理性了"？理性还是要艰难一些，失态还是要轻易一些。自然也可以说，听从本能，人无须努力，而服从理性，可能终身不得要领。

因而，情绪虽然除了感人还能毁人，但它在人的日常生活中整体上仍然容易获得好的名声。中规中矩的情绪表达让人舒适，借酒撒疯的也能混一个"性情中人"。如果能领会这样的人性真实，我们也许应该回头整理被科学真理排挤到边缘的价值真理。这中间存在着由来已久的观念固执，其中最引人注目的是，在某一种思想的脉络中，价值认识好像不配与真理勾连，甚至价值都不配与认识有关。

对于这样的固执，我们没有必要去驳斥，最急迫的工作应该是对"真理的意义"这一根基上的问题加以澄清。几乎没有人会怀疑科学与真理的关系，不仅如此，人们还能在肯定科学研究客观中立的基础上，对科学家的声音格外地信任。即使再多的科学骗子被人们定性为害群之马，"科学无国界"仍然成为人们津津乐道的一种神圣观念。

然而，价值真理就没有了这样的好运气。且不说它在日常世界里只被当作一个影影绰绰的语文词，即使在价值战士的世界里，也没有几人把它当作普遍意义上的真理对待？一个人或一组人追求一种价值，显然不是因为他或他们视其为真，而是因为他或他们认其为善。

欧仁·鲍狄埃这个人应该没有多少人知道，但他创作的《国际歌》歌词知道的人就多了。《国际歌》的歌词中有"满腔的热血已经沸腾，要为真理而斗争"一句，试问这里的"真理"指的究竟是什么？答案当然是共产主义。那共产主义是真的吗？如果是真的，那么亚里士多德的信徒们，一定会以"真理是认识与对象的符合"为尺度，对共产主义实施检评，结果可以想象：他们一定不会把共产主义与牛顿定律认定为同一家族的成员。但是，共产主义如果不是真的，那它又何以被无产阶级视为可为之奋斗的真理呢？

实际上，共产主义就是一种价值真理，不像牛顿定律来自科学的观察和实验，它来自无产阶级及其同情者的价值判断。而类似共产主义这样的观念之所以能够享有真理的美誉，应是因为它一方面可以成真，另一方面它真的是无产阶级的最高理想。所谓理想，就是一种愿望。这样的愿望可以承载一定阶层或一定类型的社会成员对自己最佳存在状态的设想。他们的设想可以是现实中现成元素的组合，也可以是设想者基于价值比较之后的价值体系重构。

科学家永远在追求更真的理，价值战士永远在追求更好的理。至于价值真理为什么不更名为"好理"，我以为主要是因为这个"好理"一方面可以成真，另一方面真的是有具体的人群想让它成真。

我真的很羡慕在市场中自己打拼、谋生创业的人。这并不是因为他们在市场中都能获得成功，而是因为他们经过在市场中摸爬滚打，最终都形成了诸如独立、自信、有担当、能创造之类的优良品质。与他们比较起来，自己这种吃不肥、饿不死、没多少烦忧、有一定保障的人，看似悠然自得，实际上根本经不起什么大风大浪。

表面上看，我这样的人好像也独立、自信、有担当、能创造，那不过是没有机会经受市场实践的检验。

首先看看我是否独立。

我真的不敢说自己很独立。你看看，在这里就立马没有了自信。照实说，我真不敢说自己有多么独立。稍加反思，我发现自己有时候不敢独立，有时候不能独立，有时候不想独立。我为什么不敢独立呢？也不是身单力薄、骨瘦如柴的缘故，而是精神孱弱，唯恐独立给自己带来什么负担和麻烦。我为什么不能独立呢？以前还真没思考过，只是觉得自己客观上独立不了。后来查阅文献，才搞清楚自己之所以不能独立，是因为俗语说过"独树不成林"。面对古训，我心服口服，总算知道了自己不能独立的依据，往后就能活得更为明白一些。我为什么不想独立呢？这个想法应该说是向生活学习的结果。众所周知，陶行知先生说过，生活即教育。独立了，就累；不独立了，就不累。对于一个深受传统思想影响的人来说，很自然就选择不累。从科学的角度来说，属于"刺激-反应"机制运行形成的经验。我尊重科学，也应该选择不累。

其次看看我是否自信。

我最初觉得自己还算自信，别人也说我很自信，因而好长时间以来我就认为自己绝对属于自信的人。但是，一位熟人的几个问题一下子颠覆了我的自我认知。那位熟人是个做生意的。他问我："敢喝二斤酒上山吗？""上了山敢像武松一样打虎吗？""打完虎敢去阳谷县做都头吗？"说实话，我总觉得他的问题涉及胆量而非自信，但对每一个问题的否定性回答，还是让我体验到了自卑，自信当然就无从说起。

最后看看我有没有担当和创造能力。

凭良心说，我想有担当，也想有创造能力，但由于自己实际上不很独立和不真正自信，"想"也就流于愿望。不过有一点我要说明，这种愿望不仅真实，而且比较强烈。我甚至把这种愿望转化成了教育资源，具体体现为经常鼓励别人要有担当和创造能力。

说到底，自己是没有那些好品质的。自己做不到还鼓励别人，说好听点是为了别人好，说难听点就是胡说。经常胡说，我看着镜子里的自己，都想拿笤帚扫帚狠狠地抡过去，打到自己不再胡说为止。

经过反省，我觉得自己的精神的确孱弱，但我就是想不通一点，即那些在市场中摸爬滚打的人，在最初并不比我奇异，甚至有不如我脑子灵光的，可为什么他们无论成败，都拥有了独立和自信并有担当和创造能力呢？

带着问题，我去请教了一位成功者和两位失败者，他们虽然境况不同，却给了我几乎完全一致的解答。我通过梳理，把他们的解答归结为以下几点：

其一，他们都认为，在市场中，一个人不独立即消亡。尽管公司少不了公关，但公关绝不是去交朋友，而是去搏利益。"没有永远的朋友，只有永远的利益"，所以每个人在市场中都必须独立。我问道，你想独立就能独立吗，一位失败者说，你不独立市场会忘了你，你在独立市场中没人理会你。

其二，他们都认为，在市场中，你自信得自信，不自信也得自信，因为没有人愿意和一个没信心的人做生意。我问如何能做到不自信也得自信，一位成功者说装着自信，装着装着就真的自信了。

我问他："敢喝二斤酒上山吗？""上了山敢像武松一样打虎吗？""打完虎敢去阳谷县做都头吗？"这位成功者说，他"喝酒不上山、上山不喝酒""有虎不上山，上山没有虎""宁回清河蒸炊饼，不到阳谷做都头"。我问他这算自信吗，他说他并没有说自己自信，只是回答了我的问题。

其三，关于有担当和有创造能力，他们三位都觉得这根本就不是问题。追问其故，我方知他们的担当和创造能力，不过是因为公司是他们自己的，他们就是总经理或董事长。除了研究市场和认识经济规律，他们没有别的选择，没有担当，没有创造能力，公司也就没有了希望。

我在还没营业的李提摩太咖啡馆，看着另一位目前还是失败者的市场中人，问："你们在市场中滚爬摸打的人都有一股英气和一股豪气，这豪气和英气从何而来呢？"他撇着嘴说："还能从哪里来？还不是从独立中来？"难道自信、有担当和创造能力不重要吗？他的嘴撇得更厉害，跟我说："你都独立了，什么不会有呢？"

我愣了，然后轻轻端起了没有上来的咖啡。

二

迷茫之时只朝向光明

正道要有人走才能不荒

社会分工产生了各行各业，相互之间的互补与照应就形成了有机的社会功能系统。记得我上高中时的政治老师就讲过，卖盐的没有面，卖面的没有盐，但卖盐的需要面，就用盐去换面。可卖面的不需要盐而需要油，卖盐的只好去找卖油的，但卖油的也不需要盐而需要醋……从这个繁复却辛劳的过程中，我们就领会到了物物交换的局限性，并进一步理解了通货产生的意义。这个例子虽然通俗，却清楚地说明了社会中各行各业及其从业者共存共荣的深刻道理。我们转而用比较高级的职业来重新说明，即无论工农商学兵中哪一行的人员，只要做好自己的事情，就能用自己制造的产品和提供的服务换取通货，然后就可以用通货在市场上购买自己所需要的任何产品和服务。

从经济学的立场出发，一个人的购买力越强，通常他的生活质量就越高，生活的满意度也就越高。其购买力的大小则取决于他所制造的产品或提供的服务在市场交换中所获取的收益。再进一步，他的产品和服务的收益取决于产品和服务的质量及生产难度，以及他人对这种产品或服务的需求程度。接着遵循正常的逻辑，产品和服务的质量和生产难度则牵涉人的生产能力和相关品性，进而社会中的个人的品格和能力就是这个人价值大小的最终依据。以此为前提，我们来劝谕社会成员，主旨就应集中在希望他们通过学习和实践不断提升自己从事具体行业的必备品格和关键能力，用一个流行语表达就是核心素养。

可惜的是，对于这样一番道理，目前重视和相信的人可能越来越少。估摸着除了那些没有硬技术就无法操作的事情，其余的事情及其连带的岗位和行业中，人们对非本质能力的崇拜或许到了无法撼动的地步。更通俗地讲，无需格外专业的技术支撑的岗位工作，看似谁能够取得成功、获得实利，与该岗位所需要的必备品格和关键能力也似乎没有多大关系了。这也是我们很容易感知到品格与能力均不理想的人却能够风生水起的主要原因。对于这种现象，我们还真的不能基于纯粹的理性来进行好坏的判断，原因是社会生活并没有简单到只需要生产者和消费者两个阵营那种程度。实际的情况是，在社会生活系统中客观地活跃着数量可观的非生产者，他们不制造具体的产品，甚至不提供必要的服务，却成为社会生活运动中的活跃分子。

而那些从事各种产品生产和提供各种服务的人们，客观上只是做了一个个分数的分母，没有他们的存在显然不行，但他们的"有"亦即"存在着"，却很难有足够的显示度，说他们像沧海一粟都不为过。由此可知，社会生活系统中的生产者，就其存在的质量而言还是有巨大提升空间的。根据历时和共时的经验，这些占据人口绝对多数的人们是需要提高努力程度的，这是因为他们的存在质量直接关乎整个社会的文明和进步水平。换言之，如果各行各业的生产者都不那么卖力气，不那么注重自己的存在质量，就会拖社会进步的后腿，也会降低自己人生的意义和价值。从整体性上说，我们也不能忽略那部分不生产、只消费的人群，只是不能简单地采取针对生产者人群的那种幼稚的教育立场，而是应当花一点心思去认识他们的实质，并最好使用科学的而非社会的思维去寻找能让他们更进一步休闲的方法。

据专业人员的研究，在无法使一种不必要的或者是消极的存在者退场的情况下，为了整体的文明和个体的利益，可以暂时设法让那种消极的存在者处于疗养状态，就像可以把老虎和苍蝇先关在笼子里及瓶子中养着一样。之所以做出这样的选择，主要是因为对于这一特殊的人群，教育通常没有多大作用，而打老虎和拍苍蝇，且不说本身就是一件需要投入精力的事情，即便取得局部的成功，它们也会卷土重来，即便能把它们打完拍净，也可能留下别的后遗症。所以，在还没有根治之法和预后措施的情况下，不管我们多么厌恶那些消极的因素，也得理性地忍着，权当供养它们是人类在文明进步过程中必须付出的代价。与此同时，生产者的社会还必须自觉建设自己的健康文化，其核心应是明确各行各业的正道。

千万不可自信地以为自己对所在行业的正道了如指掌，要知道包括那些惯于鱼目混珠的个人也不见得是明知故犯的顽劣之徒。经验表明，那些个人固然存在着德性上的天然缺陷，但绝非到此为止，心理学意义上的人格疾病和思维障碍在他们身上一般来说同时存在。这估计也就是教育学家赫尔巴特认为"愚蠢的人不可能具有德行"的真正原因。明确了自己行业的正道之后，从业者就需要坚定地走在正道之上，最关键的是要坚持下去。如果自认为正道是应当遵循的，就不要在乎走正道可能招来的烦恼。实事求是地说，这一类的烦恼虽然会有外部因素的激发，但其产生却是发生在人的精神内部的，就其实质而言无非患得患失。

尤其是当发现不走正道的人占了些许便宜的时候，就立即觉得自己走正道吃了亏，继而牢骚满腹、怨气冲天，这样的人说到底也不是真的忠诚于正道。一个真对行业正道忠诚的人，是不能够用小商贩的思维来计算得失的，更不应把自己宝贵的心力花在注意和评论那些不走正道的人身上。要做到这一点当然是很难的！但也正是难能可贵者才具有保持和推动社会文明和进步的基本力量。如果每见有离经叛道者旱涝保收便动摇一次心志，那一个原本走在正道上的人难免也会与自己原本厌恶的人同流合污的。

说实话，一味理性地提倡德行的人在今天已经越发没有了底气。如果这提倡德行的人还算成功，就会有人判断他故作姿态；如果这提倡德行的人有那么一点寒酸，那么他不仅难以有影响力，还可能成为人们的谈资。不可否认，我们的精神文化系统已经面临诸多未知因素的侵蚀。形象地说，椭圆即使不比正圆多，也会和正圆一样多，在有的时空里，椭圆与正圆相比很可能还会占据绝对的优势。因而，不少并不愚笨的人对时间和空间两重意义上的未知远方多多少少感到迷惘。这种较为普遍的心态并非积极现象，它一方面会影响社会生态系统的质量，另一方面还可能抑制个人主体性的形成和发挥。

当主体性不足的个体比例超过某一个限度时，社会生活系统就会失去活性，系统中的成员就会丧失活力，系统运动的速度越来越慢，其稳定性也就越来越弱。也许我们正在经历这样的过程，只不过还没有人来得及给这个过程命名。那就把这个命名的事情交给未来吧。就目前的趋势来看，这个过程的确正在进行，但也趋于终结。我的依据是，各行各业的正道以自己的节奏把那些歪门邪道挤向边缘。无论多么清朗的春天里，都不可能一只苍蝇也没有，只要苍蝇不能堂而皇之地招摇过市，春天就算是取得了胜利。

文明与野蛮、阳光与阴暗总处在不断的对抗之中。只要人自己能够坚持对文明的选择和向往，就一定能够寻找到让文明重回社会生活中心的办法。还记得毛泽东 1961 年写的《七律·和郭沫若同志》吗？想起来就令人心潮澎湃。诗曰："一从大地起风雷，便有精生白骨堆。僧是愚氓犹可训，妖为鬼蜮必成灾。金猴奋起千钧棒，玉宇澄清万里埃。今日欢呼孙大圣，只缘妖雾又重来。"不断吟诵这首诗，我想到的是孙大圣只有一个，显然太少了，各行各业愿走正道的生产者，都可以朝着孙大圣的方向努力。实在不行的话，那就在为了社会文明进步的大前提下，"有钱的出钱，有力的出力"，共同前行。正道是人走出来的，必须有很多的人走才有意义，才能不荒。

尊贵之人宜远离荒唐

坐直了总体上还是比斜躺着要累一些，但我还是习惯以坐直了的姿态读书、写作。细思这样的选择，很像自己难为自己，但实在没办法，从小就接受了大人"坐要有个坐相，站要有个站相"的约束，逐渐也就习惯了。而在习惯之后，每一次坐到办公桌前，自然就会腰背笔挺，时间久了的确会有点犯困，但并未成为负担，稍作运动即可恢复常态。后来据专业的医生说，我的颈椎、腰椎没什么不适，应与这种一贯坐直了读书、写作的习惯有关。

没想到在一个领域做对了事情，竟然能够获得另一个领域的好效果，内心更觉得来自长辈的一些表达有效常识的唠叨也自有其积极的价值。可惜这样的道理，往往要等到人基本没有了可塑性之后才能恍然大悟，一般的结局就只能是在一声声夹杂着悔意的怅叹中接受自己并不满意的现实。所以说人性的局限，如果不能遇到理性力量的碾压，必会成为人在成长过程中重蹈无数常人覆辙的常规性力量，而人自己几乎毫无悬念地会较早融入平庸之群。

当然，如果我们觉得做一个躲在人群中的数量角色就很如意则另当别论，因为不同于众者固然更容易在群体生活中占得先机，但也容易比众人先遇到狂风暴雨，这也是大多数人不做出头鸟的经验性依据。像这一类的事情也没有什么值得评议的，不同位置上的人有不同的遭遇，俗而言之，也不过是周瑜打黄盖而已。尤其是当隐于众人者不艳羡出头鸟的风光，而出头鸟也能"不管风吹浪打，胜似闲庭信步"的时候，说一声各安其位、天下太平也绝不为过。

但人间的事情总是要受到人性的制约，因而人性的局限只要稍有显露，就如同阳光下的尘埃般显眼。这让我们无须费力就可以看到隐于众人之中暗自摘取成果者的内心戏码，同时也可以偶尔目睹一部分出头鸟的因承受压力而怨声载道。一般情况下，前者通常见不得后者的风光，而后者往往抱怨自己总遇到风浪，各自在这种局限性的展演中均分别巧妙地忘记了自己作为平庸者的安逸和作为出头鸟的荣光。然而，他们可能不知道，在这个复杂难解的宇宙之中，很可能存在着一种难以言喻的得失平衡铁律。

如果我们因人性的局限而任性地觊觎了不属于自己智力和德行可以承受的利益，那么宇宙的这一铁律一定会用自己认为适合的方式收回我们不该拥有的，或者是另行、额外给予我们难以承受的苦难。我知道这样的观念有点唯心的味道，但这只是说我的判断未能基于明确的前提或者经验，要说铁律自身的内涵，有实证爱好的个人可以费神验证。我相信这样的验证如果是一单生意，必是稳赚不赔的。

一定有细心的人用事实来反驳我以上的判断，比如他确实发现一些富有不义之财的人得以善终，或是一些作恶多端者最终还是逍遥法外，对于他们来说，不就是有得而无失吗？其实这只是表面的现象，因为我们并没有见到他们提心吊胆的样子，更无缘体验他们做真恶、行不义之时的猥琐。难道他们失去的心安理得和精神自由不是人之为人需要追求的吗？何况一人之恶和不义，其祸并不仅仅及于自身，与他有关的人们也难免受到牵累。

回忆一下各种曾经的风云人物，在铁窗之内的一夜白头和瞬间憔悴的景象，便知这人世之上虽永远不可能尽善尽美，却总会给人们留存下底线希望。如果连同底线希望也逐渐衰退，那全面的萧瑟几乎将成为新时空的底色。

自立秋以来，便时不时听到不同性格人们的叹息，各自在声学上的指标并无差异，但叹息声之外的意义却大不相同。由于记忆力的问题，我一时也无法尽述各种叹息的情形，但令人印象深刻的还是能够记得起来。其中对我们认知较具有挑战性的一个是：许多人叹息讲规矩的人越来越不好做了。最初听到这样的叹息，我不以为然，心想这算得上什么，甚至认为如此叹息者多少有点少见多怪。然而，随着这样的叹息声越来越多，而且其来源越来越多元，我就开始对自己貌似练达的心态感到羞愧。因为在我肤浅的练达中，实际上隐藏着对于规矩的轻视和对不守规矩者的宽宥，表面看来很像豁达，其实质则是近于堕落的。再联想到自己耳闻目睹的许多人间闹剧，真的觉得自己的那种肤浅练达无异于对人间规矩和守规矩者的不敬。

规矩者何？应是抑制人性局限的智慧性律令。从之者，雅致；弃之者，粗俗。从之者，文明；弃之者，野蛮。从之者，仁义；弃之者，邪恶。若是世间众人对规矩的依从能蔚然成风，则社会生活必是明月清风之状；反之，若是世间众人对规矩的悖逆能大行其道，则社会生活必是乌烟瘴气之态。既知道规矩有如此的深意，莫说以身试法，即便宽宥他人的不守规矩，也是一种平庸之恶。

然而，正确的事情往往显得幼稚，反倒是错误的做法往往在众人的眼里透着"聪明"。近日有友人言其苦闷，问及缘由，答曰太守规矩。莫非这规矩的第一功能真的就是要供破人破坏的吗？如果真的如此，我们不妨就多制定一些坏规矩，数学上不是讲负负为正吗？不守规矩之人以破坏规矩为本能，他们破坏了坏规矩，天下反而可以太平许多。可惜这只是一种嘴上的游戏，对于守规矩的人来说，也只能以此自我慰藉，并顺便表达对天下规矩的同情。

忽然想起多年前一位即将毕业的学生向我提出的一个问题：毕业以后应该做君子，还是应该做小人？我当时因为揣摩到了他的意思，因而不好立即回答，只是淡淡地告诉他不要想那么多。这也是为师者的未尽之责。实际上，无论生活的现实如何，为师之人都应向他们传递积极的信息。但实事求是地讲，即使让今天面对这样的问题，我仍然没有足够的底气告诉学生就我的角色而言正确的信息。因为那些曾通过共同观念统一起来的精神纽带，如今似乎呈现出碎片化特征。

即使这样，尽管如此，不管怎样，无论如何，我还是觉得正确的事情必须有人不断地去做。因为，坐直了虽然总体上还是比斜躺着要累一些，但"坐要有个坐相，站要有个站相"的道理无错。正确的事情做久了，一定能内化为高贵的人格特征。我以为尊贵之人宜远离荒唐，平日应遵循"勿以善小而不为，勿以恶小而为之"的古训，涵养心性，严正行为，终将成为可敬可佩之人。

须敬畏公共的和绝对的

自从注意到"公共的"和"绝对的"两种价值，我对许多精神文明建设中的困惑立即释然，同时，对教育中的德育之难也有了最可靠的理解。把这种释然的和理解的灵魂加以凝练，正是社会的精神文明和教育中的德育效果最终取决于相关主体对公共价值和绝对价值的态度。这样的理解也许会有以偏概全的可能，但心灵的眼睛依稀可以看到凡是敬畏公共价值和绝对价值的主体和主体群，无论他们的存在有多少可商榷之处，其精神的和德性的品质在人整体中通常是卓尔不群的；与其相对应，凡是无视甚至蔑视公共价值和绝对价值的主体和主体群，则无论其在感觉上如何受人追捧，其精神的和德性的品质在人整体中总会显得猥琐和无力。

这便让人不由得回过头来审视公共的和绝对的这两种价值，至少我是带着一种希望的，因为直觉告诉我，通过这一审视很有可能从思维上突破我们精神文明建设的瓶颈性问题。当然，进行这一思考的前提是我们必须理性地面对现实，承认我们在精神文明建设领域的确面临挑战。

很多次，我留意到城市大街上的一些宣传语，尤其是在创建文明城市期间，最常见的是"××是我家，建设靠大家"，这分明就是在通俗地表达一种公共的价值，但谁也不知道究竟有多少人会因为这一条宣传语而产生心灵的反应。精神文明的问题固然与认知有关，但如果不能借助持续正确的态度表现出来，在现实的层面就无异于虚空。知道一种积极的因果关系只相当于掌握了一种知识，只有爱上了一种积极的因果关系才算是具有了一种美德。而要人们爱上一种积极的因果关系，这就不仅会依赖他们自己面对它时的自然愉悦，更会依赖这种因果关系变为现实的概率。

这样看来，对于精神文明建设而言，彻底消除导致消极因果关系产生的基础才是万全之策。与此同时，也的确需要让人们从理性上认知公共价值自身的价值。所谓公共的，也就是大家的，不独属于某一个人，却完全属于每一个人。因而，敬畏公共价值，就是对包含每一个人在内的大家的敬畏。然而，如此浅显易懂的道理要变成普遍自觉的行动，其难度可能并不亚于登月。

绝对价值与公共价值在我们的生活中具有比较相似的命运。若论其形成，与公共价值旁落的原理也大致相似，即敬畏绝对的个人较难拥有现实生活的福报，部分人因此对绝对价值渐渐地没有了感觉。忽然想到了康德的名言："有两种东西，我对它们的思考越是深沉和持久，它们在我心灵中唤起的惊奇和敬畏就会日新月异，不断增长，这就是我头上的星空和心中的道德定律。"我们头顶的星空是真实的和绝对的存在；我们心中的道德定律，如果真的像 2022 年诺贝尔生理学或医学奖得主斯万特·帕博发现的那样来自宇宙的法则，也是真实的和绝对的存在。但问题是，对于这一类的存在，又有几多人会心生惊奇和敬畏呢？

我们较为熟悉的恰恰是与绝对存在和绝对价值性质相反的现实主义规则——事在人为。而且我们都明白这里的"事在人为"并不只是在彰显人的主观能动性，更多的情况下是对挑战绝对价值的行为的鞭策。但也正是在这种几乎成为风俗的鞭策中，连同绝对价值也能沦为勇敢者的游戏对象。丢掉了面对绝对存在和绝对价值时该有的恭敬，人主体也就随时都可能放弃对文明的选择。我们也提到了教育中的德育，这的确是一个时代的难题，但解决它并不需要依赖高端的技术。我们其实已经教育过孩子们爱护公物、热爱集体，从这里出发，我们可以继续引导他们敬畏公共价值和绝对法则。只要能够做到这一点，至少在教育领域，我们就能牢牢掌握主动权。这里面有许多的课题需要攻关，那就是教育研究专家需要努力的方向。

"投机"是要不得的

期货、证券交易中的"投机"一词并无贬义，而是一个中性词，指的是人根据自己对市场的认知与判断，把握机会，利用市场出现的价差进行买卖并从中获利。虽然说这样的获利行为在最为传统的观念世界里因其不具备生产性而不被倡导，但并没有影响相关行业名正言顺的存在和兴旺。但"投机"一词如果用在期货、证券交易之外的人文生活领域，就明显带有贬义了，一般用来形容那些为了自己的私利而不择手段、不顾他人利益的行为。因而，在日常语境中，说某个人惯于和擅于投机，基本上等于在三观的意义上否定了一个人。

对于这一类个人，人们大多会保持距离的，修养或许会使人们不至于口诛笔伐，但不置一词地保持沉默也能够表达出一定程度的不屑。但说实话，这样的不屑只有在当事人那里会激发起一时的正义感，于他人通常并无过多的意义。尽管具有这样的态度已经很不容易，但不能坦率表达出来的态度就不会成为促进文明的力量。尤其是作为教育者，如果缺少了爱憎分明的态度，身正为范的理想是无法实现的。

我曾经说过自己可能是一个教育主义者，具体而言，我虽然知道教育的有限性，但始终认为教育者在职业的和专业的领域应当为学生做德性的和认知的表率。正是在这种意识之下，我不知多少次告诉过年轻的学生一定要远离投机，并要知道"一次投机、终身投机"的道理。任何人也不要过分相信自己的自制力，不要以为偶尔投机一次从此不再重复即可，因为投机的效率之高足以撼动一般人的精神。

如果有巨大的利益既可以选择投机而唾手可得，也可以选择正义而负重攀爬，谁敢保证多数人会选择后者呢？现实的情况通常是：平常人虽有投机的心理，但积极价值的引导和自我修养的力量会把那种蠢蠢欲动的投机心理扼杀在摇篮之中。当然，也会有投机禀赋极好或打小就浸润于投机文化之中的人们不由自主地选择投机。他们在最初还可能遮遮掩掩，甚至会对自己的投机行为加以美化，而随着投机成功率的节节攀升，他们便不再费工夫掩饰，而是反过来宣扬投机的合理性，这便使他们万劫不复了。

不过，这样的判断显然比较传统和保守，在目前的环境下，既不会被多数人强烈反对，也难以获得多数人的广泛认同。不管怎样说，投机与世俗成功间的关联似乎更为紧密，而通过走正路达到世俗的成功显得尤为艰难。在这里很有必要指出，所谓世俗的成功，就是对一个人所从事的事业不知就里，而只能用位置、金钱及各种符号来判断的成功。与此相对的则是一个人事业本质意义上的成功，这自然是非世俗的，然而就其所牵动的人的本质力量来说才是真正的难而又难。

但是，这正反两种情形自古皆然，说出来又有什么意义呢？窃以为，这样的自古皆然在平常的时期大可不必关注，但在前路茫茫的时期，如果仍然对这样的自古皆然保持缄默，那对于教育者来说就是一种失职。每一次面对自己的学生，我分明能感受到他们想借用老师实现速成的急切，但我最终还是狠下心来告诉他们，老师只能在学生专业思考的进阶上提供引领和促进，对其余与专业相联系的世俗的事务，老师是爱莫能助的。这话听起来有点无情，却是出于对学生未来发展的负责。

无论环境的现况如何，无论环境的未来可能如何，从事业的开端处就遵循正当的原则总是正确的。"善假于物"虽不失为一种机智，却是要设前提条件的，此条件应是"善假于物"只能用于做正事的范畴。谁也不必说学生借助老师的力量比自己的同窗捷足先登就属于正事，不客气地讲，其间无法戒绝投机的意识。若说这投机心人人皆有也不为错，但经济学意义上的投机才是机智，社会学意义上的投机就是一种众人心领神会的欠缺了。

非常值得注意的是，投机近似于吸毒，一旦染上便难以戒除，我因此才常常告诫学生们说"一次投机，终身投机"。在这一点上，我甘愿落下啰唆的口实，强调任何人也不必过高地估计自己的意志坚强，要知道投机的效率优势足以打动心智正常的多数个人。我们显然是反对投机的，其主要的理由有伦理学的，有人生哲学的，还有社会学的。

从伦理学角度看，投机因通常发生在平行竞争的过程中，投机者的利己机智必然会在过程或结果上造成损人的效果，自然是失德的。

从人生哲学角度看，投机固然可以获得眼前的利益，却会造成持续获取利益所需求的持续失德行为。如果有人有机会目睹过投机方面的高手，就能从他们的面目中读出精神的紊乱和心灵的苍白。所以，投机一旦成为一种习惯、一种性格、一种气质，对于投机者个人来说是最为受害的。但由于他们毕竟从环境中猎取过相当的利益，因而他们通常并不会为自己的失德而内疚和惭愧，反倒可能想方设法为自己的失德做合理化的辩护。

从社会学角度看，投机者很容易对意志和心智薄弱的个体起到示范作用，会让他们真诚地接受投机与成功之间的必然联系，从此便不再相信久久为功的道理。长此以往，各种事业中的浮躁、虚假就可能成为常态，务实的个体则很可能被挤到边缘。近来阅读一些评论学术界的文章，才知道这个世界中有很多值得深思的现象，立即有了与世隔绝的想法，虽然也身在其中，竟对许多可笑可叹之事少有所闻。在这种情况下，我们应该怎么办？还真没有什么好办法。大概也只能告诉自己和可以告诉的一些人尽可能独善其身。

古人云："全则必缺，极则必反，盈则必亏。"未来还是很有希望的。

给生命留一点诗和远方

说起命运，总是容易联系到宿命论，而宿命论说白了就是生死有命、富贵在天，这样的思想在我们的判断中通常被贴上唯心和消极两种标签。有时候，人们还会觉得讲宿命的人多半是不愿努力的，并在为自己境况的辩护中把一切原因都划归外部，应该说这样的判断是有些唐突的。如果能在人生哲学的意义上反思宿命论，就会发现它并不是所谓消极的思想，而是对个人结构性存在的一种比较理性的说明。

要清楚宿命论的内涵实际上是说人一生的贫富、寿数等受到既定遭遇的限制，而人只能服从上天的安排积福除灾。至少宿命论的前半部分是符合人的生命及生活实际的，难道我们能够否认具体个人当下的境况是他自己历史的结局？个人的努力当然不能没有，但具有不同历史积累的个人，他们努力的方向、方式和程度显然不可同日而语。因而，当我们听到有人说他自己"心强命不强"的时候，加上我们可以判定他们并没有不真诚时，也会在意识中闪现出宿命的影子。

宿命论的问题恐怕是它后半部分的内容带来的，那就是比较武断地认为人只能服从命运，而且必须这样才能够积福除灾。这就等于说个人在命运面前不必有所作为，即便一个人不愿接受命运的主宰也无济于事。实事求是地讲，这的确容易让命运多舛或本就消极颓废的人心安理得地放弃主观的努力，对一个群体的存在状态和未来发展确实不具有建设性，因而对于必须积极进取方能改善存在状态的人来说，它绝算不上一种好的人生哲学。

一种合适的人生哲学也许是在承认个人是被多种因素规限的同时，也具有借助主观能力实现突围的可能。当然也得知道个人的实现突围一定是有限度的。灰姑娘的幸运和咸鱼翻生的故事毕竟不具有普遍性，这一类的特例并不符合普遍的生活逻辑，更多的情况下是一种特殊主体在特殊情况下的偶然意志的结果。所以，我们通常情况下不必指望任何奇迹的出现，但也不能因为个人必受环境的规限而自暴自弃。保持努力的状态，奇迹有时候会不期而至。

说真的，人生的趣味恰恰就在这种未曾计划的收获之中，反倒是可以规划与设计而来的收获，在得到的那一刻可能变得索然无味。宿命论，信不得，若是信了，就等于认了命，很容易把自己交给自然。但也不要把主观的力量想得过于神奇，更不要自信规划与设计可以让生命更有意义。如果懂得敬畏生命，就应该懂得有限的人生经不起规划。何不给自己留一点诗和远方？

想起来有一日，见到一位老领导，他已经八十高龄，阅尽世事，老来豁达，所悟之精髓竟是臻于化境方知不过如此。我从老领导那里悟到的则是人生只需尽心竭力，只要有了目标，根本不必挖空心思地算计。水到渠成、瓜熟蒂落，马到成功，顺理成章，才是既不负天又不负人的结局。

不过，这样的认识在一些人看来多少有些保守，客观上也的确有人能够超越自己的德性和才干斩获名利且自鸣得意。遇到这样的人，我们最好敬而远之，更不必把他们的经历视为范例默默效仿。最好有点耐心，或可见证"德不配位，必有灾殃"的真实。在人生的旅途中，即使我们不相信宿命论，也应该谨记人不能犯的三种错误，即德薄而位尊、智小而谋大、力小而任重。一旦犯了这些错误，很少有平安无事、善终善了的。据说这是孔夫子的智慧判断。

迷茫之时只朝向光明

有关生活的格言是众人在生活的历史中总结出来的宝贵经验，其有效性一般是不用怀疑的，我们只需认真遵循就好。说这样的话，是因为我们在很多时候并没有把那些格言视作铁律，加上在特别的时刻我们格外地相信了自己，常常就有了大大小小的失利。这时候，前辈们就会说"不听老人言，吃亏在眼前"。听到这话的我们倒也不见得立即服气，但随着日月流转，我们在内心还是能够最终认可的。

忽然想到这一番道理，是因为近来一些急躁的上进者表现出临时抱佛脚的急切，使人自然联想到"功到自然成"的朴素格言，这中间的道理好像总是被人们轻视的。我说的是人们的轻视而非无视，原因是那些轻视了

"功到自然成"的人们在他们的理性中也还是认可这个道理的，只是他们内心的急躁驱动着他们更愿意寄希望于高效率成功的幸运，却不知道这等好事并不是人人都能遇到的。

我们偶尔知道的一些幸运者，事实上并不是偶然获得了某种幸运，他们的幸运其实已经储藏在他们先在的生存结构中了。再说得通透一些，那些在我们看来轻易有成的人，通常情况下已有与他们紧密相关的背景注定，如果有例外，九成以上的情况应是有些人壮着胆子、抹开面子，走了歪门邪道。知悉了这一切，急切却平凡的上进者是不是应该努力冷静下来呢？冷静下来之后，我们可以做一次理性分析。

我们不妨首先想一想自己先在的生存结构，看看我们的亲人已经为我们积累了什么样的和多少生存资本。如果发现这样的资本少得可怜到不足为外人道的程度，那我们除了从最基础的事情做起还能有什么选择呢？这世上的各种优越的"二代"毕竟是少数，因而那种在高起点上潇洒运作的人，我们知道一下就可以了，若要我说，我们连同羡慕的心情都不该具有。要知道正是在这样的羡慕中，我们很可能在内心渴望的驱动下，阴差阳错地联想到被积极价值界定的歪门邪道。

实事求是地说，那种门道是具有足够吸引力的，它所内含的极高效率明白地意味着生命能量的节省，无形中等于增添了我们有限人生的可能性。而这样的吸引力又的确是心神不定的个人难以抵御的，于是就在一代一代的人中产生了放弃按部就班的一群人。他们因此获得的现实利益反过来会驱动他们成为消极价值的维护者和辩护者，进而使我们的生活世界自从有较高级的文明以来始终都在两极价值的颉颃中存续，从而使人类整体的内在冲突看起来无法消解。

或有人会觉得，既然这种冲突整体上无法消解，我们顺其自然就应该是最恰当的选择。先不论这样的想法是否正确，至少它没有表现出人之为人的卓越与高贵。虽然世间的事物不会完全因为人的好恶而在或不在，但人的好恶的确对世间事物的存在结构和状态具有调控作用。设想历史上从来没有出现过孔孟、程朱、柏拉图、马克思，继而设想从古至今的人们均对事物的存在采取了自然而然的态度，恐怕最初级的人类文明也不会出现。

任何高贵理想都不可能一蹴而就地实现，但因人对高贵理想的追求，高贵在我们生活中的占比还是越来越高。不排除天黑的时候，多多少少还会有不高贵的事情发生，但随着对高贵的崇尚和追求渐成气候，不高贵的事情正逐渐丧失其成活的土壤。至少那些事情的主体也得心不甘情不愿地装作高贵的样子，因为他们内心里也十分清楚卑贱并不会因为一时的流行而改变其自身的性质。

最近有一首刀郎的歌曲《罗刹海市》可谓搅得周天寒彻，细思其意料之外的效果，实际上是为无数人心灵深处的积极价值释放提供了一个高品质的机会。在此过程中，难免有一些曾经光鲜耀眼的事物莫名其妙地黯然失色，但这不过是积极价值集中释放所产生的牺牲，整个过程的灵魂实际上是人们在歌词的诙谐激发下迸发出来的、难以自抑的、对真善美的渴望。按照信息传播的生命周期律，任何一次价值的集中表达都会最终没入尘烟，但这并不会从根本上减损积极价值之于人类生活的作用。

烟火过后也会有灰烬，而只要烟火曾经存在过，总会在人们的记忆中留下印记。难道我们不会觉得《罗刹海市》歌曲的诙谐客观上已经引起了人们对价值错位的特别关注吗？从这里出发再温习一下著名的蝴蝶效应，即美国气象学家爱德华·罗伦兹所说的一只南美洲亚马孙河流域热带雨林中的蝴蝶，偶尔扇动几下翅膀，可以在两周以后引起美国得克萨斯州的一场龙卷风。这能让我们更加笃信一个局部的、微小的事情一旦成为事实，连同其主体也无法预测之后更多和更复杂的变化。

因而，对于不如人意的存在，我们还是应该采取积极改进的态度和策略，在操作的层面，我们需要保持文明共同体认可的正确姿态，做自认为符合人类积极价值的事情，世界或将因我们看起来微不足道的努力而发生重大的变化。抱着这样的心态，面对前辈们用生活的经验和智慧凝成的格言，我们先须对之持敬畏之心，再设法实际践行。荀子说："积土成山，风雨兴焉；积水成渊，蛟龙生焉；积善成德，而神明自得，圣心备焉。"（《劝学》）只要行动的方向是光明与善美的，无论怎样的行动都配享有众人的褒赞。

不忘以诙谐和智慧为内核的趣味

行走在路上，有一阵暴风雨袭来，我们会本能地看看周边有没有屋舍可以遮风避雨。如果没有，则会降而求其次，看看有没有只能挡风或只能避雨的地方。在我的记忆之中，这样的情况下，人们多是跑向最近的一棵大树的。但也的确有过四顾无所投的时候，比如恰好行走在旷野之上，在本能地奔跑之后，我们通常会在无可奈何中放慢速度，任风雨吹打。这时刻，若是有人喊着问"这么大的风雨，还不快跑？"我们大概只能投去略带谢意的微笑，脚步却不会因此加快。照着我老家人的想法，说不准还会诙谐地反问对方："跑那么快，莫非前方没有风雨？"

是的，这就是我老家人中那些平日的言行里都透着洒脱的人们的想法。对于他们来说，无法躲避的，便无须躲避；无法抗拒的，就不再抗拒。要说如此洒脱的最终结果，据我曾经的观察，最终他们大多成为无功名而有趣味的人，因为没有多少人谈论过他们的发达，却几乎没有人不讲述他们的故事。就内容来说，他们的故事一方面具有天然的情趣，另一方面则多多少少洋溢着接近智慧的东西。后来读了一些娃娃书，我才知道他们和阿凡提、济公等是属于同一类型的。

联想到这样一些旧事，是因为我在恍惚之间想到了风雨中寻找屋舍的人们实际上是在寻找安放自己身体的地方；而那些在无可奈何中放慢了脚步的风雨中人，实际上是暂时悬隔了自己的身体，在平凡的道路上或在异样的旷野中，仅仅在意了自己的心灵。我甚至想象到有幸躲避到屋舍和树下的人们，大多会在无知无觉中触碰到心灵的暂停键，他们在那一时一地所能感受到的只有他们的感受本身。而那些后知后觉的阿凡提或济公一等的人物，则多会因为必须用精神的力量来平衡铺天盖地的风雨而只能在意识中留下自己的精神。

不知经过多长时间，风雨后来都悄悄地退了场。继而在明媚的阳光下，那些从屋舍或树下出发的人们魂不守舍地向自家奔赴，而那些和阿凡提、济公一样的人则轻轻地走进了人们的故事。不知又经过多长时间，道路上和旷野上走着的已是当年那一代人的子孙，他们一样口中念念有词地讲述着故事，故事的主人公还是曾经在风雨中步定神闲的阿凡提和济公们。小时候我还真的询问过讲故事的长辈，问询他们是否见过故事中的人物，他们的回答是没有见过，说那些故事也是他们从自己的长辈那里听来的。我琢磨代代人口耳相传的讲述，欣喜地发现在其中恒久流动的内容，原来是以诙谐和智慧为内核的一种趣味。

一代一代的人们之所以乐此不疲地讲述着那些万变不离其宗的诙谐和智慧，则说明每一代人的生活都不只需要满足生存和安全需要的衣食无忧，还需要平静湖面上的朵朵浪花和层层涟漪，这浪花和涟漪正是千年不老的那种趣味。我想这遍地都是阿凡提和济公的世界也不是我们想要的，但没有阿凡提和济公的世界一定是我们更不想要的。实际上，这两种极端的情况也不会发生。我们所幸运寄居过的有趣世界，不过是更容易产生诙谐和智慧的世界，同时也是更愿意宽容诙谐和智慧的世界；我们所不幸屈就过的世界则恰恰相反，通常容不得诙谐和智慧的声张，从而也使得自身缺乏诙谐和智慧，换言之就是缺乏趣味。

有趣的社会学家应该对这样的问题感兴趣，我们平常人自然也希望他们能够对这样的问题能有些真知灼见。放下可怜的面子说，如果我们的世界朝着无趣的方向运动，如果我们继续无所作为，我们的世界将再无故事。回看现实，那些曾经让我们心花怒放的诙谐和智慧人物，似乎都知趣地披上平庸的外衣。流行的和盛行的，不知从何时开始就变换成了自信满满、了然无趣的无神两眼和茫然一脸。

近来听人说道，现在有日益扩大的无助人群，他们躺也躺不平，卷也卷不赢。我最初只觉得这话说得有趣，再一琢磨，原本轻松的心情骤然变得沉重。我的脑子里逐渐浮现出一幅耐人寻味的图画。在图画里，有躺不平的人挣扎着直起了身子，他们显然在为稻粱而若有所思；有争抢舍饭却挤不到锅前的人踮着脚尖，他们显然在为极可能无果的争抢而竭尽全力。我就像在梦中一样，毫无思量地问他们为什么不躺和为什么要卷，但根本就没有人理会我，盖因在他们的世界里，我的问题纯属荒唐。在这个世上，每一个人都不应当无缘无故地躺平，可是世上确实有躺平的个人；在这个人间，每一个人都不应该被推入互卷的游戏之中，但互卷不仅没有消失反倒越来越盛。

在躺平的人中，有一部分压根就站不起来，有一部分是实在累得不行才索性躺平，又正好被我们看到。对于压根站不起来的人，我们应该让他们好好地躺着，补补营养，消消病痛，让他们相信站起来的希望一定会越来越大；对于太累而暂时躺平的人，我们应该消除噪声，开启空调，让他们好好歇一会儿，须知为生活拼搏的人都不容易。在卷着的人中，有一部分是身强力壮的，有一部分是身单力薄的，看上去他们都在卷，但各自的感受和命运迥然不同。对于那些身强力壮的人，我们应该提醒他们省点力气，别让非本质的诱惑把自己的魂魄带走；对于身单力薄的人，我们应该帮助他们改弦易辙，让他们知道东方不亮西方亮，条条大路通罗马。

话说到这里，我想起来了前几日读到的一则新闻，说某山某庙的某神特别灵验，那里香火旺盛，人山人海，想烧香朝拜都是要排队的。这条新闻倒没有什么稀奇，在一些传统节日，很多山上的庙里都会这样红火。引发我兴趣的是这条新闻下的一则评论：如果某神真的灵验，这些人还能排上队吗？我估计能说出这种话的评论者，也是阿凡提和济公一类的。

无差等地对待各种事物

曾有人问我在山和水之间更喜欢哪一个，我回答说只要不让我上山、不让我下水，两者我都喜欢。问我的人不尽兴，继续问我如果只能在山和水中选一个喜欢会如何。这一问真的难住了我，但经过一阵子的思量，最终选择了水。那时候，并没有想到类似"知者乐水，仁者乐山""上善若水，水善利万物而不争"等经典的说法，真实的理由不过是觉得自我经验中与水的相处总是伴随着快乐；而山，对我这个从小生长在平原上的人来说，只是远观中的模糊形状和各种书里的描述。

碰巧的是向我发问的人正好是一位山里人，因而一再追问我为什么就不喜欢山。我只能说自己虽然没有不喜欢的理由，却也没有喜欢的理由。至今我还能清晰地记起那人一边说着我没有见识，一边露出不解和惋惜的神情，好像还有点激动地说："水有什么好？"

后来借着各种机会到过许多的山，甚至还在深山里住过几日，应该说远比自己以往与水的接触要更加全面与深刻，也便莫名其妙地喜欢上了山。更加有趣的是，因感受到了山里的各种水状，如溪流、瀑布、大雨，等等，竟让我觉得以往喜欢的水过于平常，好像只有存在于山里的水才有灵气和色彩。进一步想到当年因没有经验可以作为理由而未选择对山的喜爱时，那山亦如我喜欢之后自在于自然的世界，便一瞬间意识到我们个人对一事物的喜欢与否，于那事物本身实在是没有半点意义。

既然如此，我们有足够的经验和见识之后，就可以有意识地让自己不必在乎自己的感觉，转而应像山和水一样，任由有灵的人类个体喜欢也罢、不喜欢也罢。效仿着山水的姿态，自然界乃至人世间的一切事物，无论我们自己会有怎样的感受，都不必因喜欢一事物而忽略了它的缺点，或因当下的未喜欢而无视它的优点。这背后的道理虽然并不复杂，但因我们自己经验和心理通常会处于变化之中，我们认识的完整和辩证，即便是在一个明白人那里，也得等到不惑之年以后。

那也就是说，只要我们对自己的感受还有足够的在乎，就还是不同程度上的糊涂人。无数的明白人用自己的经验告诉我们，只有当人自己能视包含自己在内的一切存在皆为自然的时候，才能够真正体验到豁达的境界。任何人当然都可以反问人为什么必须豁达，这也算得上是个人的基本权利，但反问者必须做好一种心理准备，即须在不自知的前提下，一边享受顺眼与顺耳带来的快感，一边忍受自负与执着带来的烦郁。话虽如此说，其实这世上并无一人可以摆脱快感与烦郁的交织，所谓俗人俗在，并无法不食人间烟火就是这个意思。

既为人类，便无法免俗；但既为人类，便有可能免俗进而豁达。哪怕这样的体验只有一刻，也算得没有浪费上天仅赋予人类的灵性。人世间并没有天生豁达的人，如果有人觉得有，八成是把没心没肺误认为豁达了。仅看外部的特征，豁达的人因不会计较什么，的确很像没心没肺的样子，然而，豁达的人在他漫不经心的背后，坚守的是对各种事物无差等的对待，这就不是没心没肺的人可以做到的。

什么是对各种事物无差等地对待呢？在回答这个问题之前，我们不妨重温范仲淹在《岳阳楼记》里说过的"不以物喜，不以己悲"。想一想，一个人能不因外物的美好而喜悦，也能不因自己的失落而悲切，那他面对世俗的成败时，自然也不会轻浮到喜形于色或者可怜到如丧考妣的地步。可说这是何等的淡然与豁达？即使我们有了豁达作为目标，也不知道何时才能达成，但这并不是什么问题，甚至可以说一点也不重要。哪怕最终也未能达至豁达之境，仅这追求的过程也不失其独特的价值。

这种独特的价值，依着我肤浅的理解，应是近乎养生之功的。世人养生多注重形式，或以为披一身唐装、蹬一双布鞋、品品茶、云云手，便是地道的养生，却不知养生的最高本质在于养心地，养胸怀，养浩然正气，而非空养一副健硕的皮囊。没有了一等的精神，只要那鹤发童颜实在没多大意义。每一次想起满面红光、一脑袋浆糊的形象，难免让人惋惜生命的浪费，或会心疼那些五谷杂粮。

言归正传，我想说的是，追求豁达的过程无异于养生的过程；我更想说的是，追求豁达的过程，实际上就是一个人无限趋近于对各种事物无差等对待的过程。如果能够具有这样的状态，一个人不仅可以远离执念，而且可以无缘于纠结。什么样的事物在我们的意识中都没有了差等，我们也就自然不会为了某些事物而不顾眉眼地死缠烂打。人是讲尊严的，但要真实、牢靠地拥有尊严，除了强大自己的本质力量之外，最有效的办法莫过于无差等地对待各种事物。

当万物在我们心中没有了差等，我们就会永久地获得而不再存在失去的可能。因为，所有的患得患失固然与个人的心性有关，但根底上难道不是因为事物之间有了差等吗？一定有人会觉得事物之间就是有差等的，对于这种想法，我们只需要申明一点，即有差异和有差等并不是一回事。事物与事物当然是各不相同的，但每一种事物从来就处于各司其是的状态，它们相互之间是无所谓等级差别的，因而所谓事物之间的差等完全是人为的创造。

从这个角度思考，凡由事物间的差等所引发的执念、纠结及精神的烦郁，都属于人的自作自受。经验表明，少见多怪。相反，只有见多识广的人，才能体会到 A 也罢、B 也罢，都不过如此。正所谓"天与地卑，山与泽平"。既然都不过如此，我们何不去做既符合公平正义又符合自己兴趣的事情？为了某种并无特别价值的东西而搭上自己的兴趣，甚至搭上自己的人格，真的就符合经济规律吗？至少是不尽然。

我不知从何时开始信上了得失平衡，之后再面对花样翻新的诱因和刺激时，竟能毫不费劲地泰然处之。现在看来，这还算不上是最好的状态。最好的状态应当是因能无差等地对待各种事物而宁静淡然。夏天蚊子多，只要它不叮人，我就能在理解中放任它胡飞乱叫；当然，它每一次叮我的时候，情况就不一样了，我无一例外地会拍死它。这大概就是我作为人的局限性。又回想起我与山水的关系，从喜欢水到喜欢山，再到喜欢山里的水，心里不仅没有负担，反倒更为轻松，应是豁达之功吧。

心情愉快地做正确的事情

晴天的时候再出门，尤其是在春暖花开、空气纯净的日子再出门，我们感受到的总是大自然无私奉出的美丽。这时候，如果恰好有人问卷或访谈我们对大自然的态度，除了赞美和感激，我们还能有什么想法呢？但如果每到天色阴沉、雾霾充斥的时候出门，恐怕用不上有人问卷和访谈，我们自己就能自主地生出沉郁、烦闷的情绪，觉得这大自然好像有点刻意扰乱我们的心理。

以上两种情况当然有点极端，因为大多数时候，我们对大自然的景象并无选择的可能，生活和工作驱使我们奔向无休止出现的小目标，自然的景象如何通常不会成为出不出门的依据。在这种情况下，比较现实的应对也就只能是把注意力集中在眼下要做的具体事情上，这样才能把自然景象的状况及其变化转化为无意义的存在。但这是一种被动的转化，虽然不消费自己的心力，但多多少少是夹杂着无奈的。

　　想明白了，这其实也不是什么问题，不仅自然中的一切并非为我们自己预备，而且我们自己也只是自然的一部分，因而包括我们的满心欢喜和烦躁郁闷，也只是一种自然现象。那还有什么要说的呢？如果非得要说一说，那就是这种倔强本身也还是一种自然现象。

　　要说人的不自在，全然因为人的有意识，更因为人是具有社会性的。社会性使人无法依据独立的躯体和所谓超然的心灵而置身世外。由此可以想到那些自觉看破红尘的人们，在迥然不同于日常世界的地方，仍然不会把人世间的阴晴冷暖忘得一干二净。他们对某种至纯观念的关注，实际上还是属于一种心理学的策略，用操作性的语言表达，就是借助强有力的注意转移功能，最终实现至纯观念对红尘记忆的替代。

　　但是，多数人不管受到多少和何种因素的制约，还是要拥挤在日常世界的，这便注定了他们的无奈必是家常便饭，锤炼自己的意志就成为必然的选择。我们多数人首先需要把自己的意志锤炼得坚硬如铁，以便在至冷的包围下眼也不眨，在至热的烘烤中最多变化一下身姿，即使有各种力量齐刷刷地聚来，也不会改变自己的本性。这种崇高的意志正是我们精神世界的基础，在此之上，我们一方面可以建造自己的价值体系，另一方面也可以筹谋自己与环境和谐相处的策略。

　　话虽如此说，存在于既定结构中的人，他们智力的发挥总归是有边界的，这种边界的实质是个人智力的运用不至于在环境中引发涟漪。但这种分寸感的具备是有一定难度的，在这种分寸感真的具备之后，一个人想必会为自己身在结构中而生出重度的无奈。

　　翻来覆去地琢磨，自觉人生的要义需要我们谨慎判定，而前提性的原则是个体需要采取与对待自己一样的态度对待环境。这里当然有一个基础性的假设，即我们想当然地认为每个人都会善待自己，进而期望每个人都需要像善待自己一样善待环境。而做到这种善待的前提是：个人必须选择去做环境也认为是正确的事情。这也不是个人对环境的妥协，须知环境并非外在于我们的包裹物，它的状貌中也有我们每一个人的贡献。

　　因而，对于个人而言，寻找到个人与环境的"公约数"并不存在原则上的困难。完成了这一步，我们才能够郑重地考虑自己的感受，理想的状态应是我们能够心情愉快地做自己和环境都认定的正确的事情。

什么样的事情会被个人和环境共同认定为正确呢？这样的事情首先必是在利益上能够使两方满意的。进一步说，做了一件具体的事情，不仅利于个人的自我存在品质提升，还能够惠及环境的发展。其次，这样的事情必是内含了健康价值观的，从而使做事情的个人既有利益也有尊严。从文明的向度看，有尊严的利益实践比起纯粹的利益实践更为本质，因为人无论如何还是向往高贵的。

我们还要考虑到与认识理性相联系的遵循规律问题。违背规律的事情虽然可能给个人带来短期的利益和暂时的尊严，但却存在着认识理性上的瑕疵。现实一点说，这样的事情对它所从属的系统之可持续发展也是一种祸端，可惜的是能够理性处理这种问题的个人少而又少。立足于理想主义，我们自然希望自己所做的事情在利益、价值和规律三个维度上具有正确性，这也是做事情中能有愉快心情的重要基础。

不过，事情的正确性也仅仅是做事情的人具有愉快心情的必要条件，具体个人的具体心情还会受到做事人所在结构的具体状态影响。如果不考虑这一方面的因素，我们就无法理解和接受做正确事情的人所拥有的不愉快心情，甚至会主观地认为他们的消极表现不仅多余而且没有理由。在这种情况下，环境一方的代言人就会自然地发出指向做事人的"不可理喻"或"还要怎样"的指摘。

这就涉及愉快心情的实质如何和心情能够愉快的充分条件两个问题，社会心理学家对这一领域应有比较专业的和科学的解释。仅基于日常的感知和体验，我们也能大致想到人的好心情起码要具有轻松和舒畅两个基本特征。若是在轻松、舒畅的基础上，做事情的人还能达至兴奋，通常会被视为一种理想的状态。但与轻松、舒畅相比较，兴奋还是不具有基础性，有了自然好，没有了也不会改变心情的愉快底色。

心情的轻松显然不是说做事情的人处于懒洋洋的状态，也不是事情本身不具有智力上的挑战性，根本上是做事的人不会因事情之外的因素而感到紧张；心情的舒畅则是指做事人的轻松心情未被事情之外的因素打扰和阻断，从而使轻松渐渐地转化为心境。知悉这一番道理，对于做事情的个人是必要的，对于环境的建构者来说同样必要。从这里我想到了关于人才队伍管理的一个流行语，即"待遇留人，情感留人，事业留人"，其中的

"情感留人"策略大概就是指向做事人的心境建设的。

然而，我还是倾向于做事情的个人能够承担更多的自我心境建设责任，原因是我们做事情固然可能利惠他人和社会，但就人存在的价值而言，也是有利于我们自我实现的。谁能否认自己做事情的时候会考虑自我的存在感、成就感和价值感？再说我们每一个人虽然是不可替代的独立主体，但怎样说也是群体的一员，大可不必把自己看得很重很重。这既是理性的姿态，更是精神文明的表征。

万物复苏时当屹立而行

语言的流行同样是一阵子的事情，比如近来就很少有人再把"躺平"一词挂在嘴边了。这里面当然与太阳出来就有新情况有关，但还是流行的本质决定了流行物不断更替的必然。我又提及躺平，是因为意识到"躺平"一词固然可以消退，但躺平的事实并不因此消失。如果人们因"躺平"这个词一时流过而淡视了躺平的事实性存在，那么生活的进步仍然会踟蹰不前。不管从哪个角度讲，那个能引起人们注意的躺平，在数量上应很可观，借助社会互动机制，一种风气就可能形成。弄不好，这种风气还可能升格为一个时期的文化习俗，自然的结果就是悄悄渗入一族人的意识，对我们生活品质的消极影响是难以估量的。

回头琢磨躺平的内涵，俗而言之，就是索性躺倒不干，人们相互间的感觉则是得过且过、随遇而安。如果我们认定这种状态在群体生活发展的意义上属于消极现象，原则上是应该是去自觉努力消除的。任其持续和泛滥，对原先有志的个人是一种自然的消磨，对一族人来说几近于接受了意志的颓废。这种结果出现后，不用说生活世界的活力会损减，更值得注意的是群体的心理资源会白白地流逝。

实际上，这种推论在一定程度上已经成为现实，最可做证据的莫过于各个领域的部分人一则缺少了创造的兴趣，二则退化了创造的能力，以致在重复中敷衍和在敷衍中重复似乎已经积重难返。进一步分析，人们在认知的领域回避挑战，在生活的领域拒绝崇高，好像只有俗到极致才算是活得真实和明白。殊不知，远离了认知上的挑战和德性上的崇高，不论一个人和一族人是奋进还是躺平，以积极文明精神的尺度衡量都属于一种懦弱，甚至会暴露出价值哲学上的某种苟且。

我们当然也能见到起早贪黑的人，他们中间有一部分是为了基本生存的，而其余的部分中则不乏令人侧目而视的冒险者。这种冒险者通常拥有一种信念，即"撑死胆大的，饿死胆小的"，化为行动就是一种很容易与上进和勇敢混淆的风格。之所以称其为冒险而非上进与勇敢，是因为这样的行动者既可能摆脱理智的原则，进而以理智的名义污名化理智，也可能游戏文化中的崇高规范，并以很规范的形式游戏化崇高，这对智慧和德性的神圣自然是一种亵渎。

而如果我们大致相信再寒冷的冬天也挡不住春天来临，再精巧的亵渎也躲不掉神圣意志的审判，那么这样的行动选择就注定是一种冒险。冒险者虽然没有躺平，但他们的危害一定是甚于躺平的。尽管如此，我们还是要尤其关注那些躺平的人们，因为冒险者并非因为有人躺平而出现，而且他们始终活跃在从古及今的每一个时期，如同病毒一样无法简单消失。而躺平的人们，无论由什么样的原因造成，他们的状态在理论上是可以扭转的，关键的是也值得扭转。

为了实现这个愿望，我们需要思考导致躺平的缘由，粗放地分析，大致有以下可能：

一是心比天高，命比纸薄，进而心灰意冷，索性躺平；

二是屡战屡败，前途无望，进而心灰意冷，索性躺平；

三是怀才不遇，壮志难酬，进而心灰意冷，索性躺平；

四是不劳而获，衣食无忧，进而坐享其成，索性躺平；

五是百无一用，走投无路，进而自暴自弃，索性躺平；

……

看起来真是五花八门，但不同的情形中却有一个共性，即躺平的前件均为心死，因而调治躺平之症，先须救心。由于心死之症的诱因不同，救心之时还需要具体问题具体分析，方能决策是走内科还是外科的路子。无论怎样，目的是一致的，都是要把躺平的心扶起来，让每一颗心的跳动能够自主，能够坚持。

想必躺平的事情也是有内因和外因之分的，那么救心的原则就应是内因内治，外因外治。本着从我做起的立场，不慎躺平者也许应当从内因查起，若的确是自己的情志、认知出了问题，就及时修养、训练，心意明朗了，就会倍觉屹立而行的尊贵，躺平之症亦不再复发。当然也不排除我们的躺平属于外感风寒以致四肢无力，如果怕吃药会有副作用，那就不妨耐心等候季节的变化。一般而言，大地回春后，天气自然日趋和暖，风寒之症会自行消退。再说世界中的万物复苏，百花争艳，只要能勉强起身，谁还愿意长期卧床不起？

让生命的姿态舒展一些

"让生命的姿态舒展一些"，这多像诗人的语言，有这样的感觉，无非是我们自觉生命很难进入意识的中心，除非它处于危机的时候，再就是生命的姿态明显具有转喻的性质，从而使一种并未脱离实际的观念竟然具有了诗意。从这里大致也可以悟出，诗最多属于实际的柔和变形，它本身在本质上仍是一种实际，只是这种实际在我们意识的特殊情境下暂时和偶然达到了对象和主体的会通。

若就我在难得的阳光明媚的冬日的早上忽然有了让生命姿态舒展的念头来说，必定是从如常的环境中接收到了不寻常的刺激。其实很清楚，我说的"刺激"是一个心理学的专业术语，并不是日常生活中消极意义上的心灵受到了刺激这样一种比较消极的现象。要知道在冬季，无论有没有西北风，低温寒冷的效果在人自身自然体现为把自己包裹得尽可能严实一些，间或外出，还会有一种收缩与急行的样貌，这在春秋两季断然不会出现。

简而言之，生命在冬季基本上有一种向内紧收的倾向，是自然的因素让人的生命搁置甚至删除了许多遐想，以至生命不仅仅是它自身最规范的样子，而且会在尺寸上明显逊于其他季节的自己。在农村，尤其是在过去的农村，每当冬季来临，种地的人会渐渐地回到屋里，火炉、热炕成了人们身心的卓越组织者。陈年的往事和来年的打算，像旱烟的浓雾一样飘浮在并不温暖的屋里，晚辈们怕冷也不出门，就这样能趁机沉浸在长辈们的畅聊中，也许所谓生存和生活的道理就这样得以在冬季高密度地沿传。

即使如此，老老少少的生命也还是蜷缩着的，当然不可能是那种昂扬的形状。只要有过这样的经验，我们就很好理解身体和心灵相依为命的原理，进而无论炉火和炕热把追忆和展望烘烤得多么热烈，最终还是不能抹去虚浮及不可靠的色彩。照这样说，人的生命姿态如何是完全依赖季节性格的，我们让它怎样或不让它怎样不过是主观的任性表达，对生命的现实存在并无什么作用。但真的就是这样吗？如果真的是这样，人之为人当不是仅具有体质人类学的意义？

生发出这样的疑问，其实就内含着我们对自然决定论的否定，而实际地看，人在自然界的超越正是人可以使用精神的力量使自己摆脱自然决定论的束缚，并因此使自己处于万物链条的顶端。如果我们很多时候并没有这样的体验，说明我们尚无强劲的内心，或是琐碎的生命细节牵扯得我们基本无暇和无力顾及自己的内心。作为结果，我们的生命便处在漂浮的状态，并在浑然不觉的情形中随波逐流。那么，所谓人生的意义，就不过是在自然力量的牵引下，在简单的"刺激-反应"联结延续中，有幸知觉了不同类型和性质的起起伏伏，并成为有思想者思想的土壤和背景。

完全可以想见，未能舒展的生命在难以抗拒的自然规律作用下，只能蜷缩着自己身体、紧收着自己精神，在自我解释中紧张地前行，在未来注定留不下任何的痕迹。所以，单从自身存在的切身感受出发，我们也有必要让生命的姿态舒展一些，且不说最终的结局，至少需要先具有这样的意识，否则，我们的人生，具体地说，我们的生存和生活必将寡淡如水，而各种被称为发展的事情与我们基本上没有关系。可如果我们未能在此生命的过程中有所发展，那我们的存在恐怕是少有效益的。不止如此，那些我们不愿接受的郁闷、烦躁、隐忍等等心理事件必定高歌猛进、接踵而来，生命自身有限的力量又怎能承受如此的重负？

一定有豁达者质疑要人生有意义的必要，我想他们的怀疑更多的是一种矫情，因为他们的豁达如果真实，是因为他们的生命多多少少已经具有了意义，这才让他们能够在水深火热之外潇洒地议论。人生珍贵，自己不可重来；人生独特，他人无法替代。这样的人生客观上千姿百态，具体的个人各有其处境，但在各自运动的范围内，均有权力有限冲破自然的束缚、扩张自身的可能性，以使生命的颜色尽可能鲜亮。只要让自己暂时从环境中抽离出来，可理性思维的人都有机会意识到，让生命的姿态舒展一些并不是多么艰难，它大约只是心理学意义上的一念之间。其要害在于个体的人需要发现自己、肯定自己和尊重自己，具体而言，需要发现自己的本质、肯定自己的价值和尊重自己的权力。

反过来思考，姿态不舒展的生命个体，很可能没有条件和勇气发现自己，很可能没有条件和勇气肯定自己，也很可能没有条件和勇气尊重自己。然而，那些条件和勇气又能从哪里来呢？显然不能等待和依靠环境的恩赐，只能寻求自己的一念之间。有了这一念之间，等于我们有了觉醒，等于我们开始有机会成为自己的主人，其余的事情就要看我们的意志是否有力了。即便在寒冷的冬季，也不能断了走向田野的念头，以免我们的身体做了季节的随从。由于我们的精神一刻也离不开我们的身体，所以当身体走向田野的时候，我们的精神也会如影随形地经见世面。

可以把理想主义作为业余爱好

历史上的一部分思想家倾向于遵从自然的法则，一方面的原因是自然界因纯粹的自然而具有完美的品质，思想家被自然的力量和状态震撼进而崇尚之；另一方面的原因是他们见多了人间的自作聪明，因此从反面主动地遏制人自己的主观随意。没有意识的自然界本就无所谓正确，也就不存在错误；人间的事情就不同了，虽然难免正确，但一定会因为人自己的不完全而错误百出。

我们回味那些思想家对自然的情有独钟，应能理解他们对人的不足的回避在程度上要远远大于对自然的遵从，原因是并非自然的一切都能符合人的意愿，而人自己主观随意的错误必然导致客观上的自讨苦吃。我相信以上的道理肯定不可能被普遍接受，即使如此，从人较为纯粹的存在角度看，还是具有较好说服力的。

也就是说，如果个人的生存与生活无须他因非自然的原因而殚精竭虑、挖空心思也能顺风顺水，遵从自然其实是既省力气又很明智的一种选择。然而，问题恰恰是现实的个人生存与生活的确需要人的殚精竭虑、挖空心思，因为不这样的话，前行的道路上大多是布满荆棘的，除非一个人随遇而安到了无所不能承受的高度。

这样一想，便可知自然主义的哲学，无论它内在有什么样的分化，在现实的个人生存和生活实践中都是具有理想主义色彩的。那么，理想主义有什么不好吗？对于这个问题，能被多数人接受的较好答案是：说起来很诱人，做起来不现实。或正因此，当我们说一个人是理想主义者的时候，一则可能在肯定的他的浪漫和纯粹，二则可能在艺术地提醒他不能够脱离实际。谁能说这种对待理想主义者的态度有什么瑕疵呢？

有充分阅历和经验的人深知现实的生存与生活只适宜现实主义的哲学存活，那他们的现实主义哲学信念难道不是一种真实的智慧吗？我觉得是。毕竟，纯粹的思想除了能够滋养人纯粹的精神似乎并无额外的利益潜质。由于个人的和群体的进步、发展，从来就发生在也永远会发生在现实之中，所以理想主义只能作为理想主义者的业余爱好，到了现实面前，他们可以保持理想，但必须删除主义。

如果他们中间有人固守自己的理念，我们作为他者，最多可以远远地欣赏，但同时一定会保留适时揶揄他们的权利。我们欣赏的是理想主义的纯粹和唯善唯美，我们揶揄的是理想主义者的天真幼稚和不食人间烟火。实际上，这才是真实的生存和生活世界，它可以刺激产生理想主义，却不好安置执着于理想主义实践的主体。

尽管如此，生活发展的任何时期，现实并没有拒绝理想主义的声音，只是谨慎对待了理想主义的实践，因而聪慧的理想主义者是不应该感到委屈的，更不必有什么幽怨的情绪。不过，这显然是一种苛刻的要求。要知道理想主义者成立的前提，就是因为他们的思维是在标准条件下进行的。因而，要求他们现实就等于在解构他们的身份，严格地讲是不理性的。

然而，这种指向理想主义者的不理性却具有坚实的环境基础，因而这样的不理性在日常生活世界中反倒是理性的，不用说，理想主义者才是不理性的体现者。不管其中的道理是什么，我以为都无须争论，两种哲学及其实践者最好的相处原则应是相安无事。各自都可以坚持自己的选择以成全生活世界的丰富多样，但均应以"无立场"看待对方。

能够超越两者的、更深刻的道理是：生活世界不能没有理想主义的引导与激发，否则，现实到极端必然是粗俗不堪和经不起推敲；同时，生活世界必须支持现实主义的哲学，接受现实主义哲学的影响，否则，人自己将被自产自销的各种规则捆绑住手脚，各项事业也将徘徊不前。

我这样辩证，绝非老好人思维的运演，而是在摆脱理想主义和现实主义的平面争执。实际上，只要我们能够彻底走出两端论的简单思维，就会意识到凡已存在的都不多余。平常看来对立的双方，在更大的系统中很可能是有血缘联系的，只不过是它们都不知道这一层联系，这也可以说是一种人的局限性。

人自然是有局限性的，这根本不是个问题，格局大一点，我们甚至可以说正是人的局限性才使人有了可爱的可能。但上进的人不能只满足于自己的可爱，如果不是心智的不足，就要努力向不可能达到的完满靠近，以不辜负不可重来的人生。

好心情也是生产力

好心情也是生产力。我就是这样想的。我这样的想法也不是天上掉下来的，而是一定程度上的经验总结。服务于我总结的具体经验，既有自己的，也有他人的，总体上是可靠的。把这一判断进行更具操作性的表达，一是说好的心情就像肥沃而有生机的土壤和氧气充足、成色不错的空气的组合，有利于万物的自然生长；二是说好的心情自带动力性的因素和加速器、催化剂的作用，可以让一个行为过程的向前趋势和运动速度特别强筋。

不管具体的好心情发挥着哪一种作用，都会改善行为的效率和内在品质，实际上具有了生产力的特性。所以，为了社会各项事业的发展，我们就应该像发展科学技术一样发展人的好心情。借鉴科技的发展依赖于科技工作者的专业性努力，我们也应该组织和培养一批能够发展人的好心情的专业人才。这方面的专业人才现在看来可以分为两类，一类是进行好心情发展研究的，另一类是进行好心情发展实践的。

我相信，社会系统为此所进行的投资，必将获得各行各业更加有生机和有效率的发展这一回报。更值得注意的是，人的好心情除了具有生产力的特性进而具有促进社会生产的能力之外，还能改善人自己的存在状态，并能够滋育社会生活的和谐。首先说人的存在状态，它是以人的劳作处境和收益决定和体现的。劳作的处境差、收益差，人的存在状态就不好；反之，劳作的处境优、收益优，人的存在状态就好。但追问下去，劳作的处境究竟意味着什么？劳作的收益又具体指代何种事物？

我们会发现，就劳作的处境而言，一方面与相关的物质性条件关联，另一方面还与相关的规则和精神性条件不可分离。这两方面的条件自身并非处境，但又无疑是任何性质的处境产生的基础。而处境的实质则是人在各种条件规定下实施劳作时所拥有的心情，这种心情也许不是人存在状态的全部，但一定是其最显著的表征。否则，当人们心情不好的时候，为什么会用状态不好来加以搪塞呢？

那么，人通过劳作会有什么样的收益呢？从他们的动机上考虑，收益的核心一定是某种性质的结果或产品，但不管他们是否愿意接受，连带收获的一定还有心情。好的结果和产品一般连带着劳作者的好心情，而不好的结果或产品一般连带着劳作者的坏心情。所以，站在劳作者的立场上思考，劳作的质量从来就不只是单纯的劳作过程和结果的数量与品质，还包括劳作者自身在劳作中和劳作后所具有的心情。

这样看来，关注好心情对人的生产、生活实践水平提高来说是非常必要的。然而，仅仅具有口头的和观念的关注是远远不够的，我们还需要在好心情的认识和实践发展上下必要的功夫。关于好心情的认识，我们还得辛苦心理学家，在学科研究领域，没有谁能比他们更具有完成这一任务的资格和便利；关于好心情的实践发展，就目前来看，主要得求助于领导者和管理者群体。

平心而论，在有组织的社会生活中，普通人的心情固然与他们自己的随时存在状态联系在一起从而具有暂时性和变化性，但基础性的心情基本上取决于他们所属、所在的组织存在状态，而对一个组织的存在状态起关键作用的自然是领导者和管理者群体。说到这里，我们能否意识到管理之所以也被人们赋予生产力的性质，应与它影响劳作者的心情有密切的联系呢？当前的时代适逢百年未有之大变局，对于许多人来说，能有好的心情着实不易，但社会总要发展，我们的日子总要延续，所以我们的心情就需要得到重视。

当然，在这个问题上，每一个人都不能只是简单沿袭流行的"等靠要"思维，而是应该铭记"从来就没有什么救世主"，许多事情的解决，还得依靠每一个人自己。毕竟，我们的想法还只是一个想法，在这种想法未成现实的阶段，好心情还是要靠我们自己和我们大家一起制造。只要我们自己先动起来，有意识地学习我国古代劳动人民的经验智慧，再加上现代哲学、科学的作用，至少可以先让一部分人的心情好起来，将来再让他们带动大家的心情共同好起来。

莫要轻易怀疑人生的意义

在怀疑人生意义的人中，有的感受过挫败，有的感受到空虚，总归是打不起精神、提不起兴趣，然后就是自己折磨自己。遇到这样的事情，好像是一种不幸，但同时何尝不是一种幸运呢？这种事情所内含的幸运潜力在于我们未策划就跨进了哲学的门槛，要知道这样的事情正是许多哲学家思考的，而且到目前为止好像仍然没有确定的答案，因而必将继续耗费他们的精力。

当然，如果我们并不想有哲学家的烦恼，就会认为那是一种不幸。即使真的如此，也没有什么关系，做个普通人其实也挺好。做了这样的选择，就需要培育出来一种新的心态，其核心是要对挫败和空虚进行重新解释。换句话说，我们大概需要所谓的超脱，有意识地去修订或者抛弃一些大众的标准，去做一个不同于众人的人。

这样做的难度实际上不亚于争取成功和摆脱空虚，但这样做的方便之处是我们只须在主观世界中做思维上的转换。不用说，此处的思维转换主要是价值思维领域的转换，一经完成便会脱胎换骨；未有结果的话，则相当于精神意义上的伤筋动骨。

现在我们往好的方向去想，首先要做的就是重新解释挫败和空虚。什么是挫败呢？其实就是失败。与普通失败不同的地方是，挫败的当事人的成功欲望格外地强烈，因而失败时其心情便格外地沮丧，也可以说挫败感的主要成分就是这种沮丧的心情。如果我们因为这种心情的出现就怀疑人生的意义，那仅是一生当中的怀疑就足以把我们累死。

理性地分析，纯粹的沮丧不会持久存在，换个情境就可能使之消匿，新的成功，无论大小，则可以使之无影无踪。但问题恰恰是几乎不存在纯粹的沮丧，它总是与具体或抽象的他人联系在一起。其中的道理也很简单，那就是成功和失败本就不是纯粹的，它是社会性的概念，所以接续沮丧情绪而来的对人生意义的怀疑，本质上是人对自己与社会环境平衡业绩的失望。

这样的结果又能怪谁呢？好像谁也怪不着，于是人只好自己惩罚自己，其表征就是放任自己的沮丧甚至还要对沮丧做自认为必要的修饰，若非得为此现象寻找一个罪魁，恐怕还是人自己。看来我们只有自新这一条路可以选择，即再也不能让某种观念彻底奴役了我们。

　　我们应该时时提醒自己，心里有了愿望就必须接受如愿和不如愿两种结果，还要知道这两种结果本身都没有什么怪异。具体而言，如愿了，或是不如愿了，都不过是在说明我们的力量与愿望之间的一种数量关系。不管这种数量关系的情形怎样，都只是一个事实，所谓的成功和失败完全是人把自己的狭隘强加给了一种数学的事实。而站在这种狭隘的背后的，主要是人在社会生活中感染上的虚荣。

　　话说到这个份上，事情就立即简单了许多，只要能狠下心丢掉没有人在意的虚荣，那些成功与失败就难以波动我们的心情，人们常说的宠辱不惊大概就是这个意思吧！

　　与挫败相比较，空虚的感觉对人生命意义的吞噬更为严重，原因是空虚并非社会性的存在，而是纯属于人内心的一种感受。这种感受很容易被人们理解为与无聊相近的心境，听起来的确有些道理，但还是没有切中要害。形象地说，空虚意味着人的身体托不起心灵，反过来，人的心灵很可能驾驭不了身体，总体来说就是身心均处于恍惚状态。

　　处在这种状态中的人，行动无目的，表达无内容，交流无对象，只会觉得时间太多、白昼太长。这种状态让人怎么都觉得空虚在有害程度上要甚于挫败，实际的情况也大致如此。

　　挫折经过认识的转换可以使人奋发图强，亦即愈挫愈勇。但空虚就不一样了，它就像深不可测量而且具有吸引力的黑洞，能抽吸人的精气神，使人萎靡不振。在整个过程中，人虽无亏欠于环境，却又惶惶不可终日，其害处岂不胜过偶尔遇到的挫败？

　　挫败固然可导致沮丧，但也折射出了当事人的求胜心切。空虚显然要麻烦一些，一方面它是纯粹当事人的事情，别人是插不上手的；另一方面，仅通过改换场景等方法是无法驱散空虚的。如果真的空虚了，我们也不必怀疑人生，它是人生的必修课程，只要修完了，哪怕只是刚刚及格，我们对人生也会有不同于以往的认识，人生的意义感在我们新的认识支配下也能够逐渐形成。

我没有信过命，也没有不信过

有年轻人问我信不信命，我不知道该怎样回答，这绝不是我心思保守或是谨慎有加，而是因为我真的不知道他说的命到底是什么。对于我们这一代人而言，说到"命"总是与"宿命"联系在一起的。我顺便查找了词典，确定宿命是说一个人的思想、行为及结局在出世之前已由天意注定，个人只有服从上天的安排。若有不服从天意的个人，到头来也只能是心比天高、命比纸薄。所谓"生死有命，富贵在天"，其实就是在表达这种宿命论。

作为一个教育者，且不说我对这一问题有没有什么见解，即使自己默默地敬畏宿命，也不能告诉年轻人，否则就可能阻止了他们努力奋斗的步伐。这种不符合教育操守的事情，我是不会做的。但是，我最终还是回答了年轻人的问题，只是在思路上摆脱了宿命论的怪圈。我告诉他们，问题的关键在于对"命"做怎样的理解，不同的理解会导致不同的回答。

在我这里，一般是把"命"和"运"联系起来理解的。我觉得"命"是指代某种必然性，而"运"则是指代各种偶然性。其中的必然性也不是什么天意的注定，而是个人生活结构历史运动的大概率结果。

记得小时候没少听过或看过某人上山砍柴，遇到一个白胡子老头用尽各种办法考验那个人的德性。故事里的砍柴人通常比较愚痴而善良，但最终总能得到实际上是神仙的白胡子老头的恩惠，紧接着就是砍柴的人一反困苦的常态，过上了幸福的生活。这样的故事一般被我们视为劝善的寓言故事，其内在的逻辑是善有善报，将这个逻辑向群体生活的方向迁移，就有了"积善人家必有余庆"的说法。

对这个故事，我们可以做深入的分析，大致的理路如下：

（1）如果那个白胡子神仙总在山里面转悠，不可能上山砍柴的城里人是没有可能遇到的。相反，总上山砍柴的乡下人，碰到神仙的概率就要大得多。这样的碰到，虽然不具有完全的必然性，但对于总上山砍柴的人来说，遇到总在山里转悠的神仙，恐怕也只是一个时间问题。我们由此可以说，仅就遇到山里的神仙这件事来说，乡下人的命要比城里人好。

（2）既然神仙总在山里面转悠，那么凡是经常上山砍柴的人就都有同样的机会遇到他，但是不是每一个遇到神仙的砍柴人都会交上好运，那就很难说了。原因是并非所有的砍柴人都能经受住神仙老头不厌其烦的考验。那些未能经受住考验的砍柴人当然还得继续砍柴，其实质是他们的善性还不足以让神仙心悦诚服。从这里，我们知道了一个人要想峰回路转通向幸福的状态，仅仅经常上山还是不够的，还得有足以感动神仙的善性。

（3）我们可以初步得出一个结论，即作为外在条件的"神仙总在山里面转悠"和"总上山砍柴的乡下人"，与作为内在条件的"砍柴人有足够的善性"相遇，并在砍柴人的坚定意志作用下，辛苦的砍柴人就必然能够获得令人羡慕的回报。用知识论的眼光看，这实际上就是一个有条件的因果关系，大致相当于人们所说的"命"吧。

（4）假设有一个乡下人，在他的有生之年恰逢大雪封山无法进入，那砍柴人上山的愿望与神仙施恩的愿望就无缘相遇。不管砍柴人有多少善性，也不可能获得神仙的恩赐，这大概就是他的"运"气不好。

我似乎有些啰嗦了，说来说去也就是一些小道理，归结起来应是说一切的结局都是多种条件有机组合促成的结果。从来就没有上天注定的东西，当然也没有完全遵从个人意志的过程和结局。如果有近似于上天注定的因素，那就是我们的家乡、家庭、亲人以及我们的智力结构和人格特征；如果有基本可以遵从我们个人意志的因素，那就是我们的努力或不努力及行善或不行善。

我有个表弟，小我三五岁，他小的时候长得虎头虎脑，煞是可爱。记得大人们说过，曾有一外方看相算命的，说我那表弟是一副官相，长大之后怎么说也得做个县长。在我的记忆中，自从表弟知道自己命中要做官之后就格外地率性，自家人和旁人应是也接受了看相算命人的暗示，怎么看他都像个小县长，他也就在各种积极的期望中做了小太阳。

随着岁月的流逝，人们渐渐地好像忘却了我表弟的命数，加上时代变迁，表弟自己也可能淡去了小时候的感觉。简单地说，他没有做县长，众人眼中的他的那一副官相也已被岁月易容。去年我回老家遇到了表弟，脑子里还真的想到了他能做县长的事情，顿然觉得什么"命"呀、"运"

呀，轻易是谈不得的。

　　读过《论语》的人都知道"子不语怪力乱神"，也知道夫子"非生而知之"。他名垂万代，却未能在有生之年万事亨通。旁观者自然可以感叹"时也、运也、命也"，恐怕只有夫子自知不改初衷、勇往直前，必难免处处碰壁。然而，也正是"知其不可而为之"的坚定，成就了后人景仰的圣人。如果孔夫子当年识得时务、肯做俊杰，也就没有后来的孔圣人了。夫子只是做了自己认为正确的事情，只是为自己要做的事情殚精竭虑，至于最终的结果，他大概是很少去想的。

　　我尊崇孔夫子，力求学而不厌，既不去想上天给了我什么，也不去想行进的路上有没有白胡子神仙转悠，只做自己能做的和愿做的事情，并力求为自己要做的事情呕心沥血。无论是"命"还是"运"，都不是我关心的东西，我最在意的是自己的心灵能不能远离空虚和苍白。实际的情况是，我在使心灵远离空虚和苍白的过程中总有所得且多属于意料之外，因而总会拥有持续努力的理由。这样的理由对于我来说绝不是可有可无的，因为对我来说，幸福的要义之一就是我能够持续地去做自己选择的事情。

　　据说这样的状态在理论上是可以被称作自主和自由的，如果真的是这样，那我应该是一个非常幸运的人。用宿命论的话语表达，也可以说是"时也、运也、命也"，那就算是这样吧！若再有年轻人问我是否信命的话，我准备做出这样的回答：我没有信过，也没有不信过。作为一个倾向于理性的人，我只是知道人生中的有些因素是外力给定的，另一些因素则取决于我们个人的选择和努力。如果真有"命"，我们信能怎样？不信又能怎样？如果没有所谓的"命"，哪还有什么信不信的问题？

五常中的"智"究竟是什么

　　仁义礼智信是为五常。五常者，是指五种道德修养。从词义上讲，五常之常是指规则。因而，五常作为人的五种道德修养，也可以说是人在人文生活中需要遵守的五种规则，总体来说就是儒家思想者所主张的道德规范。实际上，"常"除了规则之义还有伦理关系的意思，所以仁义礼智信理应是对应着五种伦理关系的。说到这里，也就达到了人们通常对五常的认识状态，如果要继续追问每一"常"的究竟，恐怕许多人就说不清楚了。

记得上学的时候，我就向老师请教过五常中的"智"，并没有获得彻底的回答。老师只是说他回头查一查相关的文献，但也许是我没有继续追着老师去问，也就没有了下文。当然，我也没有放弃对这一问题的关心，也曾查阅过相关的书文，却也没有理想的结果，倒是由此理解了老师的难处。

近几日思考一个问题，牵涉五常，再一次做文献的研读，可惜的是人们好像对这样的问题并没有多大兴趣，以致五常中的智，就那样清清楚楚地模糊着，仍然保持着它一贯神秘的模样。我尝试着就此问询周边的人，他们清一色地先说"不是智慧吗"，紧接着则是清清楚楚又模模糊糊地微笑着。想必这个问题迟迟得不到解答，应是与历来人们的这种心理状态相关的。

说句实话，这个"智"的意思究竟是什么真的不那么重要，根本不会影响我们的日常生活。但当我从这里出发联想到我们在许多问题上这样放任问题的存在而不做深究时，进而又想到了我们集体的思维品质有待改良，就觉得还是有必要把这样的追究继续下去。可以肯定的是，五常中的"智"肯定不是指智力或智慧，还可以肯定这个"智"既然与仁义礼信并举，理应属于一种德性的项目，因而其后的功夫就应该下在解释学上了。

我轻易地获知了"智者，知道日常的东西也"。这句话的意思是说，一个人能把日常生活中的东西琢磨透，就是智。可这样的智又算得上什么？这充其量只能说一个人在日常生活的层面能够拎得清，不是一个糊涂人，但问题是不糊涂就算得上智吗？由于不满足于这样的简单说明，我便继续思考，自然地想到不糊涂的人就不会做出糊涂事，而我们中国人所讲的糊涂事一般来讲会牵涉人际问题。这样一想，对"智"做如上的简单理解也能凑合过去，但明显具有囫囵吞枣的性质。

我继而直接切入日常道德生活，忽然意识到，仁义礼智信，都应是让他人感到平静甚而愉悦的，而在此意义上，智的最恰当的意思就应是明智。明智才是日常道德生活中的智。反过来，不明智的人一方面必定是糊涂的，即使当事人自以为聪明，也还是糊涂的；另一方面必定是让人感到不舒服，进而感到滑稽可笑的。这样，明智意义上的智，就可以顺理成章地与仁义礼信并举。回忆我们记忆中的不明智案例，的确不仅具有认知上的智力内涵，更具有生活上的德行内涵。

随手翻开手头的一本小书《小爱大德》，欣喜地看到作者说：明智是古代和中世纪的四枢德之一，也许是被人们遗忘得最久的美德。后来的人们就不把明智视为美德了，这应是因为心理学发达了起来。然而，这种遗忘应是给我们的日常生活带来过遗憾的，所以现代人很有必要恢复对于明智的记忆，以使人们重新重视明智的道德价值。我总觉得，我们精神文明建设中的一些难题，与不明智的人大行其道且有市场颇有关系。

非认识意义上的复杂就需要简单化

简单化和简单是看起来有联系的两件完全不同的事情，前者是主体自觉的选择，后者则是一种客观的存在状态。由简单而复杂，多指一人物或一事物随着生长和进化而从可一目了然到必须分析才能把握的前进过程。但简单化与复杂化就没有这种单向的连续关系，实际的情形往往是主体既可能把简单的事情复杂化，也可能把复杂的事情简单化，这两种运动显然属于转化的过程。至于这两种转化过程的优劣、高低，好像不能一概而论。

具体而言，把简单的问题复杂化，有时候能够折射出人对事情考虑的全面与周密，有时候则能折射出一个人的过度思虑和难及要害；把复杂的问题简单化，有时候能够折射出一个人的思维简捷、切中本质，有时候则能折射出一个人的思虑不周和粗放鲁莽。所以，在不设定任何前提条件的情况下，是不好轻言简单化和复杂化之优劣和高低的。

但如果我们设置一个前提条件，即将问题复杂化或简单化的个人并不存在认知上的思虑不周和人格上的粗放鲁莽，那么，简单化和复杂化还是可以有优劣和高低之分的。起码从多数人的本能和习惯上讲，尽可能避免复杂进而把必须要做的事情简单化，应是一种普遍的心向。这种心向在现代人这里已经表现得越来越鲜明，以致简单化地生活已经成为很多人的生活哲学。

品味这种生活哲学的精神，可以大致意识到相关的人群对两种东西的钟爱，其一是效率，其二是清静。前者是做事情的品质，后者是做事情时的心境。过着现代生活的人都能感觉到，效率和清静实在难得，也正因此，不知有多少人在烦躁和焦虑中眼看着不可再来的时间被白白地浪费，极致的情况下，甚至会对不得不过的现实生活产生厌倦的情绪。

想一想每天睁开眼睛就有若干少有意义却又不得不做的事情，它会毫不商量地征用我们生命的资源，同时也就剥夺了我们做更加本质和实质的事情的机会，事实上是用最为原始的方式降低了我们生命的效率。关键是这样的事情几乎每天都在重复，身在其中的个人怎能没有厌倦？反过来说，又怎么能够热爱生活呢？

简单地说，在这样的生活过程中，个人既没有做事情的效率，也难有心灵的清净，生活的低质量是不言而喻的。于是，我们就很好理解很多人对于简单化生活的向往。怀着这样的向往，去感知把简单问题复杂化的各种设计，人们的应对除了尽可能躲避，也就只能消极应付了。

每每听闻人们的躺平和对原本正经的事情满不在乎，说句良心话，我们都没有充分的理由去做什么评论。从他们的无神、无奈、无助中，一点都不难感受到他们并不理想的存在状态，在他们个人的心理调适中已经相当理想了。他们毕竟没有因无神、无奈和无助而给他人添乱，谁还好意思去品评他们的躺平和满不在乎呢？

可如果我们以一种接近同情的立场任这种情况自生自灭，恐怕是算不上高明的，在某种意义上也可能是另一种形式的躺平和满不在乎。如果这样的躺平和满不在乎正好附体于教育者或管理者群体，那实际上就合成出了这两种人的失职和失德。但反过来说，如果教育者和管理者群体想要尽职、尽德，他们又该有怎样的作为呢？

我想他们无疑是可以有所作为的，但其可作为的范围也是有限的。他们很显然无法直接改变把简单问题复杂化的各种成熟的设计，而他们对这种改变的间接影响一般只能通过很有显示度的行为方式进行，但其效果如何就很难判断了。较保守地思考，教育者和管理者群体若想尽职尽德，同时又能屏蔽各种分心的干扰因素，应该还是要在加强自己的精神建设上做文章。

个人精神建设的高标准是能使个人在环境不变化的前提下摆脱无神、无奈、无助。这并不是天方夜谭。鲁迅先生有诗云："躲进小楼成一统，管他春夏与秋冬"。听起来有点想当然和一厢情愿，但不对任何实际的因素动用情绪，理论上还是可以做到的。个人一旦没有了气性，什么样的风雨都不可能让他的情绪飘摇不定。

我喜欢的《礼记·大学》中的一段话是："知止而后有定，定而后能静，静而后能安，安而后能虑，虑而后能得。"从中可知，最为关键的是个人须知自己究竟要追求什么，也就是所谓的"知止"。明确了目标，意志就能坚定；意志坚定了，心绪就能镇静；心绪镇静了，精神就能安宁；精神安宁了，思虑才能周全；思虑周全了，就能有所获得。个人有了完整、独立的心理操作程序，便可以运用太极的八法五步与环境互动，日复一日，原先觉得复杂的一切终会变为简单。

德性的心理学意义

"德性是由一种较高层次的欲望（在这种情况里就是一种按相应的道德原则行动的欲望）调节的情感，这些情感亦即相互联系着的一组组气质和性格。"这是罗尔斯在《正义论》中说的一句话（罗尔斯著，何怀宏等译，《正义论》，中国社会科学出版社，2001年版，第190页），但我估计多数读者会在不经意之间错过，原因主要是句中的内容与"正义"这一主题相距较远。幸运的是，我读书时会在意书作者所有特异的思想，故而常常能在主题学习之外获得惊喜，这在某种意义上也可以说是扩张了书作者的价值。

就罗尔斯的这句话来说，其特异之处有二：一是用"情感"和"气质、性格"说明了"德性"，这与我们通常的理解就不大一样；二是用"一组组气质和性格"，把德性的操作化形象表达得淋漓尽致。看到对德性如此的界定，我无法不感到惊奇，自然就有了解读的兴趣。

根据我的理解，对罗尔斯的这句话可以从以下几个层面加以说明：

德性是一种情感。这是一个富有道德心理学色彩的判断，意味着德性是一种道德心理现象。这样的认识显然优异于把德性做抽象化对待的想法，明示了德性的"情感"形象。细思日常语言中的"看他的德性"之类的说法，若在具体的情境中，一定是说话人对"他"表现出来的"情感"不屑一顾。如果不外化为情感，我们又如何能得知一个人的德性？

德性作为情感是由较高层次的欲望调节的。从字面意义上即可推知，由较低层次的欲望调节的情感是算不上德性的。关于"较高层次的欲望"，罗尔斯的解释是"按相应的道德原则行动的欲望"。换言之，这种欲望是经过道德原则洗礼的，是接受了道德原则规限的，因而一旦外化为情感必是德性。从这里又可得知在罗尔斯那里，"德性"是一个积极的正向概念，亦即美德。难怪德性伦理与美德伦理两个概念可以互换，进而德性伦理学也就是美德伦理学。日常语言中有"某人德性好"或"某人德性不好"的说法，这显然是把德性概念中性化了，依此可把德性分为好、坏两种，实际上是有些不妥的。否则，当我们说"某人缺德"时，还得把"德"专门注解为"好的德"。我们无法改变、也不必改变日常语言的灵活性，但在伦理学中，最好还是把德性界定为积极的正向概念。

在操作的层面，德性是由许多组气质和性格组成的，而且组与组相互之间是具有内在联系的。这一认识值得我们认真对待，它不仅言明了德性是一个由许多小系统（组）构成的大系统，而且言明了作为情感的德性其实就是气质和性格。我想罗尔斯在这里并没有混淆伦理和心理的界限，而是揭示了德性实为被伦理化的心理特征。基于此，现实的个人，其气质和性格也不是抽象的心理事实，而是具有伦理学内涵、禀赋与修养的结合体。反观具体的德性，还真的是一组组气质和性格。譬如"老实""奸诈"；"沉稳""浮躁"；"骄狂""内敛"……还真的是与气质和性格难以剥离的德性。

道德两难不是问题

黑格尔论"根据"时说过：如果一个士兵临阵脱逃以求保持生命，他的行为无疑地是违反军法的，但我们不能说，决定他这种行为的根据不够充分，否则他就会留守在他的岗位上。说实话，我对黑格尔绕来绕去的辩证法并不十分喜欢，之所以截取这段话，是因为它作为原型，启发了我对社会中人的行为正当性的思考。

对于一个士兵来说，他的临阵脱逃是否正当，在军人的世界中就不是问题，结论当然是该种行为不正当。他的临阵脱逃之所以能够成为问题，是因为人们在思维中容易把他从士兵的角色拉回到普通人，进而用普遍人道的而非军人的原则对他的临阵脱逃进行定性。

让坚持各自原则的双方，对士兵临阵脱逃的行为进行辩论，那他们只能是各执一词，最终也不会有结果。发生在他们之间的辩争，看似一种行为的正当性之争，实际上因双方意识中行为的主体，虽是同一个自然人，却非同一种角色的人，因而从一开始就属于普遍的人道原则与特殊的军人原则的对峙，自然是没有结果的。

人道主义者必定以个人的生命为最高价值，但这也不能否认军事以牺牲士兵的生命以求得生命之外的某种价值所具有的意义。尽管这个道理完全能够被人们接受，但类似士兵临阵脱逃行为的混乱辩争也不会消失。这是因为，普通人的世界和军人的世界，各自拥有自己所认定的最高价值。根本上是因为世上并不存在纯粹的军人，现实的军人也是被契约化的普通人，所以才会出现无谓的和欠缺理性的行为正当性之争。

完全理性的行为正当性之争，即便还是价值辩争，也只能在一种世界里进行，否则这个世上就真没有什么道理可讲了。迄今为止的现实的个人，总被分配在社会不同的领域，而每个领域都需要它的加入者贡献某种价值，同时就意味着他们必须无条件地牺牲自己作为自然人和普通社会成员所拥有的部分权利。

我们所知道每个领域的第一德性，其背后深藏着的正是该领域向全社会作出的以牺牲其参与者的部分权利为内容的价值承诺和宣示。反过来，全社会也会用这种价值承诺和宣示为标准来希望和评判一个领域参与者的行为。简单点说，人的行为正当性评判中，其实运行着两种机制，一是相互独立的具体价值之间的竞争，二是对决定具体领域本质的某种契约的坚持。

基于此，虽然保持自己的生命足以让一个士兵临阵脱逃，就此来说，其行为的根据是充分的，但必须附加一个前提，即他不是军人。实际上，当他临阵脱逃时，已经否定了自己的军人身份，就等于主动毁弃了他作为军人与军队、与社会的契约。他理当为此付出代价，这个代价就是接受军法处置。

对于军人来说，他个人的生命已经不是最高目的，而是其他人的生命或某种事业价值实现的手段。如果有人因此为临阵脱逃的士兵叫屈，就属于完全没有理性。正确的思维是：当国家给予军人及其家属优厚待遇时，任何人都不应该有任何怨言。由此推论，社会中不同领域的公共待遇确定依据，不论其是否曾被明示，大致应是每个领域参与者需要贡献和牺牲的权利在世俗社会中的价值分量。

美好是心灵与事物合成的效果

德性中的言行功夫

　　一个人的有德或无德必有外在的显现才能被周围的人们觉知，如果没有显现，任他至善或是至恶，旁人也无法做出判断。待到我们明确了一个人的有德，同时必伴有他言行上的光彩；反之，当我们明确一个人的无德时，也一定是他在言行中露出了马脚。所以，涵养德性，根本在于养心，但言与行上的功夫也是断不能省略的。要知道，大多数时候人与人的联系是比较外在的，相互的认知自然是既从外在开始，又以外在为据，那外在言行的功夫又如何省得？

　　我们认识一个人，必先听其言，因而说话是要谨慎的，既要避免幼稚的错谬，又要顾及听者的感受。只凭着自己的本能求得自我的释放，时间一久，便难免破绽百出，轻松暴露出内心的无知与肤浅。即便一个人的言说在形式和实质上并无瑕疵，即用规范的语言表达了高大上的常识，也不能决定他自己在别人认知里的结论，这是因为别人仅听其言远远不够，尚须观其行为。因而，仅就外在的表现来说，人们也应该重视谨言慎行。

　　但是人的谨与慎只是态度，而且具有明显的自保倾向，最多算得上策略，肯定不属于较为深刻的德性。单说唯恐自己受害的谨慎与担心伤害他人的谨慎，在境界上就存在着天壤之别。暂且不论这种谨慎的动机，只说一人之所言，在德性的领域，人们是注重其与行为是否和能否一致的。言行不一这种说法，显然不是说一人缺乏实现其所言的能力，而是特指一人说一套却做另一套，这在常人的标准里已经属于德性的瑕疵了。

　　还需要强调的是，这样的瑕疵在智慧范畴中是比较低级的，原因是言与行均可被他人感知，两者的不一致是一个人怎么辩解也无效果的。与此相较，心口不一亦即言不由衷，论其实质，似应比言行不一更为根本，但在具体的个人那里其实并没有多少差异，两者的区别只在于一个显于外，一个隐于内。显于外者受外在的规范制约，隐于内者受内在的信念支配。外在的规范需人遵守，未能遵守就会受舆论的批评；内在的信念需人信守，未能信守则会受良心的警示。

　　要说起来，言行不一和心口不一均具有世俗意义上的合理性。具体而言，因人是社会性的存在，在基本完成社会化之后，无论一个人的内在认知如何，其外在的言行正常情况下是综合考虑和权衡内外因素的结果，正所谓认知可有差异、言行共守规范，延伸下去，心口不一的现象不可能没有。而因人总处在具体的情境中，即便一个人有相当的修养，也终会有此一时彼一时的感受。如此，先前情境中的所言与后来情境中的所行，难道没有错位甚至冲突的可能吗？

　　以上种种情形，大概能够折射出德性、德行的特别与有趣，更可使人推知德性修炼与道德教育的重要和艰难。追寻这种艰难的根源，应是人不只是纯粹的他自己，他有形的自己很大程度上承载了他所在的集体的习惯和规则。然而他毕竟首先是他自己，因而他的精神世界里必然时而和谐、时而冲突。当冲突溢出精神世界并以言行的方式显现时，心口不一、言行不一也就现实地展演了。

　　我发现这样的事情是经不起认真的，细究下去就会发现一个人在自己的生命历程中所经验的"不一"是各种各样的。有前心与后心不一，有前言与后言不一，有前行与后行不一；有现心与现言不一，有现言与现行不一，还有前言与后行不一。而各种"不一"皆因人不只是他自己，因而有了各种"不一"也不足为怪，而且各种"不一"的性质也不尽相同。有的"不一"属于自然，有的"不一"属于局限，有的"不一"属于无奈，有的"不一"属于艺术。在此认识的基础上，我们关于德性修炼和道德教育的认识会不会发生一定的变化呢？

思考在时代的交接时刻

　　一个时代过去了，这几年经常听人这样说。其言外之意是，另一个时代到来了。这两种说法所指代的是同一个历史事件，即一个新旧交替的过程正在进行。更重要的是，正在进行的交替，其效率极高、速度极快，而且普遍激起了普通人的保护性应激反应。通俗地说，这一次的新旧交替，无疑和以往任何一次一样，使得一部分人惊慌失措甚至茫然，却没有出现和以往大致相等比例的激进主义者。

基于历史的经验进行推演，形成这种情况的原因很可能是旧惯例的红利还没有发挥到理想状态，而新事物的优秀潜质还没能以较通俗的方式被人们感知。实际的局面就成为：过时的好处不复存在，新鲜的利益尚未到来，人们除了在掐自己的时候还知道疼痛，其余的感觉基本上可以归结为不太标准的虚无。换言之，人们自知自身存在的真实性，却也真实地觉得自己脚下的大地越来越成为一个概念。

这样的感觉在时代的交替中实在是平常，以致引领时代的人们原则上不会视之为问题。但对于个人，尤其是对大多数个人来说，这样的感觉不仅意味着其实际的存在状态，而且不间断地预示着其无法平静、平和的未来。如果再把无数个人的类似感觉用思想的方式组织起来，我们必然能觉察到一种被动、退群的文化性格正在逐渐成形，并很可能伴随这一时期的高效率和高速度而很快固化。

我们可以把这一切视为时代变动洪流中的副题或新旧更替合理产出的副作用，在此基础上，我们更需要把这一切的存在视为历史变化中的一种正常现象。其他一切的想法和做法都必须建立在这种认识之上，否则无论哪一个个人的无助和哀怨都逃脱不了幼稚的定位，关键是其无助和哀怨毫无用处。明智的决策只能是一切朝前看，其原理是对无法抵挡的未来，与其在恐慌不安中做无谓的拒绝，远不如使用自己的理性认真地思考那个未来究竟具有怎样的脾性。

有一点很重要，需要记在心里，那就是基本用不着怀疑时代引领者用智求善的真诚。我们其实只需要弄清楚在新的时代中有哪些规则是我们不太熟悉的，如果有可能，最好还能搞明白在新规则之下的行动要领。只要你不觉得自己还处于蒙昧状态，就用不上怀疑责任更大的人们的智慧。对于我这样的说法，自然会有人从严谨性上进行指批，这当然是没有问题的。但重视严谨性的指批者，通常会陷入一种认识的误区，即少假思考地把一些由个人不纯粹带来的实际危害归结到引领时代的文化信念上。这当然也怪怨不得他们。面对纷繁复杂、新旧混存的现实生活，一般人谁能分得清哪些是月亮、哪些是月晕呢？在这种情况下，一般人既可能把一些新时代的好处记在旧时代的账上，反过来也可能把一些旧时代的坏处记在新时代的账上。

立足于现实的文明水平，我们应当首先相信新时代的构思者会把自己的创造性聚集在解决在旧时代产生却无法在旧时代解决的问题上，这就使他们的构思从开端处就是对旧时代的积极超越；其次，我们应当相信新一代人中的佼佼者也许在智慧的总量上不及他们的前辈，但其智慧的高度理论上一定处于有史以来最高水平，因为一个时代的引领者不会对整个时代的未来敷衍了事。

至于我们切实感觉到的许多真实的不足，一般来说在旧时代也没有现实中那么严重，大概是因为时代更替过程中，"交接""转弯"的事宜比较让人劳心费神，以至一些细节的事情还来不及用心整理。不用说，那些原先在一定程度上已经被抑制的消极现象趁机钻了空子，客观上的效果就是已经被较好抑制的恶习卷土重来。这就像我们感觉到的无序和对规矩的报复性无视，相关的主体实际上是把时代交替过程中的疏忽大意误作为江湖乱道的春天。

要相信在可见的未来，在新旧时代的交接基本完成之后，天下太平、风清气正就会成为常态。在历史上的每一次转折过程中，都存在着两种有趣的选择：一种是选择趁乱取胜，把新旧时代交替中的混乱所带来的红利最大化；另一种则是为新时代的到来预先做心理的建设和德性的准备。我们虽然不能轻言后者的智慧，但至少可以判定后一个选择是明智的。

这里所说的明智，并不是说选择了后者的人还算懂事，而是肯定他们在混乱的环境中还能保持对趋势和规律的敬畏，要知道这样的个人正在逐日减少，因而是比较珍贵的。然而，这本身就是一个很大的问题。如果这样的个人总在减少而不是增多，那么再好的新时代构思恐怕也无法变为现实。问题是怎么办呢？难道要不厌其烦、苦口婆心地劝诲对趋势和规律没有敬畏的个人吗？这种办法还是趁早不用为好，劝诲的人不厌烦，被劝诲的人也会厌烦。经验表明，低认知含量的苦口婆心，无论其动机、目的有多正当，通常也不被劝诲者欣然接受。

要不就运用悬赏的原理重奖那些敬畏趋势和规律的个人？这种念头可以有，但考虑到实际操作的复杂性，最好不要轻易付诸行动。新时代的人，须是文明的建设者，又须是文明的体现者。这样的建设者和体现者不可能从天上掉下来，只能从地上长出来。这个地，可以是一个地域，可以是一个时期，也可以是一个人群的精神文明。

从这个角度讲，不文明的个人虽然是一种可感的真实存在，但不应当成为优先改造的对象，更为根本的是改造支持他们生长的精神文明土壤。不过，对土壤的改造就比较麻烦了。它是一个大工程，如果不用最先进的技术，如果不做整体上的设计，就很容易像过去一样，要么说一说而已，要么就是有头无尾。

这个道理好像谁都懂——新时代的人懂，旧时代的人也懂，但问题并没有因为道理的明白而自动消失或是有所衰减。实在让人头疼呀！头疼本身倒也没有什么，最麻烦的是对于这种头疼虽然已经有一些可供选择的处方，但处方里的药太贵了。为了医头疼，就贸然倾家荡产，轮到谁也难下决心，人们害怕的是得不偿失。所以，就只好让我们的头先疼着。实在疼得不行了，劝诲和悬赏虽然治标不治本，但在某种程度上也算是我们的应对策略。

"我" 在哪里

我是谁？我从哪里来？我到哪里去？

如果给这一组问题加上书名号，《我是谁？我从哪里来？我到哪里去？》就是法国画家保罗·高更（1848—1903）1897年创作的一幅画的名称；如果不加书名号，而是加上引号，那"我是谁？我从哪里来？我到哪里去？"则可以是《圣经》中类似的经文或是古希腊某一哲学家实际关心的问题。

　　我说明这一组问题的来源，并不是因为有知识考古学的兴趣，而是觉得其中的"我"任何时候都值得我们做认真的审查。

　　在近来的学习中，我发现与"我"有关的另一个问题是"我在哪里"，它好像就在那一组问题的缝隙中，却又没能得以明示，结果就是"谁""从哪里来""到哪里去"调动着我们的思绪，而最核心的"我"的具体存在则被默认为某种不言而喻。因而，即使那一组问题都有了答案，我们对"我"的认知仍然不具有通透性和彻底性。

　　用家常的话说，被我们"是"的和为我们所知的、来自和去往"某处"的"我"，因没能在"目前"或"当下"的绵延中找到立足之地，在我们的意识里仍然是一种模糊的存在。我们不得不在那一组问题后面继续追问："我在哪里？"

　　这个问题显然是在存在论的意义上提出的。对此，我们必须做预先的申明，否则就难免被习惯了日常生活的人们振振有词地嘲弄。他们一定会很惊讶地说："我不就在这里吗？"然而，"在这里"的"我"又是什么样的"我"呢？

　　作为身体的"我"的确"在这里"，但这个"我"从来就不是哲学家所关心的。或者说，在非哲学的视野中，那一组经典的问题毫无意义甚至有些荒诞。在感觉的世界里，有哪一个"我"不是来自生，又有哪一个"我"不是去往死？可见哲学家所关心的"我"，只是可与物性的身体我阶段性统一的一种非物性的存在。

　　当有人说"我"变了时，在他的头脑中至少有先前的和目前的两个"我"。照此说开，"我"既在一个人目前物性的身体中，又在说"我"变了的那人的记忆中。如果这两个回答都非虚无，那么哪一个"我"才是真的"我"就成了问题。

　　若只允其一为真，那另一则是假。他人可以视记忆中的"我"为真，继而判定目前的"我"为假；实际上也可以视记忆中的"我"为假，继而判定目前的"我"为真。前一种情形常常与"你不应该是这样的"的句子关联；后一种情形常常与"想不到你原来是这样的人"的句子关联。

　　返回到自身，我们自己也同样会对无法永久不变的"我"感到疑惑。谁没曾有过"这是我吗"的自问？当这一自问发生时，我们已经明晰地感觉到了自己的变化。如果是积极的变化，我们的自问中应蕴含着愉快的惊讶；如果是消极的变化，我们的自问中则应蕴含着沮丧的自责。

思索至此，我好像能理解那一组经典的问题中为什么没有包含"我在哪里"。原来，这一新问题的确定性答案，必会使"我"停留于生命时空整体的某处，"我"也必将失去"历史性"这一最为显要的属性。

但"我在哪里"这一问题实在无法令我们视而不见、听而不闻，因为我们无法接受居无定所的存在状态。也就是说，我们需要给出一个答案，而且只有通过这一方式，我们才能为自己的"我"争取到一个户籍。虽道是争取，实际上近乎接受。无论我们的"我"心情如何，都只能接受"我在哪里"的宿命性的答案："我"无法不在变化中。

这样的答案将意味着"我"一旦与物性的身体在意识中平行而在，就被一个从今往后不再停息的精神代谢系统同化，走上不断改变的道路。最要命的是，"我"的改变不只是发生在时间的维度，还会发生在空间的维度。从而，生命过程中不仅会有"我"时间维度的进步和堕落，而且会有"我"空间维度的换声和变脸。我们的烦恼也就由此而产生并无法收拾。

每一次听到或者由自己说出"你们以为我愿意这样吗"，可以断定主体精神世界里都正发生着一场"自我"疆域里的内战。除非一个人在日常生活世界中成了魔鬼，把自己的"我"切碎揉烂扔到垃圾桶，那么他将无法摆脱"厌世"这种病毒。他的状态如何，主要取决于这种病毒的活力和数量。之所以如此，根本原因在于："我"骨子里并不愿意改变；"我"不能不变时，又不愿意被众"我"改变；但无法纯粹、独立存在的"我"又不便摆脱和对抗众"我"。故而，有"我"便有了"烦"。

天干物燥

现在这个时节，春天名义上已经来临，但视觉上仍然能感知到冬天的余寒。随意浏览，生命的力量应在蓄势，但给人整体的感觉就是天干物燥。这时节的人似乎没有明显的活力，也没有多少方向感，虽然各有各的忙碌，好像又都不在状态。见了梨子，想到快要惊蛰，大地复苏指日可待，心里朦胧地会产生希望。季节的轮回并未增加生活重复的无趣，每一年对新春以及由此展开的新年总是充满热情的。自然也不是人人都有这样的想念，对于那些急性子，绿意盎然的时候他们也会撒欢，但就是忍不了这短暂的天干物燥，呼出的气都冒火星，环境中稍有不如意的消息，他们便能够暴跳如雷。

赶趁的媒体轮番着炒作天才们的自戕，易感风寒的人立刻就能推断出国将不国。我熟悉的一些急性子，一年里总在指点江山、评议时事，那中间散发的豪情和怨气足以让人感动，而我也分明感受到了他们内心的歇斯底里。他们永远是一道风景，但这风景里埋藏了太多的局限。坦率地说，我是个实在却不愚陋的人，耳闻目睹许多批判、摧毁、诅咒的言行，却基本感觉不到什么积极的意义。降温了，我也冷，且不比别人冷得少，但我从不认为自己有理由谩骂冬天；在另一面，春天来了，我体悟到了温暖，且不比别人更温暖，但我还是真诚地歌颂春天。

我不至于将某种人世间的狡黠在大自然中耍弄，的确是我仅仅知道自己在无限时空中的卑微。对于生活的现实和所在的环境，我会尽力改善，这不过是因为人生与群体的存续需要我履行一定的角色功能。我难以体验他们的心理，在我这里，虽有对事物的不满意，但主流的意识是一切都那么自然。略加反省，我觉得自己很是现实，其实这只是表象，骨子里属于那种随遇而安的人。要说我没有原则，那又不对，随遇而安之中渗透着人道物理，所以，精确地说是个理性的人。只有这样描述自己，才能够解释自己在群体生活中的种种表现。我和我之外的人整体上不会是双重人格，每一个人的作为都是内外统一的。

我这样的心理让我对环境不会过度敏感，难有什么事情能让我乐不可支，也少有什么事情能让我苦不堪言。切不要以为这是一种糊涂，更不要以为这是什么修炼的结果，很可能是生命中某一时刻的感悟，偷偷修改了我的生命程序，我应该有可能成为不同于现在的各样人物。青年时期做过地道的愤青，但青年期尚未结束，我便为自己的激扬羞愧不已，羞愧自己对真善美的一知半解竟然能支撑堂吉诃德式的理想。随着对人事物理的认知广深，我越来越认同老人们所讲的鼓励谨慎的古训，也更为警惕自己个人中心的局限。而且，在此过程中，我对中国智慧的理解已经超越表层，体会到智者的沉默并非明哲保身，而是自知自己遭遇到对无限的无知。

我们知道的，之于我们不知道的，可以忽略不计，既然如此，我哪敢口无遮拦？即使不喜欢狂风，我也不敢对它口诛笔伐；即使不喜欢雾霾，我也不敢对它拳脚相加。因为我知道风是空气流动的效果，狂风的后台自然是空气的狂动，我没有力量阻止空气的流动，又有什么理由指责不能自己做主的风呢？因为我知道雾霾来自汽车的尾气和工业的污染，它的背后是人类无休止的生产和消费，我没有力量叫停生产，也没有觉悟减少消费，又有什么理由一边享受阳光的温暖，一边埋怨太阳的刺眼呢？正是这种实在的思维引导着我在狂风中自责身单力薄，在雾霾中忏悔自己参与了制造。结构性的个人生存，让我的心柔顺了，以至于在这天干物燥的时节，我总在寻找和想象雨润与风和。

我们眼中的世界从来就不是纯粹的物象，而是我们的主观对世界感受的效果，且每一个人的主观都是自己历史的凝结。同样的物象使得不同人的不同感觉，根底上是人与人的历史各不相同。个人的历史不完全是时间的积累，其中夹杂着个人的长短、苦乐、高低、荣辱，从而造就了每个人不同的看世界的眼睛。如果我们恰好被置入短、苦、低、辱的境遇，世界在我们的视网膜中就容易是灰色的。知道这个道理，我们可以为自己的不幸而伤感，更可以在自主的时候向长、乐、高、荣奋进，同时就可能少一些对环境的否定。我注意到无知无识的人们即便不幸也多自认倒霉，对环境横眉冷对的往往是一些有知有识的人，他们习惯于把自己的不幸归罪于环境，生命的常态一般是对怀才不遇的感叹。我不想隐晦自己对这种想法的批评，尽管批评的意识与我的常态不符。理由是，我以为他们看上去颇有革命者的气魄，实质上是奴隶的心灵，因为他们根底上期盼环境的良善带动自己的发展；我还以为他们很少是什么人才，我们的环境对真材料是珍爱的。

最可做的事情恐怕就是改变自己，只要不让或好或坏的理念控制了自己，一分汗水总有一分收获。反观自身，我是个农二代。一路风雨，至今无饥寒之虑，还能不论春夏，不过是不懈耕耘所致，还有一个原因就是我不受任何理念的独立宰制，不跟风，无执念，理解万物，同情众人。我很少否定他人，并非他人完美，也非我圆滑练达，而是能同情每个人生命中的因果链条。对于我们的环境，我内心当然满含期待，但诉诸文字的评议少而又少，这只是因为我知道顾大局者和囿于一隅者近乎两个物种。庙堂中人曾在江湖，江湖中人未及庙堂，孰高孰低，无须争议。类我者，奔波生活，自食其力，独善其身，是不累及社会；能学有所长，惠济天下，才算贡献。人生不可重来，何不辛勤劳作？何必怨天尤人？

这个时节天干物燥。海上风云变幻，岛周你来我往；域内错综复杂，域外虎视眈眈。转型、重建应能概括我们这个时期的主题。艰难和无助会成为人们典型的心情。那么，怎样能够实现生命的自适？一个字——润。用人道物理滋润我们的精神，用我们被滋润的精神滋润我们的社会。再说，社会在哪里？它是我们之外的一种背景吗？不全是，是我们所有的人和事铸成了社会，只有靠我们所有人来发展社会。人比万物的伟大之处在于人能够为了长远而改变甚至牺牲自己。如果只是单边地希望本不在自己之外的环境有所改变，那与万物并无差异。天干，心不能干；物燥，心不能燥。做不到，我们就是俗物；做到了，我们就是智者！

存在者的真实存在

感觉的迟钝其实并不可怕，很可能是我们没有把注意力放在当下，最坏也就是思维反应的速度特质欠佳，只要尽可能避开求快的环境，也不碍大事。真正可怕的是感觉与思维的分离，就如同大街上车水马龙、人声鼎沸，走在街上的你却视而不见、听而不闻，思绪不知已被何种强梁绑架。对你来说，在那一时段，至少存在着两个平行的世界，一个是作为你容身之地的光怪陆离的大街，另一个是既被你控制又控制着你的心性幻影，这显然还没有算上你现实归属的社会组织。

我其实要说的是，当你的思维被某种强梁绑架的时候，你所表现出来的视而不见、听而不闻，难道不比通常意义上的感觉迟钝更为可怕吗？这样的可怕并不在于外在于人的世界自然生出的风霜雨雪，而在于致使人对客观存在的风霜雨雪了无知觉的事物。那种事物不是一种实在物，就像热来自火一样，是一种幻觉来自心魔的现象。言及心魔，也不是要说它能够益人或损人，仅仅要说它可以致幻人的精神。

被致幻的精神无论处于焦虑还是畅快的状态，总归虚而不实，当思维停滞时，一切皆归于寂无，随之而来的必是虚空。由此我们便能理解百无聊赖、意义逃逸的体验，以及此种体验极可能促生的精神逃逸。如果人的精神有了逃逸的倾向，那么他的精神在现实的存在中就会被主观界定为多余，类似厌世这样的情绪就会趾高气扬地成为精神的主人，消极取向的身不由己也会趁火招摇。果真如此，谁还会沉醉于各种类型的虚幻呢？

时常听到劝人活得简单一些的说辞，我们不必轻易猜测劝导者的简单或复杂。他们即便在当下着实简单，也应有过复杂的经验；他们即便在当下着实复杂，也应存有对简单的渴望。有一点可以肯定，即人们在平常的心境下，多会觉得复杂是一种负担，高度的复杂则会让人难以承受。然而，生命的现实性和人欲发达的内驱力，却让人对简单的图谋常常失算，唏嘘感叹就这样应运而生。从而在其现实性上，彻底的简单好像只能通过否定现实和欲望来实现。

大多数人是去过佛寺和道观的，那里面分别有和尚、尼姑和道士、道姑，他们穿着我们能从戏里才能看到的服装，并在作为芸芸众生代表的过客眼中自由自在，无疑也是在过一种真实的生活。再听听他们的法号和道号—智深、通慧、悟空、觉远；太乙、纯阳、玄灵、清风，其中总洋溢着某种超世脱俗的纯粹，偶尔会让众生艳羡。可真的要人去实践这种超脱，毫不犹豫的又能有几人呢？

大概人生就是不能整全，鱼和熊掌真的不可得兼。对于厌烦喧嚣却忍不了孤寂、厌烦欲望却咽不下清汤的人来说，就只好在闹市霓虹和劳碌奔波中起落沉浮、时喜时忧了，而这也才是真实、全面的人间生活。无忧无虑的生活的确是轻松的，但这样的生活不能让人成长。除非一个人能够满足于自己苍白的故事，否则，他一定会在无聊的轻松中自寻烦恼。有意义的生活，意味着人是生活的主人，也就意味着人是人自己生活的最大股东，当然就意味着他的生活也许并不如意，却是基本由他自己勤力创造的。

恰恰是因为生活并不如意，人才有了要改变现实的愿望，希望才愿意引领着他不断地进步。现实有不足，但现实也是希望的故乡；欲望是令人烦恼的，但欲望也是锻造人理性的教学材料。你在闹市中走过时，是否有过视而不见、听而不闻的体验？如果没有，当然没什么不好；如果有，这也很正常。对于正常的事情，我们就没有理由百思不得其解，建设性的思维是：设法降低心魔对精神的致幻程度，以使自己最大限度地保持头脑清醒。

剧情的世界有什么意思

追自己喜欢的剧绝不只是打发时间的一种选择，最起码也是使人的精神远离休眠的一种有效方法。所以，对于已经形成追剧习惯的人来说，需要继续坚持下去，这样才能使自己的精神不至于没有着落。而尚未形成这种习惯的人们，我就很有必要说说追剧之于个人存在的价值。

不要觉得这是小题大做。如果一个人真的有闲暇回味我们自己所在的世界，就能够在不同程度上感受到其异样的空旷和简单。其空旷并未导致任何一种性质的开阔，而是让个人比以往任何时候都更有孤独甚而无助的感觉；其简单并未使人感到任何一种性质的轻松，而是让人觉得原本属于进化效果的复杂和深刻在不知不觉中成为一种多余甚至是一种笑话。

我们当然不能以偏概全，但幼稚的自我沉醉和肤浅的聚会，事实上已经成为各种生活方式的有机组成部分。一个人具体做了什么并无一点重要，重要的是你不能缺席各种自嗨和聚会的场面。现实中，大多数的个人只是一颗颗普普通通的螺丝钉，生活的鞭策会使他们无缘自我沉醉，更无条件奔赴各种轻松、热闹的聚会。我想在这种情况下，就可以试一试追剧这种特别的方式。

追剧看似一个人对时间的非理性投入，你甚至可以说追剧的人就是在消磨时间，但以下几种可能的效果却是货真价实的。

其一，剧情的世界是不同角度的真实世界呈现，远比真实世界完整和典型。对于未经专门思维训练的人来说，直接感受剧情的世界是走上社会认识轨道的捷径。

其二，剧情的世界只要符合我们自己的选择标准和习惯，一般情况下是在肯定和维护我们所看重的事物，很大程度上就是在维护我们自己。

其三，剧情的世界就像真实世界的镜子，因而，在我们追剧完成回归到真实世界之后，对生活世界的把握会发生水平上的明显提升。

其四，剧情的世界是经编剧、导演组织过的世界，虽不可全信，但不可不信。追剧的人在相对轻松、超脱的心境下，可以高效率地认识真实世界。仅有以上的效果，追剧也是值得的。再提升一下看问题的高度，难道我们能否认剧情的世界正是真实世界不同侧面和层面的投射吗？

从意识到这一点开始，每个人喜欢的剧情世界即成为必然首先属于他自己的山林和田园。若是难以置信，那就不妨回忆一下自己追剧时的状态，看看是不是有一种悠然自得的感觉。再想一想一个好剧已经结束而新的好剧尚未到位的时间空档中，我们会不会偶有无所事事的感觉？如果以上两种感觉都在一定程度上真实存在，那就足以说明剧情的世界的确可以成为人的精神寄归之处。

不过也正是因为可以寄归精神，剧情的世界自然就成为无根基的个人精神的收容所，进而追剧也就成为个人逃离真实世界的有效手段。这算不上多么新鲜的事情，要说有新，也不过是"媒介"上的新异，要知道在追剧之前早已存在了追书、追报以及以旅游的外表出现的追山追河。只要有了"追"的习惯，无论所追的对象怎样，原则上都是把自己从原本熟悉的生活世界中抽取出来，然后再将其置入各种不真实的世界。

随着人口结构和生活状态的变化，类似追剧这种行为的意义会越来越大，往大处说，不仅有利于每一个人的心理健康，而且有利于整个社会生活的自然和谐。从这个角度讲，全社会都应当感谢那些构造新世界的文学家和艺术家，并诚心地支持他们。作为一个普通的追剧者，追剧本身就是一种直接而简单的支持。当然还需要说明，追剧只能是日常生活的一小部分内容，也只有这样，剧和追剧才更有吸引力。若是有人整日歪躺在一处从早追到晚、从春追到冬，便与寄生虫无异。

健康的追剧只是在优化我们的业余时间，其核心是要把劳累、烦恼的精神带入另一个世界，相当于给予自己的精神一个小小的假期。假期结束后，我们的精神还是要返回到真实世界的。但要相信，剧情的世界与真实世界会在我们的意识中互动，并会影响到我们如何在真实世界中自处。没有了这一功能，谁还会去持续地追剧？仅仅为了打发时光，可供选择的余地实在太大。

不确定性的实质

发展迅速的时期，不确定性会逐渐挤进我们意识的中心：一方面，更多的发展机遇就在其中；另一方面，普遍的心灵动荡也会接踵而至。其深层的根据是人们为了不错过很可能转瞬即逝、不再重来的机会，即使放弃曾经有品质的选择也在所不惜。这样的案例积累到一定的程度，人们就不再相信稳定的持续，他们会因此而更加珍重当下的效益而无暇顾及未来。

比这个更值得深思的是人们对原先以为已经转化为集体无意识的理念也开始持有相对主义的态度，与此同时发生的是经由历史选择和积淀的原理、原则也失去了它曾经具有的力量。当这一切成为不可规避的现实和趋势时，心灵的危机感便自然生成，类似担忧、困惑这样的情绪就会像野草一样疯长，减缓或休止思维的积极运演就可能成为权宜之策。

在这种心境之下，自我意识虽然趋于模糊和游离，却能以较大的强度显现其存在。人们的自我意识不再隐居于相对稳定的心灵深层，客观上会成为一种特殊的负担，个人即便想抑制它的活跃也会束手无策。从道理上讲，人们可以求助于心理医生，但忠实于科学的心理医生也终将发现他们的前辈所创造的相关经验难以派上用场。

聪明的心理医生强调助人自助，通过提升精神的免疫力实现自体修复。如果幸运，一个人能够较好地度过担忧和困惑的周期；如果没有这种幸运，也就只好努力适应与担忧和困惑共存的新结构和新过程。这样的认识显然有点欠缺活力，但一时可能也没有什么好的解决办法，大概是要改换思维范式的。

应该说思维范式改换极为必要，因为心灵的状态不能持续性地处于萎靡状态。且不说生命的质量需要维持，更重要的是不良的心灵状态必然不利于生命价值的实现。即使我们不求显达富贵，也需要充实和意义来支持必要的尊严。人之为人不仅仅要生存，更在于成为生活的主人。假如生活的背景略显模糊，我们就必须用理性和德性照亮最起码的生活范围，恐怕也只有这样，我们才能拥有清晰的存在感，并在此基础上形成必要的价值感。

较为明智的选择首先是发现、寻找和确定能够激起我们思想及行动热情的事情。事情的意义大小并不是最重要的，最重要的是一种事情能够让我们注意集中、思维聚焦和情志投入，通俗地说就是能够有效地占用我们心灵的空间，这将使我们远离孤独和无意义。

经验表明，做事的辛劳足以让我们倒头便睡，而总能让我们付出辛劳的事情实际上能让我们无暇瞻顾过往和未来。我们因此只能拥有范围有限的当下，但能够因此不必体验百无聊赖，这也算是一种特定条件下的幸运。经历过相当长岁月的人们，多有机会见识自然和人文的变迁，当然也有优势体会到沧桑的意蕴。品味已经发生的各种故事，难道不会有如云似梦的感觉？

尽管我们认为沉淀在记忆中的信息曾经是现实的存在，但已成故事的过往现实与自己的关联是否已随时光的流逝而越来越不属于自己呢？在这样的思考中，有限的当下越发显得真实和体己，无疑也应该引起我们的珍视。历史无论怎样永远属于自己，但既然已成历史，属于自己也就不过是一种所有权的自我提醒，实质性的意义并不很大。

　　未来用发展的眼光看也许比当下更为重要，而且可以被我们赋予各种想象，但未来的实质又逃不过一个虚空。甚至可以严谨地认为，未来是真正不可能存在的。历史作为过去只是不能重来，但的确曾经真实地存在，而未来干脆注定只能是一种说法。我们所说的不确定，总是与未来联系在一起的，而未来的虚空才是它的真实，因而不确定说到底就不过是一种指向虚空的担忧。

有趣的"审美安全"问题

　　浏览网页信息，遇到"审美安全"一词，心里难免惊异，深入地读下去，就不只是惊异，而是有些敬重了。这种敬重当然不是指向一个词语，而是指向这个词汇所体现的高级情感。要知道"审美安全"并不是说审美者的审美出现了安全问题，而是说审美这一看似很精神性的现象如果走偏，也会影响到国家和民族的安全。我目前还不知道这个概念是谁首先提出的，但仅从我遇到的第一个使用者及其使用，基本上可以做出预测，即这个看似奇异的概念因能切中社会发展中的某种要害问题，应会引发人们的注意，甚至会刺激相关研究领域的新的思考。

　　具体地说，"审美安全"一词是影视编剧汪海林先生在评论许多当红男明星特征时使用的。他说：这威胁国家审美安全。欧美强力国家的男演员，甚至是国家意志的体现！支持多元审美可以，但不能鼓励年轻人朝这个方向走！①

　　这段看似富有使命的评论和呼吁，其中自然有可认同的元素，甚至窃喜竟有勇敢者真诚的表达，这便省去了我们个人因怯懦而无力表达立场的焦虑。除此之外，我更体会到一种很可能具有普遍性的思想命题。实事求是地讲，审美安全就是这样一个命题，从内容上分析，它应归属于文化安

---

① https://finance.ifeng.com/c/7eRjNYec4TL

全的范畴，对它的重视，不仅具有认识领域的价值，更有利于国家发展和民族复兴的顺利进行。

审美，乍一听是一个美学的问题，实际上也的确如此，但美的标准绝不是纯粹的美学问题。只要美不只是我们感知愉悦的主观效应，而是与一个国家和民族的文化观念紧密联系，那么审美便不是人仅仅让原始的身心享用愉悦的过程。事实上，美被我们从纯粹的感知中解放出来之后，几乎无可选择地与善融合，从而在一定的社会文化状态下，我们的审美同时就具有了审善的特性。善是什么呢？简而言之，就是对我们的有利和有益，进而凡是对我们无利和无益的表现就是一种非善，而那些对我们不只无利、无益还可能有害的表现其实就是一种恶。把这样的恶转换为美学的表达，当然就是丑。只是美丑这种现象过于依赖人的主观感受从而难有完全普遍的标准，这才使这一问题的思考成为一个让人纠结的过程。

我们之所以在这种问题上纠结，有一个重要的原因是我们的立场不可能没有对立面，甚至可以说从立场表达的那一刻起就注定要面对某种范围和程度的批评与抵制。如果我们在此过程中既不忍压抑自己的希望，又不忍否定多元价值中的合理存在者，心理上的纠结注定是一种必然。现实地说，我们欣赏一种人性的阳刚，原本是因为阳刚本身在人际弥漫中的张力，我们从中感受到了人和做人的尊严，可一旦我们在某种语境中表达了对它的崇尚，又好像情绪性地否认了另一种风格的精彩。虽然我们自己并不会因崇尚阳刚而拒绝某种情境中的阴柔之美，但对阳刚的坦率崇尚还是容易把自己置于阴柔美的对面。

世界本是阴与阳的统一，因而世界的美必定也是阴柔与阳刚两种风格的有机组合。在此意义上，绝对地崇尚其中一种，都会陷入审美上的不理智境地。反过来，具有足够理性的个人是不会绝对否定阳刚或阴柔的。我理解汪海林先生的评论就没有这种绝对的崇尚和否定，他是支持多元价值的，他只是希望阴柔的风格不要成为年轻人的方向。由此推开，他实际上在希望我们国家成为强大的国家，希望我们的未来是一种有力量的未来，而这样的未来必然需要我们的年轻人是有骨头的和有灵魂的，需要我们的年轻人是健康的和阳光的。

查拉图斯特拉是一个老鬼

什么是善良，这算是个问题吗？应该算是个问题。即使这样，也不用过于认真，企图获得一个确定性答案的人通常不会获得满意的结果。只要有人与人相互之间的心领神会作为基础，我们尽可以自由地使用"善良"一词，并可以根据情况的变化而做出恰当的应变。如果有人对我们的言语有兴趣，就会像研究《论语》中的"仁"一样研究我们在不同语境中所说的"善良"。做这一番铺垫，其实是想为自己即将表达的认识预留出回旋的空间，以避免在形式上陷入狭隘和偏失。

我要说的是，尽管这几天热得要死，我还是幸运地发现了一个重要的事实，即最大的善良，其实是对人的"不到位"表现的接受和对当事人的祝福。但其前提条件是，当事人对自己的"不到位"既没有觉察也没有主观上的故意。反过来说，如果当事人对自己的"不到位"一清二楚，却使用瞒天过海之法追其所欲求，是无由享用善良者之接受和祝福的。而善良者如果对这样的当事人也施以接受与祝福，那就算不上是真正的善良者，通常情况下，他们要么是糊涂人，要么是头脑清楚的好好先生。

看似善良的糊涂人近似于东郭先生，而好好先生则近似于古人所讲的乡愿。东郭先生是我们比较熟悉的人，就不再讲他的故事。只说乡愿，通俗而言，就是指乡中貌似谨厚，而实则流俗合污的伪善者。若是提升一点层次说，就得拉古圣贤的大旗。比如，孔子说过"乡愿，德之贼也"（《论语》）；孟子说过"阉然媚于世也者，是乡原也"（《孟子》）；朱熹则更为形象地说"乡原是个无骨肋底人，东倒西擂，东边去取奉人，西边去周全人，看人眉头眼尾，周遮掩蔽，惟恐伤触了人"（《朱子语类》）。

既然圣人都不说乡愿的好话，那我们也就不必违逆圣人的意思了。我其实对乡愿并无一点兴趣，不过是想间接地说明：对那些脑子还算清楚却惯于瞒天过海的当事人，是不应当施以接受和祝福的。那我们为什么需要接受和祝福另一些很可能是糊涂的"不到位"者呢？理由只有一个，仅仅因为他们对自己的"不到位"既无觉察也无责任。这样的理由在完全的理性意义上远未充分，其最大的不足应在于我们对当事人缺少了一种积极改造的愿望，从而客观上对他们的不足采取了听之任之的态度，好像有那么点不地道。

对于这样的指责也好、担心也罢，我还是愿意做一些说明的。请记住，我说的是做一些说明，而不是做一些辩护。之所以只做说明而不做辩护，是因为从至大的道义上讲，只要有可能，我们就应当把人从任何一种困境中解救出来，唯有如此，才能让人道主义的精神散发出光热。面对这样的道义，谁还有理由面对"不到位"者无动于衷呢？依据现代文明的精神，见有贫穷者，则当救济；见有犯难者，则当扶助；见有愚昧者，则当启蒙和解蔽。

以此类推，见有如我们所说的"不到位"者，则当启发、引领之。如果做到了，我们就是有责任和担当的人；如果做不到，我们就是有责任和担当却缺少素养和能力的人；如果打心里就不去做启发和引领，那我们就是没有责任和没有担当的人。莫非我们的心智迷乱了？如果我们的心智没有迷乱，又为什么要对"不到位"者的存在状况采取放任的态度呢？

首先必须承认我们的心智在科学的意义上一定是正常的；其次则必须说明对于"不到位"的当事人的接受与祝福，恰恰体现了我们的人道主义情怀。为什么这样说呢？因为对自己的"不到位"无知无觉的个人，通常被命运安置在了特殊的领域。这种领域的本质通常难以被把握，以至该领域的真正成功者多得益于自己的天赋，而该领域的前辈一般也无法口传心授自己的心得。如果有过这一方面的经验，就一定能够理解理论上讲应当施行的启发和引领，在现实的实践中并不必然带来好的效果。

目前实际上还存在着另外一个问题——即使在方法和技术的意义上完全可以对"不到位"者施以启发和引领，我们也需要谨慎为之，否则，那些"不到位"者中的上进者必然陷于比之没有出路更糟糕的处境。

还记得鲁迅先生在《呐喊》自序中的那段话吗？"假如一间铁屋子，是绝无窗户而万难破毁的，里面有许多熟睡的人们，不久都要闷死了，然而是从昏睡入死灭，并不感到就死的悲哀。现在你大嚷起来，惊起了较为清醒的几个人，使这不幸的少数者来受无可挽救的临终的苦楚，你倒以为对得起他们吗？"我虽然也能够读出其中的无奈和悲观，但又确实为铁屋子里的"不到位"者找不到出路，或者是在方法和技术上可以找到出路，但在实践操作的层面束手无策，因而也就很不情愿地不去打扰那些对自己的"不到位"无知无觉且没有责任的人。

好在我在这种经验过程中几乎没有过消极的情绪体验，始终能够以善良的心性面对各种各样的"不到位"，从而使自己与客观世界的关系越来越趋于自然，而且在学习中还从历史上的那些圣贤处学到了许多优秀的品格。我注意到那些圣贤在理念上从来不吝惜自己的想象和创造，也从来不怕暴露出自己的书生意气，但在现实生活中却像换了一个人，很能体恤和同情每一个具体的个人。

我以为，这种为所有的人确立方向，又对任何人都能施以同情和体恤，才是高水准的练达。海德格尔谈到尼采的《查拉图斯特拉如是说》时写道：查拉图斯特拉试图直接教导民众，"超人"乃是"大地的意义"。可是，民众只是嘲笑查拉图斯特拉，而后者不得不认识到，马上径直说出至高的东西和未来的东西，时机尚未成熟，也还不是正确的办法，可取的做法是，只是间接地说，甚至首先只是反着说。这个查拉图斯特拉岂不是一个老鬼？

理智的要旨

理智的意义应很丰富，其要旨在我看来就是冷静和辩证。其中，冷静是说理智的人遇事不顺从本能的驱动，不会无条件地情感用事，而是能够三思而后行；辩证则是说人在摆脱本能驱动和情感用事之后，能够全面、系统、动态地思考，其思维不走极端、不钻牛角。

总结一下理智的路线图：其起点是对本能的抑制，目的领域是思，思的标准是辩证。在理智的目标达到以后，人并非没有了情感，其言行也不是完全与本能无关，而是能在问题情境中最大限度地抑制本能中的破坏性力量，进而能在较为平静的心态下进行最健康的思维活动。

理智的对立面是不理智，与理智的要义相对，不理智表现在人那里自然就是不冷静和不辩证。冷静其实很难。当我们见到一个人不冷静时，一定是他的某种原则被挑战，也可能是他合理的权益被损伤，在这种情况下情绪上的激动是自然的反应，是能够被他人理解的。

尽管如此，我们还是习惯性地劝慰别人和要求自己遇事应该冷静，因为我们知道即使是能被别人理解的不冷静，同样会带给我们不希望看到的后果，而且知道事后的懊悔于事无补。

然而，当我们自己成为不冷静的主体时，一切关于理智的认知通常也会被置之于脑后。原因很简单，那就是一切属于理智的冷静在认知上均须把当下情境中的问题放在尽可能广阔的时间和空间之中，因为只有这样，当下情境中的问题才能够在我们的意识中变得微不足道。

但是，普通的个人认知很难具有这样的品格，直接刺激心灵的利益受损、原则失效和尊严丧失，最容易和最自然引起的反应当然是情绪上的激动。因而，要让人们具有理智的品格，在冷静的这一侧面，不能只是建议人们克制，换言之，不能只是引导人们做意志力的文章，根本上还是要解决人们的认知境界问题。

联想到我们劝人冷静时常常要对方"想开点""不必太认真"等，这些建议其实都没有从根本上解决问题，甚至在贯彻一种糊涂哲学。照此下去，一个人如果真的冷静了，也就意味着他对什么事情都无所谓了，问题是这样的冷静又有什么意义呢？

我们所说的在认知境界上做文章，重在使人以系统的和历史的思维为基础，把当下作为刺激的问题放置在较开阔的背景中，以自然改变我们对问题的看法。一旦不去孤立地看待事物，一旦不过度纠结于事物的细节，反过来能够洞悉事物的本质，我们就不会成为情绪的奴隶。在这里，我们已经把人的冷静与否与认知联系了起来，或可折射出冷静与否听上去更像是情绪的问题，而其根由却在认知。

全面地思考，理智本就反映在情绪和思维两个侧面，情绪上的不冷静属于不理智，思维上的不辩证同样属于不理智，而且是更难以化解的一种不理智。也可以说，辩证其实更难，它本身就是一个高级认知问题，人的意志努力在这一领域几乎没有用武之地。

辩证是什么？受一般哲学教育的影响，我们习惯于把它视为思维的原则与方法，这毋庸置疑是正确的，但有多少人想过一个问题：表述明晰的辩证法为什么并不必然带来人们思维的辩证品格？对于这一问题，我们可以从多角度进行分析和回答，最朴素的答案可能是说人们未能彻底理解辩证法，而且不能把辩证法在思维中进行融会贯通，然而这样的回答实际上属于正确的老生常谈。

最让人头疼的是，要想超越这样的回答又非常艰难，根本上是因为辩证法在实质上是由事物的真相转换而来的思维法则。具体而言，自在的事物本身就在联系中，就在运动中，就是整体的存在，如果我们在思维中不去联系地、运动地和整体地看待它，就不可能把握到事物的全真之相。

但遗憾的是，人无论在时间的维度还是在空间的维度，与世界都只具有部分的联系。虽然意识可以使人接千里、通古今，但仍然不可能和自己创作的天道或至高存在一样可以创造整全、把握整全。因而可以说，只有天道或至高存在才具备真正辩证地看待万物的能力。然而，天道或至高存在终究只是一种思想构想，所以现实中的个人是难以完全达到辩证思维境界的。

那么现实的人类整体是不是就能够实现思维的辩证呢？当然可以。但这种辩证的实现，只能呈现在各种文化的互动中，也只能存在于没有间断的历史长河中。

现在我们回过头来说作为理智成分的思维辩证，难道不是比同样作为理智成分的冷静更难吗？难归难，但这并不影响理智成为个人修养的目标。既然爱智慧成就了哲学，那么追求看起来不可能完全拥有的理智，是否也能使自觉的人生具有哲学的意蕴呢？

善意的层次

对认识者而言，真与假的问题既是基本的，也是核心的，但对于日常生活中的人来说，善与恶才是最为要害的。就比如谎言，在一般意义上应是不可取的，然而善意的谎言则因其内含善意，使得其中的谎言也变得那么合理和可取。这至少说明一点，即日常生活中的人对善的需求和肯定几乎是可以压倒一切的。从这里出发，自然能够通向生活实践中的动机主义原则，具体地说，是动机而非效果决定着具体行为的好与不好。

"好心办坏事"虽然不尽如人意，但考虑到办事人的心是好的，他办事的效果最终仍是能被他人原谅的。反过来看，如果有一人看起来在做一件好事，可当人们知晓他抱有邪恶的目的时，一定会把他界定为阴险和欺骗。如上的日常生活逻辑事实上也成为一些生活原则确定的基础，最为基本的是人们为了实现和谐的生活理想，往往会把对人具有善意作为社会交往和同处共存的基本要求。

近来读到一篇精致的短文，讲到大格局的人有四个特征，分别是待人有善意、遇事不推脱、小事不计较、做人不纠缠。善意在其中是居于首位的，而后三个特征的原点实际上也是善意，因为与它们相对立的推脱、计较和纠缠，一旦与具体的个人和事情联系起来，我们的意识中还是能构造出不同类型和不同程度的恶意。这样说来，待人有善意就不仅仅是大格局的人所具备的首要特征，而且是大格局的人所拥有的本质。

那么，问题就来了，即人们所说的和所需求的善意究竟是指什么呢？类似这样的问题，只要不去追问，我们好像是明白的，一旦追问起来，则很难给出完整的答案。其结果是类似善意这样的概念，就像日常生活自身一样，在我们的意识中既是清晰可感的，也是模糊笼统的。当然，从认识论的角度看，这并不是一个多么艰难的问题，因为答案就在完整的日常生活之中。也因此，虽然我们难以对善意做出严谨的逻辑界定，却有能力判断具体人的具体行为是否具有善意。

有时候，我们的判断可能是迟滞的，是事后的，但总归是可以做出正确判断的。基于这一客观的事实，我们对善意的所指进行考察，还是要把意识深深地融入现实的日常生活。预先分析善意的成立，可以梳理出最基本的影响因素存在于两个领域：一是先在于具体个人的共同体文化对善的基本理解，这种理解是具有规范功能的；二是共同体文化作用下的具体个人的心理体验，这种体验依次牵连着个人的安全、情绪、尊严和利益。

原则上讲，凡自觉的、有利于人的安全和情绪稳定的和支持人的尊严和利益的行为就是善意的行为；反之，凡自觉的、不利于人的安全和情绪稳定的和有损于人的尊严和利益的行为就是恶意的行为。在这里，我们并没有把善意从行为中抽取出来，这是因为善意固然可以独立地存在于意识之中，但只有以具体的行为做中介才能得到有效传递。藏在心里的和说在嘴上的善意也可以是真实的，但对他人并无实际的作用，因而也很难说是一种待人的善意。

再者，对于善意这样的概念，如果我们并不是要追求一种绝对的逻辑严谨，反倒是从日常生活的经验出发，就更容易获得其操作性的内涵。基于以上立场，我们可以把善意从经验和效果维度划分为程度依次提升的三个层次，层次在先的更具有基础性，层次在后的更具有理想性。基础性的善意是起码的善意，理想性的善意是可以努力接近的善意。

第一层次的善意，其表现为行为，应不能使人窘迫，不能使人紧张，更不能使人感到受辱。这里面几乎没有需要进一步解释的内容，我们只需将其与自己的经验和记忆联系起来，就能够编织出比较生动的画面。现实生活中不乏使人感到窘迫、紧张和受辱的行为，但有趣的是行为的主人完全可以把自己的行为合理化为善意的实施。应该说它们的合理化举措并不见得虚假，可从效果上来看，他的可能的真实善意并不会得到有效传递。

由此想到"良药苦口""忠言逆耳"以及"难得是诤友"，这些俗语无非劝导人们不要拒绝苦口的良药和逆耳的忠言，问题是良药必须苦口吗？忠言必须逆耳吗？要知道人不是无认知和无情感的生物或非生物，决定他们精神状态的并不是环境传递给他们的信息本身，而是信息被他们接收以后所产生的心理体验。如果人只是运行程序的机器，也就不存在古人所说的与"武死战"并列的"文死谏"了。

从这里可以悟出，我们待人不仅要有内在的善意，还要把善意表现在具体的行为中。进一步讲，我们善意的表现需要充分考虑接收者的心理体验，也只有这样，真诚的善意才能够成为现实的善意。做不到这一点，说明我们的修炼还远远不够，有时候还意味着自然存在于我们精神中的戾气尚未被文明驯化。

第二层次的善意，其被表现为行为，可分为相互有内在联系的两种作为：一是能对他人的劣势给予理解和同情，二是能对他人的优势给予肯定和赞扬。

尘世之中岂有完人？若有完人又怎能与我等凡夫俗子为伍？所以，成熟的个体通常可以控制自己求全责备的心理，遵循具有现实性的相对满意原则，理解和同情我们眼中的他人的不足，肯定和赞扬我们眼中的他人的优点。严格地说，除了特殊的行业或岗位工作对个人的特质有特殊的需求外，在普遍的意义上，每个人其实只具有特点而无所谓优缺点。一种特点在此处是优势，在彼处可能就是劣势，反之亦然，而个人的个性也正是在此意义上才成立。

当我们判定他人具有某种优点或缺点时，无非使用了我们自己比较重视的某一种标准。意识到这一点，我们就有必要放弃执念、扩大视野，以理解和同情他人为先决条件，继而对他人多一些肯定和赞扬。只要这种肯定和赞扬不属于策略性的表达，那就是不折不扣的善意。做不到这一点，说明我们的潜意识中还存在着过多的主观，说不定还存有一定量的嫉妒心。

第三层次的善意，其具体地表现为一个人在自己力所能及的范围内，愿意帮助他人并少有思虑地付诸行动，更关键的是内心不求回报。真正的慈善家应符合这一标准。善意在这一层面显然意味着实际的付出，进一步说，一个人不仅向他人表达一种意向性的情感和态度，而且会以行动的方式把善意的情感和态度转化为超越自身的精神或物质的力量。

这样的作为在极为纯正的出家人那里会显得自然而然，但对于尘世中的个人来说应是需要较高的道德境界支持的。实际上，当善意内在一致地被转化为善行之时，善意的边界已被突破，在个人那里基本上就达到了知行统一。这不正是自古以来的人们在心性修炼上的理想境界吗？体察现实的生活，就会发现知与行的分离反而更像是常态，知道应做什么只须依赖认知上的理解，认同应做什么也还只是心理过程中的事情，而要见诸行动，制约因素就会接踵而来，这种情况下，为善的意志就显得格外重要了。

美好是心灵与事物合成的效果

清明清明，气清景明。也就那么三两天的工夫，整个世界就变了颜色，随之而来的就是人们心理的生机萌发，许多人一方面开始整理希望，另一方面有了踏青的想象。每年的这个时候，我几乎都会想到大自然的智慧，它在气定神闲之下，在最恰当的时机，把人们从沉寂中释放出来。我坚定地认为大自然一定知道它如果不再安排万物的复苏，它自己也会失去灵魂。

有了这样的想法，当我再看到满园的丁香花开放的时候就少了许多惊喜，顺而把更多的注意投向了花和树本身，进而有心力在意识中区别丁香花的紫与紫槐花的紫、丁香花的白与白槐花的白。虽然也没有区别出个所以然来，但精神却能有前所未有的单纯，既省去了对大自然的感激涕零，也未去预先感叹丁香花消失的未来。

如果说在单纯的精神之中浮现过别的什么，应是只有对自己江郎才尽的自觉。这是因为以往对丁香花任性的赞美几乎耗光了我从小积攒下的词汇，好像再多说一句都属于多余。尽管丁香花的馨香扑鼻、神色悦目，好多次使我蠢蠢欲动，但一想到难以规避的无病呻吟便立刻打消了舞弄笔墨的念头。结局倒也不坏，我终于成为恢复到童稚心境下的观赏者，从而可以使用已不蒙昧的心智感受丁香花本真的一切，并深切地意识到只有在这样的状态中丁香才是丁香，而我才是真我。

恍然大悟之际，我知道了曾经的抒发和吟唱实际上使我与丁香均染上了程度不同的虚伪，说到底那虚伪纯粹属于自己的创作，因为丁香花无论如何也不会在意自作多情的人对他毫无用处的歌颂，它的自在足以让它不错过春光和春雨。然而，观赏它的人们就不见得那么自在了，人性的局限和不可自抑的能动，还是让他们的心思随着清风中丁香花的颤动而浮想联翩。

我分明听到了熟悉的、欣喜的声音，也看到了并无新意的文字，内心里还真的产生了从未有过的排斥。而难以启齿的是，本要与丁香一同自在的我仍然像往年一样驻足于丁香的姿态。

我力图搁置一切对丁香花的成见，用单纯的视觉器官去"视"它，呈现在我意识中的，有紫和白两种颜色，每一朵中都有四个花瓣，许多花朵聚成一团，很像不规则的蜂窝的样子。它们散发出一种气味，淡淡的，嫩嫩的，需我用力吸入才有真切的感觉。其实，在我的描述中，并没有完全搁置成见，也足见这是一件十分艰难的事情。

我清楚，所谓颜色的紫和白已不是对丁香花本相的描述，而淡与嫩更是我的主观判定。当所有的人都闭上眼睛的时候，丁香花究竟是怎样的颜色，恐怕谁也说不清楚。要知道颜色只能是人的视网膜与具体事物合成的光学效果，因而，没有了人的视觉的参与，颜色在理论上也是不成立的。但如果没有了人的视觉参与，丁香花究竟如何不也就变得毫无意义了吗？

即便有人的视觉参与，如果人只是单纯地去"视"，丁香花又能被增添多少意义呢？左右地思考，我忽然能够理解那些丁香一来就蠢蠢欲动的人们，他们越来越难有新意的吟唱，其实与遇到美食即垂涎欲滴的人并无两样。我也由此不再搁置成见，反过来放下唯恐江郎才尽的包袱，然后重新去审看丁香。意识的天地顿然开阔了许多，眼里的丁香花也随之娉婷袅娜，再把它与林、薛之品连接起来，天地之间也顿然美好了许多。

原来这美好竟是人的心灵与自然事物合成的效果。既然我们判定无人的感觉参与的自然事物是自在的，那一切美好的获得就得人自己积极主动。当然，这种积极主动不只是一个态度上的问题，还有一个先决性的条件是人需要是热爱美好的，因为只有热爱美好的人才会去用各种方式去发现或者创造美好。

但一个人怎么样就能够热爱美好呢？这一点说不难也不难，毕竟爱美之心人皆有之；要说难还真是难，毕竟爱深刻、艰难之美是需要理性的。由于拥有较为完全的理性很不容易，所以从整体上来看，爱美好之心虽然接近本能，但要把此心落到实处绝非易事。各种研究表明，人的完全理性，不仅需要基于知识形成的开阔视野，还需要天赋的聪慧和精神的豁达。显而易见，这些条件的具备是需要天赋、努力和修炼的。

四季各有其美好

四季变换中，让人感到突兀的，一是由春而夏，二是由秋而冬，一个是突如其来的炎热，另一个是从天而降的寒冷。这种时候，我们难免留恋刚刚过去的春天和秋天，从而在对一年四季的文学式关照中，春与秋总是占据绝对优势的，咏春的和悲秋的辞章迄今为止已经浩若星海。不经意间，炎夏和寒冬虽然更具有形式的和实质的极端个性，却在人们切身的身心不适中大概率地从诗情美文中淡去。

也许可以说，一种天文地理性的影响，让人们更愿意接受和更容易欣赏隐藏在春与秋之中的舒适与平和，同时又符合人心性地躲避包裹着热烈与凛冽的夏和冬。如果问卷所有必须行走于天地间的个人究竟更喜欢什么样的季节，想必他们大致少有思索地选择万物复苏和天朗气清的春秋两季。这样的结局一方面极为自然，另一方面也折射出人在环境中的平庸，正是这样的平庸无形之中使人错过了未能投胎到春秋季节的美好。

实际上，我们虽然的确在适应自然的过程中难以避免平庸，却也能情不自禁地享受与炎热和清冷交织在一起的美好。夏日固然能使人身心打蔫，但能躲在树荫下轻摇蒲扇的时候，也能独看仅在这个季节出场的热情与活力。蜻蜓的飞舞，蝉儿的鸣叫，变幻多端的云朵，倏忽来去的大雨滂沱，是任何的春和秋难以奉献的。

仅说久旱后的甘霖，难道不比丝丝春雨和阵阵秋雨让人更觉及时吗？相较于"一场秋雨一场寒"，在夏日的倾盆大雨中，人们不仅不会生出凄愁的情绪，还能自愿与连天的雨水相拥相融。即便春雨更得人宠爱，它无论怎样地奋发图强，恐怕也无法表现出"燕山雪花大如席"的壮观。

每一个季节的自然事物，都不是为了讨好或得罪我们而有，它们的好与不好、美与不美，只不过是我们人自作的主观情思。既然如此，便可说一切事物给我们带来的情思均为我们与事物的联合制造。进而，我们的喜悦和悲切首先是取决于我们自己的，自然的事物只是以它原本的样子存在而已。

诗人杜甫可以写出"感时花溅泪，恨别鸟惊心"的句子，但天知道花与鸟的确是无辜的，是人的多情善感赋予自然事物意义，而有了意义之后，自然的事物已被人的思维转化为精神运动的凭借。可曾想到人自己也属于自然的事物？要说想到这一步也没有困难，但人被天赋了情与意，由此既能感受自然的美好，又不得不承受因有情意而自然具有的生灭意识。

正所谓"人非草木，孰能无情"，这是在说人胜于草木。换一个视角看，人难道不就是因为有情意而在欣欣然喜乐的同时戚戚然哀惧吗？跳出三界、跃出五行，再俯瞰众生，可见众生属人却无异于草木，这才有卑微心态下的"草木之人"意识，进一步则有了"人生一世，草木一秋"之说。但无法回避一个事实，即草木因无情断然不可能为仅有一秋而多余怅叹，而人则因有心而断然无法躲避仅有一世的遗憾。

或因人有意识，而把人生视为仅此一回的整体，智者构造的轮回，不过是借用了大自然运动的循环往复给予人希望。然而，如此善良的构造一经人的理性分析，竟也变得残弱无力。这是理性的胜利，却是人自己的失败！要知道这理性好像让人活得更加明白，但也让人把本属于自然的人生过程搞得支离破碎。

理性驱使人本能地拒绝生命季节的秋与冬，并让无缘豁达的个人无效地努力使自己至少不滑入寒冷的冬季。他们无疑是可歌的，又无疑是可泣的；可歌的是他们生命的力量，可泣的是他们悲壮的挣扎。如果我们觉得自然并不失其深刻的美好，再如果我们真知道自然的不可抗拒，豁达也算是一种自然的选择。在这种选择的背后，可以设置一个信念，即生命是有季节的，且每一个季节都有自身的美好。

未蒙尘的心灵不可塑

自从工业化时代以来，大自然不再像以往那么大了，城市化的步伐循序渐进地把泥土的芬芳和天空的明朗挤压到了深山老林之中。久居城市的人，只要还算真诚，当然也得有一定的条件，是不是在某一个角度或某一种意义上很羡慕足够原始却足够自然明快的田野生活呢？

想起 25 年前我随一位长者去吕梁山区的一个县里办公事，那时候没有高速路，在返回时我们是从庞泉沟穿过的，一行人无不为视野中的清新感叹，相信每个人早已把平日里的劳累和心烦抛到了脑后，存在于相互之间的只剩下了感觉里的自然和悬置了现实规则的纯粹个人，如果用一个字来概括，那就是"好"。

那位长者一路不多话，也禁不住山林和溪水的刺激，对我们说道："将来退休后，就在这山坡上建几间平房，见天儿就出来转转，该有多幸福！"他的话绝对不失真诚，因为今日的我正是那位长者当年的岁数，的确也有了和他一样的心情。

话又说回来，也就只是有了那么一种心情，而心情这东西总是与具体的情境联系在一起的。从实际出发，那位长者和今天的我都断然不会无条件居留在深山老林里的。城市所特有的喧闹与做作的确会让人时不时皱眉，但对于已经习惯了这一切的人来说，他们的心灵（如果有的话）与这一切已经形成了某种平衡甚至和谐，并最终凝成一种可被称为局促的气质。

成趣的是，在这样的局促中实际上还夹带着他们的自足和优越感，同时也让他们在不知不觉中遗忘了自己。忙碌而格式化的生活几乎占用了他们最为优质的时光，各种成色不一的目标巧妙地抑制了他们的自我意识。作为结果，他们强壮或单薄的身心无差别地被工具化，自觉讲究的装扮与被动蒙尘的心灵同在，忙碌和不可规划的情绪构成了他们基本的存在状态。

每当夕阳西下，城市里的大小街道车满为患，走走停停的五颜六色的汽车里，不知装载了多少疲惫不堪的身心，以致霓虹汇成的车流着实有些黏稠。完全可以想象每一个车里的人们必将回到自己房间，紧接着的就是用美食安慰自己、用自己消磨时光，再紧接着的就是习惯性地睡眠，这与是否真的困顿基本上没有关系。

　　这就是城里人的日子，这也是偶尔出城的人对深山老林一时感叹和留恋的真实的原因。然而，这所有的陈述基本上是城市中心思维的产品，因为久居深山老林的人们并不会因养育他们的山水而感动，否则也不会颇有方略地把山水作为材料，通过调动起城里人的惊异并最终使城里人成为山水的消费者。

　　这是一种我们已经习惯了的现象，但我们其实并没有对这种现象进行足够深入的思考。把城里人进山和山里人进城加以比较，即可知山里人对城市本身并无多少带着情感的兴趣，他们从城里带回家的通常是各种工业化的产品，而进山的城里人感兴趣的却主要是那山水间的一草一木，他们从山里带回来的只是可做回味的心理体验。

　　通俗地说，山里人和城里人的不同选择是因为他们各有所需，各自都是从对方的世界里获取自己世界里没有的东西。浅而言之，山里没有各种稀奇的人造物，城里则没有自在的自然。若往深处探究，山里人更需要的是物质的功用，而城里人更需要的是心理的体验。

　　山里人之所以没有想着从城里获得心理意义上的东西，是因为他们的心灵整体上如同养育他们的山水一样；城里人之所以没有想着从山里获得物质意义上的东西，则是因为无论是拥有了足够的物质还是正在为足够的物质奋不顾身，都属于被物质所累。更关键的是这种为物质所累并不只是困乏了他们的身体，而且蒙蔽了他们的心灵。

　　也可以说，他们的心灵不同程度地蒙上了一层或多层物质性的尘埃，自然也包括他们的心灵不同程度地受制于具有物性的名缰利锁。一句话，他们的心灵蒙尘了。而蒙尘的心灵，且不论它的本色和潜质，几乎毋庸置疑地失去天然的活性，天长日久，原本纯粹的心灵可能病病歪歪，至少暮气沉沉。

　　这大概也是城里人总想着奔向田野的真正原因，想必他们在逃出城市的路途中，一路抖落着心灵上的尘埃，等看到了森林深处的道道阳光，等听到了幽静尽头的朗朗溪流，他们的心灵终于能挣脱远方城里的规则，由此生出多少感叹和留恋也没有什么不可理解。

　　作一番文学式的畅想，走进大自然的城里人无异于为自我沉闷的心灵放风,又近似于为自我蒙尘的心灵洗澡。放过风的心灵一时可以自由,洗过澡的心灵一时可以清爽。一个重新寻找回自我自由且清爽的心灵的人,是可以纵酒欢歌的,也是可以返老还童的。

可惜的是再美好的深山老林也不是城里人的家园,原先规制他们的各种力量总要适时地把他们领回到日常的轨道之上,并以此保障城市里特有的秩序。

秩序听起来是一种积极的事物,但秩序的积极性质在一定的前提之下才能成立。纯粹个人的秩序是个人心灵运动节奏的显现,一个城市的秩序则来自不同个人心灵的节奏被组织。城市对个人心灵的组织是服务于城市目的的,因而组织的基本原则一定是有所取舍。但无论是被取用的还是被舍弃的心灵部分,都不再是个人完整的心灵自身,从此不再具有完整心灵才具有的功能。

要问完整的心灵都具有什么功能,我们可能也不好回答,但有把握回答的是完整的心灵是个人主体性完备的第一必要条件。主体性是人的能动性、自觉性和创造性。心灵不完整之后,主体性就不可能完备;主体性不完备之后,人就不可能自主;人不能自主之后,就只能以具体的自己演绎抽象的规定,换言之,也就是只能踏进"演艺界"。

踏进了"演艺界"之后,城里的个人就得遵循这一行的规矩,个人在其中存在的质量,基本取决于他对待行业规矩的态度。一般来说,识时务者,就有希望为俊杰;不识时务者,最多跑个龙套。为了那些不识时务者的利益,我们还需要进一步提醒:如果完全不识时务,恐怕连同跑龙套的机会也不会很多。

假如我是城市里"演艺界"的一位导演,我会很关注每一位演员的素养,具体地说,我得看一个演员是否懂得该懂得的规矩。我当然希望一个演员能够在表演中贯彻我的艺术理念。若遇到乖巧的演员说"导演,我全听你的",我就给他个大角色;若遇到自主的演员说"导演,我有自己的想法",我就鼓励他到深山老林里自己扮演自己。

我的依据是:蒙尘的心灵虽然模糊但可塑,未蒙尘的心灵虽然清晰但不可塑。

静下心来并不容易

做需要持久力的事情，都是需要事主静下心来的。只有心静下来了，人的精神状态才能沉下来，随之而来的才会是对事情本身的上心和专注。而上心和专注对于做成事情来说几乎是必要的前提，我们的思维、想象及由此促成的创造的活力才能够形成继而活跃。结合自己每完成一件需要持续用心的事情总自然地占用公休的时间这一实际，我更加知道沉下心来所能发挥的作用。不难注意到，几乎所有牵动复杂认知活动的工作，其从业者的智力和性格均不会有明显的缺失，但能够在自己岗位上做出卓越成绩的个人总属于少数。我偶有机会与他们进行交流，最能感受到的一定是许多完全可以理解的无奈，其中最高频次出现的内容则是他们的心总是难以沉下来。贴近实际的描述是：从早到晚好像也没个停闲的时候，但当晚归之时却常常是两手空空甚至会有精神不振之感。

再深究其缘由，他们通常会一边苦笑一边摇头，似有许多苦衷又不可与外人言说。回头内省，我们自己又何尝不是这样呢？想一想每天都要投入的八个小时，固然有被好多无厘头的事情名正言顺地占用，可平心而言，也不是完全没有独处的机会。问题是在所谓独处的那一时段，自己好像还是不能真正地属于自己。

无厘头的事情告一段落了，心灵的空无又接踵而来，眼看着日头漂移、时光流逝，就是无法把精神集中到任何一件自觉有意义的且是有必要用心的事情上来，以致大把的生命资源就那样在思维停滞的状态中闲置。每一次陷入这样的状态，我们都会首先责怨自己没有心性的坚定和信念的坚持，然而反过头来又会由衷地怜悯自己，原因是无厘头的事情和空无的心灵均非自己所愿，真诚地说，所有的时光虚耗的确不是我们自己的规划，也正因此，我们才会有无奈的心情。

这无疑是一种真实的状况，但我们的精神却不会因这种真实性而合理地安定，实际地说，真实的无奈最终只能由同样真实的我们自己来承受和消化。可我们承受了、消化了又能怎样？无非是为下一轮的无奈进行无奈的过渡，精神的虚空还不是静待着我们的光临？如果心中尚有不能不完成的任务和不能不实现的理想，就不能永远被动地配合这种往复的循环，寻找突围的路径就成为当务之急。

本着现实主义的原则，这个当务之急还是需要我们自求自得，要知道存在于超稳定结构中的任何存在者，若想等待结构的变化，都属于很不科学的念头。既然我们做的是需要高阶认知活动的工作，就断然不能做不符合科学的事情。何况中华优秀文化中早就有"求人不如求自己"的元素呢？这样的事情当然也是说起来容易做起来艰难，因为所谓的求己，实质上是改造自己，这种事情听起来都让人头疼，谁都知道改造自己是对人性自然的挑战，没有非凡的意志恐怕是难以启动的。

但话又说回来，既然我们心中有愿景，就不能回避这样的挑战。往积极的方向思考，我们借助对这种挑战的自觉应对，正可以实现对自我的超越。如果没有一次次的自我超越，马斯洛所说的自我实现将不会与我们有任何的关系。那么，并不能跳出结构的我们又如何能实现对自我的超越呢？

显而易见，这中间绝对没有什么可操作的技术，也绝对没有什么复杂的过程，简而言之，也就是发生和存在于符合需求的一念之间。此一念，再简而言之，那就是把自己简单化，具体的核心的内涵就是以自觉到自身的卑微为前提，确认自我的游离并不会影响所在结构的稳定性。这话说得有些绕口，但其中的道理倒也简明，即借助游离使自己在结构中显得不那么重要，从而使自身的存在至少能够间断性地可有可无。

其实，也只有这样，那些无厘头的事情才能远离，心灵才能因少有牵扯而容易沉静，原已虚空的精神才能慢慢地充实起来，我们不能不完成的任务和不能不实现的理想才能够被提上议事日程。一个人要把精神调整到这样的状态是极不容易的，虽说可以发生在一念之间，但要落到实处，他不仅要用思维的方式淡化自己所在结构的功能，更重要的是他还需要用思维的方式淡化自己在结构中的意义。应该说，后一种淡化更不容易，这会涉及个人中心的本能。

进一步说，大多数个人会认为自己的那种无意义的状态，一方面是结构质量的问题导致的，另一方面则是因为他们个人实在无法从具体的事情中抽身。如果我们个人的思维不发生转变，以上所述的两个方面就是一种毋庸置疑的客观事实；但如果我们个人的思维发生了该发生的变化，那么以上所述的两个方面可能是旧思维作用下的一种个人的错觉。

　　既然可能是一种个人的错觉，那真实的情况又是什么呢？这一问题的比较靠谱的答案是：结构对个人的作用并没有个人想象的那么强大；个人只要调动起自己的主观能动性，应该不至于难以从任何一种事情中抽身。充分认识到这一点，我们就有希望在任何情况下都能让自己的精神沉静下来。说到这里，我猜想一定会有人对精神沉静的价值心生疑惑，那我很愿意真诚地就这种价值给予说明。

　　首先，只有精神沉静了，个人与结构的关系才可能稳定和健康，而不至于因双方相互否定而使个人的心情忽上忽下甚至疲软崩溃。其次，只有精神沉静了，个人才有可能进行需要持久和深刻的创造性的思维活动，而不至于个人只是心中有理想但精神无状态。当然也需要指出，精神沉静下来固然有利于做好有意义的事情，但也可能产生一些类似损减个人社会性的副作用。因而，个人还是需要在理想、愿景和同样重要的社会性之间进行权衡。

独立的人一定有自己的难处

　　你去问一个人为何那般独立，可能的答案有这样几种：第一种是他极可能天生强大，趴着卧着都是鸡窝里的凤凰，是用不着去依靠他人的；第二种是他极其弱小，以致需要用一种真实又虚幻的独立姿态来维护最基本的尊严，他的心里实际上充满了孤独与无助，只是不好述说而已；第三种比较常见，是他对曾经有望依靠的对象产生了失望，这里当然有一个条件，即这样的失望屡屡发生，而且每一次的发生都与他最上心的事情有关。所以，实际上是对依靠的频繁失望，使他最终只能选择独立自主的姿态。

我相信以上三种答案即便不尽周全，也是能大概说明问题的。但对这样一种人文现象，如果仅用近似科学的思维来考察，虽然不失真实，却也难逃表面和肤浅。至少有一个因素是我们谈论人的独立时必须考虑的，如果这个因素未被考虑，那么人的独立不独立差不多会沦落为一个物理学问题。我们需要知道，人生来就有一种潜藏着的志气，待到他成熟时会显露出来，那就是他即便受累受烦，也不愿使自己没心没肺。累和烦固然是消极的体验，但至少可以充作人之为人的可靠依据。

不管怎样，人还是自然世界中唯一有智慧的存在者，不会甘愿只作为会说话的工具，这便是他能够最大限度地忍受烦累的原因。从这里还能知道人对自己之所以为人的重视才是他最终选择独立之态的根本基础。但照实说来，完全的独立既无可能也无必要，根底上是因为人最终是社会的人，没有了社会，个人的独立既无须努力也没有价值。所谓无须努力，是说在没有社会的情况下，个人不过是一种单独的存在，是一种自然现象；所谓没有价值，是说个人在没有社会的情况下，他的独立因没有受众而无法获得反馈信息，最终他自己也不会有独立或不独立的自觉意识。

基于此种观念，我们通常所说的人的独立就只能是基本独立。这是什么意思呢？就是说个人必先存在于一定的结构中，这也意味着他是结构的要素，为结构所需，进一步则意味着他的独立是作为结构之要素的独立。这是一种现实的和有意义的独立，并不会因其不绝对和不彻底而损失自身的本质。从这个角度思考，一个不独立的人其实只是一个偶然混迹于结构运动中的存在者，他的出现和消失不会影响结构的形象和运动，甚至不会使结构中的其他个人有所感知，这对于他自己来说就是一种不幸。

然而，对于这一种不独立，我们不能够去做简单的批评，反而应当设法为他们赋能，以利于这样的个人在结构中具有意义。我们已经实施过批评的不独立通常是与道义有关的，尤其指向自我剥夺独立性的个人，而这一类个体的存在应该是人类社会的特有现象。这种现象在日常世界中司空见惯，但还是很值得研究的。我相信对这一现象的研究可以丰富社会学、心理学和伦理学的内容，而且相信相关的研究成果通过科普的方式让大众掌握之后，能够帮助他们释解自己难以理解的许多现象和问题。具体例子就不用列举了，粗略地说，可以帮助大众理解为什么许多不合理的现象能够合理存在。

再说这种与道义相关的不独立，其主体无一例外的是日常意义上聪明人，精确一点说是精明人。他们的精明主要表现为清楚道义不过是人为的结果，进而能够为了纯粹个人的目的把道义作为一种道具，该采用的时候采用，该抛弃的时候抛弃。能够有此精明，那些在常人看来与人格联系在一起的独立性，在他们那里根本没有什么意义。这样的精明人是具有依附性的，但他们的依附性并不一定源自某种禀赋，而属于有目的甚至有规划的选择，人们通常是视之为实用智慧的。因而，他们的不独立很有可能是为了未来独立的一种预先付出，就其性质而言可以是一种人性的艺术或者生意。但当这种艺术或生意的效果发挥到极致的时候，是可以影响甚至改变一定范围内的文化生态的。

对于这种客观存在的现象，我们不需要进行评论，恰当的策略也许是把它作为一种自然的存在去中立地对待。如果有兴趣，倒是可以从中汲取形成自己积极独立品格的营养。这并不是一种道义上的妥协，而是一种现实主义的态度。要知道现实虽然不符合理想，但其优势却正是它的现实。除非我们有条件离群索居，否则总归是要呼吸文化空气的。应该说，我们所感知到的那些值得我们欣赏和尊敬的独立的人，只要他们同时获得了人们的基本肯定，就一定不是书生意气的烂漫者。要我说，独立自然最好是积极和健康的，但独立必须有益于我们的存在和发展才具有价值。

随波逐流源自不由自主

现在的一天，恍恍惚惚就过去了。到了日落的时候，所谓的心，好像都不能说是静了下来，最多只能说没有了有形事物的牵扯。对于刚刚离去的时光，很多时候我们不仅没有回顾的兴趣，更没有反思的必要。准确一点描述，在尚未离去的时光中，人们的潜意识中应是有逃脱意念的，否则在后来恐怕连同轻松的感觉也不会产生。把这一切的信息整合起来，足可以说明一些人生命的状态近似于浑浑噩噩，但考虑到个人心理的实际，浑浑噩噩很可能属于不由自主地随波逐流。

在这里，随波逐流显然是结果，不由自主才是原因。因而，尽管我们对自己的表现不会满意，但因能够进行合理的辩护，自我原谅总是可以做到的。如此日复一日，生活的小河始终在流动，可惜的是我们的所获之中竟然连同沧桑感也严重缺位，至于意义与我们显然就没有关系。进而，能让我们有勇气不断迎接未来的依据，基本上就只剩下对夜空中星月的清晰感知。

于是，我们理解了那些更愿意在夜幕下散心的人们，想着他们大致是从宁静中才幸运地发现了自己，并在与星月的对视中意识到了自己原本也有心灵。往深处再挖，则会发现走在夜幕下的人才真正左右了自己的步伐，天上的星月，无论它们的来历，在那一时刻都只能是看客，或是顶用一点跃升为散心人的修饰者。

可惜的是，再舒心的散心人也不能恒久地行进在夜里，即便他们迷恋上了寂静，也挡不住新的一天终会来临。当翌日的太阳如期升起的时候，他们还得乖乖地把心打包收藏起来，以便用坚硬的肢体去应对时光中各种成分的磨炼。这或许就是最为朴素的日常生活，在其中，我们循环往复地不由自主，最多会在自我激励之下若有所思，但这也未能改变不知所云的生命状态。

以这样的方式消费时光，且不论会在光天化日下留下怎样的影像，略有希望的个人都应无法忍受。我的意思是说，他们会对自己的存在很不满意，自然会对自己的表现难以接受，由此是容易生出逃离欲望的。这当然是一种好的现象，如果继续发展下去，那种逃离的欲望就可以转化为很受肯定的积极进取。趁着这样的精神趋势，我们基本上是可以摆脱浑浑噩噩的。

在幸运的情况下，走出旧状态的我们应能意识到，世界、生活等承载我们生命和精神的宏大事物并不是铁板一块，它们的形状如何，实际上完全依赖我们的心灵。也就是说，世界的枯燥，是因为我们对它没有兴趣；而生活的无趣，则是因为我们面对它时没有了热情。当然也可以反过来说，我们没有兴趣，是因为世界的枯燥；而我们之所以没有热情，是因为生活的无趣。问题是在这样的说辞中，世界和生活基本上是被冤枉的。

要知道，不管我们自己有没有兴趣和热情，世界和生活其实并没有改变，始终变化着的只是本应该由我们自己做主的心情。我突然想说，这就对了！因为在夜幕中散过心的人终了会明白，他们与星月的对视从来就不是一种自然的事件，而是纯属于自主的心灵主观创作的结果。进而，我们的浑浑噩噩或者是积极进取，实际上都是我们自己心灵的选择，与伴随着我们的、事实上属于所有人的世界和生活的形状并不存在实质性的关系。

这样，我们就知道，与庸人自扰的原理一样，超人自超。由此联想到《肖申克的救赎》中的台词：每个人都是自己的上帝。能拯救自己的只有自己。难道我们真的要下决心等待能让自己阳光灿烂的外部前提吗？在等待中，变化最为迅速的永远是我们自己，而且变化的方向是唯一的，那就是我们身心的衰退。所以，等待应能作为具体情境中的一种心态和策略，却不能成为整个生活的原则。

除此之外，还有一个更值得我们重视的东西是，最好不要怨天尤人，这样的心态一般是由懦弱无力和自我中心构成的。与此相对，那些我们崇敬的大力士，除去他们的天赋体格，基本上是由他们痴迷的自我修为锻造而成的，他们的确没有时间甚至没有灵性去怨天尤人。审视怨天尤人的个体，无不是善于为自己开脱的天才，殊不知在开脱的过程展开以后，他也就基本上放弃了自强和自立。

我揣度这样的人很难被环境中的事物束缚，他们虽然也是宇宙中的微尘，却能在自己力所能及的范围内创造出自己的天地。此天地相对独立，但在意识中是与整全的天地并立而存的。关键是在他们自己的天地里，他们是自己的主人，既无须随波逐流，也无须瞻前顾后。他们不必若有所思，因为他们或是以思为存在的方式，或是因有意义的事情接踵而来而注定得深思熟虑。要说自主的人和那些大力士，也会在夜幕下散心，那是因为他们在日落前太累了。

成败输赢都是人类自己的事情

这几天我好几次想，如果我是研究病毒的科学家该多好，至少能知道病毒长什么样子，钻研一点，说不定会掌握住它惯用的伎俩。这样的话，即使不能彻底消灭了它，也能最大限度地与它斗智斗勇。但这种想法没有出现几次就慢慢消失了。因为，对于钟南山、张文宏这样的大专家来说，恐怕也不得不承认我们遇到了有文字记载以来最狡猾和最可怕的病毒。

随着疫情的延续，我们已经越来越能认识到，对于来自外部的任何威胁，仅靠科学的和技术的专家是不能完全解决问题的。当疫情终有一天结束的时候，人们在反思中，一定会获得许多启示，而以下两种启示必然不会缺位。

其一，自然的灾害总是与人捆绑在一起，或可说一切的灾害本身就是与人相连的灾害，是人以自己的存在为中心给予某种自然现象的界定。

没有人，自然的现象既不是某种恩物，也不是某种灾害。荀子说："积土成山，风雨兴焉；积水成渊，蛟龙生焉。"（《劝学篇》）这是他在讲积累的价值，欲成才者可以从中悟出锲而不舍的道理。我们换一个角度看，如果只把这段话视作对一种自然现象和过程的描述，而且这一切都发生在一个无人的世界里，那么山或渊、风雨或蛟龙还不是有别无等的存在者？然而，从某一个时刻开始，这个原先自在而在的世界里出现了被海德格尔称为"此在"的人，所有的一切就都发生了变化。原先有别无等的存在者均有了机会成为人的恩物或灾难。

人的家在山里，积土而成的山就成了靠山，人继而会唱支山歌给山听；家在山里的人想出外，门前的山就成了障碍，人继而会叩石垦壤、毕力平险。其实那山还是那山。同样的道理，人的家在水边，积水而成的渊就成了福源，人继而会建坛设庙、礼敬有加；家在水边的人要安生，那屋旁的水就成了祸根，人继而会筑建堤坝、决通沟壑。其实那渊还是那渊。

再说风雨，无非空气的流动和水雾的凝结。汗流浃背的人愿借微风乘凉，愿趁细雨润心，风雨便如故人新友；饥寒交切的人，则看风似刀、视雨如镞，断然不会因风雨而怡情。其实风雨也只是风雨。还有那蛟龙，固然能够兴风雨、利万物，但也能致风浪、泽千野，其或善或恶全在于人的处境如何。

其二，去除灾害的力量一定可以分为两个部分，一部分是自然衰减的自然力，另一部分是在历练中增强的人的力量。

这两种力的源头不一样，方向也不一样，却是一种冥冥中的意外合力。两种力量实际上是对立的，但这种对立并非同质性力量的对抗之态，不过是人存在的欲望使否定存在的力量具有了消极的意义，进而使某种自在的物性与善恶结缘。

自然是无意志的，自然的力量触碰到的任何东西，在天道那般的至高法则之下，都不过是风过谷、雨落原而已。但天道所孕育的人类，因有了人性，便像是山谷学会了恐惧，平原学会了自怜。自在的风雨经过人性的塑造，时而成快乐之源，时而成忧愁之因。

既为人类，当然理解人的懦弱与潜力，并坚决肯定人作为特殊存在者的欲求，实际上更自豪于人在自然界中一路跌跌撞撞之后终于生成了理性的和非理性的两种力量，然而也会为人类虽然在品种上具备了一切能有和应有的力量却不能自如使用而感到惋惜。所以，在病毒肆虐的今天，我即便真的是一个研究病毒的科学家，也无法靠单一的力量使同胞走出困境。

纯粹的理性力量具有更强的工具性潜质，与它同在的非理性力量虽然也近于工具，却在工具的王国里更多地左右着理性的力量。这也意味着理性的力量一样也会左右非理性的力量，只可惜在整体的意义上非理性最终是以理性的形式左右理性力量的。这两种力量的交错左右不会有终了，从而使人的历史从来就是，估计未来也是偶然与必然轮番出场的辩证剧。

这是一个解不开的循环，根本的原因是在于理性的和非理性的两种力量之上没有第三种力量可以统合它们，造物主让人具有了这两种力量之后就逃之夭夭，结局就是让人自己与自己游戏。若是失败了，也是人输给了自己；若是成功了，也是人赢过了自己。可说到底，成与败、赢与输，还不是人自家的事情？疫情总会结束，我们只是没想到能够持续至今。记得去年还应约写作了"面向后疫情时代的思考"，如今想来我们许多人都有些乐观了。究竟是理性的力量，还是非理性的力量使我们乐观了？这个问题的答案可能还真的需要我们在疫情之后经过反思才能获得。

同情的难

许多思想家论过同情，我想其原因至少有两个，一个是对同情总能说出点东西来，另一个应是同情对人文生活的提质增效格外重要。反过来说，如果对一件事情说不出什么来，而且这件事情也没多么重要，人们断然不会多加注意和多费思虑。不同的人能就同情说出什么当然会因人而异，但既然他们都觉得同情格外重要，就一定有大致相同的理由。这在我看来，最可能是同情一则是人与人和谐共存的基础，二则是说起来容易实际上很难。

首先说同情之于和谐共存的价值，其机理是同情一旦启动，一个人便自动地站到了他人的立场之上，进而那些与自己不一致或相反对的言思行瞬间不再怪异。继而，这个人便不会武断地认为他人的一切属于恶的故意，因为如果自己和他人是一样的处境也基本如此。既然这样，我们还有多少理由实施自我中心式的揣测和行动呢？要知道我们这样的姿态，自然不会使他人感到紧张，作为逻辑的结果，他人必会以平静的心态回馈我们。

现在，我们可以做一个大胆的设想，设想我们能如此对待所有的他人，而所有的他人也能同样如此地对待我们，那么我们的生活世界岂不是既安定又和谐？由此推演，如果我们的生活世界尚未达成这样的理想状态，或可说明同情这一人际交往的原则尚未深入人心。

值得思考的是，几乎人人都需要他人的同情，但一些情况下，人们却没有把同情施于他人。这种状况现在看来基本上不是由于人们对同情存在着认识上的缺陷，不管怎么说，"将心比心"已成俗语，这便足可说明人们大致是能够恰当认知同情的，并且对同情具有深刻的需求。

若说同情的确困难，其难处说到底还是人性的局限。说实话，我并不喜欢用人性的局限说事，因为这很容易让人觉得类似同情艰难这样的情况根本无法改变，而客观的实际是，任何所谓人性的局限固然有其不可辩驳的成分，却也包含人对自己懒于修养的辩护。

实际上，如果我们切实感受过他人的宽容和理解，就会承认同情的不足基本上是由于人对自己的放任。在放任自己的过程中，人一方面仅仅考虑了自己的利益和感受，另一方面则忽视了他人的利益和感受。在德性伦理学的意义上，我们可以把前一方面的情况称作有教养，把后一方面的情况称作没教养。

相较于没教养的人可能活得相对轻松，有教养的人往往要承担更多的责任和压力，因此他们可能感到更加苦累。由于生活世界的文明还达不到令人完全满意的程度，有教养的人往往难以从环境中获得足够的理解和同情，所以他们活得苦累在某种程度上是不可避免的。

针对这样的情况，我们当然可以呼吁人们尽力养成同情的德性，但这样的呼吁客观上往往显得苍白无力。这倒不是因为人们的顽劣或固执，本着同情的原则，我觉得人们在同情方面的进步困难重重，主要是因为环境不断地向他们传达一个信息：在占据优势的自我中心意识面前，同情的个别化和局部化存在不仅无法彰显其作为美德的力量，反而可能使美德遭受嘲笑和轻视。

除非一个人立志成圣并愿意为至善奉献一切，否则他很可能因不堪忍受窘迫而选择从众。也就是说，他虽然内心纠结，但也会为了一种社会性的尊严和所剩不多的利益在愧疚或烦躁中放弃同情。对于这样的变化，我想有良知者均会感到无限的遗憾与惋惜，可这又有什么用呢？只要同情不能给同情者带来尊严和利益，那同情就很难成为普遍的人际交往原则，那同情的星星之火也就很难形成燎原之势。因而，现在的和以后的思想家还得为同情而论证、呼吁和长叹。

哪有什么天生的乐天派

积极思维若不是天赐的能力，就必然是后天开悟后的智慧。因为生活中的确有天生的乐天派，他们的坦然面对和无忧无虑，看上去绝非从哪里学得，也不像受过什么高人指点；同时，生活中的确也有人先前不大想得开后来总往事物的阳光一面用心，渐渐地，他们自己也阳光了起来。

相比较来说，后天悟来的积极思维显然更为可贵，它来自反思与抉择，关涉理想与意志，客观上内含着崇高和悲壮，因而是值得欣赏的。当然也不能小觑了天生的乐天派，首先应该羡慕和祝贺他们能不学而能积极思维、不虑而知积极思维的好处，其次我们也不得不承认，正是他们这一道美丽的风景，让我们能够理解人性善论的真实。

无论一个人的积极思维属于哪一种情况，只要遇到了这样的人，都应该设法从他们那里获得一些启发，以使我们自己的生活和工作恒常处于能量充足的状态。我还真的遇到过天生的乐天派，他们任何时候都是笑呵呵的。有时候让人占了嘴上的便宜，他们只是轻轻一笑，好像不愿意给多嘴的人一点点压力；有时候让人占了其他便宜，他们也能为对方寻找理由开脱，好像自己天生就应该吃好多的亏才是。

说实话，在很长的时间里，我始终以为他们生性如此，也曾主观地认为他们多多少少有些窝囊，但到了后来，我终于意识到即使我们认定的天生的乐天派，他们的积极思维也是修养的结果，只是良善的天性让这种修养快捷了一些。

而那些我们先前认为是人后天悟来的积极思维，今天看来对人的天性还是有不同程度的依赖。这是因为，现实生活中能以积极思维主导其人格和精神的个人真可谓凤毛麟角，我以为并不是更多的人不愿意有此能力，说到底还是他们自己的天性不利于积极思维产生和持续存活，这至少是一个侧面的道理，谁也不能对天性的力量做过低的估计。

尊重一点科学，我们就能够接受一个事实，即我们的认知与人格特征，通俗地说，我们的聪明和受欢迎程度，无疑需要我们做必要的努力，但同时也不能忽略有意识地弘扬我们天性中的优势、克服我们天性中的劣势。我们当然也可以较少顾及这些，毕竟为他人的评价而活着，越过了一定的限度就会成为一种负担。最需要重视的是寻找机会和帮助对自己的天性做一些了解，在这个问题上千万不要过于相信自己。试想一下我们每一个人都能完全了解自己的天性，那还要心理学家做什么？

就目前的情况看，我们至少可以测查一下自己的智力、思维类型、人格特质等项目，如果有足够的勇气，也可以尝试一下心理分析，目的只有一个，就是尽可能全面地了解一下自己的天性。我坚信，这一定是一项有益的行动，必将使我们知道有一种力量默默地左右着我们的思维和行为风格，从而我们的成与败、智与愚、美与不美，在我们的意识中也不再是没有根由的存在。

这个根由其实就是我们自己的天性状况，不同的人与人之间应是有差异的。有的人，天性中的良知清晰强壮、安然自若；有的人，天性中的良知模糊孱弱、飘忽无定。若自己的天性属于前者，尽可以率性顺生；若自己的天性属于后者也，则须做学问思辨行的功夫，此谓修道。修道的目的，在于见己之良知，更高的追求则是形成无嗔无怨、向上攀登的心态，即使遇到逆己的情况，也能迅速化解，不使自己的良知无辜负重。

辩证的思维和情感

把辩证法理解为两点论肯定是有些简单，但对不钻研哲学的人来说已经足够了。遇到问题，或在言行之前，能从正反两面想一想，最后的效果差也差不到哪里去。当然，如果我们能够把两点论的两点不仅仅局限在正与反的对应上，各种言行的效果一定会更好。其最大的好，应体现在我们思维的深刻和广阔上。

比如今日有一大我五六岁的学生来访，进校门便有保安合理拦阻，他只好在冷灰的空气中打电话向我求助。因无预约，我本可以不见，但想到他无紧要的事情也不会贸然来访，又虑及他能顺利访我后的愉快和无法遂意后的失落，最终还是平静地帮助了他。

在这个简单而平常的过程中，辩证法显然实际地发挥了作用。也许促成我的帮助行为，只需要虑及他遂意的愉快或不遂意的失落一端即可，但正反两面的思虑无疑增添了我帮助行为的强度和厚度。更值得回味的是，我在事中与事后始终能意识到社会生活中的人文精神。

说实话，在此之前，辩证法在我的意识中是与认识论和逻辑学联系在一起的，未曾想过它的人文价值。那么，从现在开始，我们是可以开发辩证法之人文价值的。

人生于世，借助人际交往，沟通、交流，乃至相互理解，所谓和谐共处，就是这种过程的结果。进一步说，理想的群体生活，几乎就是一种具有辩证法品格的人文性存在。甚至可以说，我们意识中完美的人文意象，就是无过无不及的人际和乐融融。

这样的景象，除了接受人道、人文的精神指引外，必定少不得群体成员的辩证头脑，换言之，也就是少不得人相对而言最为健康的理性。这当然就意味着我们拥有理性虽然不难，但我们拥有的理性究竟具有怎样的品质就因人而异了。就好像我们在心理学的意义上都具有思维和情感的能力，但不同人的思维力和情感力是存在着差异的。

顺着说下去，思维的最高阶无疑是辩证思维，那么情感的最高阶会不会是辩证情感呢？直觉上应如此。而支持这一直觉的最有力基础，盖为情感本就是思维的情感。如果没有了思维介入，情感是不能成立的；如果思维从情感中撤出，原先的情感立刻就降格为情绪。既然辩证思维是思维的最高阶，那辩证情感自然就是情感的最高阶。

辩证情感的高级，关键在于人的情绪因接受了辩证思维的加工而从人际或人物际关系和活动中隐退，它给予环境的作用能显现为不偏不倚。辩证的情感建基于辩证的思维，所以能够收放自如，嬉笑怒骂皆能中规中矩。

且说思维的辩证，贵在从运动变化和相互联系中把握事物，因而能获得事物的整体，也等于获得了事物的真实。以此种思维为基础，在社会生活中使用情绪，平和与周全几乎就是必然的结果。反过来，见一人平和如沙、周全似水，应能推知它思维的流畅与灵活。而流畅与灵活的思维，必有不意、不必、不固、不我的品格，它的主人在情感实践中一般不至于拘泥和陷落。

《礼记·中庸》载："喜怒哀乐之未发谓之中，发而皆中节谓之和。中也者，天下之大本也；和也者，天下之达道也。致中和，天地位焉，万物育焉。"这话说得真好！

不速而至的雅戈尔时代

　　一旦有下雨的迹象，雅戈尔就如同望梅止渴一样，感到自己荒芜的大脑里开始萌发新芽，其中有万有引力，有诗意地栖居，也有存在先于本质。我作为外人去看他，总觉得他大脑里所发生的一切并不十分契合他的年龄。而作为熟人的我去看他，一方面会为他当下的劳累而揪心，毕竟年近花甲，还劳烦自己从来就不健硕的大脑同时做着科学、艺术和哲学三种不同类型的梦；另一方面则能够理解发生在他那里的一切，包括发生在他的大脑之外的一切，之于他个人基本上都符合逻辑和历史统一的法则。为避免空泛的议论，我可以叙述一个雅戈尔年轻时的故事。

　　故事发生的时间大约距今 40 年，地点是当年未经治理的二里河边，事件是雅戈尔以纯粹虔敬之心向我陈述他的突发奇想。雅戈尔说他前夜梦中强烈地意识到电风扇吹出的风，仅仅让人凉爽是有些浪费的，他因此琢磨着要把那些风聚集起来给自行车充气。那时的我也不成熟，不等他继续说下去，就断然笑话他简直疯了。如今想来，他在一个无需环保的年代就有了环保意识，在一个无需劳思的领域也能殚精竭虑，且不说他能够最终成为什么和能够做出什么，只说这种精神就值得人们钦敬。

　　像他这样的纯粹，估计在 15 岁以后的人那里就不大可能出现，而在雅戈尔那里，纯粹就像他的星座，自从具有便不再改变和消逝。起码在今天，年近花甲的雅戈尔仍然一如既往地纯粹着。他的眼神还是那么明亮，衣领子也不比当年白净多少，发生变化的都是些非本质的东西——衣服的样式具有了现时代特征，皮肤明显地苍老了许多。因而，他的大脑里虽不无与时俱进的元素，却也有和过去一样不合时宜的牛顿、荷尔德林和萨特。

我的判断是，雅戈尔由于长期生活和工作在一个小城市的郊区，所以在时间上更贴近他琢磨电风扇的那个年代，这种现象被理论家陈述为"时代是一个空间概念"。想一想上海外滩写字楼里的白领和宁夏西海固黄土地上的农民，他们岂止是处在不同的空间？深入到他们的生活中，就会发现他们只是共享了物理时间的不同时代的人。

今天的雅戈尔和今天的我就不在同一个时代，虽然我们曾经同在另一个时代。如今他的与思维相关的一切仍然存在于过去的时代，只不过是他活动的地域离我们的时代并没有多远，所以也能多多少少捕捉到对他来说应属于未来的讯息。应当说明，自从我注意到这种有趣的现象，就开始格外关注与我共时却不共时代的朋友。一向深居简出的我，每获知有这样的朋友自远方而来，必能放下手中的活计与他们对饮攀谈。

今天提到雅戈尔，就是因为很多年未见的他前几日从百里之外远道而来，并使我有机会近距离地感知了一次我也曾经在过的时代。这一次见到雅戈尔，我的心还是暗暗一惊，不由得感叹时光如流，他微驼的肩背立马让我意识到了自己时代极可能具有的泡沫式虚高。我也真的不能恭维雅戈尔和他携带的旧时代气息，却也毫无根由为自己的时代感到自豪和骄傲。

"老雅戈尔，多年不见，是不是把老朋友都忘了？"我真诚地问候他。雅戈尔还是 40 年前那样幼稚地笑着，明显抖机灵般地回敬道："你还不是一样吗？"听到他这样实在的一说，我便不再多讲，只是空无内容地走着、笑着，相信有了茶与酒，多少话都可以顺理成章地来来往往。雅戈尔还是不吃酒，我们便一壶一壶地喝茶。我终于听到了与我的时代不同的故事，更可贵的是那些故事在很短的时间内就把我带到了自己的过去，讲故事的雅戈尔和听故事的我一时间都变成了年轻人。

我就着茶也讲了自己时代故事，数量绝不止一二，从而有机会不断地听到雅戈尔不绝于耳的"真的吗"的反问。我讲的当然都是真的，但在他那里就像一种虚构，这就让我真的开始怀疑自己和自己时代的真实性。毕竟我有条件确证雅戈尔的时代曾经存在，却无法自证自己和自己时代的真实，根底上是由于我们自己只是宇宙中的尘埃。天文学家卡尔·萨根说过，人类虽然与星星一样，都是由星尘构成的，但人类有意识，因而是宇宙用来了解自身的一种方式。

真的可惜我和雅戈尔都不是人类，而只是人类集合中的一分子。现在只能依据常识来说，我的时代一样是真实的，但我的时代却不必然具有全面的优势。这主要是因为它走在了雅戈尔时代的前面，便不得不接受来自天空和未来风云突变所致的风风雨雨。我的时代里的同行者无疑在吃第一只螃蟹这样事情上占有先机，但获得遍体鳞伤和上吐下泻的机会也是无与伦比的。

回顾雅戈尔的时代，节奏有点慢，表情有点单一，言行明显保守，整体上比较古典，但我也不能昧着良心说他的时代一无是处。从雅戈尔的神情和他朋友圈里隔三岔五发出的信息看，他的时代还是有一些可圈可点的地方。当然，我的单一视角和有限视野，使得我肯定的，更多是我比较熟悉的内容。

具体来说，雅戈尔时代的天空是不可能掺假的湛蓝，那一堆一块的白云也不是某某文化设计公司画上去的；雅戈尔时代的夜空更容易让人想起"青石板，板石钉，青石板上钉银针"这样的歌谣；还有许多不见得重要的优点，比如，雅戈尔时代的番茄真的就是番茄的味道，鸡蛋真的就是鸡蛋那么好吃，老鼠过街真的就是人人喊打，等等，我就不再多说了。雅戈尔又回到他那小城市的郊区去了，我则在想，我们大城市里的人怎么就能有天空的、云彩的、番茄的、鸡蛋的、打老鼠的等各个方面的自信呢？

修身之理

一

为改变自己寻找理由

法自然智慧，演顺理成章

历来就不乏主张拥有积极心态的个人。探测其底层的意念，则可体味到一种糅合了善意和体恤的复杂心理，至少可以说主张者是自觉经历了复杂和拥有了平静的。但最近又发现有主张积极心态不可过度的人，不用深入考察也可知他们有辩证的姿态，毕竟任何的主观一旦突破了某个限度都是难免有害的。在这种情况下，提醒人们不可过度积极就如同提醒人们不可过度消极一样，都是具有纠偏价值的。

对为什么不能过度消极其实更容易理解，支持它的最有力的理由是：消极得过了头，一个人便接近最可哀的心死。一个人的心都死了，那他的一切表现都无异于仅因为活着而产生的自然显现。这种显现于他个人而言是充满了被动和无望的，之于他之外的众人，大致是可以被忽略的背景性元素。因而，虽然没有人能够持续地积极，但每一个人都不可持续以至超水平的消极。

那为什么要主张不能过度积极呢？在回答这一问题前，恐怕需要预先确定心态的积极到底意味着什么。面对这一基础性的问题，我们可以直接把它与阴、阳的对立联系起来，进而确定心态的积极性其实是人最大限度地戒绝了阴性思维、情感和价值的精神状态。这种精神状态在他人的感觉中须是与阳光、进取、自主、合作、宽容等相联系的，并实际表现为一个人生命过程的活力、自觉、开放和友善。

如果我们对这样一些表征基本持欢迎的态度，那么要一个人的心态不可积极过度，兴许是不想让他因过度积极而感到苦累和委屈。继而想象表征过度消极心态的被动和无望，同时把两种相对应的主张加以思维整合，想必善良的智者和智慧的善者应是期望每一个人都能处于既不过于苦累又不过于烦忧的心境之中。

说起来，这样的期望也是自古有之，然而在更为文明的今天具有更急切的意义，原因自然是今日的众人正承受着以往任何时期的人们所没有承受过的重负。具体地说，今天的平凡个体要比他们的先辈们面对和体验更多、更复杂的艰难，而他们的本力似乎并没有因物质和精神的发展而获得增益。我们一方面必须承认今天的个人获得了更多的知识；另一方面，恰恰就是所获得的更多的知识才让他们无法从与先辈们同样的存在中获得同样的自在。

若是从文化影响的角度看，今天的人们已经有条件不用太顾忌他人的眼光。换言之，环境对个人主义的价值宽容使他们在理论上更加自由，但同时也让他们在现实的意义上更加孤单和无助。其逻辑的后果是今天的个人更加难以借助他人来消解自身的苦累与烦忧。一个人可以无须遮掩地享用的确属于他自己的蜜糖，却也必须依靠自己来消化无法让他人分尝的黄连。

说到这里，无论是积极的还是消极的心态，大致还是局限于心理学的范围，与此相应的应对方略也只能获取心理学的启示，必须要知道，这样的视野其实是比较狭窄的。积极和消极既然是心理性质的，就需要知道从来就没有抽象的心态，一切的心态虽是借心理过程形成并由心理特性表征，却是与现实生活世界的价值和规则结合在一起的。

如果世界上只有一个人，那他的心态即使可以从理论上做阴与阳的划分，也绝不会在个人的心理世界形成持续的积极心境或消极心境，这是因为与他个人相关的事物只有自然的环境和自然的他自己。他无疑会痛苦，但他的痛苦只是源自类似疼痛这样的切身感受；他当然也会喜悦，但他的喜悦只是来自各式各样的较方便的快感。积极和消极在这种情况下只是他一个人的事情，因而也就无所谓积极和消极，只有与他的感知同在的愉悦和痛苦。

所谓的苦累、烦忧等具有一定程度的心理感受均具有社会属性，这意味着类似的心理感受虽然在人自己的精神中完成，但其源头却在他人那里。从而，能够表征积极心态的阳光、进取、自主、合作、宽容等，原则上既是与他人有关的，又是由他人判断的。同样的道理，阴郁、沉沦、依附、独行、刻薄等，也只有在人与人的交往中才能呈现，并被他人感受到。

问题一旦被圈进人与人之间，所有的个人心态就不再完全被个人左右，而自然成为他人心性运动的函数。假如一个人已经幸运地顺着历史的河流走出蛮荒、走进文明，他将无法以自己的强悍战胜他人。文明的规约驱使他仅可以以价值的自由选择与他人进行竞技。如此这般，若是他无法接受被文明吞没，就必须以攀登者的勇武锻造自己的价值哲学。此价值哲学一则要扶持他的公共姿态，二则要为他的自足与自持奠定思想的基底。

应该讲，这样的个人价值哲学必须真的属于他自己，并以此能使他自己超越积极与消极的对峙。没有了消极和积极，个人的心态好赖第一全依自己的感受，第二必建基于视万物为刍狗的道心。

道心者，受润于自然的因果而成。在有道心者那里，他人的心性或如云柔，或如风急，都无法真正地被摇动。人以此可以持静、守恒，一世一性，并进一步临危不惧、临难不忧。人之所以能不惧、不退，并非要以一己之力与危难抗衡，而是能法自然的智慧，对危难之物境施以掤、捋、挤、按、采、挒、肘、靠。试问，顺风而呼、顺流而下、顺藤摸瓜，是积极还是消极？好像都不是。它们的主人只是以己身展演着顺理成章。

心理建设与生活哲学

生活在越来越复杂的现代社会，个人除了通过努力获得生存的本领和日常的规范之外，心理建设的必要性越来越大。甚至可以这样说，如果生存本领和日常规范关乎一个人的立身之本，那么心理建设就可以作为立身之本的基础。但也需要补充一个前提，即这样的考虑是以个人高质量的生活为目的的。对于可以坚守本分、平安度日的人们来说，虽然也不应当忽略心理建设，却是可以不把它作为一种任务的。

不过这样一来，个人的生活就不只是一个平淡的问题，当他不得不面对生活中的各种挑战时，要么会过度地隐忍继而退缩，要么会在忍无可忍的时候彻底崩溃或怒发冲冠，终了还是降低了自己的生活质量，恐怕连同自己原先要安守的本分也无法维持。细究其中的道理，其实是心理建设自觉的缺位，使得个人在应对不期而至的风险和挑战时缺乏必要的力量与策略。

我们经常听人说一个人的心理如何强大，也会听人说一个人的精神多么圆融，这样的状态如果不是全部来自家族的遗传，就一定与个人的心理建设有关。我们这样判断，也不是说一部分个体活得比别人更加理性和通透，因为心理建设显然不是一种专业性活动，在最朴素的意义上就是个人在与环境的互动中为实现良好的适应状态对自我精神结构的不断调整。只是在非专业的调整过程中，所谓的心理建设只能成为一种被动的自然行为，其效果远不如专业知识的恰当运用。

这应该不是什么太大的不足，即便心理学研究飞速进展，它要对普通人的生活产生实质性的影响也还有很长的路要走。务实地看，具有一定现代知识水平的个人，只要能够因接受知识教育而对生活有一定程度的超越性思考，意识到自己的心理也需要建设并不是一件艰难的事情。客观上存在的对自我心理建设的忽视，多数情况下是生活的重负所致。具体而言，为生计奔波和为安宁思虑，就能让一个普通人精疲力竭。能够远离烦恼地日出而作、日落而息已不容易，哪还有心思去做什么心理建设？

而整体上的人的存在状态发生积极的变化必是一个历史的过程，在基本需要的满足还需要大多数个人奋斗的历史阶段，这些大多数的个人只能依靠本力完成一般水平上的自足，平安才是他们比较现实的追求。过去很多农村里的门楼上常有"平为福"的砖刻字样，足以反映出那些殷实之家也只能祈愿生活的平淡和平安，至于说那些尚处于不得不为斗米弯腰的人们来说，就更谈不上什么自觉的心理建设了。对他们来说，如果有心理建设这回事，一方面表现为挫折之后的心理修复，另一方面则表现为对于生活资料的不断积累。吃穿不愁了，人就会怡然自得，此即"家有余粮心不慌"的内涵。

现在我们讲个人的心理建设，无疑是面向所有个人的，但对那些相对幸运的生活先进者来说肯定更有实际的促进作用。而且，就危机感的存在而言，有知阶层的敏感度的确更高，因而他们在同样的时空中要比生活的后进者群体感受到更多的烦恼。从这里不由想到"人生识字糊涂始"。这一说法分明是在告诉我们：识字者有知，容易有想象和预测性的判断，也容易如杞人忧天、替古人担忧，并在此过程中不解天地阴阳，进而陷入困惑。而人一旦困惑，若又百思不得其解，糊涂与无力基本上就是必然的结局。

问题是当个人陷于糊涂与无力之境时，其前路无非消极的停滞和消极的冲动两途，这两种可能无一能增益个人生活的品质，所以在他们那里自然是一种不幸。但如果他们能够清晰地意识到这是一种不幸，那么糊涂与无力之境则不失为接受心理建设倡导的良好契机。顺便说明，心理建设是一种个体自主行为，其操作性的前提是个体一则意识到自己的糊涂与无力之境，二则具有欲摆脱此处境的强烈意愿。

进一步说，糊涂无力而不自知，或是自知糊涂与无力却甘愿得过且过，一个人是不会去费力进行自我心理建设的。无论怎样说，心理建设是需要个人努力的，是需要个人在否定中超越自我的，必定需要个人先行具有坚定的意志。在某种意义上，改造自我精神要比改造客观环境更加困难，其奥秘是自然的个人均具有自我中心的倾向，生活的历史所造就的每一个自我在人自己那里总是自觉得最为恰当的。而此恰当不仅意味着个人精神内在运动的自洽，还意味着自我意识中的自洽通常会巧妙地转化为认识论意义上的正确。

从中可知不能不借助自我否定与自我重构的心理建设，起码在最初阶段是一种比较痛苦的体验。我们可以相信有心理建设意愿的个人应当先行具有了良好的意志品质，那么基于这种相信，顺次要思考的就属于技术范畴的内容。换言之，我们就可以继续思考心理建设在行为学的意义上究竟何谓。这一问题的答案现在看来并不在任何专业性的预设前提之中，因而无法使用逻辑演绎的方法获得，较为现实的方法只能是从总体的人文生活智慧中攫取。

第一步要做的是确定我们要建设成一种什么样的心理世界，这是愿景或说是目标，最为简洁的内涵很可能是强大和圆融。其中的强大是指心理世界的力量水平。借助对"有心无力"一词的分析，可以推演出心理世界强大的要义在于精神的力量足以支持精神的选择。

其中的圆融则是指当个体释放出自己极限的精神力量之后仍然无法自持精神的选择时，尤其是无法在精神的自持中与环境的互动达至基本平衡时，能够通过具体的、类似智慧型退缩、合理化机制等，实现自我精神的基本自持和自我与环境互动的基本平衡。在这一过程中，非常重要的是个人不得不抑制一部分本性从而真实地体验无力，但又能够领会相对满意的原则以达到自我保护的效果。

第二步要做的是把相对独立的个人心理世界与自己所在群体的文化世界打通。这是一个必经的过程和环节，否则，心理建设就会成为或纠结或不纠结的封闭性心理游戏。人毕竟是具有社会性的。我们之所以要进行心理建设，本就是因为我们无法绝对独立地存在，而是只能在与他人的互惠和竞争中半封闭、半开放地生活。真正有意义的快乐和烦恼实际上也是一种社会性的心理体验，它既在人与人之间产生，又在人与人之间显现，那种纯粹个人意义上的快乐与烦恼根底上不过是人与物之间的刺激-反应联结效果。

所以，在心理建设中，打通个人精神世界和外部文化世界就成为无法回避的一个过程和环节。具体到"打通"本身，其动词性的含义就是交互作用，其名词性的含义通常是对文化世界积极信念的接受及基于其上的个人精神部分地被文化世界接纳。也就是说，个人的心理建设虽然由个人承担，却不是纯粹个人的事情，只能在与环境的互动中完成。

个人需要，实际上也必须接受文化世界的积极信念，才能够使自己的精神表现被文化世界界定为正确和健康的。面对这种客观的事实，个人也不必以为文化世界与自己没有商量，须知文化共同体崇尚的一些信念不仅是以往卓越者试误的结果，更重要的是那些信念总的来讲是具有建设性的，是文化共同体成员意愿的"最大公约数"。

最后一步要做的是整理和系统化为实现心理建设愿景的，以及为打通个人心理世界和共同体文化世界的生活原则。人们常说每一个人都有自己的生活哲学，都有自己的原则，这也就是我们所说的个人整理和系统化了的个人生活哲学和原则。

追寻积极价值共识的凝聚作用

在人类的创造中，具有最大用场的究竟是什么，这一定是有争议的，在我这里也会左右为难。但要问在人类的创造中，具有最高地位的是什么，无论众人有什么样的争议，在我这里一定不会有任何的犹豫，我会不经历选择的过程直指价值哲学。这种价值哲学可以是主流的，也可以是非主流的，可以是大家认为正确的，也可以是大家认为不正确的，只要它称得上是价值哲学，就会在遵奉它的人那里具有凝聚同类的功能。我们常说的，与物以类聚相对应的人以群分，其实就是这个道理。在此意义上，若是感知到了三五成群的一类人的蝇营狗苟，虽然我们不一定喜欢，但从说明价值哲学作用的角度讲，还是具有材料支持意义的。

朝着积极的方向看，近现代以来的革命党派往往是价值哲学遵奉者的凝聚，他们的价值哲学与更广泛人群的利益及幸福相关联，因而就被认定为进步的组织。辩证地看待正反两方面的情形，我们能够发现，无论是三五成群的蝇营狗苟还是声势浩大的急公好义，尽管在品相上迥异，但它们均有各自范围内的共同价值目标。正是这种共同的价值目标，客观上使进步的人群能够做出益于大众的伟大事迹，也可能让消极的人群做出危害一方的恶行。

为了价值上的周全，我们或许可以附加一句：宁可不要那种具有负面影响力的共同价值，也不愿看到它成为危害众人的消极人群的庇护所。但基于建设的和行动的立场，实际上我们更应该选择那些具有凝聚作用的价值哲学。之所以如此，主要理由是：我们的许多事情难有进展，就是因为缺乏一种价值上的共识；许多原本充满活力的个人，因为无法遵奉一种共同的价值哲学，导致与他们的精神并不兼容的其他价值轻而易举地占据了上风。

有人可能说价值上的共识总还是有的，这个也着实不好否认，但我敢断定造成我们生活世界故障的，一定与价值共识的有无相关联。至多可以说，不是所有的价值共识都能具有凝聚人心的作用。这话应是靠谱的，因为在所有人都拥有同样的私利主义价值哲学的情况下，无论一个形式上的群体包含多少个体，都会是一盘散沙。因为形式上的一群人，虽然具有共同的价值哲学，但这种价值哲学的灵魂是私利的，所以每个人都以自己为中心，相互之间多有戒备与竞争，且难有超越私利的共同价值为信仰。

经验表明，一旦人们将个人利益置于首位，通常的结局是：任何能够给自己带来最大利益的力量，不论其正当性如何，均可能征服私利主义的个人。我们中国人历来重视齐心协力，这不仅仅是因为我们深谙团结之道，更因为我们深知不团结之苦和深感团结之艰难。在传统文化思维的影响下，团结的意向和行动，往往源于各种机缘促成的情感纽带，或是双方或多方能够心领神会地看到的利益驱动，却很少见到志同道合的价值同盟。与此相联系的生活面相则是酒友、驴友、牌友更为普遍地存在。这些群体虽然在社会学意义上具有一定的积极性，但它们往往建基于较为朴素的熟人社会原则之上，对人的精神完善和提升的帮助有限。

如果我们在工作和生活中曾经遇到过"做事比做人难"的情况，那说明我们已经遭遇过私利主义价值共识的冲击。事实上，很多专业人士认识到了我们生活世界的运营成本太高，因此精兵简政历来就很受重视，甚至被推向极致，以至于陷入"物极必反"的困境。换句话说，我们已经不知道如何进一步重视这个问题了，但问题依然存在，其症结就在于一种具有凝聚力的同时又具有先进性的价值哲学，要么尚未定型，要么定型了却难以在多数人的心中发芽、生长并最终牢不可破。

可见过一等的头脑因价值上的纠结、徘徊、摇摆而牺牲了浩然之气的个人？这样的经验应该不为稀奇。哪见过一群有中上等的头脑却因价值上的纠结、徘徊、摇摆而从开头就没有战斗力量的个人？这样的经验应当更为平常。但这不就是我们的生活世界的具体实际吗？实事求是地说，我虽然也不乏这样的经验，也曾经天真地以为可以依靠人力来进行改良，但现在看来，我的经验无疑是真实的，而我的改良愿望也无疑是天真的。关于这个天真，可以做雅俗两种描述，其雅述是理想主义，其俗述则是无关政治立场的幼稚。

自从深切地意识到这一点，我便不再有改良什么的愿望，继而平静地诵读了"穷则独善其身，达则兼善天下"（《孟子·尽心上》）。通过这样的诵读，一个人的确能够与环境建立起一种较为温和的关系，但从本质上说，又很像从反向不断逼近了私利主义的国界。必须承认，当一个人独善其身时，也就基本放下了社会的责任。持有这种哲学的人，即便因一时得志而兼济天下，也一定为自己准备好了随时退而独善其身的余地。负责生活世界管理运营的基层技术人员一定还笃信胡萝卜和棍棒并用的法宝，这只能说明他们在价值哲学和实践理性方面还有巨大的进步空间。

只可惜这种状况已经足以使他们在自己可见的未来难以意识到有凝聚力的积极价值哲学的作用。对于这一类被自己耽搁了的个人，我是深表同情的。我不仅同情他们无知无觉地把自己本就有限的聪明才智与一种落后的策略结合了起来，而且同情他们一样无知无觉地带着自信和偶尔自负的神情，做了那些落后策略的实践者和守护神。只是历史的潮流不可阻挡，价值和利益在长期并存、对峙之后，目前已经显现出价值挤压利益的趋势。从而，在人类社会生活的主战场上，价值同盟越来越具有了比利益同盟更大的力量，无论我们是否愿意接受，它已经成为一种无法删除的事实。

这当然并不意味着胡萝卜加棍棒的策略就没有了市场和用场。恰恰相反，依据事物运动的规律，越是在这种情况下，那种简单而落后的策略就越具有自我保护的意识。因而，如果有朋友还在胡萝卜和棍棒的拉打之下行动，就不妨先跟我一起诵读"穷则独善其身，达则兼善天下"。通过这种诵读，你可以先做个鸵鸟，起码是能够自我解压的。假如有朋友不接受我的建议，甚至像我曾经的那样有愿望改良什么，那我们可以打二两白酒，要一盘毛豆，边喝边说：廉颇老矣尚能饮，高歌信仰济世人。我们的生活世界太需要积极的价值哲学了；与此相联系，我们的生活世界尤其需要一群能够遵奉积极价值哲学的精神伟岸的个人。

那么，所谓积极的价值哲学究竟是什么？一句话，不知道；再一句话，需要知道，而且需要所有的人都知道。具体的内容应当由当下最负有社会责任和历史使命的人们去建构，然后由当下最具有影响力的组织去发布和落实，这可能牵涉思想和组织多方面的创造性工作，难度还是比较大的。既然这样，我们不妨依据由易到难的原则来做一些事情，具体的路线图是"人格塑造—价值引领—信仰确立"。

　　显而易见，摆在第一位的任务是个人人格的塑造问题，这个任务理论上可以讲家庭、学校和社会共同努力，但落到实处，还是要强调学校的责任，目前最需要做的是把人格塑造在学校教育工作的目标系统中先明确下来。至于人格塑造的内容，可以交由教育理论家和实践家双边共同努力建构。说到这里，我想到了文学家、艺术家、教育家丰子恺先生，他把人格比作一只鼎，而支撑这只鼎的三足就是思想——真、品德——美、情感——善。这三者的和谐统一，就是圆满健全的人格。而对真、善、美的追求是缺一不可的，否则这只人格之鼎就站立不稳，现实的人格就缺损，就会低下。

　　我们可以不认可丰子恺先生对人格理解的细节，但其关于人格塑造的精神要旨是值得学习的。在专业化的教育发展背景下，人格教育和思维教育一样已经不是陌生的词语，也只有这样的词语才能负载更为具体的教育意义。从人格塑造出发，加上正确的价值引领，最多再依赖一下比较文明、高级的人力资源管理策略，积极的价值共识就能够逐渐形成。我们可以想象一下新的一天来临了，你的同事都是和你志同道合的人，相互间的差异只在气质、性格和思维的风格上。果真如此，你的心情会是怎样的呢？

想长成什么样子就做什么样的人

　　对于从昨天开始的下雨，我是特别珍惜的，如果不是考虑到衣服淋不得雨，走在外面我都不太愿意撑伞的。这除了我无端地喜欢雨天之外，还有与此相关的——知道今年的雨说没就没。暖气已经开通了一周多，热力公司的冬季模式已经开启，因而正下着的这点雨，虽是我乐享的，却也多多少少地不明不白，只能勉强视之为秋雨。

　　今天又起了个早，习惯性地先拉开客厅的窗帘，窗外的景象简直就是用美图技术将彩色的图片转换为年代颜色的样子，不黑不白，不阴不阳，关键是出奇的静寂和纹丝不动，活脱脱就是一幅达达主义的艺术作品，只是我对此没有任何积极的感觉。

不过这一切都不重要，自疫情以来，身心感觉意义上的积极本来就如凤毛麟角，因而，在秋末的阴雨天有这样的感受，不仅是平常无奇的，而且不会影响世界及自身生命运动的主旋律。真正有意义的和重要的是，在即将来临的冬季，我们应该选择什么样的主题和策略。

这并不是一种应急性的决策任务，而是不断螺旋式发展的生命运动本身内在的需求。通俗地讲，正如雪莱所说："冬天已经到来，春天还会远吗？"依据未雨绸缪的原则，我们今日因冬季来到而付出的各种辛劳，长远地看也是在为同样必将来临的春天夯实基础。

以我较为熟悉的农事为例，所谓的春种秋收，只是周而复始的农事之中一个局部的联结；至少春种时要播撒的种子是来自上一个周期中的秋收，而与"春种秋收"具有同等价值的，还有"秋收冬藏"。若是我们在头一个冬季吃光所有的秋获，紧接着的下一个周期的春天，再聪明的人恐怕也只能靠天吃饭。

那么我们的日常生活和支持我们持续存在和提升的职场工作又该如何呢？对于这样的问题，在季节转换的时候我们也许懒得去想，但只要我们还对未来有所期待，就不能简单地回避。否则，真到了明年的初春，我们一定会为自己的手忙脚乱而悔意丛生。

对于不涉农事的人们来说，本来就不能学着北方冬季的农民用袖手旁观自然世界的方式消遣时光。因为，看似客观的时间并不具有跨界的一致性，这一点对学校工作者来说已是常识，他们是能够轻易区分出自然年度和教学年度的。想必社会生活中的其他行业，也不存在哪个季节可以专门用来袖手旁观自然。

这也不是说每一个季节的行业行为完全脱离了自然世界运动的影响，我只是要说，在任何一个季节我们都需要有所作为。这原本是不愿意荒废时日者的平常心理，但不知从何时开始，这种心理竟然越来越具有了先进的性质，兴许是一个人能做到平常而不至于颓废已经可喜可贺。

想一想被静寂笼罩的城市生活，好像还真有些道理。假如你是一个小老板，看到个别员工在别人都躺平的情况下还能坐着，为了提振士气，恐怕也得对那些仅仅坐起来的员工予以表扬。其实你也能想象到假设中的作为小老板的你，心里一定充满无奈，但你的作为还是可取的，依据是历来社会的中坚都从不轻言放弃的事实。只要不放弃，就会有希望；若是放弃了，则一切的未来可能与人毫无关系。

上进者应该知道任何时空中的卓越者都有一个共同的特点，就是他们会在规律性认识的基础上利用环境变化的情势而不会被环境的变化带节奏。任何个人一旦被环境的运动裹挟，那他本就有限的心智资源会在自认为不得不采取的迎合中打了水漂。

运用能量守恒的原理解释，即一个人在过于重视环境变化的同时便轻视了自我存在的意义；反之，如果一个人过于重视自我存在的意义，通常也会轻视环境变化的价值。理论上讲，对于两者的价值和意义，应该兼顾而不可偏废，但这种话也就是说说而已，谁曾见过鱼和熊掌兼得的人？如果有人见过，我们也不能无端地说他发生了错觉或幻觉，只能说他很可能幸运地在现实中见到了只能存在于魔幻世界里的诡异现象。

客观地说，这种诡异现象在现实生活中真的是存在着的，而且不像UFO那样还需要验证。即使如此，我们还是应该给予那些见到诡异现象的幸运者信心，告诉他们应该相信这种诡异现象最终会从我们的现实生活中消失。不时听到有人说现在的一些事情让人难以理解，我总觉得那是他们不喜欢学习历史，因为史书中的许多记载只要用数学代数的方法替换一下主语，差不多就是在说今天的事情。

记得小的时候，我最喜欢观看红白喜事场合猜拳行令的饮者。他们多是村庄里有一点名气的闲散人，无论哪家的红白事上都有他们的身影，现在想来很像固定不变的一个团队。他们的每一次出现，除了其中的个别人属于不请自到之外，一般是事主自觉邀请的。

后来长大了，我逐渐认识到他们的最大功能就是能够营造出一种热闹的气氛，于事情本身并无多少价值，原因是不管事主家的事情是红是白，都不影响他们行酒令的艺术水平和他们酒醉后的癫狂与不省人事。

　　这就让我禁不住联想到现实世界里的许多热闹中，好像也逐渐形成了一种类似于我家乡过去只管在红白事中喝酒吃肉、营造气氛的闲散人，真的是古为今鉴呀。当年的那些闲散人如今已经完全故去，他们曾经让许多人羡慕过，但在今天也只成为记忆中的元素。我们倒是可以从中获得一些启示，其中之一是不管我们喜欢不喜欢，任何没有消失的现象都具有其现实的功能。

　　就像民间的吹鼓手，曾经是被禁止过的，但至今仍然没有完全消失，这显然是因为人们的日常生活中总需要一定的气氛。印象中电影《手机》里有个角色叫路之信，专门替人哭丧且收入可观，观众或觉得荒唐，但并不影响这种现象的存在，至于它能存在多久，那得看时代前进的步伐有多快了。

　　现在有了一种迹象，那就是在县镇层面的各种需要气氛的事情中，吹鼓手和路之信的身影渐渐消失，正在被另一种感觉上更进步的方式替代，这也是发展的结局。

　　因而可以相信，随着社会的进步，现实世界的魔幻现象也必将退出各种大大小小的历史舞台。就冲着这一必然的趋势，已经习惯于务实、诚实、踏实的人们还是要继续保持自己的定力，千万不能被各种忙碌的闲散人那种没什么意义的风光迷惑。

　　再大的风也要停下来，到那时就能看清楚树干、树枝和树叶的不同；再大的潮也会退回去，到那时就能看清楚那些弄潮儿谁是有装备的谁是裸泳的。世上的事有千千万，但不二的道理是不能违背道德良心和科学规律。

　　虽然不排除有个别既不讲良心也不讲规律的成功者，但在普遍的意义上，能成大事、立大业者，大都是走正道的人。这种大道理，一些后生可能不大能听进去，那就说一点他们可能听得进去的。

　　据可靠的研究证明：走正道对男人和女人模样都具有美化作用；如果不走正道，即便一个人天生的底子还算不错，也会日趋丑陋与衰败。在已经匆匆到来的冬季，我们不妨通过观察和调查的方式，对这个研究结论的真假程度进行确证，以利于我们做出更好的、面向未来的决策。

逆"躺平"而动

近些年人们有一些新的变化，其中之一是愤愤然的模样少了，当然欣欣然的模样也不多见了。只要没有与他人近距离地相互问候，各自独立的时候，基本上是不约而同的木然。根据科学的理论来分析，这种木然的背后正是人们津津乐道的躺平。对于躺平这一现象，通常的看法是躺平的个体没什么上进心，以致得过且过，总之是一种消极的人生状态。但经过这多年的观察，我终于发现这种关于躺平的通常看法最多只是抓住了一点而不计其余。

原则上讲，只有那些有躺平经验的人对躺平的实质才有发言权，可惜的是一个人一旦躺平，就连发言的兴趣也会消失，因而对躺平的认识还只能来自那些没有躺平经验的人。用自然科学的思维来衡量，这种现象也没有不合理的地方，主客两分反而更有利于对事物真相的认识。若是由躺平者述说躺平的体验，难免夹杂合理化机制，或者夹杂美化自己的小心思。

实际上，只要我们留心，就能通过直接的观察或间接的脑补来勾画出躺平的模样。只说最基本的认知：情况是各种各样的。的确有一种躺平属于人们通常所说的消极和得过且过，但更多的躺平从源头上看与消极的人生观毫不搭界。至少有两种情形的躺平是值得我们思考的。

第一种情形的躺平是由个人不自信的人格特质带来的自我保护性退缩。这一类个体的存在特征可能是没有思考的兴趣、没有行动的活力，他们之所以如此，并不是因为三观不正，而是一种单纯的自我保护心理所致。比如他们害怕自己失败，却又不愿意承认和接受自己能力或德性不足的现实，索性躺平。这样，即使他一无所成，也可以将其归因于自己的躺平，甚至会说"如果自己不躺平，没有什么做不成的"。

第二种情形的躺平是各种原因促成的无奈情绪带来的躺平。无奈的实质一般来说是人面对强劲的非理性力量时所生出的无可奈何和无计可施。最为多见的是个体不得不去做自己明知不对或无意义的事情，同时又无法去做自己明知正确或有意义的事情。在这种情况下，不愿意过度委屈自己的人基本上是会选择躺平的。

从表面上看，所有的躺平都表现为思考和行动上的平静无为，但站在个体的立场上思考，实际上并不是所有的躺平都属于消极的得过且过。不过，抱着建设性的心态看问题，应该说任何的躺平，不论何种原因造成，在个体那里都是一种缺少动力的松散状态，既不利于个人的进步，也不利于所在组织的事业发展，还是需要尽力改变的。

对于源自个人生活哲学的躺平，自然需要个人对自己的生活哲学进行反思和改造；对于不自信的个人特质带来的躺平，改变起来确实有难度，但也不是没有办法，据说心理学家可以使用专业的方法进行科学的干预；对于外在因素引致的躺平，理论上讲应该着力消除相关的外在因素，但显然不太现实，而且无法由躺平的个人完成，因而比较现实的办法还是要由个人通过有计划的心理建设来实现自己存在状态的转变。

可以发现，个人存在状态改变的任务根本上还是要由个人来承担，根据有限的观察和思考，比较切实和理性的选择，还是要由个人来培育自己的独立性和自主性，积极确立进步和发展的理想当然也不可忽视。个人心性上的独立、自主与自信的个性特质具有较强的相关。个人自信了，就不会轻易退缩，也不会接受消极无为的状态。更重要的是，心性的独立、自主能够让个人与环境保持适宜的距离，从而不被环境简单地决定，进而以强动力的行动姿态在一定程度上影响环境。

环境本来就不是与个人无关的纯粹客观存在，任何性质的环境都是由所有的个人合作制造的，所以环境的改变也同样需要所有个人合作来完成。想一想那些革命的先驱，可以说没有一个享有了天赐的能让自己满意的环境，否则他们也就无须成为每一个时代各个领域的革命者。不过，革命者总是少数的精英，并不能成为所有人的范本。对于普通的个人来说，起码可以选择自己感兴趣并具有公共价值的具体事情，继而投入身心去运作。

在此过程中，个人的心性、生活哲学会发生自然的变化，环境也应能因此而朝着积极的方向发生微妙的改进。还需要知道，当我们无论因何种情况而躺平的时候，总有人在满怀信心地思考和行动。这样的思考者和行动者也许只是顺从了自己的天性，但也可能是在践行自己积极的生活哲学。后一种个人很可能预先知道了积极的思考和行动能够带来积极的思维与人格，而积极的思维和人格显然是个人的特殊财富。

努力做生命时间的主人

我越来越能理解许多人宁愿被琐事缠身，这既能够让自己拥有一种充实，也能够让他人心生敬意。对此种现象最朴素的理解应是：被琐事缠身至少意味着一人的勤快和他更多地被需要，在某种意义上也是个人价值的体现。对此，我是深表赞同的。因为，在日常生活中，一则没少见过如上的忙碌者，二则也没少见过能悠闲自在却有点坐立不安、东寻西找的人。

两相比较，当然还是觉得忙碌者的状态更好一些，他们虽然会因无休止地忙碌而更为劳累，但绝对不会有坐立不安、东寻西找的体验。不过，再往深处一想，我们就能意识到两种类型的个人存在状态背后都与时间这个特殊的现象有关。习惯于忙碌的人，若没有自觉的张弛策略，很可能对闲暇缺乏享用的好办法，因此也更愿意让各种琐事来消费自己的时间。

而看起来悠闲的人，除非他是劳碌之后的有意识放空心灵，则很可能只是面对大把的时间无所适从。时间这种特殊的现象并非一种客观的实在，在这一点上与空间有着性质上的不同。如果说空间基本上是一种物理性的现象，那么时间则更是一种心理性的现象。进而可以说，空间对于人来说是外在的，而时间则与人的心理体验同在，具有内在性。

无心理的事物仍可以占有空间，而只有有心理的事物（此处特指人）才真正拥有时间。说各种事情在占用我们的时间，即意味着在占用我们的生命本身。比如，当我们分身乏术时，其实质分明是我们身心合一的生命通常不能同时被两件均需要全身心投入的事情分享。在此基础上，时间作为一种资源也就意味着生命本身就是一种资源。从而，被各种琐事缠身的人，他的时间亦即身心合一的生命本身，实际上是被那些琐碎的事情瓜分而碎片化的。

现在回忆一下我们自己在某一阶段真切地感到忙得不可开交同时又觉得一事无成的状态，是不是会有如下的感觉？即每一个时刻好像被充满，可一旦出现间歇便立即陷入虚空。这种感觉一方面表明我们对事情有过不分主次的投入，另一方面也表明与生命同体的我们的时间应是被各种琐事毫无商量地征用的。如果真的如此，就可以得出一个令人惊讶的结论：原来两种类型的人在很高的概率水平上是同一种人。

之所以做出这样的判断，是因为生命时间运动的被动性，通常是个人对生命时间少有安排的主动，进而渐渐地弱化了安排的能力，结果则是个人事实上难以成为自己生命时间的主人，他的主体性实际上被所谓的琐事消耗。在这种情况下，一个人的充实仅仅意味着他的生命时间运动没有停歇，他本有的心灵因被动地被征用而成为徒具形式的空壳。每当琐事被办结，心灵就没有了内容，他已经习惯的忙碌一时逃遁，生命时间的运动出现空转现象，无所适从地坐立不安和东寻西找也就成为必然。

尽管任何一种存在状态都有其存在的理由，但心灵的虚空如果持续，总不是一种理想的状态。那么，无论从提升生命的质量还是从心理建设上考虑，个人都应该尽力摆脱这种境况，而摆脱之法说起来倒也简单，那就是个人须做自己生命时间的主人，使自己生命时间运动具有起码的主体性。

但要真正地实现这一愿望，对于已经习惯于被琐事缠身的个人来说并不容易。其中的艰难还不在于心理学意义上的转型，而是现实生活意义上的生命时间谋划。而且，这里的谋划也不首先是一个方法和策略的问题，关键在于个人需要获得一种可持续的、有意义的事情。这样的事情与琐事截然不同，应是既需要个人的意志努力也需要个人创造性的思维和行动。

比起应对琐事，做这种需要意志和创造性的事情更耗费人的心力，但说白了它又只是一件事情，虽需要个人持续用力，却不可能较高强度地持续，而是必有间歇的。令人欣慰的是，此种间歇所带来的闲暇一般是个人的必需。在这样的闲暇中，个人可以自由支配生命时间，哪怕是闭目养神，哪怕是做无眼之观和无耳之闻，个人也不会有心灵空转和时光荒废之感，皆因他正是自己生命时间的主人。

为改变自己寻找理由

连续两天有雨，对于我来说差不多就是过节，有事没事，心里都高兴，站着躺着，怎样都合适。听着那略显低调的雨声，像极了有涵养的私语，看着那满地的湿润，立刻就让人觉得天与地原本的有情有义。大约是因为夏天的缘故，清凉的感觉并没有随雨而来。节奏和节制，让往年从不缺席的积水和狼狈也没有如期而至。人们的心情多像我一样积极，无论是河岸还是湖畔，走动的人不少反多，原因可能是这样的雨正落在了人们的心坎上。

北方原本就缺雨，地球的焦躁又让少有的雨在未落之时就已经魂飞魄散，以致说好要下雨的预告常常成为一纸空文。有时候也会滴那么一些，粗心的人就很难感觉到，细致的人则会宽厚地说"这就算下过了"。我刻意地去同情上天的难处，隐隐地意识到地方气象台的言不由衷，实际上也属于无可奈何。如果大地的焦躁让上天都觉得雨降落之后会受到委屈，那尽可能不派它到人间大概也无可厚非。

既然说到了人间，倒也不妨再说下去。也不知道是什么样的原理作用，在地球焦躁之后，地上的人心似乎也不如以往那么淳朴厚道。好的时候，许多人的心有点火急火燎；不好的时候，人的心便趋向奸猾轻浮。如果是火急火燎与奸猾轻浮做了搭档，人间就会一时比一时更迷雾重重。这样基于经验的意识又给了我新的启发，我忽然间明白了为什么有越来越多的人就像以往的我一样很乐意冒着雨穿梭于天地之间。

至少依据我真切的体验，不大不小的雨虽然会打湿自己的衣服，间或有风来凑热闹，打伞与否基本上没有差别，但雨一则可以让人意向于眼下，二则可以荡涤一切品种的尘埃，给人带来的感觉除了清爽还有清新。

再回头思量无雨的时间和地界，最让人感觉到稀缺的恰恰就是笼统意义上的清爽与清新。设想我们每日为自认为有意义的或是不能不做的事情忙碌而疲惫，有时候会汗流浃背，有时候会心灰意冷，身心显然是谈不上清爽的。再设想以这样的姿态去感知周遭，谁会相信世界会让我们无缘无故地感受到清新？从此种实际出发，就可以推知人们多是在生活的锤炼之后，逐渐地懂得了与自然世界用身心相处的好处。而在无数的自然事物之中，雨及与其同类的雪、雾，柔和的阳光，隐去了诡异的月色，是比较容易被人们选中的。

但有一个现象是不具有利益特征的，这就是自从地球变暖以来，我们北方的雨、雪不再是一种常见现象，使得"今冬无雪""今春无雨"越来越在文人们的诗文中活跃。与此相随的其实还有柔和的阳光还未等人们享用便急匆匆地消失。那夜晚的月光在城市的灯海张扬中本已经黯然失色，再经执着的人执着地辨别后，曾经呈现过的美景也改装成为难以理解的无味和无品。从而，劳碌一日的人们从生活的机械运动中抽身出来保养身心的时候，才突然发现自己心里的那个后花园已经在不知不觉中不复存在。

如同无枝可依的鸟儿绕树三匝后继续盘旋，身单力薄或者筋疲力尽的人们只好在发现心灵无处栖居之后，返回到自己的轨道并举起了手。然而，他们欲成为行者的心思却由星星之火日益成燎原之势。我们知道很多人是喜欢旅游的，对于这种现象，我们当然可以将其归因于生活的富足，实际上也可以顺理成章地将其归因于人们意识到了自己家园生活的无力与无趣。而当我们清楚地看到旅游真的不过是本乡人奔赴他乡、他乡人光临本土的游戏时，也许应该面对普遍的心灵无序和无依这一平凡的事实。

每一次途经城市与城市之间的山川河流、农田村舍的时候，我都会目不转睛地看着能够看到的一切。那种时候，思维是不运动的，心里是空荡的（但不是空虚），但问题是我无论在其中还是在其后，都没有为自己的思维停滞和心里空荡而觉得遗憾，反倒愿意那样体验永无休止。也正是在这样的意识作用下，我竟然重新理解了自古及今总有人对田园生活的向往，并能意会到田园生活并不是物理意义上的田园里的生活，而是具有某种品格的、类似于原始田园中生活感觉的生活。

因为，向往田园生活的人，绝不是向往一个个被生活压驼了背的农夫的生活。他们所向往的，实际上是与没有心机的生物和非生物做无顾忌的相处。如果原本生活中的人们就如同草木与牛羊那样简单得让人放心和安宁，他们绝对不会自愿逃离自己的家园而去做寓公。但理智的人们还是知道，在他乡成为本土之后，曾经的逃离情结仍会复苏，说一句通俗的话，哪里的醋不酸呢？

所以，要彻底解决我们心理和精神上的一些根本问题，运用外科式的移步行走是治标不治本之策，最可靠的办法永远是建设我们的心理和精神。天热了，应想到心静自然凉；天冷了，应想到好言三冬暖。我要说的实际上是，冷暖固然是身体的自然感觉，但有心的人们从来就不是为了自己身体的冷暖而生出对他乡的迷恋。

我和许多人一样是喜欢雨和雪的，我估摸着那些雨和雪的同好者或许像我一样，并不仅仅是喜欢了雨和雪的形状，而是乐享雨和雪带给自己的心理感受。专家分析，北方的雨和雪还将少而又少，也有不速而至的时候，但很可能是要表演沧海桑田的。根据近来的一些经验，专家的话好像有点靠谱，暂且当其为真，进而不妨放弃对原生态雨雪的指望，琢磨重修和重饰自己的心理和精神。这就叫改变自己吧？

学会从游戏中受益

对于各种有计划的游戏，从养生的角度讲，最好持一种观赏的态度，最差也不能自以为是地觉得组织和督导游戏的人智力有什么问题。只要留心观察，就能发现那些组织和督导游戏的人中很少有不聪明的人，甚至可以说，他们的聪明已经超越了古老的智力范畴。只有意识到这一点，我们才能理解各种游戏的长盛不衰，也才能理解为什么在很多人因游戏而疲惫的时候，那些组织和督导游戏的人仍然生龙活虎。

这并不是因为他们的身体素质比我们更好，而是因为他们的心性比我们更有灵活性。这种灵活性能够使人摆脱"一根筋"的思维，换句话说，就是能够让人毫无心理障碍地不认死理。在其反面，许多人虽然身强力壮，却因心性上的固执，做不了几个游戏就精疲力竭，给人的感觉就是没有出息。这实际上也不是什么大事，累趴下了就顺便趴一会儿，等精力恢复了该干啥继续干啥，应该也耽误不了多少事情。

最让人揪心的是，这些心性不灵活的人中有那么一小部分，总喜欢对那些使自己疲惫的游戏做各种分析和评论，还要把自己的分析结论和评论要点广而告之，结果是不仅累了身体，还累了本来就不灵活的心性，多多少少是让人心疼的。大千世界，何止是无奇不有呢？一种游戏既然能"有"，就有它"有"的依据，甚至有它"有"的自然权利，任何人对它的感觉如何，都与它活灵活现地存在没有关系。

我们可以不去组织和督导各种游戏，也不必视之为洪水猛兽，不妨以游戏的心态参与各种游戏，兴许还会有意外的收获。我听到过一位正直而不迂腐的老者告诉一位年轻人："你可以坚持自己的一切信念和原则，但不能苛求大千世界的人们都像你自己一样。对于不符合自己信念和标准的各种事情，可欣赏的就去欣赏，不可欣赏的就去观赏。如果连同观赏的兴趣都没有了，那就去睡一会儿或者去装睡一会儿，绝对没有害处。"

为了写这几句话，我特意查了查百度，关注了一下"大千世界"，真的很长见识。我从中知道了"大千世界"是一个佛教用语。具体的释义是：世界的千倍叫小千世界，小千世界的千倍叫中千世界，中千世界的千倍叫大千世界。这世界简直太大了！在如此广大无边的世界里，蛇生足，马能飞，也不是没有可能。有了这么大的视野，我们平日参与的那些游戏又有什么奇异之处？又能有什么不能理解的？如果真的理解不了，那就先照单接受，然后慢慢理解。

其实，心性固执的人们，对各种游戏也不是缺乏理解力，而是缺乏接受力，而这种接受力的提升仅靠训练好像效果不太行，主要还是取决于人的遗传素质。虽然如此，我们还是要做必要的主观努力，这是高质量生活的客观需要。不管到什么时候，都可能有各种游戏需要我们参与，为什么不能积极思维、热情参与呢？如果你感知到了游戏的存在，就立马把心态调整到游戏的位置，快快乐乐地和大家一起玩。应该相信，做什么就会有做什么的收获。

在宁静和有序中对激越的修饰

曾经有一段时间，很容易在各种场合见到激越的人们，他们有使不完的劲，有说不完的话。在这样的氛围中，一个木讷的人也会被调动，至少会觉得，如果一直木讷下去，不只是被同伴疏远，也会被时代淘汰。现在，这种情况好像谜一样地消失了，就像有魔术师在操纵着什么机制，转眼间就能让人们觉得换了人间。按照人性运动的规律，我们很清楚感情激越的人并没有消失，他们只是走出了我们的视野。

换言之，很可能是我们自己在各种因素的作用下，减少了出席的场合，因而便少了许多曾经有过的见识。不过，这也只是我的片面分析，最有力的证据是那些我们熟悉的、曾经激越的人们，就在我们面前文静、娴淑了起来，这足以说明问题绝不仅仅在我们的视野上，一定还与许多我们平常难以顾及的因素有关。

这样的因素肯定是复杂多样的，对于不习惯于理论分析的人来说还真的难以搞清楚。当然可以笼统地说是环境发生了变化，但环境究竟发生了什么样的变化还是一笔糊涂账。遇到这种情况，人们索性就不再追问，通常会采取保守的策略，对自己的行为风格做一些必要的调适，这便让我们看到了曾经看不到的局面。

兴许是前一阶段曾经思考过"学习动力与人的自我存在"这一学术性问题，我自然想到了"动力"，并理解、悟会到激越的情绪戏剧般的消退应该是与人的动力减弱相关的。从理论上讲，动力影响着自我存在的状态，自我存在的状态反过来又影响着人的动力。如果截取这种循环运动中的一个片段，大概自我存在状态的作用要更大一些，也更具决定性作用。这样，我们就可以暂时把思维聚焦于人的自我存在状态上，并能够很自然地思考人的自我存在状态究竟发生了什么状况。借助对人们共同意识的关注，我们好像能够察觉到人们的自我意识一方面在被个人有意识地强化，另一方面被强化的自我意识好像都被个人进行了比较讲究的修饰。自然的结果是我们的日常生活开始具有了一种前所未有的平和，而在平和之中又出现了一种被称作"在一起孤独"的琴键现象。

形象地说，不同的个人虽然在社会性的引领下都被分在一个系统的各个位置，但他们相互之间除了功能上的相互依赖，自我与自我的碰撞在各自艺术的规避中基本上无从发生，从而每个人都成为拥挤在一起的孤岛，用地理学的术语表达即群岛。这是一种外观呈现并无异样但内在沟通明显存在故障的自然现象，随着时间的推移，必须由互动才能带来的激越和运动的活力就被遮蔽了。

站在个人存在的立场上，这种遮蔽完全可以是每一个自我的欲求，然而，在这种欲求得到满足之后，每一个自我都可能获得前所未有的失落。对于这样的结果，我们可以认为它完全属于所有自我的共同制造，但参与共同制造的每一个自我并不会意识到这样的结果与自己有关。进一步的结果则是每一个人都会心无挂碍地品评好像与自己无关的问题，不用说，问题的解决当然也就成为别人的事情。

我们是不是应该趁此机会劝导人们去积极地存在和主动地发起与他人的对话呢？从进取者的道理上讲是应该的，因为任何系统的前行总要依赖发动机制，一个没被发动的系统，不管它的零部件有多好的质量，也不管它的结构设计有多么巧妙，都会成为一种不产生效能的摆设。但对具体问题要做具体分析，毕竟在一定的条件下，不容置疑的进取性劝导反倒不合时宜。假如占据绝对大比例的自我正在践行以静制动的原则，那么进取性的劝导者是不是会立即陷入尴尬的处境呢？

《鹖冠子·环流》云："物极则反，命曰环流。"说不定聪明的自我都在等待自然的变化，待到变化的结果出现时，若有利，共享之，若无力，则不被累及。想来想去，的确不失为智慧的心态。但这显然是一种消极的智慧，自我固然能够借此而基本无忧，但自我与他人共存的系统运动则一定是艰难和迟缓的，偶尔遇到道路上的泥泞和需要爬坡的路段，系统要么停滞不前，要么滑回到某一段过往。

对于这样的事情，很多人可能已经在较高的水平上习惯了，他们最多很优雅地感叹一番，迅即回到以静制动的智慧状态。实际上，无数的智者也知道这种状态的普遍化无异于天气的久阴无晴，但因为已经能够在高水平上习惯，也就没有了任何惊异。久而久之，人们的意志以别样的方式坚定了，而且在颇具智慧的习惯中，人们的意志也以别样的方式愈加坚强，从而一般性的力量很难使其动摇，他们所在的系统会因此达到超级稳定。

稳定很多时候是可取的，它可以让人气定神闲地循着既定的路径缓缓前行。但长期处于稳定中的自我也容易使意志靠边，它自身的活性和进取的势头也会渐渐被弱化，我们所说的活力也会无疾而终。

今年入夏以来，我特别注意到早市上的买卖人和夜市上的烧烤摊，那种热闹和杂乱没有往年那样招来我的烦躁，我似乎不知不觉中愿意让这样的热闹和杂乱每时每刻都存在。寻觅这种变化的根由，无意中触碰到了意识深层的一个简单判断，即我把早市和夜市泛化为整个的生活。这在某种程度上反映出我意识结构中的一些问题。比如，在早市和夜市之外的时空中，我的意识应是宁静和有序的，但自我在宁静和有序中被外力调离，恰是那些买卖中的热闹和烧烤中的杂乱让我的自我临时回到了意识的中心。

由此出发，我们可以揣测那些买卖人和吃烧烤的主，他们应是在经济和吃喝之间最强烈地意识到了自己。买卖中的愉快和吃喝中的刺激，也许转瞬即逝，但的确真实而热烈，能够每日有这样的体验，大概才是一种务实的幸福。

每当大小节日来临，人们相互之间互道快乐、安康，除去其中的礼仪和希望，实际上也折射出大大小小的节日之间各自的辛劳，这才在节日来临之时就快乐和安康的价值做相互的提醒。日常的生活从来不乏宁静和有序，人们因此会觉得日子循环往复的简单，然而人们在可能的情况下并不满足于只有日常的生活。在衣食住行不再是问题之后，人们一定会造自己的梦或做他人的梦，所谓有意义的人生才算真正开始。

如果有意义的人生未能开始或不知不觉地中止，茫然、虚空就会乘机而生。这时候，人们就会追问人生的意义。那我们也不妨尝试着回答这一问题。有人说，人生本身就是一种意义。这话说得很有哲理。个人的出世纯属偶然，那么出世的人，无论顺逆、苦乐，最终都是一番经历和一串故事，这就够了。如果我们不满足于此，那也无非努力使自己的经历和故事更有品质，人生的意义就是人在存在的基础上多多少少超越日常的自己。我觉得到此为止即可，再往前延伸，就会有超越他人的心思，烦恼和郁闷就会接踵而来。

知疲倦，顺自然

到了一定的年龄眼睛就花了，原先清晰的事物一天天变得模糊，而且是越近的越模糊。没有办法了，我们也就只能通过眺望远方来感受世界的真实，对于近处的事物，不管我们心里怎么想，最终都只能意会它们的存在状况，反而是对感知中的信息不可当真。这是一种视觉衰老的体验，实际上也是人生竞技后半场状态的折射。说得具体一些，越是接近比赛结束的时间，我们越是要放下对竞技结果的执着，只有这样，我们脆弱的心脏才能够按照日常的节奏跳动。

若问我们脆弱的心脏为什么非得按照日常的节奏跳动，一个可供参考的答案是：我们的心脏一路走来太过劳累，能不折腾它就不要折腾它；心脏要是不好了，我们自己也好不了。对于这样的想法，一定有不少的人不认可，这也没什么奇怪的。一辈子的斗志昂扬只要能让具体的个人有上好的感觉，别人的建议即使满含善意也是一种多余。世间万物各有其性，相互间的差异大致在风格方面，轻言孰高孰低都是一种鲁莽。

对于具体的风格，我们可能不大欣赏，但这并不影响它实际拥有我们之外的欣赏者。仅仅说不知疲倦、充满活力的个人，在有人赞叹他们奋进的同时，一定也有人笑谈他们像打了鸡血一样。不管是哪一种态度，都不过是观瞻者自我价值思维的产物，在不知疲倦的人那里，很可能既无奋进的强烈意念，也无涉什么打了鸡血。至少从我有限的观察中就能发现许多这样的个人，他们之所以有那样的生命状态，基本上是某种生命惯性作用的结果。

当然也存在着奋进的人，他们接受了有意义事物的接引，呈现给世间的正是奋进者的形象；当然也有像打了鸡血一样的人，他们的外相与奋进者相似，但他们实质上是被那些只能称作"诱因"和"强化物"的事物捉拿走的。也因此，真像打了鸡血的人，在理智成熟者的眼里是没有任何审美价值的，他们奉献给世间的基本上是得陇望蜀的样本。

总体上讲，在积极的文化氛围中，没有人会反对奋进，包括做不到奋进的人也不会反对奋进；但对于得陇望蜀者，人们通常是会投去乜斜的目光，不得不看着又不屑于看着他们的表演，心理上通常会有腷应的感觉。走进我们民族的精神世界，可知老骥伏枥、志在千里的崇高，关键在于老骥的志在千里。如果其志向与立心、立命，与继绝学、开太平没有关系，只是离不开人老之三贪，那他不已的壮心便只是人世间的负担。

我爷爷那一辈的人总体上是豁达的多些，到了六七十岁干不动农活了，就退居二线了。他们抽着旱烟袋，聚在村中央的照壁下，只要没有飞沙走石的天气，一定坚持话说着天南海北、古往今来。少不更事的孩子们在他们的周围倾听、嬉戏，乡村文化的传承就发生在这样的过程中，老吾老、幼吾幼的精神就这样陪着爷爷们的话说在乡间绵延。这是我小的时候喜欢的场景，也是我现在更觉其美的画面。在这种场景和画面之中，那些爷爷们真的就是爷爷。

然而，在那一辈人中同样会有例外。记得有一位眼大身单的许姓爷爷，说话不多，人很勤劳，在大人们的嘴中，他是一个一门心思为自己光景的老人。我现在想起来，那位爷爷实际上是十分可敬的，可当年的人们好像一点也不喜欢他，主要的原因是他具有"沾风往里抽"的习性，后来我才知道人们不喜欢的是那位爷爷不加掩饰的自私。要说那时村上的人也没听过有谁大公无私的，但大家似乎在心里把握着一个度。用他们的话说，饭总是要吃的，但必须有个吃相。

现在想一想那位例外的爷爷，想必没少让他的子孙们感动，唯一的不足就是没有在乎，或很有可能没有意识去在乎众人比较在乎的吃相。

我听一些同龄人说，自从眼花就再也不能像过去那样读书了。虽然戴上老花镜可以解决视觉模糊的问题，但总比不上过去读书的那种轻松，时间稍久眼睛就会劳累，思维的速度好像也适应性地缓慢了下来。这种感觉多数人会有，我自己也经历了从刚眼花时候的不服到现在能够面对现实的过程。书自然还要读，但已经能够尊重眼睛的感受；文章还要写，但绝不让思维超负荷地运转。

这样下来，劳动量当然没有以往大，但收获好像并不比以往少，重要的是在新的常态中我体会到了生命不同阶段不同的韵味。奋进的人不会服老，但服与不服都只是自己的心情，更可靠的立场应是在青春的季节不吝惜汗水，到了不再青春的时候能够让岁月赐予的成熟和经验尽其所用。毕竟有许多有意义的事情，只有到了理智成熟和经验丰富之时才能做得更好。

如果因不服老而白白浪费了自己的成熟和经验，那就会使一些必须由成熟者做的事情永远被搁置。如此，我们各种事业的发展就很难突破某些瓶颈，而这样的情况实际上始终在发生，并对各种事业的发展产生了消极的影响。子曰："君子有三戒：少之时，血气未定，戒之在色；及其壮也，血气方刚，戒之在斗；及其老也，血气既衰，戒之在得。"（《论语·季氏》）孔子就是孔子呀！

珍惜梦想的天赋和权利

年轻人爱梦想，老年人爱回忆，这也就是一种表层的现象，要往实质处看，也许应该说，年轻人必须梦想，而老年人只能回忆。但任何事情，一旦被人在实质处凝视，都可能从中读出令人心悸的内容，这大概也是许多颇有智慧的人甘愿把自身隐入尘烟的原因。

几乎所有心智健全的年轻人都曾有过梦想未来的经验，相互间的不同只是各自的梦想在密度和长度上有差异。但无论怎样，从经历丰富的年长者那里，年轻人获得的鼓励通常抵不过受到的揶揄。在多数年长者看来，年轻人的梦想不过是少不更事的标志，待到不再年轻的时候，要么会遗忘曾经的幼稚，要么会为自己还曾梦想过而脸热羞愧。

可也有鼓励年轻人梦想的年长者，如果他们不是在展现一种交流的艺术和为尊为长者的姿态，那么必定是在传达一种人类发展的情怀。幸运的梦想者是那些珍惜外来鼓励、屏蔽外来揶揄的年轻人，时光会把他们中的大多数带到曾经梦想过的地方。

当然也会有少数的一部分人并没有跟上时光的步伐，即便如此，仅因为有过梦想，他们也有条件回头顾望遥远的过去，同时也能看到活在遥远过去里的、自得其乐的原乡人。

梦想本身没什么问题，而且与幼稚并没有必然的联系。审视整个的生命历程，我们终将意识到，梦想只是有志的年轻人才能展现的天赋和才能拥有的特权。如果一个年轻人不愿梦想，进而没有过梦想，那只能说明他浪费了自己的天赋和放弃了自己的权利。

这样的选择也可能让他们一时显得潇洒和轻松，但这样的愉快体验通常需要未来长久的意义虚空作为代价。所以，在客观条件对自己的梦想没有特别限制的情况下，一个年轻人是需要有梦想的。

许多年长者不乐见年轻人的梦想，并不能降低梦想本身的价值，有时候我们会发现他们只是不喜欢空有梦想而不行动的年轻人。也许还有一种情形，是他们不喜欢年轻人未经理性审查的、不切实际的空想。这便提醒年轻人在相信梦想价值的前提下，一定要有实干的心态和志气，并为自己梦想的实现储备能量、练就本领。

仔细研究，就会发现揶揄年轻人梦想的年长者，很可能是见多了有梦想无行动的空想家，虽然也有可能是他们深知一个人的成功所需的条件比一般人想象的还要多出许多。两种可能都是存在的，但聪明的年轻人不必多想后一种可能，而应该从第一种可能中汲取实干的启迪。

"莫等闲白了少年头，空悲切"，岳飞的诗句犹在耳边。他也是在说，虚度了光阴，就没有了前程；没有了前程，就没有了希望；没有了希望，就无力向前眺望；无力眺望，便只能回顾经不住梳理的过往。

反过来说，如果我们没有在年轻的时候闲置梦想的天赋，也没有放弃梦想的权利，尤其是我们在年轻的时候没有满足于空想而是努力奋进，那我们多多少少会享用到具有美好自性的、曾在梦想中的现实。

当然，年老的我们也难以避免回忆的本能，但基于意义充盈的人生，我们的回忆应是一番美好的享受。在我们的回忆中，不乏阳光灿烂，也不缺暴风骤雨，我们因此会心地微笑、走心地泪目，但一定没有悲切的情绪。所以，哪怕只是为了年老时能有美好的回忆，我们在年轻的时候都应该珍惜梦想的天赋和权利，更应该为自己的梦想实现而付出实际的行动。

人生当思

人就是这样有趣，总能为自己的为与不为找出合适的理由。更有趣的是人对自己找出的理由还会由不当真转为当真，而那种当真之后的自信与坚定正是最符合喜剧特性的。记得夏天时我不想费力思考，当时的理由是夏日炎炎容易让人焦躁，心沉不下来，自然不会有什么好的效果；可如今天寒地冻，心倒是没有焦躁，却还是没有丝毫思考的念头，才又发现冬天的寒冷容易让大脑蜷缩起来，远不如夏日骄阳似火，能给予人自然的活力。

既然是找理由，我们找出的理由就最适用于对每一种当下选择的辩护，追究其客观与科学是没有意义的。要说客观，多热的夏天里都会有思想者在思想，再冷的冬天里也不乏最强大脑的运作，否则人类的创造就会出现季节性的空白，但这种事情从来就没有发生过。这足以说明具体个人的思考效果也许与季节不无关系，但总体上并不存在适宜或不适宜思考的季节。

如果喜热，愿意思考的人可以在冬季令空调制暖；如果喜凉，愿意思考的人可以在夏天让空调制冷。问题的关键显然不在于天气的凉热，而在于思考与具体个人的关系状况。若是两者关系紧密，任你酷暑严寒也奈何不得思考者的思考；若是两者关系寡淡，即便四季如春也只是游山玩水的由头。

要说游山玩水也没有什么不好，人在此中的审美与自由状态，也是个体切身感受人生美好的重要中介。但还是应注意到，能有这种经验的游山玩水人基本上还是那些乐于思考的人。因为少带思考的游玩，据说是类似于"上车睡觉，下车撒尿，景点拍照，到家啥也不知道"的。所以，思考固然不是人生的全部，却一定是具有特殊意义的。

我们都不必动用"我思故我在"的"撒手锏"，仅在日常生活的层面，就能意识到无思的生活最多只是各种档次的活着。实际上，无思的个人是可以忽略不计的，凡人皆会有思，区别仅在于所思的对象、内容和深度不同。我们通常所说的有思当是指对象繁多、内容丰富和思维深刻。这样的有思是可以为人生添彩的，当然，换一个角度或是由于思考的策略有瑕疵，也可能给人生添烦。

因而较为恰当的结论是，活着的人要想活得明白便不能无思，而要想进一步借助思考使人生有质感，还需要懂得思考的策略。所谓思考的策略不可能是单个的或一系列的招数，本质上须明了所思的对象、内容和深度的内涵。简略地说，所思的对象原则上可以是天地人生；所思的内容林林总总，最为要害的是为什么会如此和为什么要如此。对于这两个问题，我们既可以做科学之思，也可以做人文之思。至于所思的深度，则是说我们的思考是浅尝辄止还是追根究底。

对于日常生活意义上的个人来说，人文之思是至关重要的，具体而言就是在人文的范围内对"为什么会如此"和"为什么要如此"有所关心。对前者的关心最好内含理解的立场，对后者的关心最好具有反思的品格，我们的思考会因此使生活少去许多唐突，同时多上许多从容。

从原理上讲，少唐突和多从容完全是理解与反思的功效，由此又可知人的思考在顺序上无疑首先是有和无的问题，但就重要性而言，有无充分的理解立场和反思品格才是重中之重。完整的思考者是要把自身对象化的，否则他就只能看到自身之外的事物，并在混沌中把自己依托于本能和经验的一切视为当然。人生中的许多难题、怪圈与我们作为思考者的不完整脱不开干系。

静思于静默之中

说实话，在一种说现代却少活力、说古典却少规矩的生活中，能够有相对独立和静默的心境真是难得。在此意义上，多少年不见的风雨雷电，在可能带给我们惊恐的同时，也让我们毫无愧怍地收起手脚。如果恰好在秋冬之交，我们披上厚厚的毯子或是狐皮大衣，临窗观景，又恰好见到有流浪猫六神无主，还有谋生的人在看起来明媚的阳光里瑟瑟发抖，内心是不是会闪过暗自庆幸的念头呢？

这时候，我们的心虽无着落处，但具有趋静的势头，只要没有突如其来的事物，应是很适合做自我观察和思考的。脑子里一时闪现出小的时候，每逢有怪异的天气，小孩子们总会一反常态地老实，大人们待不了多久就会讲一些与天气有关但也可能无关的故事。不论他们的故事讲得怎么样，小孩子们也很少会分心，最朴素的教养就发生在这种特殊的天气中。

这几年遇上疫情，害得人展不开手脚，撑不起膀子，生活的文档好似被压缩和被格式化了。身体也许老得慢一些，但心灵也难得进步，总体上是比较恼人的。

近几日，本地有新的情况，本地人自然得应对，因此就静默了下来。最初，人们对静默不会有什么强烈的感觉，只要无饮食之忧，索性合理躺平。但随着日出日落，人们八成就坐不住了。据我的观察，不过三几天，平日懒散的人也会满院子乱转，原因是他们突然清晰地意识到自己只能满院子乱转，所以就决意满院子乱转。

对于这样的转院现象，我判断转院的人最大的可能是在缓解自己的局促与迷茫，再就是顺便瞭望一番围栏外面的风光，以表达自己对广阔天地的向往。假如他们有机会静思平常的生活，也许会发现自己存在的常态居然是地地道道的漂泊，而今的静默倒像忙碌的己身临时的停泊靠岸。毕竟，数日之后，无奈地瞭望广阔天地的人们，还是要回到消费他们情感和智慧的世界中，曾经的静默则必将化为乌有。

但对于正在静默中的人来说，各自的心灵又该如何自处呢？我觉得最具有实用性的选择，还是去做一点能立竿见影的劳务，位于其次的可以是趁闲整理积久的思绪，保养平日行动的规则。用文雅的词语表达，这其实就是一个反思的过程。其实我们都明白，反思一方面需要人有超越自我的勇气和能力，另一方面也需要人有相对平和的心境。尤其是平和的心境，平常人在平常的日子里怎么可能轻易获得呢？

运气好的话，这样的心境很可能在静默之中产生。一旦感觉到自己的心绪基本平和，我们就应该豁达地把它交给反思，通常情况下，哪怕是不尽完美的反思，也能够让人在恍然大悟之后对未来充满理智。当然，既然要反思，最好能让它尽可能完美，而使其完美之法，据有识之士说，关键在于做好回忆与追问。这听起来一点也不难，但要做到位却是难上加难的事情，因为回忆需要理性、追问需要技术，而这种理性和技术对于多数人来说是需要时日训练的。

不过，其中的道理并不复杂，要言之，用于反思的回忆，贵在全面，回忆者不能只选择积极的或消极的材料。任何人的生命实践，既不可能完美无缺，也不可能一无是处。如果只选择性地回忆自己的过关斩将，那反思无异于自己为自己安排的表彰会，除了强化内心的自负别无他用；反过来，如果只选择性地回忆自己的走麦城，那反思又无异于自己为自己召开的批斗会，除了消磨内心的锐利也无什么用场。

既然能够进行自觉地反思，就应抱着面向未来的态度，对于可回忆的内容，我们只有采取理性的态度，才能够借助反思重构自我。当立场和态度都不是问题后，关于反思一事，我们需要牢记几个比较操作性的原则：①回忆的内容须是最能体现自己个性的典型事件，最好兼有成败两种情形；②回忆只是第一步，反思的关键是在回忆的基础上进行追问；③追问的目标最好设定为事件成败中的个人原因，切记客观为追问的基本要领，既不能神化了自己，也不能矮化了自己。

这些原则听起来有点俗套，却也容易被人们忽视，即使有把握内容的，也不见得具有反思的理性。所以，乐于和善于反思的人总是少数，作为结果，不能超越自我的人总是多数。人生漫长，季节循环。未来如同以往，什么样的天气都可能再有。像现在这样的被动静默也许很少再现，但我们自己难免在辛劳之余抚今追昔。提早学会反思，从原理上讲，应能让我们在很难有力量的时候不失生存的力度，也能让我们在难有温度的地方不失思考和行动的热情。

量力而行，尽力而为

我真的说不清楚除了读书、教书自己还能做什么，但我清楚自己做不了什么。让人伤心的是自己做不了的事情实在太多，而能做的事情又实在太少，有时候也会抱怨老天对人不公。

我就做不了生意，这是从上一辈人那里传下来的，倒也不怪我。虽然加减法以及四则混合运算都没问题，但做起生意就是稳赔不赚，若是坚持去做，难免坏了生意人的名声。

我也做不了军警，这倒是怪不上先辈们，父亲就是当过兵的，据他说也算说得过去，还是个小班长。可我就不行了，莫说现在这高那低的，就是年轻的时候也跑不快。这就有点麻烦，追击敌人时不占优势，被敌人追击时立现劣势，显然是不好造就的。

我做不了的事情还有很多，这曾经让我特别伤感，常常觉得自己百无一用。很久以后，我的心理才有所转变，并不是因为我突然能做了许多事情，而是因为我发现每个人大致都是这种情况。

人们相互之间的不同，在于各自能做的事情存在着品种上的差异，就如同"猪往前拱，鸡往后刨，各有各的招"；更因为我发现，猪从没有想着下蛋，而鸡也从没有想着找个钉耙陪谁去西天取经。当然也有一种可能，即它们内心真有这种想法，只是我们无法知道，那就存而不论吧。

总之，我要说的是人应有良好的自我认知，古人把它叫作自知，它是使每个人不浮不躁、不疯不狂的重要前提。各种劳动，要做到好的境界，均需天赋，并不是我们有好的态度和努力就可以实现，否则人世间就没有劳而无功一说。

如果想认知自我，我们该在哪些方面用力呢？

第一位的当然是脑力，可不要听信传言说什么人和人差不了多少。

第二位的则是世界观、人生观、价值观，简称三观。一定要知道不同品种的劳动需要不同品种的三观引领，忽视了这一点，轻者会白费工夫，重者会面目全非。所以我们建议：相信"有钱能使鬼推磨"的，就不要搞什么科学发现和技术发明。在这个领域，能推磨的人在大多数情况下是元宝买不通的。相信"事在人为"的，就不要立志摘什么天上的星星，谁听过上帝会在乎人能凑到的几袋子元宝？

第三位的则是个人的个性心理特征，现在更多说的是个人的人格特质。这是很重要的，甚至比智力和三观还要重要。道理是，智力薄弱，充其量也就是愚笨一点；三观不正，大不了为千夫所指；人格一旦不幸而不健全，说明一个人是不正常的，这样的问题就比较麻烦，说不好还得去三甲医院的什么科去面谈。

因而，在自我认知过程中，不妨优先了解一下自己的人格特质，然后，可以求教一些也可能是欺骗人的人生规划师，以便清楚自己能做了什么和做不了什么。子曰诗云：不同的辉煌属于不同的人。子和诗应该不会开玩笑吧？

自我认知之后，当量力而行，尽力而为。

创造有色彩的闲暇时光

为了生活，一般人会找到一种营生，这就是我们所说的谋生。如果因此解决了生计问题，生存才会被生活替换，那么辛劳之余，人们一定会有享受体验的。最初级的享受一般是对闲暇的自由支配。通俗地说，在可以不劳动的时间里，人虽然不可能为所欲为，但完全可以做到不为所不欲为，否则他的闲暇以及对闲暇的自由支配就只是一句空话。现代人只要不处于绝对贫困的境地，多少会有闲暇，但这并不意味着每一个有闲暇的人都有享受的体验。

至少对于一些个人来说，闲暇可能直接被转化为空寂，暂停了为生计的劳作，几乎等于暂停了他的生活，很可能因没有自觉有意义的事情填充而深感百无聊赖。外部世界当然有所谓的秋月春风，个人却无"惯看秋月春风"的境界，以致时光就那样与心灵活活地分离，甚至成为心灵的负累，自然也就谈不上什么享受。正是这个原因，人们才比较重视种种业余爱好，其立意当在于为劳作的暂停寻找和确定一些新的内容，本质上是对闲暇的创造。

没有了这样的创造，劳作的暂停只不过是生活过程的一段空白，其效果并非纯粹的歇息，产生出无所事事的心情只是时间和程度的问题。这一切呈现于个人身上，在自我的感觉中多是无聊，在他人的感觉里很可能是无趣。如果只是偶尔如此，也用不着大惊小怪；可如果成为常态，一个人整体存在中的生存与生活比例结构便严重失调，生命的意义感就会非常孱弱。

说到这样的情况，我们不必不问青红皂白地判定其为故作深沉。须知一切的进步和发展，最终都是要通向生活的意义质量，让每个人不愁吃穿只是满足了他们最为基础性的需要。对于个人来说，在生存需要满足的基础上，追求精神的价值以至追求自我的实现，才能更充分和更彻底地彰显人的尊严。这不就是马斯洛的需要层次学说要展示的道理吗？这不也是我们社会发展的在一个维度的目标吗？

对于一部分幸运者而言，他们的劳作本身很可能就具有较丰富的精神性，但即便如此，业余的时间也需要做必要的决策，因为他们对百无聊赖的空寂之感同样也会毫无免疫力。不用说，大部分无缘精神性劳作的个人，经营好自己的闲暇时光就更为必要了。因为对他们来说，心灵的自由和自我精神的显现，与闲暇时光的经营具有更为紧密的关系。

现在的社会发展迅速，新生事物层出不穷，一不留神，我们就可能迷失自己。认真回忆我们的日常生活，有没有一种感觉，即不知不觉间，好像模糊了前进的方向，减弱了向上的动力，有时候甚至有一种迷迷瞪瞪的感觉。也许这样的状态只是偶尔出现，但它无疑表征了我们心灵结构的失衡和心灵机能的紊乱，任其发展下去，就属于对自己的不负责任。越是在这样的状态下，我们越需要警示自己：生命的姿态最终还是要靠自己根据理想的标准进行改变。

许多复杂、艰难的事情，我们或许无法立即做得好，但有意识地改造我们的业余生活、创造更有色彩的闲暇时光，应是我们通过努力可以实现的。夕阳西下，约朋友喝酒去吧，这个比较简单，但难以持续；双休日隔几天就来一次，那就躲在沙发里追剧吧，这个也简单，但激发不出生命的活力。想来想去，好像还是选择一种运动比较可取。关键是这个好像也不太复杂，而且能改善我们的身心状态。

知道《柳叶刀》吗？它的英文名称是 *The Lancet*，是托马斯·威克利于 1823 年创办的医学学术刊物，由爱思唯尔（Elsevier）出版公司主办。就是这个《柳叶刀》告诉我们：When you have the conditions and time, you might as well go out with friends to do swing sports, so that you are more healthy and live longer.（当你有条件和时间的时候，不妨和朋友一起出去荡荡秋千，这样能让你更健康，寿命更长。）这话应是可靠的，我们当然可以照着这个建议去做，并相信生活的状态和生命的姿态会因此发生积极的变化。

任何处境中的人们最好都不要躺平

很多年没有回村里过年了，村子和年都变得越来越模糊，什么时候过年和在哪里过年，似乎也变得不那么重要。忽然想到村里，只因脑子里浮现出如梦的大年初一。那是一个意义丰富的过程，在其中，天色由暗而明，温度由低到高，巷子里的人由少变多，鞭炮的碎屑和柏树枝叶熄灭后的余味，让喜庆的气氛由淡而浓。

人们急匆匆地像赶集一般，相遇时的招呼效率极高，相互之间应分享了一种错觉，即一年里的贫富贵贱顷刻间没有了意义，因而可以推测无论过去的一年里大家经历了什么，在这一天都是轻松的。而且可以相信，每个人的轻松都很真实，想必作为习俗的过年，就是要让所有人放下成色各异的一切，以便重新开始。

其实，在旧一年的末尾，不少人就开始了新一年的谋划，性子急一些的，甚至开始了新的劳作，从而使过大年基本上成为意识上的休整，真正的安逸永远没有机会，除非一个人完全具备了可以躺平的条件。这个躺平，在近年是很出风头的。我记得它一开始只是对一种人生状态的描述，后来被转换为需要否定的对象，继而成为劝导人不懈奋进的工具，劝导的内容当然是不能躺平。

但是，人文生活已经有了自己的规律，当一种现象需要人们劝阻的时候，它基本上已经变得成熟，大致已经发展成为一定范围内的风气。就说躺平这一现象，本是从来就有的，之所以在以往未被人们常常提及，说明它还不成气候，或是对生活世界未产生过分消极的影响。那么换一个角度，今日我们很轻易地就能言及躺平，是不是能够说明它已经在生活世界里占据了一席之地，并产生了一些消极的影响呢？

也搞不清是什么原因，我至今仍没有觉得躺平是一个多么严重的问题。努力地想了一想，估计是因为视野的局限，碰巧自己日常接触的人们几乎没有不奋进的，这才对视野之外人们的存在状态所知甚少。但理性告诉我，在更大的系统中，躺平应该已是一种无法回避的人生存在状态。面对这种存在状态，作为职业的教育者，我本该有一种明确的改造立场，但又自觉得教育的无力，因而首先想到的是郑重地对它实施理解。

我开始向环境提出问题：谁在躺平？虽然提出了问题，却无法莽撞地求解，总不能貌似真诚地去询问别人是否已经躺平了吧？不得已，只好基于有限的经验去做逻辑的分析，终于推知不想再奋进的人在躺平。但这一结论可以说毫无意义，因为更为根本的问题是他们为什么不想再奋进。

顺着这一思路继续分析，终于知道躺平这件事听似简单却也有些复杂，至少有以下三种不同的情形：已经拥有很多，不想继续劳累；拥有不多，但足以体面地生活，不想继续劳累；拥有不多，也曾不懈奋进，但劳而无功且前路渺茫，不想继续劳累。从性质上判定，前两种情形属于不同水平上的知足，依据知足常乐的信念，选择躺平的他们会获得不同水平的快乐，这在生活提质增效的意义上当然有些可惜，但在他们个人那里并不见得有多么不好。

但后一种情形就不大相同了，其性质属于不知足却无奈，选择躺平的他们几乎是谈不上什么快乐的，总体上值得同情、理解和帮扶。如果对前两种情形中的人们尚有必要劝导，那么对后一种情形中的人们，劝导的意义微乎其微，需要给予他们的应是劝导之外的东西。我现在也不知道在劝导之外还有什么东西，但想着一定是有东西的。

不管怎样，奋进在整体上是值得倡导的，与此对应，任何处境中的人们最好都不要躺平，但这样的愿望只有借助实际的构思和行动才有可能实现。依据上面的分析可以得出基本的思路，即希望人们一不要知足，二不要泄气。但关键在于怎样能让知足的人们不知足和让泄气的人们不泄气。

我们肯定不能简单地删除或削减知足者所拥有的东西，那就只能为他们设置具有更大吸引力的目标作为诱因；我们肯定也不能简单地鞭策劳而无功且前路渺茫的人们，当然也不能无原则地赐予他们生活的资源，那就只能设法使他们合理地劳而有功，更重要的是让他们觉得前路光明。道理其实并不复杂，复杂的是道理的操作性实现。但是，道理操作性实现的复杂，好像又不在技术的意义上，而是在技术之外。

意识不能随信息的碎片化而碎

信息从来就是碎片化的，哪怕是我们制作或接收的某个整块的信息，之于世界整体来说也只是一个碎片。即使这样，我们的意识也不能随之而碎，不然的话，我们就成为连同自己也无法定义的符号，存在的意义虽不算无，也是飘忽不定的。这将意味着我们的灵魂居无定所，只能做一个流浪者，等待生命的自然老去，最终摆脱漂泊的命运。

只是这样的逃脱既非出自主的选择，也无光明的可能，可以说连同悲剧也算不上，实际上属于被动地走进虚无。既然如此，便不能轻易把灵魂托付给自然的过程，而要能做到这一点，首先要保证的就是尽力使自己时常具有清醒的头脑，其要领在于不随风摇摆，对任何新的信息都只作平常看待，以免被轻松带走。在这一方面，如果我们稍不留神，很快就会被先后矛盾的信息搞得六神无主。

原本我们的脑子也不见得灵光，一旦六神无主，吃也不会吃了，动也不会动了，是非曲直也分不清了。昨日看一文，说睡眠不好得数羊，今日看一文，又说是数羊不顶用了，得改数猪；昨日听广播说张三实诚，今日看视频，又说他的实诚全是假象。终了才发现，除羊、猪和张三自己，我们的头脑不过是个声音和图像的排练场。

慢慢地，我们的感觉开始迟钝，我们的头脑学会了懒惰，进一步发展，我们虽然红光满面却神志不清，连同无所谓的态度都没有能力拥有，用一个通俗的字说，不就是"废"了吗？

现在，还有多少人会认为自己没被废掉呢？如果有人自信自己仍然清醒，要么是他两耳闭塞，要么就是他头脑发昏，要么他就是各种信息的主人。因为，我们很难相信一个人仅凭有限的理性就可以不被信息左右；我们同样很难相信一个头脑真正清醒的人在梦幻般的时空中还能够自认为清醒。

浪漫一点想，要想使自己不被信息左右和分裂，最保守的方法大概是闭目塞听了。生活中许多主意很定的人，别人的话什么都听不进去，实际上是别人的什么话他都不去听。俗话说，眼不见，心不烦。俗话还说，闭目可以养神。一切深入的养心大法，细究起来，哪一个不是让人绝灭俗世信息，让精神彻底入定呢？

受到这样的启示，我也尝试着改变一些习惯。比如以往每天都会看天气和空气预报，现在我就不看了。自从不看天气和空气预报，我心里再也没有过嗔怨。随身总带一把伞，管他下雨还是刮风，我自会以静制动，以恒应变，总算是保住了自己起码的清醒。

现实一点想，要使自己避免盲目自信进而昏沉而不自知，最可靠的办法应该是定期回忆一些个人历史上的走麦城事迹，以提醒自己的能力十分有限。只有这样，我们才能自愿保持一种谦卑的姿态，而这种姿态对于我们的身心修养来说，都是必要的前提。会不会有人觉得我的想法有些保守呢？如果有，那我必须为他竖起大拇指，因为他说对了。

如果有人能够理解我的想法，那我就要考虑请他喝酒了，因为知音自古最难觅。我现在真的体悟到了乱与静的特殊关系，即乱是静的加速器。

静是乱中人与乱的顺产儿。乱中的人多求静，而求静之法莫过于远离乱象。考虑到我们普通人无条件远离乱象，绕来绕去，还得闭目塞听。怎么想都让人觉得有些郁闷。

确实有捷径可走，但是……

做任何事情的人，在成长过程中的某个阶段，都可能有走捷径的想法。这并不稀奇，也不用刻意回避，毕竟捷径是与效率相联系的，如果效率高了，节省力气和资源是必然的，不能说是一件不好的事情。但我们的先辈们却从不主张我们走捷径，反而会告诫我们最可靠的路径就是循序渐进，只有这样才能够走得更高更远。

对于这样的告诫，我相信一定有不少人心里基本认可，但又会觉得在现实中实施并不明智。我揣测他们的心思，或许有两方面的内容：一是他们在日常的或专业的生活实践中，耳闻目睹过并非少数的走捷径事件；二是他们不完全相信依靠人的智慧只能循序渐进，虽然他们并不具有这方面的直接经验。

仔细分析这两方面的内容，我们就能理解为什么想走捷径的人越来越多，而循序渐进的人则成为少数，并逐渐地被挤撮到生活的边缘。应当承认，这是一种事实，按照常人理解的"存在的就是合理的"，走捷径不仅仅是一种时髦，现在看来已经被提升到文化的层面，所以才让人们觉得有些积重难返。

我想这一问题并不牵涉多少深刻的道理，它完全取决于一定文化环境中相关人们的切身感受。具体地说，如果走捷径的人大概率地成功，那么无论以什么样的方式鼓励人们循序渐进都不会收到预期的效果；反之，如果走捷径的人基本上无功而返，甚至还有一部分人撞得头破血流，那么无论以什么样的方式激励人们走捷径也是枉然。

现在我们倒是有必要深入到问题的内部，看看走捷径的具体情形如何。省去思维的过程，就结果而言，人们耳闻目睹的、能够成功的走捷径，实际上是用一定的方略绕开了或是消解了对于文明的生活来说必要的规矩。从性质上讲，那些规矩是为了规范每个个人行为进而使每个个体均能有公平感的。

但对于具体的个人来说，他很可能认为效率的价值更高，在他的意识中规矩就成为一种障碍。进而，如果他有直接或间接的办法可以绕开或消解规矩，便可能选择用不规矩的方式否定规矩，继而走上人们通常所说的捷径。显而易见，这种选择是对公义的破坏，因为它一旦发生作用，便使一定范围的生活世界失去公平。

更糟糕的是，在这样的个体选择成为一种实用的规则之后，我们的生活世界实际上运行着两种逻辑。而且一般来讲，这种破坏公义的逻辑好像更有市场，相关的当事人因成功而有经验，他们顺理成章地就可以以成功者的姿态传经布道，作为结果，想走捷径可能成为普遍的社会心理。

值得注意的是，在这种社会互动过程中，人们忽视了对所谓成功的考察，以致社会生活的纯正理想在现实面前了无意义。理性地看，现实的成功至少可以分为四类：

第一类成功是真实的，也是正当的，堪作示范，但需要当事人超常的禀赋与入世的态度，实属稀有的存在。

第二类成功是真实的，但其社会性不足，往往不为人关注，在某种程度上使相关当事人的利益和贡献受到限制，这种现象是值得我们研究的。

第三类成功也是真实的，但经不起公义的拷问。在这一类成功的背后，必然隐藏着庸俗的实用主义道德哲学，说透了就是为达目的不择手段。

第四类成功是虚假的，但却拥有正式的程序保证，可以想象出其中的违背公义，显然不具有正当性，客观而言，其危害性更大。

如果我们承认事物发展有其规律，就可以理解真实且正当的成功没有捷径可走。这样说来，凡是靠捷径走向成功的人，要么他的成功是虚假的，要么他的成功是不正当的。这个结论是否有解释力和说服力，我们可以通过规范或不规范的实证观察进行验证。

警惕虚荣程度的升级

虚荣心固然是每个人都有的，但我们并不会把一切个人都当作虚荣的人，事实上，当我们说某个人很虚荣的时候，一定是这个人的虚荣心在他的心理整体中占据了较大的比例，给人的感觉就是他的虚荣心远远超出了正常的限度。像这种虚荣心过重的人，如果与我们没什么深刻的联系，一般来看虽然说不上可爱，却也说不上可恨，最恰当的定位应该是可笑。这种可笑是有层级分别的，也不可等量齐观。

通常情况下，轻度的可笑，许多时候与可爱是交织在一起的，它在宽厚者的心里是被视为幼稚的；中度的可笑，就有点走向滑稽的趋势了，在这一层级上，它断无被人误解为幼稚的可能，当然也还没必要上纲上线，充其量也就是一种蹩脚的自我保护机制；但是，重度的可笑就值得我们高度警惕了，因为它在现象上来说大致属于心理卫生或叫精神卫生问题，而在现象的背后实际上隐藏着道德与价值上的病变。

我估计这一点连同弗洛伊德、荣格等大师也没有想到，如果他们已经想到了，那就是大圣了。对于虚荣，心理学家是关心的，在他们看来，虚荣是一种追求和维持虚假荣名的内生性负面情绪，它会使人内心极度膨胀，是一种对人有害的、不正常的社会情感。这样的说明是清晰、准确的，但总给人一种不通透和不彻底的感觉，我因此把注意力投向了思想家的世界，这便遇到了亚里士多德和培根。

亚里士多德说："关于荣誉和耻辱，中庸者是适当的自尊，过分者是一种虚荣，不足者是太自卑。"弗朗西斯·培根说："自夸自赏是明智者所避免的，却是愚蠢者所追求的，又是谄媚者所奉献的。而这些人都是受虚荣心支配的。"亚里士多德在讲一个度的问题，弗朗西斯·培根则在讲虚荣心所导致的智力和道德两方面的消极后果。

说真的，培根讲到的，正是我所想到的，但我更依据自己的观察，发现重度的虚荣首先折射出当事人的智能不足和偏差，同时也毋庸置疑夹带着道德与价值上的庸俗化。重度虚荣的人之所以如其所是，源于他总在极度掩盖自己智能不足的事实，当无法掩盖的时候，紧接着又极力地修饰，从而为自己的不堪完成合理化论证，因为他唯恐他人识得他的真实，却不知欲盖弥彰正在被他实践。

我从心底愿意对这种合理化举动实施同情，但此同情是具有怜悯倾向的，因为我真的不愿意模拟他们的感受，那样的模拟近似于一种堕落的表演。不用说，对于重度虚荣者夹带的道德与价值庸俗化，我在认识和情感两个方面都是彻底否定的。我的否定一方面体现了正常的社会成员对积极价值的尊崇，另一方面也体现着自己作为教育者的某种担忧。

教育者的理智告诉我，教育作为有限的善意干预，对重度虚荣患者基本上没什么意义。换句话说，一个人的虚荣发展到了重度的层面，就等于病入膏肓，教育者也只能在心里默默念叨，任由他们想吃什么就吃点什么吧。人的有限性客观存在，这对人类来说是一种不足，但对个人而言并非缺陷，因而，我们最好坦然面对生活和事业上的不尽如人意。

原则上讲，只要自己尽力了，个人发展的状态对自己来说都是最好的。即使无法抑制地要把自己与他人进行比较，也要尽力理性地接受既成的事实。要承认人生来就是有差异的，无论个人的禀赋，还是早期生活的条件，均无法由自己选择。我们后来的努力也许会改变我们个人的生活处境，但任何的努力也无法改变我们的基因。进而言之，我们的天赋、我们的人格心理特征，是无法改变的。

此外，人与人之间的差异是很大的，那种"人与人没有多大的差别"的说法，不是欺人，就是自欺。但需要指出，人与人的差别，并不主要表现在智力的高低和人格的类型上，而主要表现在个人的世界观、人生观和价值观上的不同。我观察重度虚荣的个人，一般来讲会有走捷径以求迅速成功、一夜成名的念头。有了这样的念头，一个人的人生就有了坏的起点和根基。如果碰巧自己的智能无法满足自己的理想实现所需，一个人就很容易投机取巧。

若因投机取巧而有成，则人格变异、德性滑坡；若是投机取巧也不能成功，重度虚荣者很可能会把心力用于论证其他人成功的不合理，其意图仍不过是阐明自己不成功的合理。这就像一个泥潭，容易陷入，很难摆脱，无疑属于一种原发于精神世界的困境。由此想到世间毕竟有无数热爱生活和事业的人，他们同样会有虚荣心，那就最好从开端处就警惕它的程度升级，以免自我意识运动的失度阻碍了自己的进步和发展。

把心灵从浮世中分离出来

启功先生书写过一副对联——"立身苦被浮名累，涉世无如本色难"，这话说的无论我们喜欢不喜欢，都是一种客观的真实。经认真查找，此联乃于右任先生1935年为一佛寺方丈而撰，所以我们首先可以说，启功先生是认可这句大实话的，但这句话的价值绝不仅限于其真实。人们之所以听到这句话内心就能有所触动，更因此话道出了人生本身的无奈与沧桑。

曾看到许多人感叹启功先生的本色，但想必在启功先生自己那里，应有对自己一部分本色没有着落的唏嘘。对联中的浮名即便并不被他看重，依着他的才学与道艺也会纷至沓来。可以肯定的是，也非神仙的启功先生打心底里是在乎本色和看轻浮名的。

若对此种心态做日常的解释，那就是启功先生天生率性、喜欢无拘无束，却又无法摆脱世俗的环境；其才学德望，使得他自己名利不求自来，却又不能不以现实之身敷衍和应酬。他必在表演慈祥和平易的同时适当遮掩一些本色，身心难免疲惫。

应该说这样的解释还是说得过去的，但烟火味的确重了一些，总体上属于常人的理解，不具有空间上和时间上的质感。我们当然也可以说启功先生也是常人，他特意书写那一对联很可能就是要表达如上所解释的意思，这也不是没有可能，但这一层意思应不是他要表达的核心。

启功先生出身皇族，人生充满故事，所见所闻甚丰，所思所想颇透，必有看淡繁华、愿守本心之意愿，怎奈学富才高、德艺双馨，致使仰慕借光者比比皆是。以他的圆融通慧，亦刚亦柔，既可享盛名，又能避诟病，但是即使如此，他的内心也是少不了纠结的。只是他的纠结可以被赤子之心收服，从而能做到内在含趣、外相平和。

我从心理学的角度分析，启功先生书写此联，一非白描个人的心境，二非为自己的状态辩护，实际上是在书联言志。换言之，启功先生客观上已经做到了不为浮名所累、轻松坚守本色。

众所周知，启功先生不仅是文史学者，也是文物鉴赏的专家，更以其承接瘦金体的个性化书法而名扬天下。俗气点讲，其书法的经济价值，保守而言也可谓一字千金。若做一比较，工匠、农夫汗流浃背四季，或难抵他寥寥数笔所获。可启功先生做到了把自己的所得奉献给了社会。

北京师范大学有一个励耘奖学金，就是启功先生为弘扬他的老师陈垣任北师大校长期间"励精图治、勤奋耕耘"的精神，在 1992 年用出售字画所得的 200 余万元设立的。细心的人可以算一算 1992 年的 200 万在今天所值几何，可见启功先生对待利益的态度。

从这里又想到了启功先生 66 岁时自撰的打油诗风格的墓志铭，曰："中学生，副教授。博不精，专不透。名虽扬，实不够。高不成，低不就。瘫趋左，派曾右。面微圆，皮欠厚。妻已亡，并无后。丧犹新，病照旧。六十六，非不寿，八宝山，渐相凑。计平生，谥曰陋。身与名，一齐臭。"

人们多能从其中读出诙谐幽默，我则看到了一个把心灵从浮世中分离出来的精神大师，顺便还想到了曹雪芹。我回头看今天的窗外，有蓝天绿树，且有众鸟歌唱，心情一时变得好轻松呀！为了感谢春天，我朝着窗外微微一笑，又担心眼前的自然生机真的全是镜像，因为要真是那样，那我超越微笑边界的任何表达都可能是一种失态。

对于自我中心，还是要预防为主

摆脱自我中心的心理，有时候来自外部的教谕，有时候是个人的一种选择。但不管是哪一种情况，一个人要想完全摆脱自我中心的心理，通常是不可能的。如果存在着特殊情况，那就只能是虔诚和坚定的佛、道出家人物。不过，这种情况下的修行者显然没有多大说服力，因为他们已"跳出三界外，不在五行中"。

他们的非自我中心，并非艰难摆脱对立面的结果，而是因为他们无需自我中心，最终是因为他们一揽子放弃了正常的人生。所以，在正常的社会生活中，自我中心几乎是所有人的第一心态。之所以大多数人并没有给众人留下自我中心的印象，主要是因为较好地平衡了自我与他人以及社会的关系。这种较好的平衡，使得他们自己的进取行为具有了充分的必要性和合理性。

与此相反，众人印象中的自我中心者，则是没能做好那种平衡的人。说具体了，就是他们习惯于较少顾忌地从个人的立场和利益出发思考和行动，以致经常和到处挤压他人的立场和利益，并破坏公共的价值。这也是人们对自我中心的人敬而远之的根本原因。

除了过于看重自己的立场和利益，自我中心主义者最要害的问题应是他们缺乏同情心和同理心，他们也因此普遍失能于对话。其最典型的表现，就是不由自主地一言堂，还有基于莫名其妙自信的指手画脚。在他们看来，真理总在自己一边的。

理性地分析，这是绝对不可能的事情，可他们好像中了邪似的，坚信自己就是正确、成功、智慧的样本。从医学的角度来看，这其实就是一种病。只是因为这种病比较古怪，患者一般来说没有任何痛苦，因而不能自知，最多是让旁观者觉得有些癫狂和可怜。

从病理上来说，形成自我中心这种怪病的原因主要有两个方面：其一是贪欲过甚导致的人格心理障碍；其二是思维孱弱导致的自我认知障碍。通俗言之，一个人因为不能摆脱欲望的奴役，又未能具备自知的能力，所以就像做梦一样变成了自我中心患者。

必须说，这样的患者是不幸的。虽然他们自己神志不清，甚至还能有良好的自我感觉，但远远地看去，包裹他们周围的却是厚厚的、来自四面八方的讥诮和讥诮。谁能说这个样子是一种幸福的样子呢？

为了预防这种怪病，方法显而易见，一是要戒贪欲，二是要养自知。如果已经患上了这种病，当事人通常并无知觉，我觉得旁观者最好能装得若无其事。无论从经验的还是从理论的角度看，旁观者装出若无其事的样子，都是对自我中心患者最人道的态度。

角色和责任意识可重要了

在实施核心素养教育的过程中，教育工作者第一位要考虑的事情当然是全面发展教育的方针和"立德树人"的根本要求，但日常要考虑的，而且时刻不能忘却的是培植、训练学生的角色意识、岗位意识，并以此为手段让他们逐渐牢固地拥有责任感、使命感，应当相信在此基础上，他们当下在学校生活中、未来在社会生活和职业生涯中一定能尽职尽责，高效率地完成基本的角色和岗位责任，还能最大限度地发挥自己的自觉性、主动性和创造性。

一口气写下这么长的句子，这对我来说是极少甚至可以忽略不计的。之所以如此顾不得喘气地写下这句子，实在是深感一个人的主体性如果不健全，那这个人无论多大多老都不能成为一个合格的主体。即使他的心智依据测量还不至于跌进较弱的区间，他在公共工作标准之下也几乎是一个近乎摆设的存在。我再说通俗一点，就得调动我们记忆中的一类人。这一类人通常具有以下的特征：不拨不转；拨一下，转一下；对自己的角色只有语音层面的识记而没有概念层面的理解。

其结果就是，仅当别人问询他做什么工作时，他可以把识记过的语音作为答案，一旦真的进入工作的时空，他虽然多多少少也得东挪西走，但整体上应说是仅占用了公共的空间和物质资源，有他没他的区别只是没他更利索。写完这最后一个特征，我自己都笑了，恐怕古今中外表达一事物特征的语言从来不会有这样冗长。可我有什么办法呢？谁让我就遇到了这种冗余的人呢？

其实，在长期的观察中，我们也能发现一个事实，即恪尽职守的和纯属冗余的工作者，他们各自的表现八成基于各自的天赋秉性或说遗传素质，但也不能否认后天的家庭、学校和社会影响所发挥的作用。在这些后天作用源中，家庭是一个人无法选择的，也是任何的外人无法改变的；社会是一个公共的存在，同样是任何身在其中的个人无法改变的。因而，我们只好对作为专门教育机构的学校抱有期望并建言献策。

在素质教育尚未普遍自觉的时期，我们期望和建议学校不能仅满足于知识的传授，更要追求基于知识掌握的文化和素质提升。在素质教育意识普遍具有但其概念还比较模糊的时期，我们开始在教学三维目标的层面描画学生素质的基本结构。现在回头再看，那种描画不失科学，也无疑具有务实的倾向，却有点书生气和学术化。于是核心素养和核心素养教育就来了。我们能体会到已成依据的"中国学生发展核心素养"是极具有现实性的，但那还是一种普遍性的表达。

具体到现实的社会生活中，我们还需要把那些具有普遍性的素养与一个人具体的社会生活和工作角色进行对接，以便把那些可能被学生具有的素养转化为实实在在的德行和能力。就像我强调的角色意识、岗位意识以及基于其上的责任感和使命感，就需要学校教育者在所有活动中进行有意识、有设计的实施。这不只是教育理性的具体体现，也不只是一种所有时代的人们都期望的德行教育，而是在我们这个时期尤其需要重视和强调的事项。

我们这个时期的学校教育工作具有比较鲜明的两个特征：

一是教育对象已经得到高度的更新迭代，仅说今年入读大学的学生已经是 2006 年左右出生的个体，以致教师在课堂里讲到小脚老太太时，学生大多一脸茫然。我想说的是越来越新的一代人仅就公共的责任和使命意识来说，整体上是不能与以往老一代的人们相提并论的。

二是目前学校教育工作所处的历史环境比较重要和特殊，最为显在的事实是百年未有之大变局的到来，这既是全世界正在经历的大态势，也是中国所面临的大态势。在这一大背景下，国家发展所需要的人才，在核心素养上也会具有自己的特征。党的十九大报告指出，"青年一代有理想、有本领、有担当，国家就有前途，民族就有希望"。其中的"有理想"和"有担当"可以说是我们学校教育始终强调的，而"有担当"就应该是在这一时期才被正式引入青年的核心素养和学校教育的具体目标之中的。

根据社会信息传播的规律，被人们强调的，一般而言正是现实中所缺欠的，那么对"有担当"的强调是不是也在很大程度上反映了这一规律？担当，是需要勇气、意志、德性和能力的，这是一个说起来平常做到却很艰难的事情。学校教育可能无法从根本上改变学生个人的天赋秉性，但对担当的格外重视也一定能产生超越以往的效果。目前学校教育的改革，感觉上比较偏重学生探究、创造方面的教学和训练，这无疑十分必要，但对学生主体性培育，具体到对他们的角色和岗位责任意识的培育，更应当重视。

一个人的能力相当于"智"，一个人的担当相当于"仁"，我们期望学校教育能够使学生兼具"智""仁"，如有可能，再进一步促使他们"必仁且智"。汉代的董仲舒说过："仁而不智，则爱而不别也；智而不仁，则知而不为也。故仁者所爱人类也，智者所以除其害也。"（《春秋繁露·必仁且智》）到了实际的生活和工作中，我们就会知道，"不知而不为"更多的情况下会让人着急，而"知而不为"则会让人心生厌憎。本着预防为主的精神，学校教育应努力让学生尽力规避没有责任、没有担当的状态。

实行与论道的和谐共存

"坐而论道，不如起而行之"（《周礼·冬官考工记》），这话在任何时候都具有警醒作用，皆因许多事情说起来容易做起来挺难。既然这个道理通俗易懂，为什么起而行之的人至今仍然少而又少呢？其实主要的原因仍然是许多事情做起来挺难，但反过来却很难说许多事情说起来就容易。要知道总有那么一部分事情，说起来也不容易，甚至说出来就很难。正因此，我们又总能注意到一些表面上坐而论道的人实际上总在重复着一些道理。他们之所以不断地重复一些道理，通常并不是因为具有先天的啰嗦禀赋，而是因为那些道理虽然简单、通俗却很难被常人践行，以致被人说多了反而成为一种多余。

　　然而，这恰恰在一定程度上说明我们日常生活的理性和正当程度有时经不起推敲。进一步说，我们的日常生活具有极其保守和顽固的性格，没有霹雳的手段便几乎无法真正地改观。因而，一部分被认定为坐而论道的人，一方面很可能具有论道的兴趣，另一方面则很可能比起常人更知道论道的必要。而他们的未起而行之，还有一重意味应是：仅仅依据理性和正当，在日常生活中大抵会无功而返，而且还有可能遍体鳞伤。果真如此，对于他们的坐而论道，我们是没有多少理由去劝导和指责的。反观我们自己，极有可能在不满意他们坐而论道的同时，不仅未能起而行之，而且连同他们的坐而论道也未能实行。

　　我们当然可以对这种结果做出解释，比如说我们对坐而论道深恶痛绝，因而，即使我们不能起而行之，也绝不坐而论道。但这样的解释即使不是完全牵强，也属于比较低劣的借口，实际的情况也许是我们并没有坐而论道的优势，至于我们所持有的对坐而论道的否定态度，也许正是源自在坐而论道上的劣势。做了以上的论述，若是有人感觉到我在为坐而论道进行辩护，那这种感觉应是靠谱的。不过，我的辩护并不意味着坐而论道在我这里贵为一种美德或是才能，我实际上是在生活世界的人们普遍缺乏起而行之的德性和能力且故作务实地不屑于坐而论道的大背景下，致敬那些虽无力起而行之却还能冒着被挖苦而真诚论道的一些人。关于他们论道之时是坐着还是站着，我想是没有必要去追究的。

　　更有意义的事情应是去审视批评他人坐而论道的人们是否已经或正准备起而行之。如果长于论道的人们反过来指责不谙道理的一些人恣意妄为，亦即胡乱作为，我们是不是也能意会到一种异样的正当呢？说到这里，我同时想到了两件事情：一是重实行在我们的文化传统中似乎更具有道义上的优势，二是论道与实行在文明的历史进程中早已经属于合理的社会劳动分工。

　　要说重实行，的确更符合大众的心理和利益的原则，毕竟一切我们欲获得的结果均需必要的行动过程。进一步讲，在局部的意义上，只说不练，一则不可能，二则不可取，对于道的言说，如果无关实行的效益，至少不必张扬，最多可作为个人的爱好。但是在整体的意义上，我们就需要清楚论道与实行的劳动分工意义。从实用的逻辑出发，我们也能逐渐认识到人文历史中的先在事实通常更为基础，而后生的事实则常常更为珍贵。

具体到论道与实行，自然是实行在前而论道后生，甚至可以说没有论道的实行可以独立存在，而没有实行的论道了无价值。这样一想，重实行不仅毫无瑕疵，而且颠扑不破。但深究下去就会知道，没有论道的实行属于原始的人类行为，它仅仅服从于人自身的生存，也可说是人生存的一种样式。这一世界中的实行者，除了实施基于本能和生存需要的行为之外应别无他念。后来有了道，一部分是人发现的，一部分是人发明的，紧接着就有了传道的和论道的人，他们渐渐地可以不参与实行还能够衣食无忧，但在相当长的时期内并没有被实行者深恶痛绝。

结合当下的相关景象，可知实行者对坐而论道者的憎恶，很可能是因为坐而论道者不仅取财无道，而且趾高气扬。这等于说作为具体个人的论道者，由于纯粹自身的瑕疵而连累了道与论道，根由则在于他们对当初劳动分工的事情几无所知。由此我进一步意识到实行者对坐而论道的厌恶，事实上并不是针对道与论道，而是指向论道者个人的恶劣表现，因而出现了"恨屋及乌"的现象。显而易见，道是人自己的发现和发明，人怎么会厌弃自己的创造呢？而由于道之于人的价值客观地存在，传道与论道势必成为一种自觉，人又怎么会憎恶自己的选择呢？

看来，原始的和谐所依赖的是自然的调节，而高等的和谐必须依托人的理性。客观上更为理直气壮的"坐而论道，不如起而行之"，在理论上与"起而行之，不如坐而论道"并无本质上的差异。在现实的生活世界中，多数论道者固然缺乏行动的兴趣和能力，而多数实行者又何尝不是缺乏论道的兴趣和能力呢？很久以前，我曾经调侃地说过与"理论脱离实践"相对应的就是"实践脱离理论"，而目前人们在各个领域的作为，似乎正在让理论走向实践，同时也在让实践走向理论，即所谓双向奔赴，实为人和社会理性程度的历史性提升。

最后说点实在的，那就是实行者千万不可因噎废食，应当理性地对道、论道和具体的论道者个人加以区分，这无疑是艰难的，却也是在进步的过程中必须做到的，我们总不能把洗澡水和孩子一起泼掉吧？作为积极的回应，论道者是不是需要整理一下自己领域的历史和个人心理的秩序呢？公道而言，论道者也是需要把自己与道加以区分的，道的崇高虽然有益于论道者自身的进步，但道的崇高又绝不等于论道者自身的崇高。既然如此，无论哪一个等级的论道者，都没有理由高高在上，更没有理由觉得自己是真理的化身。须知真正掌握了真理的个人，在实行的领域也不会表现出平庸。

纸上谈兵如果与自以为是、盛气凌人等心理的病症融为一体，就会生成华而不实、信口雌黄、金玉其外败絮其中的效果。这样的坐而论道者令人深恶痛绝就没有什么奇怪的了。在各有分工的人文生活世界里，具体的个人是需要养成反思的习惯和功夫的，我们因此可以认识到自身的有限性，若再加以纯粹理性的修炼，还可以尽可能减少人性的局限所导致的情绪化表现。实行者知道了道的价值，就应当去纯粹地看待道与论道，并应自觉地悬置具体论道者个人的消极特征；论道者知道了道的价值归宿，则应当为了道的实现而尽心竭力，尤其需要厘清自己与道的真实关系，以免把道的力量误认为是自己的本有。

社会化是一种选择

对于个体来说，社会化与其说是一种任务，倒不如说是一种选择。除非一个人甘愿放弃社会的利益，否则他就必须接受社会化这一事实。从总体上讲，社会化是一件好事情，是一个能让个体完成自己的过程。个体一旦完成了自己，就不再是自然状态下的野蛮人，也不再是野蛮状态下的孤独人；他将能从社会中获得归属感、自我确认和安全感。正因此，教育历来就标榜自己是促进个体社会化的过程。

众所周知，教育从文明自觉的时期开始就被人们赋予了善的性质。在普遍的社会认知中，促进个体实现社会化，是教育者实施的一种善举。对于这一认知，谁也不能轻易加以批评，但如果因此就认为社会化对于个体来说完全有益，那也是一种简单和粗糙的认识，这是因为个体享用社会所带来的益处是有前提条件的。这个前提条件就是个体必须接受社会契约式的规则。

这种规则无疑会保护个体的基本权益，但也会要求个体在获得自己权益的同时不能损害他人的权益。在此过程中，个体实际上远没有他在自然状态下所拥有的自由感，他将不得不约束自己的行为、克制自己的欲望。作为结果，一个完成了社会化的个体，必然在不同程度上放弃或修饰自己的个性。

如果把这种放弃和修饰仅仅看作自己获得社会利益的必要代价，那个体的心理无论多么委屈和压抑都应该自觉承受。而问题的关键是，长期处于委屈和压抑状态下的个体，他的生命活力和创造力会大大衰减。此种衰减一方面会淡化个体生命的颜色并降低其强度，另一方面还会使整个社会的生产能力下降。由此看来，社会化对于个体来说还真是一把双刃剑，它在为个体发展开拓天地的同时，也在为个体发展划定了范围。

那么，以促进个体社会化为己任的教育，是不是也具有积极和消极两方面的意义呢？答案是显而易见的。而且我发现，历来真正的教育家实际上都意识到了这一点，这才会从不同的角度出发保护和激发受教育者的主体性。他们知道，一个不接受社会化的个体在社会生活中是没有出路的，而一个完全被社会化的个人几乎就是一个完全平庸的个人。

实际上，在"社会"这个词的背后，始终隐藏着阴、阳两种社会事实。教育帮助我们融入的是阳社会，希望我们遵守的是明规则；而与此同时，那些不接受教育帮助和希望的人们，他们所选择适应的则是阴社会，他们更愿意遵守的是潜规则。从而，个人成功的社会通用标准，实质上取决于具体的时空中占据上风的社会侧面和社会规则的性质。

价值思维与人的存在状况

正义论有功利主义和至善论的划分，就是一些大人物也会认为这种分化属于横向上的认知差异。如果不是由于思维上比较纯真的局限性，我觉得他们很可能有意无意之间回避了社会阶层所塑造的人与人的不同。说实话，即使我面对西方人对少数、弱势、特殊、边缘人群的同情，也会觉得他们具有不明原因促成的平面的和横向的简单思维特征。从这一角度看，马克思历史的、现实的社会理论，的确比他的任何一位先辈都要高明。我做如此判断的最重要理由是：同在一个社会中的人，的确是相互明显不同的人。他们之间不同的程度，足以让一方能把另外一方视为非人，在此基础上，当然也就不把对方当作自己的同类，就会给予对方以非人方式的对待。这又可以分为两种情况：

（1）在不同社会力量等级中的尊者与卑者之间，尊者一方易视卑者为物，而卑者一方易以羡慕与崇拜为中介视尊者为神。比如奴隶在尊者眼里通常只是"会说话的工具"，可以买卖、可以凌辱；更有甚者，尊者一方可以让奴隶为自己殉葬。相反，奴隶或有奴隶精神的人则易视尊者为神。记得很多年前有一小伙伴给我描状一位才子如何如何，我对他五体投地的表情不以为意，并告诉他见得多了就不会再有这种感觉，但他并不认可，很执着地为自己的神进行辩解。多少年过去了，小伙伴眼中的那个神已经成长为油腻的小官僚，恐怕也已经被那小伙伴从意识里删除了。说近一点，我们周围从来就不缺少把有较大权力和较多金钱的人视为神圣的伙计，偶尔谈及那些权和钱的主人，总是一脸神神秘秘，眉宇之间充满了迷信，自己就把自己打落在富贵的台阶下面。每一次面对这种情景，我都会暗暗地感叹人性的悲哀，并一次次删减对卑者的同情，且坚信"可怜之人必有可恨之处"。

（2）在不同自然力量等级中的强者和弱者之间，强者一方易把弱者视为非人，进而做非人的对待，而弱者一方则通常以恐惧和憎恨为中介视强者为魔鬼。想一想街头的小混混是怎样欺负良善的，再想一想弱小的个体是如何谈虎色变的，就会知道为什么他们虽然同在阳光下却难以共处。深入到社会的内部，即可知物理学意义上的同一个时空内，存活着性质各自不同的世界。那些不同世界里的人们，在等级分明的社会里拥有不同的价值，从而不同世界的人们会有不同的正义观。尊者的世界会把对人的高级需要的满足和保护视为正义，而卑者的世界则会把最基本需要的满足和保护当作头等大事。因而，"不自由，毋宁死"令人震撼，"好死不如赖活"也能被人理解；"君子不食嗟来之食"令人钦佩，"蔑贫纵邪富"至今仍有市场。

对于衣食无忧者来说，尊严等高级选项自然会排在价值队伍的前列，但家徒四壁的人却会觉得讲尊严的人在无病呻吟。对此做唯物史观式的解释：在奴隶阶级的世界里，揭竿而起可被视为正义；而同样的揭竿而起，在奴隶主阶级的世界里却属于逆天造反。奴隶阶级一旦揭竿而起，就转换为自然力量等级中的强者，与此同时也就褪去了卑者的颜色，他们将会以强者的身份对正义进行重新界定。不同世界的人原则上是无法对话的，因为各方都觉得对方多多少少有些不可理喻。但这并不意味着他们不能合作，须知合作的基础不一定非得是对话，更为可靠的基础是以交换为原则的互惠式妥协。

 二

深究我们做事的态度

个人的精神建设

个人的精神建设，在平常的时候也许只是一个基于个人理想的自然过程，其价值的显现，无疑首先是个人精神的充实，再多一点说就是在众人眼里更容易是有修养的样子。但到了特殊时期，比如配合防疫需要居家，而且不是三两天，个人精神建设的意义就会逐渐表现出来。当然也不能把这种意义说得过于玄乎，精神不管其自身的品相如何，带给我们直接的效果总是一种意识的体验，试想一种意识的体验又能够存活多久？即便在其存活的时间里，还不是最多能让我们自以为是地泰然自若吗？

我做这样的说明，肯定没有贬低个人精神建设的意思，不过是要预先提醒自己不可对其做主观地夸大，还有一层意思是尽可能减少对精神缺乏充分体验者的抵触。本来只是要说明一个浅显的道理，谁也不愿意由此招来有损个人精神健康的事情。回头再说精神建设，并把它与不得不居家这件事结合起来，随着时间的延长，其价值就会逐渐发挥出来，而最轻易的结果当是人无须挣扎就能够把注意力投向精神性的事件。

必须说明，这里所谓的精神性事件并不只是指读书、写作、抚琴、作画等听起来很精神的活动，还包括能够使人全神贯注、乐在其中的日常生活行为。深入地分析，就会发现上述的那些雅事在一定的条件下完全可能无涉精神，常言所说的"小和尚念经有口无心"就是这种情况。反过来看那些在惯性思维中与精神无关的日常劳务，比如慈祥的母亲满心是爱地为孩子们忙东忙西，老父亲在院子里摆弄那些平日离不了的工具，我们难道不觉得其中的精神性更为生动和朴素吗？

简单地说，一个预先建设了精神的个人，他完全可以把美好的精神注入日常的活动；而一个未能预先操持自己精神的个人，到了特殊的时候，也能够把一件最便利精神附着的事情做得没有精神。说到这里，我们就需要明确个人精神建设的内涵，在我看来最为重要的内容应集中在两个方面：一是心理的建设；二是心性的修养。前者主要是一个科学主导的个人心理过程品质提升和个性心理特征优化过程；后者主要是一个在心理建设的基础上、也是在心理建设的同时，借助人类历史选择的优秀道德与价值，充实和强壮自己心灵的过程。

我们平日几乎不会想到自己的心理建设，这并不是主观上的任性忽视，而是受到了生活的连累。能够通过自己的努力衣食无忧已属不易，哪还有工夫打理自己的心理？殊不知因我们的劳碌而积攒下来的适应问题，无形中会弱化和脆化我们的心理免疫系统，以致小小的事端就足以让我们高度紧张，焦虑、恐慌、烦躁、易怒等过敏反应接踵而来。

心理的建设尚且如此，更遑论心性的修养。客观地说，在心理建设上欠账太多的情况下，且不说一个人无暇顾及心性的修养，即便他偶尔意识到了，通常也无力进行，甚至还会视其为多余的矫情之举。这时若见闻他人还修养什么心性，则很可能嗤之以鼻，起码也得视之为虚伪做作。如果有了这样的观念，那么一个人基于自我内在一致的本能，也会把自己的认知偏差坚持下去，他的精神建设的未来基本上没有指望了。

好在有机会意识到个人精神建设的人多是接受了相当教育的人，他们原则上在知识化的生活和工作中是知晓各种道理的，因而迟早都会考虑到个人精神的建设问题。真到了那种时候，他们极需要的并非关于精神建设意义的高谈阔论，而是学之能行、行之有效的具体途径和方法。针对这种情况，心理学家和人生导师就应该预先研发出心理建设和心性修养的方子来。令人振奋的是，这样的工作很久以来就没有荒废。不管我们多数人是否需要，始终有人在为我们的精神建设殚精竭虑。

一般意义上的心理能力训练已为人所知，这类训练重在挖掘人的心理潜力；非常值得提及的是心理卫生，这是一个就思想而言可以追溯到古希腊时代、作为运动兴起于 20 世纪初的领域，其功能不只在于能够预防心理疾病的发生，还在于能够优化人的性格、陶冶人的情操及促进人的心理健康。心理卫生的理论基础，可以概括为日常生活和工作中的适应心理学，有闲暇的个人不妨去主动地学习和实践。

作为个人精神建设内容的心性修养，虽未成为一门学科，但古今中外可资利用的资源怎么夸张也不会过分。在这一方面，我们中国人是有理由高度自信的。中国文化博大精深，其中关于修身养性的思想和经验最具特色。先秦诸子百家，各自的政治哲学虽不相同，但对个人心性修养的重视无一例外，而且除少数流派，中国各家思想在修身养性一事上并无区别，无非读好书、做好事，并以把读的好书用在好事上为理想境界。

好书之好皆因其所载之道为正道，而正道的实际内涵会因时代而异；好事之好则依其所循之道而定，所以好事的实际内涵同样也随时代而异。今天的我们理应以当代的标准为依据修养自己的心性。考虑到古今毕竟有大相通之处，因而类似厚德载物、宁静致远，须继续持守，再辅之以乐观进取、刚毅开阔。如此的心性，加上健康、茁壮的心理，个人的精神必是明亮而坚韧的。有此精神的个人，偶尔遭遇往年未有之新局又有什么？

共识与群体生活

人文生活的理想状态看起来是一个偏于感性的事情，却需要一个与理性有关的基础，具体地说就是需要一定的群体认识状态。这样的认识状态，在理论上可以是两种情形：一是群体内各成员不需要有共识，个人各行其是，可以独立生存，相互之间只是各自生存的无机背景，偶有的相互联系只能依靠天然的善良人性；二是群体内各成员形成了系列的共识或相当于契约的东西，个人的空间无疑存在，但其独立性更加相对，人们可以在自我的范围内各行其是，又可以在公共空间中分享由共识带来的福利。而就现实来说，第二种情形才是实在的，应该说这种情形下的和谐才更有意义和水平，其实现的难度当然也会大许多，正是所谓的"难能可贵"。

难在何处呢？归根结底还是共识。要知道人生、生活中的共识，只有在一些自然事物的纯粹认识上才可能让每一个群体的成员心无挂碍，一旦涉及非自然的事物，人性基底的力量总会驱使个体力图以自己的个识作为群体的共识。这当然是很难成真的，而因多数的人会有较强的意志支持，所以形成共识几乎不可能是一个自然的过程。实际存在的各种共识，要么是众个体对神启的遵从，要么是众个体对无须借助于神力的世俗强者的服从，这两种情况的实质相同。当然还有一种情况是，众成员因具有相当的理性，能够懂得适度妥协，这也就是求同存异的过程。

应该说，只有求同存异，才可能有共识，而求同存异就意味着个人作为群体的一员，有义务在一定的条件下放下自己的个性化认识以促成群体的共识。罗伯岑曾讲到美国建国者在奴隶制等问题上的妥协，认为"没有这种妥协，在立宪问题上就达不成共识"。立宪是大事情，但也属于人文生活的内容，与人们在较小的事情上形成共识享有共同的原理。人文生活的事情比起自然生活的事情还是要复杂很多，这是一种非认知的复杂，所考验的并非人的智能，而是人类才能具有的涵养。

一个青涩的科学研究者面对自然事物时，他在世俗生活世界中的籍籍无名根本不影响他思维的和想象的狂放，但一个资深的日常生活主体，即使他在世俗的意义上德高望重也得在言行上中规中矩。这是因为自然生活中的个人，只需与自然事物在他自己占据主导地位的前提下做物理性的交互作用，而人文生活中的个人，因与其他个人在一定规则下的精神对等，需要以顾及他人的心理状态为前提与他人进行互动。从此延展，是不是就符合了做事容易为人难的实际？

深入到人文生活之中，可知人之为人贵在涵养，它不只是成就个人的尊贵，还在促成群体性生活的和谐。我们之所以重视和谐，是因为在和谐之中，人的精神系统才能舒畅顺遂，这种状态从纯粹科学的道理上讲是有利于人的身心健康的。依于此，个人作为群体的有机构成真的有义务想方设法修养心性。至于修养之道，关键在于限制和修饰精神的自我。虽然个体的自我本位属于自然，而且在纯粹自然的意义上并无对错，但为人的高贵注定了必须付出一定的代价才能过上超越自然的人文生活。

在自然界中，没有人限制我们的表现，听起来像是很自由，然而在残酷的自然力量面前，谁又能获得不被大虫伤害和不被洪水淹没的自由。即便幸运地保全了性命，对于那些凶猛的事物，除了产生恐惧，难道还会抱怨它们不成？可到了人文生活世界，固然也有几乎可以忽略不计的无异于禽兽的个体，但整体上来说，只要遵守了承载群体共识的规则，像马斯洛所说的安全需要是能够被满足的。这里就说到了群体的规则，它对每一个成员均有约束作用，而个人只要被约束又一定是不快意的。但每一个理智的成员知道，牺牲一些简单的个人快意可以换来更多和更高品质的愉悦，所以就有了利惠群体的各种规则。各种规则的形成，积极地去解释，是群体成员协商的结果，若消极地去解释，则可以说是相互妥协的产物。

客观地说，协商是因为成员的诉求有差异，而协商能有结果，必有个人做出妥协。但这种妥协并不完全是示弱，许多时候属于顾全大局，长远地看，很可能成为具有"无心插柳柳成荫"效果的投资行为。如果真有这样的效果，那么妥协就不仅是一种涵养的体现，也可以说是一种人文生活的智慧。先秦名家人物乐于辩论"天与地卑""山与泽平"。且不言与此相关的诡辩，倘若有人在自己的精神空间中真的能齐天地、平山泽，真懂得"山高于泽，而泽之气，可通于山，则山与泽平矣"的深刻道理，人世间还能有什么纷争？凡热爱生活的人，最好能够知道共识的价值，并能对共识的形成有所贡献，这是利人利己的道德和智慧行为。为此，每个热爱生活的人都应当自觉涵养自己的精神，永远需要铭记住：我们的人文生活最短缺的永远是那种功能强大的文明精神。

能量守恒与人生的定数

存在不存在所谓的定数，这应是一个基础性的问题。正因其基础，人们只有在某种特别的情境中才会想到，而且当谈及它的时候通常无一例外地会与宿命联系起来。实际上，只要我们一念之间把它视为一个科学考察的对象，就很可能发现在"数"的一面也许真的存在着"定"的问题。这里的"定"并不意味着对变化的否定，而主要意味着必然发生的变化总在一定的界限之内。就像能量守恒，首先是说不同形式的能量之间可以相互转化，但紧随其后的则是某种形式能量的减少，必有其他形式能量的增加伴随。

由于减少的能量和增加的能量一定相等，因而能量整体在量上还是一个定数。这是一个自然科学的规律性原理，想必是容易被大多数人理解和接受的。那么，如果用这一定律来说明人生问题会不会一样被人们理解和接受呢？想来恐怕很难。完全可以想象出来，会有自信的人觉得人生的问题既特殊又复杂，断然不能当作自然的事物对待，真的这样做了就会导致简单化和庸俗的人生哲学。这样的认识在人文的世界中应该很有市场的，这不仅与人们在认识领域的执着有关，还会牵涉朴素的人道主义亦即人类中心主义的立场。

简而言之，人们还是更容易同时也更愿意坚持人自身的特殊性。然而，以宇观的视野审视人及人生，结果就会发生变化，当然这种变化并非外在于人主观从而作为客体的人及人生本身的变化，而是人在主观上对人及人生认识的变化。但我们做这样的判断并不彻底，因为对于人自己来说，对客体的认识发生了变化，客体实际上也就发生了变化，毕竟人文事物的实质本就不是一种自在的存在，对它的"是"完全是由人通过主观的过程完成的，进而人及人生的"所是"是由人的"是"决定的。

可人是如何完成其"是"的呢？一方面必有依据，另一方面必有手段。其依据可以来自人所在的人文传统，也可以来自他自己服膺的信念的或知识的系统。对于笃信"人定胜天"的人来说，基本上不会认可人生的定数；而对于接受了能量守恒并具有宇观视野的人来说，就应该能够接受人生的定数并将其与能量守恒的原理联系起来。也许能够谨慎地认为，在宇宙整体中，远观我们星球上的人及人生，与一般意义上的自然事物并没有区别。换言之，如果我们冲出现有的观念，把人生视为自然的事物大概是算不得荒谬的。

坚定的人类中心主义者也不会否认人是自然与人文的结合，如同胡德海教授所说的人是"肉体+文化"。而关键在于此结构中的文化，尽管其自由度无疑远超于肉体，难道真的就没有一个界限吗？俗话中有"贫穷限制了人的想象力"，试想限制人想象力的又何止贫穷呢？我们不妨稍作浪漫地思考，富有者的想象力当然具有某种优势，但还要清楚无论多么优质的想象力在心理机制上都要建基于思维之上，而思维也是有其极限的。

很多年前，一位好思的中学生向我提出一个问题，他基于"事物不断发展"的原理，对"共产主义是人类社会发展的最高形态"存有疑惑。也就是说那位中学生的意识里已经有了后来流行的"没有最高，只有更高"。面对这样的提问我颇感惊异，认真思索之后，我告诉他说："也许有比共产主义更高级的社会形态，但在人类的思维极限之内，我们实在想象不出来。"现在想来，对于这一问题的回答，其实已经与人及人生的定数具有了量子科学意义上的关系。在此基础上，对于人及人生的定数便能有一个理智的结论，即人生也存在着能量守恒，从而人生就其结构和过程来说也存在着一个定数。

假设这个结论成立，进一步的问题是：我们知道这样一个结论究竟有什么意义？更重要的是有什么样的实际利益？提出这样的问题一点也不过分，人生本就不清闲，何必要知道这些原本可以不知道的东西呢？依我看，知道人及人生有定数，起码让我们对人及人生能比以往清楚几分，至于我们是否因此改变自己和自己的人生，那完全是我们自己的选择。不过我还是觉得，如果有条件，比如自己的家族并无什么不可教化的基因，而且家族里也没有以损人利己见长的前辈，还是选择清楚的人生比较合适。

如此的选择兴许无法让一个人如何如何好，但一般不至于让一个人如何如何糟。其中的大道理是不用多说的，倒是可以说一点类似能量守恒的小道理。人们经常说到人的精力是有限的，还说人生没有完美，联通起来就是说以有限的精力是无法实现人生完美的。或因此，陶行知先生曾自勉并勉同志道："人生天地间，各自有禀赋。为一大事来，做一大事去。"这话朴素而精辟，内含进取和自知，把其中的道理加以延伸，无异于告诫人们既不能自甘平庸，也不可好大喜功。

既然每个人自有其禀赋，只要各扬其长，就能够利己利人；既然每个人各有禀赋，即便美梦连天，也不必贪大求全。须知所谓完人不过是一种说法，哪里曾经有过？若真有人自诩娇艳如花、完美无瑕，要么是他疯了，要么就是他在自欺欺人。若是疯了，众人也不会在意，甚至会投去同情；若是自欺欺人，便是一种恶。只是这种恶不至于过度危及他人，通常也就是"止增笑耳"。从理论上讲，这样的或别样的恶也不是毫无意义，照弗朗茨·M.乌克提茨的话说："人类显然需要恶的存在，这种存在为人类的道德和法律体系提供了良好的题材。"（弗朗茨·M.乌克提茨：《恶为什么这么吸引我们？》，万怡等译，社会科学文献出版社 2011 年版，第 28-29 页）

有点说题外话了。再说从陶行知先生那里延伸出的进取与自知，进一步地去联想，就又回到了人及人生的定数和能量守恒之上。我们个人一旦借助他人的反应或是相对科学的心理测量获得自知，最好趁热把自己的理想和禀赋加以比对，然后比较理智地确定自己的存在方式和人生道路。重要的是在这一过程中，不能一时意志薄弱或是经不起某种现实的诱惑进而在这山觊觎那山。世界是多么的大呀！同类是多么多呀！世界上美好的东西怎么可能都属于我们自己？

若有鱼的禀赋，便享受游水的乐趣，哪怕是偶尔窥见有鸟在高飞，也不该有脱水的企图。把自己的鱼做好才是本分，人家鸟的事情关你鱼的何事？这当然是打趣的话，人还是要比鱼和鸟要复杂许多，所以也就比鱼和鸟要烦恼许多。而在群体生活中，个人的烦恼虽然品种齐全，但要害的烦恼莫过于源自同类比较而生的欲求不得，这大概就属于超越自己禀赋的额外贪欲。孔子曰："求仁而得仁，又何怨。"（《论语·述而》）人各有禀赋，且各有志向，能尽己之才，得己之愿，便是快意的人生了。

要是认真地说起来，人及人生的烦恼主要有两种情况：一是对自我有限性的接受，二是自知有限性之后的道路选择。相对而言，接受有限性要容易许多，而之后的选择，因有现实因素的牵绊，常常让人处于两难甚至三难五难之间。如果这种情况真的出现了，那就需要默念也可以朗诵孔子所说的"求仁而得仁，又何怨"。我向来相信人生过程中的得失平衡，更重视个人之所得是否为愿得、所失是否为愿失。如果对这两个问题的回答均为肯定，自应无怨无悔；反过来，如果对两个问题的回答均为否定，那说明起初的选择就是一种错误。更为普遍的情形是得为愿得而失为不愿失，这就难以救药了。如此患得患失的人生，其主人的烦恼必定少不了，而且注定是从头至尾的糊涂。

人与世界的相互激活

自然的和人文的世界本身，与我们人的头脑是可以相互激活的。在相互没有激活的情况下，世界只能是人存在的背景，而人只是世界图画中的一个自然的符号，实质上只是一个量的角色，虽不能草率地说可有可无，但大多不很重要。反过来，当世界被人激活时，就意味着世界不再自在而在，而成为人的意识的有机成分，进而世界中或静或动的事物就可以凭着自己的运气进入人的视野。

对于人来说，那些事物有时候从无到有或从有到无，有时候从边缘到中心或从中心到边缘。在这个过程中，事物的特征起着一定的作用，但起决定性作用的还是人的意识所处的暂时状态。当人的大脑被世界激活时，它便不再是一个边界清晰的生理组织，甚至不再是被各种观念簇拥或者围困的孤独者，而成为世界的有机构成，从而人自己在世界的图画中也不再是可有可无的数量角色。

由于以上互动的发生，那种物我融通的境界也由可想象的东西变为现实，要知道这种变化对于一个认识世界的人来说，简直就是一种意外的幸运。

某一时刻，我从一簇花那里经过，恰好有理由驻足。我先看了看天，正是寥寥的一色的蓝，而天之下的无机物和有机物，在不太标准的秋季里也有些呆板。这时，我视野里原本就在的那一簇花激活了我的注意。它们是那么朴实，平常也就是被用作点缀的摆设，然而在我的注意中开始显现它们的自性，颜色好像立即变得鲜艳，样貌也变得格外清晰，在我这里竟然有了相看两不厌的感觉。至少在极为短暂的时光中，我在没有规划的前提下升格为审美主体，而那一簇花也随之被我没有商量地带动为审美的对象。

更值得记下的是，原来很可能毫不相干的我这个路人和只是点缀物的一簇花，在相互的激活中挤进了我的历史，这里当然有一个要件是我在回顾中把本可能随时光归于寂无的片段经验记述了下来。这样的回顾和记述对于个人的经验来说显然是有意义的，我估计在未来的某个具体的思考过程中，这一看似普通的经验过程应能被融入其中，并应该使我的思考在逻辑的基础上具有经验的生动性。

仅根据以往思考的体验，我甚至觉得这样定位人与世界相互激活的价值还是有些保守。如果把这种相互激活的体验加以抽象，进一步把这种抽象格式化，转化为一种可以迁移的方法，那对我建立与思考对象的深刻认识关系一定是有好处的。好长一段时间以来，我都愿意讲对思考对象的凝视和冥思，虽然自知其真实却难以言表，现在看来它们就发生在人与世界的相互激活之中。

回忆所谓的凝视，实际的感受在最初的时段真的不过是把思考的对象置于意识，与此同时静静地发呆。比如我那时就坐在电脑的前面，略有失意地任时光流逝，想象着那时有人正好目睹了那种场景，兴许会觉得我正无聊或是对什么事情有点想不开，但我知道自己是在等待某种状态的来临。通常，我在等待的某种状态终会来临，但也有不能如愿的时候，这极可能是因为我还没有激活对象的功力，也就是说对象的复杂性和深刻性超越了我认识的极限。

之所以这样说，是因为有一些复杂和深刻的对象在后来的确闪烁在我意识的天空中。从此意义上说，一切有意义的新观念的产生根底上与能够激活对象的功力是有关的，而这种功力应是来自我们的学习和经验。然后看所谓的凝视，换言之，它不仅表示一种注意力集中的状态，更表示我们具有"死盯住不放"的毅力。只有这样，才能够在功力见长之时启动自由的联想，这就是我所说的冥思。

进一步讲，冥思是一种接天宇、绝尘俗的思维运转，被激活的对象和能被激活的大脑在纯粹意识中做着自主的互动，其速度之快连同冥思者自己也无法捕捉，最后的结果是：冥思者在冥冥之中知悉了对象的秘密。如此神奇的过程就存在于每一个人的大脑与世界相互激活的过程中，可以肯定此过程属于世界生动美好和我们精神升华、境界提升的福地。因而，凡有志于认识的人，应铭记功力修炼的重要，还有就是不要放过世界，必须有毅力激活它。

精神内耗的消解

见到"精神内耗"一词，我不由得赞叹，原因只是这个词的确抽象出了一个时期较为普遍的社会现象。这是一种什么样的社会现象呢？还真不好直观地描述，因为它属于心理现象，发生和存在于人的精神世界，并无法被人的感官直接感知。个人是可以通过内视获知的，但处于精神内耗中的人又无法轻易自知，也就只有等到有思想者告知他们有一种现象叫精神内耗之后，个人以此为参照，才能发现自己的精神就属于这种情况。在许多这样的人做了这样的对照后，精神内耗的意义就被人们心领神会了。

不过，在说清精神内耗的意义之前，我们还是要从感官的感觉入手，试着列举两种可以由精神内耗导致的外在表现。那么，排在第一位的应是没有状态。或问怎么能没有状态呢？须知人的意识只要清醒，就不会没有状态，只不过是状态有好有坏罢了。甚至可以说，没有状态本身就是一种状态。这些说法在日常的思维中并无瑕疵。但主诉没有状态的人，如果不是真糊涂，就一定不是故作高深的做作，他们通常在表达一种动力不足、智力萎靡、毅力衰减和精力涣散，他们的精神基本处于无法肯定自己又不愿否定自己的矛盾中。这听起来很像一种中性的表现，实际上是一种心灵空转的无意义状态。如果有五成的人是这样，那群体生活整体上必是盲动的。

排在第二位的当是忧郁烦躁。你问有此表征的个人是不是有什么不开心的事情，主诉好像也没有，但如果真的没有，他又如何能忧郁烦躁呢？我们通过共情的方式，大致能推断出他们的精神世界离开了当下的强力规定，进而使平常潜水的问题从过去浮出水面并显现于当下，而且这些问题明显篡夺了主人的意识控制权，从而使主人的心灵不由自主地被放大的问题充斥。忧郁状态中的人是消极的，他们无须努力便能找到怀疑和否定自己的理由，还能对环境中的一般性刺激具有超越平常的敏感，生活的目的被无计可施甩到很远。烦躁则是另一种体验，个人会对一切眼前的事物做出不假思索的解释，判定各种龇牙咧嘴的东西都是奔他而来并与他作对。烦躁状态中的人极容易上火，一股凉气都能让他捶胸顿足，一杯凉水就足以让他歇斯底里。还应注意，烦躁和忧郁绝对是搭档。边忧郁、边烦躁，边烦躁、边忧郁，对于个人来说绝不是负担，他完全可以在两者之间自如地转换。

其余可感的精神内耗表现就不一一列举了，仅从没有状态和忧郁烦躁两者这里，我们就能够得出一个简单的结论，即精神内耗对个人的精神是具有杀伤力的。因而，凡是不忍自己心灵空转并欲求精神稳妥的个人，首先需要正视这种现象，其次需要依靠自身的努力尽早摆脱。现实地看，由于精神内耗总不能持续太长时间，基于自然的自我保护机制，个人也会以适合自己的方式进行排解。有时候，人们会果断地转移注意力，寻求新颖且无害的刺激陪伴。比如，城里的人选择下乡，乡里的人选择进城，这里面的奥秘大概是原有的状态在新的环境中可以被稀释、被冷落甚至被排斥，客观的效果则是人的心境被成功地转换。不过，下了乡的城里人还是要回城的，而进了城的乡里人也还要返乡的。这就产生了一个问题：死灰复燃会不会发生？根据经验，这应是难免的。除非一个人没心少肺，否则导致他没有状态和忧郁烦躁的根断然不会消逝得无影无踪。

实际上，转移注意力只是一种物理的疗法，相当于医院里外科的手段，照中医的说法属于治标不治本。要彻底解决没有状态和忧郁烦躁之类的问题，还得从消除个人的精神内耗入手。关于精神内耗，目前已经有许多的解释，360 百科将其分为词语含义和引申含义：①词语含义：精神内耗，又叫心理内耗，它是指人在自我控制中需要消耗心理资源，当资源不足时，人就处于一种所谓内耗的状态，内耗的长期存在就会让人感到疲惫。这种疲惫并非身体劳累导致，而是一种心理上的主观感受，是个体在心理方面损耗导致的一种状态。②引申含义：精神内耗就像是在你的精神世界里有两个小人，这两个小人观点不同、理念不同，因此吵得不可开交，不断相互拉扯。在这个过程中，人的心理资源就会被消耗。

从这两层含义中，我们可以提取出"资源不足""相互拉扯""主观感受"三个关键词。通过对这三个关键词的理解，应能搞清楚精神内耗的实质。所谓资源不足，直指心理资源不足，意为知情意的存量不足以支撑个人的自我控制。对应的策略就是：借助学习扩张知识、优化思维、涵养情感、磨炼意志。所谓相互拉扯，通俗而言，就是心理上的纠结过程，两种对立的观念或是多种牵扯的因素相互对峙，使得个人左右为难、犹豫不决。对应的策略就是：在得失辩证法的指导下，对得失作理性的权衡。纠结的源头无外于个人的求全和兼得意向，实属自然，却不现实。人的力量本就有限，又如何能够得全与得兼呢？只有进行必要的取舍权衡，生活的过程才能稳步向前。我们总不能做"布里丹的驴子"吧。对应的策略就是：让自己懂得得失取舍的辩证法。所谓主观感受，不需要多解释，意思就是并非客观的事实，进而可以说，心理上的纠结都是自己制造的，说得狠一点，大多数情况下属于庸人自扰。那对应的策略就只能是鞭策自己不做庸人。

聪明的人也许会把精神内耗说得很系统、很高深，我却只能把它视为个人的认知局限、人格不足的结果。知道的多了，会思维了，人格被营养了，精神就简单了。简单的精神因能自然简明、简洁而能够窗明几净、少有纠结。但实话说，这样的精神恐怕也不是读几本书、经几件事就可以拥有的。除去必要的认知和人格建设，还需要对人类文化中公认的美德和价值有深厚的兴趣。个人在不断的进步和升华中，必定能够意识到接受积极的价值教育至关重要。美德和价值，绝不只是能让个人坦荡、豁达、明朗、阳光，更重要的是能让人的认知理性、人格健全。要说这世上真的没有一个人是十全十美的，但总有一部分人总体上保持了精神的饱满与平和。据许多人的观察，这样的人除了有良好的认知和人格遗传素质之外，基本上拥有正确的价值观，还有就是他们几乎都能实践辩证法。

深究我们做事的态度

我们的传统非常重视人们做事的态度，怎么想都能算得上一种优势，何况我们的传统并没有因重视态度而轻视方法，只是把态度看得更重而已。在今天，如果我们要发扬这一传统，仅仅加重语气、造大声势是远远不够的，重要的是要进一步地丰富态度的意义，并把它与现时代的环境和需求结合起来。

如果我们不只是发扬这一传统，还有余力就此做深入的思考，那种作用兴许不亚于发扬这一传统本身。在日常生活中，我们好像捕捉住了一种规律性，即被公共领域强调的，往往是公共生活所普遍缺乏的。那么，我们的传统格外重视人们做事的态度，是不是说明我们的生活中最缺乏的就是做事的好态度呢？

中国人的聪明是众所周知的，假如我们没有理由怀疑自己聪明的真实和优异，那决定成败的最为直接的影响因素就应该是我们做事的态度。

在思想的领域，中国思想家也描述和建构过上好的态度，仅《礼记·中庸》所言的"博学之，审问之，慎思之，明辨之，笃行之"这一番治学求进的道理，就足以说明问题。如果天下的学人均能恪守力行之，那我们中国人在认识和创造领域的成绩绝不会差到什么地步。

但问题就出在我们的许多优秀思想，在一些人那里往往躺在纸上、动在嘴上，其实际行为所依据的则是另一套比较现实的规则。这种现实的规则具有强大的力量，它不仅与社会生活各领域的条律共存，而且在与各种条律的竞争中基本上占据上风。或因此，风清气正总让我们热切期待又求之难得，在此基础上，有一种现象就是"经是好经，可惜让歪嘴和尚念歪了"。

如果好经被念歪成为家常便饭，那好经的"好"又有什么意义呢？值得我们思考的是，歪嘴和尚为什么就能够心安理得、煞有介事地把好经念歪呢？简而言之，就是一个态度问题。具体而言，他们根本就没有把经文的内容当作一回事儿。"说归说、做归做"，才是他们默念的真经，什么原则、信仰，对于他们来说都不过是装潢门面的素材。

从他们的逻辑中，我们应该意识到，所谓态度问题，实质上是人对某种公共的、神圣的、绝对的精神所应持有的敬畏和信仰。客观而言，我们的传统对人们做事态度的重视，并未触及如上的敬畏和信仰。我们重视态度的核心内涵，基本上可以概括为认真与负责。

但问题在于，没有如上的敬畏与信仰，人们做事中的认真和负责，若非出于天性，通常是难以自觉与持久的，从而使屡教不改的现象对于我们来说已不足为奇。

我常常听到人们劝告知识分子不要把做学问的态度带到生活中，而我常常见到的是一些知识分子把日常生活的态度带到了做学问之中。因而，我们的知识界至今仍然够不上一方净土，环境中的一切消极思想都能够顺利地投射到学术的世界，自然是不利于知识和思想生产的。

现在，提升国家文化软实力已迫在眉睫，我们一方面呼唤人的创造力，另一方面也期待一种可靠的和普遍的认真与负责。为达此目的，创造力的保护和开发必须切实进行，同时，让全社会具有对公共的、神圣的和绝对的精神事物产生敬畏和信仰，也必须提上议事日程。

如何抑制目的性过强的副作用

收到新一期的《读书》杂志，自然是翻开目录，首先吸引了我注意的是《一项著名的虚构性学术调查》一文。事后反思这一事件发生的原因，从文章题目本身看，无疑是"学术"和"虚构"这两个关键词的作用，再加上"著名"这一强化，的确容易引人注意。不过这只是事情的一面，因为别的读者打开目录首先注意到的更多情况下会与我不同。

这也就是说，在我自身一定是有原因的，具体的内容我自己清楚，无非自己恰好做着与学术有关的工作，而且对"虚构"的相关物更容易有兴趣。不管怎么说，与这篇文章算是有了缘分。文章的内容，主要是说了一个纯属虚构的、鼓励人们设定清晰奋斗目标的调查。这个调查被虚构在哈佛大学和耶鲁大学两所著名大学，而被不断传播、循环引用，又没有根源的信息，一般出现在类似成功学的演讲中，这对大众的影响力自然不可小觑。

这种性质的现象并非仅此一例，最为典型的莫过于无数人在传扬这样一句话——"教育的本质意味着：一棵树摇动另一棵树，一朵云推动另一朵云，一个灵魂唤醒另一个灵魂。"大家都说这话是雅斯贝尔斯说的，但经认真的学者考证，并非事实。好在以讹传讹的那段话饱含着教育的真理性，想着雅斯贝尔斯知道了也大致会喜欢，也就无所谓它出自哪里了。

但张会杰的《一项著名的虚构性学术调查》一文（《读书》，2024年第7期）所反映的虚构调查却不一样。其不一样，在于马克思·巴泽曼等合作的《疯狂的目标：目标过度设定的系统性副作用》论文发表了，而且其中的观点与虚构调查的倾向显然不同，这就值得人们咀嚼和思索了。就我自己而言，在阅读的过程中，完全随着感觉，便摘录了以下的文字：

"二〇〇九年，马克思·巴泽曼等合著的《疯狂的目标：目标过度设定的系统性副作用》论文发表，该文着力揭示：尽管许多研究表明，设置清晰具体的、富有挑战性的目标能有力地推动行为并提升绩效，但目标设定的积极价值被过分夸大，目标不当设定的危害，包括关注焦点狭窄、忽视非目标领域、不道德行为增加、扭曲风险偏好、腐蚀组织文化、降低内在动机等副作用被严重低估和系统性忽视。"

我继而诚实地反思，觉悟到了之所以如此自然地仅摘录了这一段文字，其实就是因为这一段文字里的意义与我自己一贯的认识和主张比较接近。由此想到一个人喜欢另一个人多是从那人那里看到了足够多的自己，原来这种原理也是适用于文献阅读的。正遇上脑子不大转，就愿意做一番感悟性的思考。这种方式曾经大规模地存在于年轻时读书的过程中，说简单一点，就是面对文本进行借题发挥，我已经好久没有实践过这种方式了。

（一）目标不当设定

这大致有三方面的意思：一是高度不当。比如，目标设置过高，无论怎样努力也无法达成，这就是所谓的好高骛远；反过来，如果目标设置过低，达成目标不费吹灰之力，则目标并不能带来人自身的提升。

二是性质不当。这主要是说目标自身的正义性问题。在正常的社会思维中，坏的目标，无论其有怎样的高度，均不可取；如果确有人实际设置了不具有正义性的坏目标，那这样的人就会被群体毫无争议地界定为坏人。

三是强度不当。这主要是说目标在人心理世界中的地位和作用。目标在心理世界的分量过重，也就是所谓的目的性太强，并不见得完全是好事；反之，如果目标在人心理世界中只是说说而已，那就和没有目标相差无几了。

我们的解释应是具有理性的周全的，但只有"强度不当"这一点是与马克思·巴泽曼等论文的主题是一致的。简而言之，目标之于人是必要的，但过强的目标性也会产生副作用。

（二）关注焦点狭窄和忽视非目标领域

目的性过强的人，一是可能急于求成，二是眼里、心里可能全是目标，对于目标之外的事物既不会有兴趣，也不会有价值上的尊重。在这种情况下，即使目标快速达成了，也不能说是一件全好的事情。而不太好那一部分，正是马克思·巴泽曼等所说的会产生副作用的依据。

我们只能根据经验的观察来说，关注焦点狭窄和忽视非目标领域，很神奇地能够让一个人变得狭隘和戾气十足。若是不信，就去观察这一类个体，一定能发现他们的眼神里充满着急切和贪婪。这样的状态时常出现，又会影响到他们的人格系统，通常会促生一切自私的表现所需要的心理基础。

俗话说，眼睛是心灵的窗户。狭窄的焦点折射出的是一个人狭窄的心灵，具体而言，就是狭窄的心胸和逼仄的格局。而对非目标领域的忽视，则能让一个人与环境的关系呈现出机械的点对点局面。这种样子，说好听一点是简单，说不好听一点，其实就是近乎野蛮的幼稚。

（三）不道德行为增加和扭曲风险偏好

目的性过强的人，不择手段的可能性会增加。他们中一定比例的个人，只求目标的快速达成，至于手段的合理性、正义性，都可以置之不顾。想一想世俗生活中一部分成功者并未因自己的成功而赢得他人的敬重，甚至会受到众人的诅咒，究其缘由，不过是他们的所谓成功主要建基于人格的丧失、德性的堕落和心理的扭曲，到头来也不过是自己为自己拼命地鼓掌和吆喝。

过强的目的性，常常让一个人凭借侥幸心理踩踏文明的底线，之后则会本能地依据适应原则使自己的不堪行为合理化，这对个人的精神发展无异于一场灾难。子曰："君子喻于义，小人喻于利。"（《论语·里仁》）《增广贤文》中载："君子爱财，取之有道，视之有度，用之有节。"中国优秀的传统文化历来就是强调行为的正当性的。"不受无功之禄，不取不义之财"已成为精神健康、自尊自爱者的基本遵循。

（四）腐蚀组织文化和降低内在动机

当听到一个组织的风气不好时，想都不用多想，定是这个组织有超过一定限度的目的性过强的人。之所以如此主观地做出结论，最顶用的理由是我坚定地相信一个事实，即目的性过强的人通常更自私自利。一群高度利己的个人结集在一起，纵使他们的利己清一色地具有精致的品质，也无法隐藏住似云似雾的尔虞我诈的弥漫和游荡。这种组织的文化不是没有，而是低劣得让人窒息且不忍观瞻。

在这样的组织中，能洁身自好者是需要极强理智和极高修养的，但他们注定是组织中的"异类"。他们之外的人，更喜欢自我提高的体验，进而也更容易被作为目标、诱因、强化物的东西所征服，并在此过程中一点点失去自我。

说了这么多，一在于借题发挥，梳理出积久的相关认识；二在于表达一种价值立场。我们这个时期，应提倡通向公共利益的精神，排除灾害性的肤浅与短视。更值得警惕的是，对正当性的挑战堂而皇之地几乎接近常规，而对正当性的坚持在大背景下倒显得不合时宜。

我多么希望现实的消极存在和仍将持续的无视崇高完全属于一种虚构。可惜的是，它不是虚构，而是一种需要改变的现实，因为只有改变才能让人看到希望。好在这种改变一点都不复杂，最普通的办法就是用两服平常的药：一服是让一加一在任何情况下都等于二；另一服是让不正当的法子在任何地方都派不上用场。

怎么对待昨天和明天

忽然想起来昨日是下过雨的，具体的细节说不上来，只知道雨还不小，可见平常粗放的人也举着伞，行人的步伐明显快于平时。这种景象是我喜欢的，尤其是透过被雨点敲打过的窗玻璃俯瞰楼下，每一次的雨中都是恒久不变的美的图画。可今天来到同一个窗户前，昨日的一切便不复存在，没有了雨，太阳复出，路上的行人也未见得少，却似走掉了灵气，也不知道他们究竟要走向哪里。

也许是因为昨日过于沉溺于思索与书写，除了感觉到格外凉爽，并无很多关于雨的感知信息。那各色的雨伞印象在今日阳光任性地照耀下，像是蒸发了，以致自己连同怀疑的程序也未启动便基本确定忽然想起来的昨日雨落纯属于记忆的错乱。

大致从疫情期间的某一个时刻开始，我的记忆就变得比以往明显简明，显著的特征是过去和未来，或用老百姓的话说，昨天和明天，出奇地成为有名无实的词语，意识里当然就只剩下一个今天。但这个今天并没有因为昨天和明天的缺席而占用了更多的时间与空间，它还是那么长和那么宽，与过往的区别仅在于现在的今天更像一节车厢，它既不是来自前一节，也不会生出后一节，不能不是一种简明。

自记忆简明起，我开始触摸到了过去仅存在于传说中的心境，即活在当下。更重要的是，我能够意识到自己正在触摸的心境一点也不高冷，几乎相当于我记忆简明的随赠礼物。我也知道那些总提醒人们活在当下的智者，他们到终了仍然是被过去和未来反复纠缠的。相比较起来，我只是随大流地经历了疫情，以享受福利的方式打了疫苗，然后记忆就不费吹灰之力地获得了简明。

在简明的记忆中，由无数的昨天构成的过去和由无数的明天构成的未来忽然失踪了，今天则被魔术师变成了一节车厢。车厢里的我只需要，当然也只能够拥有今天。曾经可能带来困苦、烦恼的过去和未来成为可以封存的语料，我的车厢里的一切都变得极为简单。但简单只是不复杂，它并不等于好，自然也不等于不好。它究竟是好还是不好，仍然要像过去一样取决于人自己的感受。

物象上相似的简单，可以使一人心灵宁静，也可以使另一人倍觉无聊，结果的相异全在于不同人的不同心性和历史。一般情况下，心性燥热进而耐不住寂寞的个人是不适应简单的，本性会驱使他寻找或制造复杂；而心性冷静进而厌烦喧嚣的人是最乐见简单的，本性会驱使他寻找或制造简单。不同心性的个人会创造出不同的个人历史，不同的个人历史又决定了不同个人在当下的不同心态。所以，无论世界发生什么样的和多大范围的、程度的变化，人群整体的心理感受结构是不会随之变化的。

我通常愿意相信人间喜乐和愁苦的总量恒定，发生变化的永远只是喜乐和愁苦与个人的组合情形。天冷了，会愁死不得不顶风冒雪的人，却会乐坏有条件赖在家里的人；天热了，会愁死还没有装空调的人，却会乐坏见天就想喝冷饮的人。这是说不同的人在同一种条件下的不同感受，实际上，一个人的喜乐和愁苦的总量也是恒定的，发生变化的只是不同的感受在他生命过程中的分布情形。日常生活中不乏与此相关的话语，不妨罗列些许如下：不要高兴得太早，跳得高摔得重，出来混总是要还的……类似这样的话语，自然容易内含积极的和消极的双面情绪，却也在深层隐藏着总量不变和消长平衡的法则。

再来审视喜乐与愁苦，它们在何种意义上才能让我们自觉幸福和不幸呢？这个问题听起来没什么难度，却时不时困扰着自己。尤其因为做着理论的工作，总想把一件事情说个清楚，因而那种困扰便不能自行消退。奇异的是，自从我没有了昨天和明天，这个始终困扰我的问题竟然能如云一般随风飘散。我恍然大悟，作为个人心境的喜乐与愁苦，原来是与过去和未来相伴相随的。

若分析更细节的内容，大致的结论是：人们的喜乐心境多依托个人对过去的满意；而人们的愁苦心境则多依托对可预见的未来之不满意。当然了，对于可预见的未来的满意也可以使人喜乐，对于既成事实的过往的不满意也可以使人愁苦，但这样的情况属于非典型性的喜乐和愁苦，是上不了台面的。

如果以上的结论基本合理，那么以此为前提，应当能推断出以下的结论：其一，删除过去和未来，或许会少掉一半的喜乐，却可能去除全部的愁苦；其二，只留下今天，或许会使喜乐和愁苦的质感不足，但人心灵的负担会获得显著的减轻，人心灵的翅膀会获得显著的舒展。所以，我们还是只留下像一节车厢的今天吧，同时把昨天和明天打包封存，以便我们的生命能够轻松、飘逸一些。然而，这简直就是一堆梦话。

就在一刻钟前，物业打来电话，问我昨天缴费的时候是不是把一串钥匙落下了。我总不能说我已经封存了昨天吧？巧的是五分钟前，物业又打来电话说，缴费有奖品，是一桶油，问我明天有没有时间来领一下。我总不能说自己已经没有明天了吧？再说那一桶油万一是汽油呢？现实中的每一个人都逃脱不了自己的历史和未来，所谓的当下和一个车厢里的今天，都无异于可做心灵驿站的乌托邦，走出驿站，才是真实的人生。我们可以不在乎喜乐与愁苦，但真的还不能没有它们，且是一个也不能少的。

只有喜乐的人生，即使能够实现，也没有意思；只有愁苦的人生，即使不能成为现实，想起来也觉得更没意思。对于无法摆脱的好与不好，我们均须对其礼敬：对于好，可求其多来；对于不好，可愿其一路走好。如果觉得这样的主观祈求并无实际的价值，那就像古代的圣贤那样修身养性吧。至于如何修身，读圣贤书肯定不可取，忙碌的我们哪有时间呢？比较省事一点的，就是行善不行恶了。据说，行善之人如春园之草，不见其长，日有所增；作恶之人如磨刀之石，不见其损，日有所亏。看一看是不是这样？

怎样才能自在和自足

对于必然性的自觉是人可以筹划未来的基础。换言之，由于认识到了什么样的前件必然带来什么样的结果，我们才能够预先筹划用多长时间、用什么方法准备那些前件。一般来说，前件具备了，结果就能够获得。因而，筹划是最适宜于完全接受必然律规定的工程实践领域的。与此相较，那些让必然律汗颜的人文实践领域，筹划的主要功能应是筹划自律品质的体现，真正理性的人是不会相信什么因果关系的。这也就是说，还是有一部分人会相信人文实践领域的因果关系，这也是一种客观的事实，但可以肯定的是他们所相信的因果关系一般是经不住伦理善的考量的。

当然，他们所相信的正是那种因果关系，至于伦理的善，他们或许当作幼稚人的执念。问题是崇尚伦理善的人真的是幼稚者吗？谁能说得清？还真的说不清。比如张三崇信伦理的善，满以为做好人不吃亏或是积善等于积福，却吃了亏、远了福，他自然就会怀疑此种因果的可靠。要说起来，这种怀疑应该算不上积极的现象，但对人的哲学的改变反倒不失为一种促进。较为直接的效果是可以让张三一族的人不再执着于原先信仰的因果关系。以此为前提，如果他们在放弃执着的同时不欣然接受离善的因果，就从此不会非理性地轻易筹划未来，他们因此可成为更高等级的理性人。

清晰地说，这样的理性人对人文世界的必然律将敬而远之，从而对有条件把握的任何一个现实的当下采取认真的态度。在这样的认真中，理性在真正的理性人那里集中表现为对曾经的必然律的批判立场和对任何一种可能性的谦恭与谨慎。之所以要在一种可能性面前表现出谦恭与谨慎，原因是任何一种可能性都可以成为一个人别样的人生起点。在这种神奇的背后隐藏着一种神奇的力量，那就是偶然性的力量。

当一个人说"早知今日，何必当初"时，他同时就是在说"如果当初不那样，今日就不会这样"。假如他当初并不是只能那样，也就意味着他今日的状况就只是他人生的一种可能性，只不过是这种可能性已成事实。类似的情况同样存在于"人生不能重来""历史不能假设"等感叹之中，这里的"不能"其实仅仅意味着时光不能倒流，没有成为事实的各种可能性内含的逻辑仍然是具有可靠性的。

今天的我是个教师，但这并非人生的必然，甚至不能说是人生的自然，只能算是一种最终成为事实的偶然。这个偶然的关键点是高中毕业却未获得高考机会继而回村务农期间，我的一位同学到地里问询我是否继续复读。那时的我没什么主意，只是本能地放下手中的农活抬头看看父亲，结果父亲告诉我：如果想复读就复读上一年，考不上了就踏踏实实种地。在此过程中，至少有两个细节促成了后来的事实：一是我的同学到地里来，二是我的父亲很可能在晚辈面前不好阻止我复读。

我琢磨父亲如果很在乎我的复读，应该会主动地询问我的意见。但人生的偶然就是这样发生的，它客观上把我从当年带到了今天。实际上，在漫漫的生活旅程中，类似的偶然不止一二，每一次偶然发生时的一念之差都可能使自己的今天不同于当下。也因此，我常常会想，如果自己对当下的状态不无满意，那么曾经做出的任何一种选择都既合情理，又合目的。虽然不排除确有人能把生活过得步步为营，但对于多数人来说，今天的状态都很难说是自己曾经的规划变成了现实。

当然也有人认为，我所陈述的偶然实属必然。比如我的同学到地里找我就不是偶然，而是他与我平日交好的结果。若是他与我没有平日的情谊积累，便不会有那时的问询，毕竟只有他来到我家的地里。但话又说回来，与我交好的并非他一个，所以两个人情谊的积累也不必然产生一样的结果。对于这样的分析，我自然也不会反对，也许人生的真实既非纯粹的必然在作用，也非纯粹的偶然在作用。即便如此，必然与偶然在具体的时空中还是能够分出主次的。

超越偶然与必然的辩证，还有一种情形是：必然和偶然都是一种无所谓，我们最应在意的或应是某种超出具体存在方式的价值选择问题。这样的观念随着日月的增益会越来越强烈，以至我们最终对在什么样的道路上以什么样的方式度过时光并不那么看重。且说我今日的教师身份起码从上研究生开始就基本锁定，但进一步具体在哪里教什么科目却不是一以贯之的必然。

我最初的志愿是学习教育哲学，但某种自己完全无法控制的因素把我推到了中国教育史方向。如果我是一个唯命是从的学生，就几乎没有意外地成为中国教育史的教员。但实际的情况并非如此，我又从中国教育史领域走到了教学论。如果一切都按部就班，我就会在教学论的道路上持续前行。然而，按部就班并没有发生，我在冥冥之中又回归到当初志愿的教育哲学。我在这里只是叙述了专业方向的变换，其实一路走来所经历的变化远不止于此，而且变化背后的偶然与必然的碰撞无不引人入胜。

我自认为可以接受可接受范围内的任何一种结局，因而也相信自己真的不会为任何一种可能性的结局欣喜若狂或悲痛欲绝。这是因为我并未立志追求任何一种具体的存在形式，只是比较坚定地崇尚某种具体的价值。这种具体的价值说出来都有点羞涩，即善。而我之所以竟然有点羞涩，是因为原以为值得珍惜的价值常常被现实吊打，好在自己心眼没那么活泛，否则自己成为什么样的人也不好说。

由此想到了人生如梦，这的确是个有趣的命题。既然是梦，总是要醒的。梦醒之时，梦里的一切均成为虚幻，但醒来的自己却必须能自处。我们的自处显然不是用左手紧握自己的右手，而只能是与自己的精神自处。我觉得这就对了。由于我们精神的核心是自己在意的价值，因而我们实际上是与自己在意的价值自处。也因此，在曾经的每一个关键的当初，我们选择了什么都变得没多么重要，唯一重要的是自己所在意的价值能否支撑起自己有质感的存在。

许多次夜行的途中，我边走边眺望夜空中的点点繁星，漆黑的天幕激起了我无限的遐想。那些在我的视野中拥挤在一起的星星，它们相互之间的距离据说得以光年计算，我便一时意识到了人的幸运。想着那孤零零的星球必是充斥着无着落的孤冷、寂寥，不如人类不管怎样还可以追寻意义。可见这价值，好像在现实的人的生活中间或会成为笑柄，但当有闲暇或是不得不面对自我的时候，它还是至关重要的。

一个活生生的人若是陷入价值的虚空之中，即使珍馐佳肴堆积成山，他也会食之无味。也就难怪人们常常调侃道有的人穷得就只剩下金钱。常言说，人吃饭是为了活着，但活着不是为了吃饭。雨果则说："你要了解生存与生活的不同吗？动物生存，而人则生活。"从中也可知生活者总是要求索比活着更重要的东西——尊严？自我实现？仅说这两个事项，无论是尊严还是自我实现，都是与一个人的社会性有关的。人理想的存在状态大概就是他在与环境及与个人的相处中能够基本享有自在自足的感觉。

值得思考的是，在如今的环境中，对人生的思索就像文学中的诗歌一样似乎渐渐淡出了人们的视线，这很可能是因为忙碌早已成为人目前的主流存在方式，思索人生和吟诵诗歌怎么讲都更像有闲人的特权。

那么，忙碌是不是要比有闲更为正当呢？应不尽然。假如个人的幸福体验与有闲没法脱开干系，那么有闲就不无正当性。要不然，追求幸福岂不成为对善的背离？有人曾直言忙碌是现代人携带的一种病毒，我觉得这话虽然刺耳却是深刻的。忙碌的人一定能说出不能不忙碌的千万条理由，但他们也许忘却了苦是为了不苦，忙碌是为了有闲。在此意义上，无视有闲、无涉善念的忙碌很可能与贪欲暗暗结缘。如此的人生筹划和奋进，则无异于在空洞中自行压榨生命，真的不见得对得住自己。

有没有不需要战胜的困难

工作中的困难究竟有多少，很少有人一一数过，可以肯定的是，只要不是仅需举手之劳的事情，困难就像面包一样总会有的。有心人一般也不会记账式地记下自己遇到过的所有困难，他们的有心往往表现在不忘反思以往，因而对工作中的困难的类型会心中有数。我真的听到过有心人在听取他人诉苦的过程中常常说道"不用说了，你说的困难不就是什么吗"，或说"你不用说我也知道，你们能遇到的困难无外乎什么"。我判断能这样说话的人，如果不是擅长想当然的个人，就应该是能把握住工作中的困难类型的。

近几日，我因杂事缠身，心始终静不下来，就琢磨着看一点轻松的文字，但实在难以如愿。也不知道是怎么了，连同平日可以作为犒劳自己的读书、随笔也引发不了兴致。只好在书架前看来看去，忽然眼前一亮，一册不知谁落下的一本小书《无所不知》引起了我的注意。习惯性地看了看目录，竟然有"常人的困难"一节，随之而来的就是我的如饥似渴，我斜躺在沙发上竟一口气读到了天黑，真贯彻了一次废寝忘食的精神。放下那册小书，我才想起来最初的兴趣是常人的困难，便回忆起印象较深的几种困难，并结合自己的所见所闻写了点心得体会，特录于下。

其一，遇到了不想做又不能不做的事情。这怎么能算是困难呢？应该算，只是这种困难不在方法和技术而在心理上。不想做，自然是一个人觉得一件事不是自己感兴趣的、不是自己擅长的，进而认为去做它就是在浪费生命。不能不做，则说明存在着一种外力，能让一个人自觉地去做一件自己不愿做的事情，去做这件事情不一定能得到好处，但不去做这件事情通常会给他带来坏处。一边是因做而浪费时间，另一边是因不做而承担风险。任何人在这样的处境中都会感觉到两难。

这种困难存在于人内心，原则上应遵循"心病心医"的原则，但实际操作起来并无好的效果。多亏自己爱看闲书，碰巧就看到过有人说有些心理的病是可以借助物理方法的。我琢磨来琢磨去，终于意识到要想战胜这一困难，最有效的办法是一个人应切断与那种让自己不能不顾忌的力量的联系。不得其利，不受其害；不受其害，不得其利。

其二，遇到了需要各种支持才能做成却很难获得支持的事情。这种事情是由做事的人独立承担的，支持者只相当于赞助性力量的源泉。进一步讲，所谓的支持者，一是高度认同做事人所做的事情，并在可能的情况下愿意助一臂之力，以减轻做事人的负担；二是不见得非得认同做事人所做的事情，但在一定的条件下，可以让做事的人感受到踏实、安全和有必胜的把握。

遇到这样的事情，一般人只能靠运气，特殊的人则能够创造性地获得具有魔法力量的支持。听那些有经验的人们讲，有支持者，小马拉大车也能够快速奔跑；没有支持者，即便强壮如大象，也可能因承载过重而步履艰难。其中的奥秘是，支持者虽不在做事情的现场，但来自他们的魔法力量却可以让他们支持的做事人顺风顺水，反过来也可以让他们不支持的做事人顶风逆浪。如此看来，这一种困难根本上是获得支持之难。

难在何处呢？估摸着是因为支持者是人不假，但应不是一般人，而且他们所掌握的支持，既是在超市买不到的，也是做事人用劳动换不来的。至于其他获取支持的途径和方法，一般人可能不得而知了。即使心里清楚各种途径和方法的原理，也不见得有把理论转化为实践能力的天赋。

其三，遇到了需要他人配合但他人却未能配合的事情。配合和支持是不一样的。具体而言，支持者不参与做事，配合者则是做事者之一。配合者从作用上讲是做一件事情的配角，但这并不损伤他与主角的合作型关系。原则上，这里的主角和配角是同一战壕的战友，其中的配角如果不配合，或因其无心，或因其无力，或是既无心也无力。

不管属于哪一种情况，做事人通常也无计可施，除非有时空和资源让他们做预先的准备。想一想这还真算得上一种困难。《无所不知》一书中还列举了一些困难，基本上是涉及做事人能力范畴的，我觉得这一类困难只能由自己独立克服，便无须特别关注。仅说上述三种困难，虽然不属于做事人能力范畴的内容，但对做事的影响并不亚于能力，一方面需要引起做事人的重视，另一方面则需要做事的人更新观念、重塑人格。就观念的更新和人格的重塑来说，基本的方向是向简单化努力。我记得《无所不知》中有一个告诫是：不做无谓的两难纠结，不做需要支持和配合的事情。语句简明，但谁能做到呢？

心态是如何形成的

什么是心态？这个问题越来越显得重要。当然，这里的重要也不过是个人的主观感觉，既没有有关部门的文件说过，也没有新闻报道过这方面的事情。但要说这种主观的感觉纯属虚妄也不符合实际，因为在日常生活中还是很容易听到以下讯息的，即人们相互之间，要么以关怀的心情劝慰对方保持好的心态，要么以评论的语气叙述具体人物的心态好或不好。说实话，很长一段时间以来，我并没有想过心态是个什么事情，应是未觉得这是一个疑难。直至观剧时听到了剧中人说某个人心态不好时，我才意识到我们常用的词语在自己的意识中尚处于模糊状态。

习惯性地"百度一下"，立即获得了如下的文字：心态是一个汉语词语，读音为（xīn tài），通俗来讲就是心理状态。心理过程是不断变化着的、暂时性的，个体的心理特征是稳固的，而心理状态则是介于二者之间的，既有暂时性，又有稳固性，是心理过程和个体心理特征统一的表现。一个健康的心理比什么都重要。

审视这段文字，可以进一步推知：①心态一旦形成，在一段时间内具有基本稳定的性质，但会随环境的变化而发生波动；②个性心理特征对于一个人心态的基本性质具有重要的影响作用；③我自作主张地补充一条，在社会互动中形成的个人哲学（世界观、人生观、价值观）也是不可忽视的影响因素；④心态好坏的实质是健康或不健康的问题，它直接决定着一个人的生活质量和风格。

对于以上理解，我们可以先存放起来，其真实性和真理性必会对我们关于心态的思考发挥基础性的支持作用。与心理学家的知识取向不同，我更关心的是现实的人在现实的生活中如何形成自己的心态。通过这种关心，我们应该也能够有类似知识的收益，更重要的是能够理解现实生活中的每一个现实的人。之所以强调这样的理解，主要是因为我们对一个他人的心态性质做出判断固然不易，但更为困难的是能够理解对方的存在状态。

我时常说人是一种结构性的存在，也是一种历史性的存在。如果我们没有能力或是没有兴趣借助这种理解知悉一个他人所经历的历史和所身处的结构，就会抑制许多同情，进而可能以自信的风格展开自以为是的不恰当策略，最终的结果可能是与他人的对立或平行而在。要说这样的结果是人们不会乐见的，却在日常生活中频发，因而是值得我们重视的。

回过来说一个人的心态，我们需要确立认识它的社会学立场，要知道纯粹独立的个人是无所谓心态的，虽然也会有，但只与他个人有关；要知道一个纯粹独立的个人，即使会有心态，也只会表现在他与自然世界的关系中，而在无限的大自然面前，他个人的心态通常是可以忽略不计的。只有在人与人构成的社会生活中，个人的心态因有可能波及他人甚至对他人的存在状态具有消极的作用，才会成为一个社会学应该关心的问题。也因此，想一想心态如何现实地形成是很具有实用价值的。

从生动的现实出发，我们更容易觉得心态是一种价值心理状态，具体而言，一个人的心态里虽然有密密麻麻的内容，但其核心应是对他人存在质量与风格之评价性感受的心理学效果。这话听起来当然有些晦涩，通俗言之，一个人的心态实际上能够折射出他对他人存在质量和风格的态度，更关键的是这种态度会进一步左右他与他人相处的方法和策略。试想我们说一个人心态好或不好的时候，难道不是说一个人对待他人的存在质量和风格的态度是否恰当与得体吗？

但需要指出，在社会性的互动中，一个人会由互动带来的心态构造出自己对自己的立场。如果一个人在社会互动中表现出好的心态，那他的自我认知应该处于健康水平；如果一个人在社会互动中表现出不好的心态，那他的自我认知一般来说是存在着较严重问题的。但不管一个人的心态如何，他人都应采取理解的立场，而不是对对方的存在状态得出武断的结论，这既是人际和谐的需要，也是文明延续的需要。但要真正地具有理解的立场，除了采取抽象的主义式立场之外，更需要知道个人的心态形成的现实机制。只有这样，主义式的理解立场才能够最终落地。

现在我们开始回答"心态是如何形成的"这一问题，略去繁复的思辨过程，其结论主要有四项内容：

（1）个人的心态与个人的历史有关。你没有受过他受过的苦，就不好理解他习惯性的眉头紧锁；你没有享过他享过的乐，就不好理解他不可理喻的轻佻。

（2）个人的心态与个人在人际结构中的状况有关。你不知道他是山里的树，就不好理解他的寸步不移；你不知道他是水里的鱼，就不好理解他的活蹦乱跳。

（3）个人的心态与个人的人格特质有关。你不知道他具有胆汁质的气质，就不好理解他的热情与易怒；你不知道他具有内向型的性格，就不好理解他的被动与脆弱。

（4）个人的心态与个人的生活哲学有关。你不知道他拜金，就不好理解他的见利忘义；你不知道他崇礼，就不好理解他的按部就班。

　　我们这样的议论与科学没有关系，但其中所蕴含的立场却显而易见。简而言之，一定的个人心态，不论其好坏，均属于合理，形成容易，改变却很难，这是因为个人的历史、个人的人际结构、个人的人格特质以及个人的生活哲学，有的无法改变，有的很难改变。相比较而言，个人的生活哲学好像要柔性一些，这大概就是教育爱好者针对他人的心态喋喋不休的主要原因。心态归根到底是一种意识凝结，根据唯物论的观点，意识决定于存在，这也就意味着个人心态的健康最终取决于作为个人家园和环境的存在的质量。

或可夜读《春秋》

　　修养在社会变革的过程中会出现价值涨落的现象，这是有史可查的客观事实，由此会使人们觉得它的可有可无和可高可低，而其涨落的依据大致可以定位在个人和社会发展的不同需要上。仅就事实而言，在新标准未确立但旧标准已被解构的时期，一部分实在人多处于彷徨与困惑的状态，另一部分"精明的人"则可能如鱼得水，他们在少有人关注的情况下尽力遵从私欲进而为所欲为，趁乱获取所欲获之事物，并于无序中俨然像个出类拔萃者，从而激发出他人创作"罗刹海市"的灵感。

　　待到未来风止云飞之后，众人方能觉知到沧海桑田般的变故，紧跟其后的通常是普遍的心志衰落与情绪枯竭，生产和生活的动力在流行病一样的困顿和懵懂中丧失殆尽。从而，曾经如春风细雨般的文明光景基本沦为梦幻，即使偶有显现，也只能是人们意识中的海市蜃楼，转瞬即消失在人们无力的怅叹之中。在这样的怅叹中，天下之宏阔转而成为街巷之逼仄，浪漫的想象则被形塑为无味的呻吟，人们的语言和行动一时也失去了承载希望的职能，仅仅可以标识人自身在某一刻仍可被称为活物。

　　假设在这样的处境中，有一个人竟能与古人念叨的"格物""致知"

"诚意""正心""修身""齐家""治国""平天下"这八条目相遇，是否有可能自惭形秽？如果这人真的如此了，则他自身还是可以挽救的；如果这样的个人多而又多到足以形成气候，则他们的世界就还有希望。但如果这样的个人少而又少到让更多的人感觉到无聊与荒诞，那么我们及我们的世界应会毫无悬念地步入漫漫长夜。值得深思的是，在这样的结局里，无数原本有明确答案的问题逐渐变得无解，连同曾经的单项选择题也能够变化为无一选项不可以的伪问题。

由于问题不再是问题，人们也就无须再受探寻答案之苦，所有的作为似乎没有了标准，生活仿佛又回到了千年一色的混沌之中。走不出混沌的人们，恐怕做梦也无法想到这所有的结果实际上是所有的自己合同创造的作品。而此种创造的奥秘一点也不复杂，其实就是每一个自己在社会变革的过程中要么忘却、要么忽略了个人的修养之于文明延续和进阶的微妙价值。每一个人都可以认为自己对修养的淡视不至于波及全局，却不知把所有的淡视累加起来便是文明的自动和整体退场；每一个人都可以借用心理的技术把自己置身事外，继而对他人的木然和堕落振振有辞，却不知在这样的议论之间，生活的空间日益被否定的意志充盈。

若我们在云顶，俯瞰人间万众仰望乌云密布的天空，分明可以洞察到他们希冀有拨云见日的勇士出现，却又发现他们期盼的勇士根本不在他们中间。如此呀如此，必将到来的晴空万里，只好顺其自然地等待总会发生在云端的格斗，而那地上的万众，一则可继续卑微地仰望，二则可在仰望得苦累之后放弃仰望。斗转星移，万众逐渐习惯了卑微和放弃仰望，以致天空的放晴也变得与他们没有了关系。他们顺理成章地可以不管不顾是谁为他们拨开了云雾，还能顺理成章地接受任何时候到来的天昏地暗。

可记得佛渡有缘之人？可知这里的"有缘"并非"有缘分"而是"有佛性"？可知宇宙之中，所谓神佛或指光明的人心？

若是还记得，若是真知道，那就应该自觉到凡是人的一切处境与结局皆从我们每一个自我中生出，而决定我们处境与结局的自我，实为各具修养特色的精神。在我们之外的佛性，归根结底也不过是我们人性的善端。孟夫子说道："恻隐之心，仁之端也；羞恶之心，义之端也；辞让之心，礼之端也；是非之心，智之端也。"（《孟子·公孙丑上》）如果一个人能够知同情、辨荣耻、懂辞让、明是非，其实也就是有佛性，佛能度的就是这样的人。那个佛就是有光明之心的我们的精神，因而能度我们的实际上也就是我们自己那个有光明之心的精神。

话又说回来，一旦我们拥有了那样的精神，哪还需要再自度一番？由此，我们大概也只能说，个人自觉地修身养性以使仁义礼智的种子发芽，即所谓自度的过程。想起孟子的另一说道为："仁，人心也；义，人路也。舍其路而弗由，放其心而不知求，哀哉！人有鸡犬放，则知求之；有放心而不知求。学问之道无他，求其放心而已矣。"（《孟子·告子上》）我看这孟子好像还生活在我们身边，不仅识得我们的街巷，而且参透了我们的心理，要不然他又怎能说出这般贴切的话来？世事总在变化；变化来自人心。当无所适从之时，我们或可效法关羽那样夜读《春秋》。

格局的背后有什么

格局这件事情在评价性的语言中是常常出现的，具体的情形表现为对格局的有无和大小进行判断，也就有了有格局、没格局或格局小、格局大的区分。积极的评价和个人理想的状态当然是有格局的，而且是有大格局，在其反面则是格局小甚至没格局。可这个格局究竟是什么呢？人们似乎能够心领神会，真要说清楚却不容易。这样，即便一个人想有格局、想有大格局，也很难有个好的抓手，对于他人格局背后的形成也不甚了了，最后就只能是一笔糊涂账。由于缺乏一种认识上的清晰，社会关系中的人均有可能在格局问题上被人评判并借助互动的机制评判他人，只是没有可靠和清晰的认识做基础，所谓格局的整体状况并未因从未间断的互动而不断改善。

我们会发现人们在否定性的评价中既容易表现出尖锐也能表现出深刻，这应是因为具体的个人无论其自身的实际如何，潜意识中多会认为自己站在真理的一边,这就等于带着自认为正确的标准审视他人,进而表现为在发现他人的不足时思维极为活跃,往往也能切中要害,其中蕴含的认识还真的具有尖锐和深刻的特征。基于这样的人文事实,从策略上讲,我们有理由先考察一下人们意识中的没格局和格局小实际意味着什么。

有人说,没有格局或格局小的人主要表现为心眼小,遇事想不开,走不出自己的一亩三分地,进而对环境的力量存在着躲避和拒绝,同时为自己认真地打造出一层保护壳。这种说法是有些道理,让我们能很轻松地联想到保守和自私的形象。也有人说,没有格局或格局小的人主要表现为只顾眼前,忽视长远,用有强度的话说即目光短浅。他们比较重视当下的感受和获得,少有塞翁失马或得马的辩证思想。这种说法大体是有道理的,但可能忽略了一些隐蔽的实际。比如人们异口同声判定的没格局或小格局者,很可能是一个有远见的人,他在外相上是积极、主动、上进的,并完全有可能长于对未来的构思和设计,这又是为什么呢?对于这个问题,我们可能无法立即做出完整的回答,但直觉上与人生哲学有关。

从以上两种说法及我们的感悟中,也许可以推知:没格局或格局小首先意味着一个人精神空间的逼仄,转换为日常语言,大致就是心胸狭隘、自我中心及自以为是;但第二层意味却不是简单的不能面向长远,正如我们已经考虑到的,如果一个人信仰了某种人生哲学,那么他面向未来的意识和意志强度,只是有助于一个逼仄、狭隘的精神空间在时间的维度延伸的时长和速度,并不能改变他的格局有无和大小。

有了关于格局的否定性评判作为参照,我们就比较容易建构出有格局和格局大的意义。进而,有格局和格局大的人,他们的精神空间应是开阔的,不仅能容下自己的自由思维和丰富想象,关键是还能消化和转化来自外部的异质甚至对立的信息,给人的感觉通常是知情达理、平静温和。这样的表现当然也可能只是个人的个性外显在我们的心理上所形成的错觉,而且这种可能极为实际,我们因此不难遇到貌似有格局甚至有大格局的个人。因而,判断一个人的格局必须以其生活实践整体作为依据,外在的表现和语言文字虽然也很重要,但只可作为参考,表里不一、知行分离的情形从来就不鲜见。对于有格局和格局大的人,我们也会说他们目光长远,大多数时候我们并不关心他们的人生哲学,这便让我们觉得目光长远者必是有格局和格局大的人，无形中其实忘记了人文世界的别样预谋。

回想起蒲松龄的《狼》，其中有"方欲行，转视积薪后，一狼洞其中，意将隧入以攻其后也"，从中可知狼不可谓无黠，也可以说有谋略和长远的谋划，难道我们会认为止增笑耳的狼有格局和格局大吗？如此来看，"格局"这一概念绝不是一个接近于物理的科学概念，而是一个与积极价值联系在一起的正概念。这正如伟大与身高，甚至与世俗的成功毫无关系，要知道有的人在飞黄腾达之时已为万夫所指。尽管如此，格局还是与人精神空间的开阔和目光的长远具有紧密的联系，但这绝不意味着积极的价值只是一种唯美主义者的态度。深入到生活中去观察，我们一定会发现真正的有格局和大格局的确是与人类的积极价值和优良品质无法分离的。相反，那些没有什么争议的没格局和格局小的人，不管他们怎样修饰自己和为自己辩护，积极价值和优良品质也不会与他们配合。

人与人之间的差异平常主要表现在心理学意义上，但在不平常的时候则会表现在格局上，论其实质，与心理不无关系，但更具有社会学的意义。每当我们谈及具体主体的格局问题时，最容易说到斤斤计较这一现象，这应该不是一种偶然，分明是人在计较过程中最容易屏蔽一些开阔的和长远的观念，从而把自己的思维高度集中于当下的利益。当某一种利益属于短缺资源时，计较便顺理成章地转化为恶性的争竞，原先的温和平静顿然不翼而飞，曾经被修饰的贪欲不再顾及许多规则，所谓格局自然也就化作虚无。如果要改变这种状况，我们现在是可以省去原因分析的，显而易见的办法就是打开眼界、提升境界，必然的结果就是有格局和大格局。

我们能把握什么

人常说，不打无把握之仗。可在做事情的时候，人能稳操胜券的比率又有多少呢？我们能够听到的，还是成功占了大多数，以至自信很容易在头脑中冒出来。就说炒股，总有熟人说，要学会用钱生钱，炒股起码相当于多领一份工资。事实上，在炒股发家者的背后，必定站着或者必将站着一群因炒股而倒霉的人。即使是很精于屏幕上的指数曲线变化的人中，也不乏倾家荡产的。一个好友说，他就是在一秒钟的错误操作后，突然变得一无所有。在人事活动领域，稳操胜券恐怕更为艰难，因为能影响人判断和决策的因素实在是难以捉摸。因此，在人事活动中，误判更为普遍，失意和失败也在所难免。

应该说，我们对身外的事情能把握多少，我们做事成功的把握就有多少。就说最宏观的航天，是要建立在人对天体运动及相关事物认识基础上的，没有这个认识上的把握，航天成功的把握只能是空谈。再说最通常的求人办事，如果对方没有给过你确定性的答复，你的成功永远是两可的，即便事办了，也难说是在你的把握之中；如果事没办了，你也没任何理由去质询对方，理由是他从来就没给过你明确的答复。换句话说，在整个事情进展的过程中，你始终没有把握住他。

我们能把握的实际上只有我们自己，对于一些缺乏定性和充分理性的人，连同自己都难以把握。以往说过的，现在可能忘却或放弃，现在说的，将来可能忘却或放弃，这就是所谓说话不算数的人，属于缺乏定性。控制不住一时的激动，豪言壮语或胡言乱语，这属于缺乏充分的理性。一个成熟的人，是要有定性和充分理性的，这样才能实现对自己的基本把握，在此基础上，才谈得上对身外人事的把握。否则，我们在做事情的时候，就难以彻底摆脱侥幸心理。

现在社会上的有些事是复杂的，其复杂不是难，主要是混乱：原本简单的，变得复杂；原本有序的，变得无序；原本洁净的，变得污浊。如果我们是尊重规则且有洁癖和秩序癖的人，那八成得在做事上败走麦城，顺便还会坏了我们的好情绪，刺痛我们的好品质。如果你想坚持自己，唯有一途，就是把自己变得足够强大，让任何因素都能因你而退避三舍。在这里，还是要自己把握自己，毕竟我们最容易把握的还是自己。

坚持自己吗？我的回答是肯定的。如果我们连同自己都不能坚持，不知道还能够坚持什么。如果我们社会中坚持自己的人多了，不坚持规则的人就少，环境自然就有序，文明程度自然也就提升了。对己对人，对自身对环境，多一些把握，这是人类的始终追求。哲学家的苦思，科学家的探索，无不是为了对包括人在内的万物有更大的把握。每一个个人的奋斗，也是为了对理想生活有好的把握。要我说，在把握外部世界之前，还是先把握好自己。

善人是怎样形成的

善是人文社会普遍追求的理想，原因倒也简单，无非善一则对人有利，二则让人舒心，根底上是趋利避害的本能驱动的。我相信对善做如此的议论应是无可挑剔的，但这样的说法更适合写进教科书，既可以表达出价值上的积极，也能表达出人文背后的科学，真有点两全其美的意思。把视线转向现实的生活，人们就有可能依据自己真实的经验对那种四平八稳的教科书式的陈述不以为意。

通常情况下，这种不以为然并没有明确的理性基础，它重在表达对任何一般和普遍性断言价值的怀疑。比如，他们很可能不认可善是一种普遍的追求，他们的依据往往只是自己目力能及范围内的反例，当然谈不上有力，但那些反例的真实与真切足以让他们相信善至少不是人们的一种普遍追求。

面对这样的情况，我们不可以书卷气地拿什么逻辑的标准去衡量他们思维的严谨性，较有意义的做法是关注那些反例中的真实。这样的关注既容易让我们获得与善有关的更新信息，还可能让我们获得对人心人性的更深认识。我为什么突然对善这一问题有了兴趣呢？完全是因为阅读到了一个颇具幽默感的作家自嘲道：我怎么就这么善呢？

这种样式的问句并无奇异，但自问某种积极性的"具有"却不平常。平常情况下，主语是"我"时，所问的内容通常具有消极性，比如说"我怎么就这么胆小呢？"主语是"你"时，所问的内容既可以是积极性的，也可以是消极性的。而主语是"他"时，所问的内容以消极性的居多，而且消极的程度要甚于前两种情况。

我审视那位作家的自嘲，捕捉到了两个信息：一是他真的难以说清楚自己为什么能够"善始善终"；二是他一定有机会目睹不能善始善终的样例。大多数人其实会有这样的经验，但能够就此提出问题的却不会很多。能提出问题的个人，如果他的提问并不是出于科学探索的动机，那么他基本上属于具有"善始善终"品性的人。

我的问题和那位作家是一样的：一个人怎么就那么善呢？是天性使然？还是后天的修炼？抑或天性与修炼相互作用的结果？按照我们惯熟于心的辩证习惯，当然应该认为"善始善终"是内外因相互作用的结果，而且这样的认识也基本符合实际，但进一步追问天性和修炼哪一个更为重要显然更有价值。

现实地说，制度化的学校教育对每一个受教育者均给予了正确的引导，社会中各行各业的组织也都有引导人们向善的规约，但为什么总有人不能"善始善终"呢？为什么总存在着一些个人几乎无法遮掩自己远善近恶的倾向呢？

如此的追问虽然不失真诚，但问题的答案实际上并不是多么隐晦。从理论上讲，还是内因在起决定性作用。也就是说，在远善或近善这件事情上，个人的天性还是最基础性的依据。不接受这一认识，我们就很难解释向善和近恶两种极端的典型。再说我们无法否认积极一端的典型的确更能洋溢出足量和强烈的善性，而消极一端的典型的确更能使人的远善性暴露无遗。

从这里联想到了教育的可能而非万能，隐藏在这一陈述背后的无疑是"不可雕"和"不可圬"的客观存在。实际上，我们讲"可塑性"这一问题的时候，就默认了对具体个人的塑造存在着"有难度"和"不可能"两种情况。通俗言之，有的个体在向善一事上真如"明人不用指点，响鼓不用重槌"，而有的个体则真应了"孺子不可教也"。

抽象的善可意会而难以言尽，对于现实的个人来说，我们可以把向善还原为对良知的敬畏与呵护。那么，无须努力便能向善的个人，应是良知及与良知内在一致的公义很契合他的秉性，从而人文社会的善幸运地有了苗壮成长的土壤；相反，那些无须努力便能远善的个人，则应是他的秉性并不适宜善的扎根，从而一旦环境中有异样的风吹草动，善也就轻易地被风吹跑。

如果我们拓宽视域到物与人构成的世界，优先审视不同的物性，就容易搁置把人视为简单的整体这种笼统的观念。进一步说，既然万物有万性，那么万人自然也有万性，而且有言曰：人与人的差距比人与猴子的差距还要大。或因此，庄子才有了"夏虫不可语冰，井蛙不可语海，凡夫不可语道"（《庄子集释》）的感叹。

现代科学和人文启示我们，人与人的差异主要体现在思维和价值两个方面。不同的人有不同的思维类型、优势和水平，不同的人有不同的价值偏好和取向。思维原则上可以训练，价值原则上可以引导。但因训练和引导均有自己的原则，而对象的秉性又是既定的，所以，该有的训练和引导最好要有，而不该有的空想最好没有。天下有向善者，也有远善者，各自自在，多元共存，有限的世界才算完整，客观的辩证法才具有真实性。

如何解决心灵脆弱的问题

季节肯定不会捉弄只在顺应它的变化的人，但人却会把自己的心情归因到季节的变化中。人的心情好了，什么样的季节都能成为好心情的原因；反过来，人的心情差了，什么样的季节又都能成为差心情的原因。所以，季节如果有灵，应是时而窃喜、时而委屈的。在这样的心物交往中，由于起主导作用的是人心而非事物，因而也谈不上事物被奴役，换一个角度想，其实是人心具有不同程度的脆弱。

人心情不好的时候，兴许是把事物当作可埋怨的至亲对待的，这种情况与人心情好的时候对待事物的态度和逻辑是一样的。不论我们怎样肯定自己作为人类的高明，也不必隐讳我们在平常仅作为我们生活背景或材料的事物面前才最为放松和自由这一事实。只有采取这样的立场，我们才能真正理解为什么在极端的情绪中自己甘愿寄情于山水的习惯，也才能真正理解存在于社会性生活中的孤独。

从根本上说，这一切是不是我们作为个人的心灵脆弱所致呢？或许是，或许不是，这都不打紧。要紧的问题是，我们的心灵为什么会那么脆弱呢？我以为最基础性的原因是我们的心灵确实是心灵而非草木。既非草木，自然有情；既然有情，就落下了脆弱的根基。但这也只是基础性的原因，经过后天的努力虽然无法消除，却可以不同程度地改变。

有的人可以弱化它，弱化到极致就是所谓的铁石心肠；有的人可以强化它，强化到极致就是所谓的多愁善感。我们单说强化的一端，部分人之所以强化了自己有情的根基，原因应该是多种可能性的个人特性和经验。

就个人的特性来说，天生敏感的人容易脆弱，他们对环境的变化具有类似过敏一样的反应。难以理解的是，他们好像总是优先选择那些能够导致消极情绪的变化，从而表现为易愁不易乐、易悲不易喜，在人际交往中多是腼腆、退缩的形象。

在更多的情况下，我们心灵的脆弱主要还是由我们个人的经验带来的。这方面最可作为典型的，莫过于连续不断的失利。这种经历的轮番出现，会让一个人怀疑自己的力量和存在的价值，他们很可能因此从自我保护的立场出发，在心理和环境之间筑起了一道防火墙。不管他们外表如何坚强，一旦那道防火墙被外力冲撞，他们的心灵就可能颤抖甚至可能破碎。

这种情况的发生，在生活者群体中什么也算不上，但对于个人来说就是一种不幸。当这种类型的不幸者积攒到一定的数量时，整个生活的环境质量就成为问题，生气和活力就会从群体生活中逃走。

实际上，还有一种非典型的经验，同样能够使人的心灵脆弱，那就是一个人的连续成功。这听起来有点怪怪的，因为我们会自然地觉得成功尤其是连续的成功给人带来的是信心和肯定性的情感，殊不知这样的个体往往比那些经常失利的人可能还要脆弱，其秘密应在于他们习惯了成功，从而对失败丧失了抵抗力。

想一想，还真是这个理。我们都熟知愈挫愈勇的说法，还真没听人说过愈顺愈奋，实际上后一种情况也是存在的。在日常生活中，我们也未少见连续的成功如同在给一部分个体注射鸡血，然而更多的连续成功者是特别害怕失败的，因而他们同样很可能脆弱。

要说脆弱或者坚强都是人之常情，不足为奇，但在一定的时间和空间中还是值得我们重视的。说实话，每一次听到各种角色的人之不幸，我和许多人一样会感慨人的脆弱。身体的脆弱自不必说，心灵的脆弱才最让人动容。我为此，难免观察变化的世界，努力地阐释着人心灵的处境，隐约中捕捉到了两组关键词，一组是生存和发展，另一组是寂寞和孤独。

在一定的条件下，两者之间显然具有因果关联，生存和发展是因，寂寞和孤独是果，中介因素则是与合作相对的竞争。而尤应引起我们注意的是，这中间的竞争发生在心灵与心灵之间，它明明存在，却不见形状，远非农田或工地或运动场上的竞赛，有时候对有的人是一种鞭策，但大多数时候对大多数人则是一种折磨。

作为社会性存在者的个人，一旦感受到为生存和发展而不能不参与和承受的竞争成为折磨，寂寞和孤独的心情很快就会出现。这种状态下的个人，其内心是敏感的，他通常会把自己的心灵隐藏起来，在貌似平和的外观下，把自己与他人割裂开来，好像求得独立，实际上在维护有限的自尊，修饰心灵的脆弱。

面对这样的问题，我们能够做些什么呢？我想，对于我们个人来说，唯一能做的就是通过各种方式锻炼我们的意志和心智，而且一定要把生命过程托付给某种有意义的事情，这样至少可以像鲁迅先生那样，"躲进小楼成一统，管他春夏与秋冬"。

而对于生活者群体来说，则可以积极参与建构一种健康、理性的生活哲学，它可以让我们在一念之间改变世界的形象以及我们与世界关系的性质。新的生活哲学终将使我们知道心灵的脆弱完全是因为我们默认了环境对我们存在状态的界定和解释。所以，如果我们对另一种存在的状态更有兴趣，其实可以尝试改变原先的生活哲学，并准备自己界定和解释自己的存在状态。

如何能够忙碌而快乐

问候一位老友，我也就是机器人一样地说："最近做什么呢？"对方说："咱不说这些了。每天肯定闲不了，但做的都是自己不想做的。""不想做为什么还要做呢？"我还是像机器人一样地问道。他说是"自己做不了自己的主呀"。我傻傻地追问他："那你想做什么呢？"老友像是幽默又像是实在地说："以前知道自己想做什么，现在不知道了。"

我并没有把他的"不知道"理解为他对曾经清晰的目标失去了记忆，而是很直接地将其理解为他对自己生命意志的放弃。对于这种对生命意志的放弃，若放在以往，我肯定会亦真亦假地唠叨一番，毕竟不能鼓励和放任友人的消极态度。但是现在，我不仅没有了为此唠叨的动力，而且失去了为此唠叨的能力，因为好久以来，我也具有和运行着与老友几乎一模一样的状态。说形象一点，就是没有一天能够以闲散的心情东游西逛，但一整天下来，心里常常是空空如也，毫不虚伪地说，时不时就会有愧对粮油米面的心情。我反省自己应该不算是懒人，对时间一贯颇为珍惜，怎么就能一天下来无所收获呢？其实，前述老友的回答也就是能释解我困惑的答案。

一个人没有虚度时光，却精神空虚、无所满足，大概也只有一种情况，即他只是充作了非自我意志实现的手段。而他之所以陷入如此的困境，一则可能因为生计所迫，二则可能与生计无关，但他严重削弱了自己自主性发挥的热情。只要这种热情还没有丧失，他就会因劳而无功而精神空虚，并难免犹豫彷徨；一旦这种热情完全消失，他也就在对无法自主状态的适应和习惯中没有了自主的感觉。

我近几日学习新文科教育的精神，不断咀嚼"文科教育是培养有自信心、自豪感、自主性的人"这一理念，甚感欣慰，因为改变无数平凡个人的存在状态，已经成为教育改革的一种追求。试想我和我的老友，如果既有自信心，又有自主性，逻辑的结局一定是忙碌而充实、充实且快乐、快乐且自豪。类似"空空如也"、"劳而无功"以及"没有状态"等等体验，也一定会随大风烈日般的精神而烟消云散。

我希望有那么一天，当我再问候老友的时候，他能告诉我："很累，但所做的都是自己可以做主的事情，而且都是有意义的事情。"这说明我的老友在未来能够拥有很好的动力系统，他的状态会因此趋于健康。不管有多累，他也不会失去自我。具体的一天很可能劳而无功，但他知道那是通向目标过程中的正常现象。

人是一种资源，其核心是人具有创造的潜能。借鉴新文科教育的精神，设法让人自信、自豪和自主，人这种资源就一定能发挥出它的最大价值，我们的各种事业就一定能比以往任何时候都发展得更好。

心怎么就能静下来

心怎么就能静下来？对这个问题最好不要莽撞地回答，因为我们的答案通常并不在提问者的意识之外。他们之所以提出这样的问题，绝不是，至少绝不全是认知上有什么障碍，不过是对自我意志薄弱的一种颇有质感的感叹而已。因而，很长时间以来，我对与此相关的另外两个问题更有兴趣。

这两个问题分别是"我们所说的心静了下来究竟是一种什么状态或说意味着什么"和"我们的心可曾静下来过"。从否定的方向出发，我们其实更容易体验和表达与静相对立的心理状态。最容易捕捉到的应该是具有一定抽象性的"躁动"。我相信这是一个值得保存和分析的词语，其内涵的全面性与生动性应是其他任何词语都无法赶上的。

我们设想，不知什么原因引发的"急""浮""骄""焦""烦""狂""暴"，均可导致一个人心神的不安；继而可以设想一个人由于急躁、浮躁、骄躁、焦躁、烦躁、狂躁、暴躁而不知所以，进而表现出行动上的东奔西突、左右为难、上蹿下跳。这种状况是不是与静形成了鲜明的对照呢？

如果我们碰到一个人具有以上的特征，就可以说他的"心不静"，紧接着的话当然可以是建议他"最好能把心静下来"。不仅如此，经过这种否定方向的思考，我们也就大致知晓了"心静了下来"的基本意义。从效果上看，如果心真的静了下来，一个人必是神态自若、气象广大、言谈有度、举止有节，必能让他人有周到得体的感觉。

追寻这种感觉背后的心理基础，辩证地来说，岂非不急、不浮、不骄、不焦、不烦、不狂、不暴？不急则缓，不浮则沉，不骄则谦，不焦则稳，不烦则悦，不狂则智，不暴则温。缓、沉、谦、稳、悦、智、温，这些元素加起来不正是"心静下来"的要义吗？

现在，我们暂且搁置心如何能静下来这一问题，反思一下我们的心可曾静下来过。突然觉得，这还真是一个复杂的问题。说没有静下来过，肯定不符合实际；说静下来过，又拿不出真凭实据。我能够想起来的岁月，好像都算不上心定神闲，偶有无躁的日子，也应是丢心落肺的，自己欺哄自己。一旦从酒醉中醒来，或从梦幻中归来，莫名的躁动就会接踵而来。

我们所处的环境中，潜伏着一些人，他们就像一流的"发明家"，总能为各种人设计出各种不同的办法，以使他们只要醒着就如热锅上的蚂蚁一般坐卧不宁。不把人们搞得精疲力竭，"发明家"就像没有履行好自己的岗位职责，一定会努力补救。有了无数这样的人，我们的头脑中怎么可能有"静下来过"的记忆呢？这样的结果对那些天才的"发明家"来说就是一种业绩，但对于每一个想正常做事的我们来说，却无疑是一种折磨。

因而，我还是在想：心怎么就能静下来呢？从理论上讲，有两种策略可以选择：一种是西医式的，即找关系把那些"发明家"发配到非洲去；另一种是中医式的，即想办法提高我们抵御各种诱惑的能力。按道理说，如果"发明家"能顺利地去了非洲，也就万事大吉了，但可惜的是这绝对不可能成为现实。所以，要让心能静下来，我们的选择只能是中医式的策略。

人间如集市，人生即赶集

20 世纪 80 年代后期，我在老家有过一次赶集的经历，至今记忆犹新。要说起来，并不是在那一天发生过什么惊天动地或者刻骨铭心的事情，之所以能够至今记忆犹新，全是因为只有那一次的赶集，让我对集市有了异样的感觉。在此之前，身在集市中的我对于集市纯属于感觉者和感觉物的相遇。一切都是那么自然，我淹没在拥挤的人群之中，无休止的喧闹和有其内在秩序的蠢蠢欲动，像空气一样浸入我的肌肤。无论有多少身心的不适，我都会被赶集的经历一扫而空，因为每一次从集市上回到村里，总有奇闻逸事讲给小伙伴们。

即使某一次的赶集并没有收获到什么有吸引力的谈资，自己也会编创他三五条，心里的念头很简单，那就是不能让赶集成为一种无意义的事件。因而，也可以这样说，在那一次让我至今记忆犹新的赶集之前，我与集市及与赶集的关系是融洽的。我为集市增添了一份热闹，集市则给了我新的故事和编创的机会，基本上属于互惠互利。想必应当是大致相同的原因，小时候的伙伴们几乎无一人不喜欢赶集，实际上除了混个热闹和猎取一些谈资之外，我们均能够利用大人们给的一点零钱买一些平时想吃却吃不上的东西。但值得思考的是，这种正常而平常的赶集，不管曾经发生过多少次，在意识中留下的也只是很难扩展和具细化的模糊。

现在想起来，那一次让我记忆犹新的赶集经历，它与众不同的地方其实并不在它本身，而在于原本只是一个数字的我突然不同于以往。这个不同对于我自己来说显而易见，即意识到了集市对个人的自然吞没，以至于除了有限的口腹之乐，剩余的全是身不由己，从而使赶集在自己的观念变化中沦为荒诞。要知道在人群推动下的随波逐流，不只是让原本有内容的心灵瞬间虚空，还让多少有些主动的自己转换成为集市中的过客。我意识到了这一些，很自然地进一步关注到了"随波逐流""心灵虚空""集市过客"，这样的体验恰恰是具有主体意识的个人最需要规避的。

实际上，在集市上的随波逐流只具有身体上的意义，身体无主导致的心灵虚空也是被动的，而成为集市中的过客最多只是像一幕话剧。但无法否认的是，一旦许多与自我本性与追求相背离的观念突如其来，无论它们的载体如何，都会具有真实的意义和价值。就像我意识到的"随波逐流""心灵虚空""集市过客"，虽然更多地体现在身体的命运上，但把那些意识从集市的情景中剥离出来，就会发现它们与自我日常的生活体验是可以对接的，从而能够高效率地激发我们关于那种消极生活状态的想象。从这里出发，我们就很容易对眼前那种承载了消极状态的集市经验产生某种排斥，这种排斥同时就意味着我们既不喜欢也不接受那种消极的生活状态。

我默默地检视了一下自己的内心，排在第一位要规避的正是随波逐流，因为我最难以想象的存在状态就是失去了精神上的坚定和认识上的清醒。由此延伸开去，对于立场模糊或随机应变的个人，对于认识糊涂或为了现实的利益而掩饰自己清醒的个人，我大概是会敬而远之的。生活中有太多选择了随波逐流的人，他们通常不见得有益却也没有多少害处，只要没有过分的道德瑕疵，足可作为各种卓越和不堪显现的背景。但如果他们的随波逐流完全依从了自己的本能和环境，那他们的作为就是近乎平庸之恶的。

对于我来说，排在第二位要规避的是心灵的虚空，这里隐含着一个前提是我谨慎地觉得自己是有心灵的。严格地来讲，这并不内含有任何优越的意义，若从人现实的感受来说，有心灵听起来似乎有点档次，殊不知与其近义甚至同义的词汇就是有烦恼。反过来，那些自嘲或被他嘲为没心没肺的人，假如不是因为智力和责任的入不敷出，那他们就是传说中的大智若愚的人。不过，这等智者毕竟无多，仅从保险起见，我还是选择与烦恼很难摆脱干系的有心灵状态。有了心灵，也不过是有了一间房屋，还必须把一些基本的物件摆放进去才能方便精神的起居。

照我的意思，即便心灵的房间里没有多少昂贵的家具，至少得让整个的房间干净、亮堂一些，若能在墙壁上撒些云彩当然更好。这就像刘禹锡的陋室，"惟吾德馨"。心灵存在的底线是具有积极倾向的内容，在此基础上，如果一个人的运气好，他的心灵是有望清澈和阳光的。而有如此品格之心灵的人，一般是不会随波逐流的，否则，紧随其后的必是与世间的杂碎同流合污。刘禹锡如果是棵没有阳光立场的墙头草，也不至于被置于陋室；而他如果没有明澈和阳光的心灵，恐怕也不会有笑谈"何陋之有"的自信。这样的人注定不会是转瞬即逝的过客，他们人生实践的脚步会在历史的长廊里留下不绝于耳的回音。

不知有没有人和我一样觉得人生就像一次赶集，稍不留意，我们就容易被人流推动着不知所措地从街头走到街尾。在此意义上，像随波逐流这样的事情，并不完全取决于我们是否愿意，关键在于我们能不能从上气不接下气的人流中脱身出来。一个人能不能从人流中脱身出来，则要看他有没有足够的脱身意愿和体质。客观地看，绝不是所有的个人都不认可随波逐流。恰恰相反，对于不愿过度负重的个人来说，随波逐流不仅会省去很多麻烦，还会节省下许多力气，而且在人流中还能感受到某种自然而然的温暖。反观那些从人流中脱身出来的人，他们无疑会立即感受到轻松与清净，但随后的状况却也不会是一路的惬意。如果他们在轻松与清净中原地打坐并无上进的念头，就将逐渐地衰弱和失去活力，最终无异于一片落叶或是因缺氧而从河里跳到岸边的鱼虾。

不管在何种境况下，我们都需要知道人间就是个集市，而人生就是一次赶集。我们喜欢也罢，不喜欢也罢，事实上已被抛入集市。对于不想碌碌无为、不忍心灵虚空和不愿做人间过客的人来说，除了保持这股心气，最有意义的事情应是健康自己的精神、优化自己的思维，当然还需要沉下心来，堂堂正正做人，踏踏实实做事，不媚俗，不流俗，不发神经，不出洋相，不混热闹。这些东西，听起来就不容易。

心远地自偏

生活在小地方的人是值得羡慕的。尤其是在各种生意都不好做的现在，小地方的居民就能发现自己重新格式化生活的余地会比较充裕。而生活在大地方的人，生活风格已经塑造了他们的虚空习惯和浮躁心态。若把生活本身比作行进在大马路上的一辆车，遇到路不平或路打滑的情形，想刹车和拐弯都不是很容易的事情。或许不是所有人都有暇顾及生活的变化，但对于当下，人们的感觉总是无法省略的。

由于我们已经被毫无商量地带进信息的时代，信息便像空气一样成为我们日用不察的必需之物。打开网络，如果看不到爆炸性的新闻，我们似乎会觉得手机在那一时刻的多余。这时候，趁着无聊，我们转脸向窗外的天空望去，则会觉得纹丝不动的阴云就像专门与自己做对，人的心情在无聊的底色上还会添上郁闷的色调。

以此为起点，人的心理运动会有两种典型的方向：一是寻找不到改进的路子，只好任由无聊加郁闷的心情持续，进而在接受时光摆布的状态下等待有一定强度的刺激物引发新的、暂时的心情；二是因个体自带的不安分，首先依靠自己，期盼河水倒流、六月落雪，不过这种愿望注定难以实现，因而，其次的主动作为通常是预备自己的电话被接或被拨。

无论属于哪一种情况。只要电话处于被使用状态，那么它的主人一定会选择做一个"存在主义者"。紧随着经验的逻辑，城市里的茶舍、酒肆、咖啡馆就有了生意。在其中出场的人们可以斗志昂扬，也可以散淡自在，但其存在的实质，至少在他们从那里退场之前，应是意向于无聊和烦闷的消化与解构的。

这样的景象写在文字里，似乎还能生出几分诗意来，但对于现实境遇中的个人来说，很可能无异于小品中"花钱雇人唠嗑"的说法。如果这样的情况只是偶尔出现，还真的没有什么，反而可以借着解构烦闷的过程与朋友叙旧抒情；可如果这样的情况隔三岔五就来报到一次，什么样的英雄还能入诗入画呢？

你也许觉得平常的生活里不会有那么多烦闷，其实这也只能说明你是一个阴天里的晴朗人，简单地说，你是幸运的。但从这多年的天气、股市、职场等方面的镜像和曲线来看，大晴天里的郁闷人好像才属于多数，他们的郁闷估计是任何一间茶舍、酒肆和咖啡馆都排解不了的。

更关键的是，郁闷几乎成为常态的人，恐怕只是印象中知道自己的城里也有茶舍、酒肆和咖啡馆，至于它们的具体位置和消费方法，则是很少关心的。于是，我就想到了小地方。顺便补充一句，我说的小地方，最初的确有具体所指，最有强度的图像是不太发达的县城和比较发达的乡镇，但如此理想的地方很快就在我的意识中消退了，主要的原因是我们自己好像回不去了。实实在在地回到小地方，论起难度，应该不小于去光顾自己城里可入诗入画的地方。

小地方在意识中的消退，其实还有一个次要的原因是我越来越发现自己已经没有往常那般脆弱和娇气了。形象地说，当哪一天空气质量达到优质水平的时候，小街上饭店排放出来的油烟都能让人义愤填膺；而在PM2.5连续均值处于 200—300 时，我们也不会连天地闭门不出了。换句话说，知趣的人们已经没有往常那般娇气了，大风也顶得，大雨也冒得，粗粮也吃得，五块钱一瓶的酒也喝得。

这样的微妙变化正在发生并日渐成型，从而一种决定人意识的所谓新的存在也开始成为事实。根据唯物主义认识论的原理，我们应能做出乐观的判断，即没有精神哲学的时段有望慢慢地结束，我们的日常生活将不再日常。即使像尼采、萨特等人的那种曾经的新哲学也难以诞生，历史上已有却至今未能发挥其价值的哲学倒可能迎来自己的辉煌时刻。

哲学虽然生来就是一副抽象的面孔，但再具体的人，一旦糊里糊涂地有了自己的精神世界，特别是在不知不觉中竟然迷恋上了什么自主选择、自我实现，就注定与哲学摆脱不了关系。通俗地说，一个有精神的人可以不知道世上还有哲学，却无法过一种没有依据和支柱的生活，不幸的是这种依据和支柱客观上只能来自每一个时代的哲学。

今天小地方的人也是需要哲学的，因为他们所在的地方只是路窄一些，楼低一些，商场小一些，夜里的灯暗一些，但他们拿着大地方生产的手机，连通着比大地方还大的世界。这就使得今天小地方的人完全成为一种假象。反过来看原先所谓大地方的人，实际上开始拥有了与小地方的人等量等质的烦闷和浮躁。

有一日天降大雨，我决意驱车上山，潜意识里雨中的西山也许不能快速地清凉下来，但宁静应无大碍。待我到了山里，视野里竟然是人山人海，立刻想到的是暑假期间应有许多的外地游客光临，然而停车场里清一色的晋 A 牌照随即叫停了我的主观。我终于知道城里与我想法一致的人其实很多很多。以往只是想到小地方是回不去了，现在看来城外的山里也不再宁静和清凉。

历经一番试错，更加喜欢陶渊明的《饮酒·其五》，诗曰："结庐在人境，而无车马喧。问君何能尔？心远地自偏。采菊东篱下，悠然见南山。山气日夕佳，飞鸟相与还。此中有真意，欲辨已忘言。"

这也是一个问题

没有人一路顺遂，却总有一众人埋怨世事不公。爬不上去的坡，他们会怪它陡；跳不下去的沟，他们会怨它深；看到镜子里的自己七扭八歪，他们会举报镜子歪曲了自己。兴许是由于自己的愚钝，我总是理解不了一些个人所具有的莫名其妙的自信，看着他们在身无长物的情况下还能够振振有词，便不知他们的心智与我们的心智在结构上有怎样的不同。特别是意外地看到了他们的空洞和虚弱，我更不解他们缘何会觉得自己应当获得更多或更好。

再转身去看远处田野里耕耘的影子，忽然间意识到我们始终理解不了的空弱之徒原本是属狼的饿死鬼投胎。这个词着实有点不雅，可想来想去还是觉得比较贴切，无论谁有机会观瞻到那些吃相难看的个人，并有那么一点点汉语言的功夫，就会与我有相似的感觉。我个人平日里很少出门，阅人有限，然因本土从来就不缺欠这一类的人物，也就多多少少有一些观感。印象最深的可叙说如下：

一是对习惯于怪怨外物却从不觉得自身有任何瑕疵的个人印象深刻。感觉上，他们的特性是由自我认知的障碍所致。

对于自我认知的障碍，我以往只是听心理学的专家提到过，并未深究，待查阅资料之后，方知有自傲、虚荣、自卑、偏执偏见等多种表现。再深入理解之，又觉得自傲与自卑看起来相冲，实际上是一回事，正是这种看起来矛盾的人格，促成了一个人的虚荣和偏执偏见。这样的个人粗看起来也许觉得可憎，看得久了，便会觉得其应属于可悲与可怜，原因是这样的个人不仅精神虚弱，而且其虚弱的精神还具有魂不附体的特征。

如此这般，这样的个人如果具有佛系的倾向还算是有幸，若是不幸地具有了上进心，那简直无异于遭遇了灭顶之灾。往具体处说，他们虚弱的精神无法支撑起本不该有的上进心。而偏偏又具有了的上进心，便让他们不能不陷入力不从心和德不配位的境地。作为具有社会性的个人，他们也想维持自己的基本尊严，甚至还觊觎本应由德才兼备者才能享用的荣耀和利益，就只好拔葵啖枣、投机取巧，哪还有什么像样的自我呢？

二是对所谓吃相难看的个人印象深刻，感觉上，他们的特性应是多元因素影响的结果。

我一贯的立场是，谁要是觉得人家吃相难看，就不要去看人家吃东西的样子，但很多人对我这种态度并不认可，他们的理由是，躲避一种消极的现象，虽比不得作恶者可恶，却也不是一种善行。现在回味一下这种批评，我觉得还是有几分道理，联想起过去时常告诉朋友或学生不要见到苍蝇就穷追猛打，并自以为高明地认为苍蝇若不是那个样子就不是苍蝇了，确实属于虚假的豁达。

深挖思维深处的根源性因素，我意识到自己对消极事物的躲避，并不是出自"天与地卑，山与泽平"的宏放，而是自觉以一己之力无法驱除那些事物，却忘记了若是人人皆存此念，文明的进步必将停滞的后果。这样看来，我是需要洗心革面的，即便不能立即获得力量，也应当带着责任和使命去正视消极的事物。在这样的心境下，我开始回忆曾经见识过的吃相难看的个人。

兴许是刚刚开始，心理一时还不能适应，我调动自己的理性，模拟法医的心态审视那些吃相难看的个人，终于发现他们也真的没有想象中的那么可憎，我因此竟然开始嘲笑起自己曾经的大惊小怪。所谓的吃相难看，只不过是看客们的主观感受，细究起来，那些个人不就是在吃的时候暴露了自己的个性吗？

他们不就是吃得急了点吗？

他们不就是吃得比较专注吗？

他们不就是吃得多一些吗？

他们不就是吃得满脸都是油渍和米粒吗？

他们不就是吃的时候只顾自己未顾及他人吗？

他们不就是为了吃而不惜牺牲尊严吗？

他们不就是牺牲了尊严之后还能够以此为荣吗？

审视到这里，我还是释放了自己的理性，并飞一般地回到了曾经的状态。我觉得自己曾经的豁达与宏放虽然并不完满，甚至有些虚假，但甘愿自认道行轻浅进而做一个无力的人去躲避那些消极的事物。人过中年之后，积久的立场是难以改变的，最多能够心平气和地解析自己。经过自我观察，可知自己对类似吃相难看的个人的躲避，并不是厌恶他们所吃的东西，而是欣赏不了他们吃东西时和吃得脑满肠肥之后的怪样子。

按照相关的专业标准衡量，我的这种情形可以归属到强迫性神经症中的一种叫作洁癖的表征。没想到搞来搞去，原来生病的竟然是我自己。果真如此，那么依据辩证的法则，作为患者的我原先躲避的和欣赏不了的那种被界定为消极事物的吃相难看的个人才是正常的。这就难怪自古以来瓦釜雷鸣的现象不只是没有绝迹，而且在风调雨顺的时候还能够成为时尚。然而，站在文明发展的高度整体地认知人文的世界，正当的选择还应是让患者回到医院，同时让健康的人登上劳动和创造的舞台。

健康的人们一样不可能一路顺遂，他们也会因此黯然神伤，但他们通常不会自以为强壮地质疑公共的规则，而是重整旗鼓，继续向前，这样的个人才是鲁迅先生所说的中国社会的脊梁。目睹那些怪坡陡、怨沟深的，莫名其妙的自信满满的个人，我想到了重温鲁迅先生的一段话。

1934 年，鲁迅先生发表了《中国人失掉自信力了吗》一文，该文最初发表于《太白》半月刊第一卷第三期，署名公汗，后收入《且介亭杂文》。其中有言如下："我们从古以来，就有埋头苦干的人，有拼命硬干的人，有为民请命的人，有舍身求法的人……虽是等于为帝王将相作家谱的所谓'正史'，也往往掩不住他们的光耀，这就是中国的脊梁。"先生的话格外有力量，但这力量好像只对那些组成"中国脊梁"的人们才能够发挥作用，这也是一个问题。

读深刻的书滋养智力，做艰难的事磨砺智力

无论哪个领域的成功，只要它是没有水分的，就先有优异智力的作用，但非智力因素的作用是绝对不能忽略的。这很像一句大白话，但其中细致的道理又很难为人重视，因而也就成为说起来无人不晓的道理，但对人们的行动基本上发挥不了指导作用。分析其中的道理，我们会发现这句大白话的先天不足，在于它是一个陈述句，而非祈使句。换言之，它在表述一种客观的事实，并没有隐含提醒或建议人们的主观意向。

为什么这个道理基本上没有被转化为一种提醒或者建议呢？仔细琢磨，似乎能意识到问题主要在智力作用的部分，因为关于发挥非智力因素作用的提醒和建议实际上并不缺乏，类似"勤能补拙""笨鸟先飞""贵在有恒"等等，就属于这一类型。反过来看关于智力作用的提醒和建议，恐怕一条也无法找到，即使像"要多动脑筋""不要耍小聪明"这样的提醒，其中虽然有"脑筋"和"聪明"的字眼，但提醒者的指向显然还是人的非智力系统。

这种现象实际上已经说明了一个事实，即对于社会的人来说，智力和德性一样是比较敏感的领域，从而使机智的人绝不会轻易在这些领域对人们进行提醒和建议。如果发生了那样的提醒和建议，则无异于在表达对具体对象的否定，提醒者或建议者注定出力不讨好，几乎无一例外地会获得对象的对抗。值得注意的是，人的教育恰恰就集中在智力和道德这两个领域。在教育中，教育者无疑希望受教育者的智力和德性均能符合教育目的需求。

当受教育者的德性不符合教育的希望时，教育者可以不假思索地运用纪律、通过训导实施干预；而当受教育者的智力不符合教育的希望时，我们发现在普遍的意义上，教育者基本上无计可施。指向德性的教育相对而言不至于让教育者无计可施，但由于其中无法避免两种意志的对立与冲突，通常会给教育者带来坏心情；而指向智力的教育虽很少有两种意志的对立与冲突，却因无从下手，通常会让教育者感到失意，严重的时候还会

让他们怀疑自己的教育能力。

两相比较，我相信教育者应该更需求智力教育之法，原因自然是他们最迫切的愿望是摆脱无计可施的困境和远离自我怀疑的心境。这也不是说教育者在德性教育的领域就能得心应手，而是因为他们面对德性乖张者，毕竟还有如"夏楚二物"者可"收其威"，因而也就能一边承受坏心情，一边释放坏情绪。可面对智力上的不配合，教育者又能有什么样的工具可以使用呢？他们的失意和自我怀疑又如何纾解？

教育者的艰难与教育学者的艰难在智力教育上是完全一致的。所不同的是，教育者的艰难由面对具体的智力主体无计可施引起，教育学者的艰难则是由他们面对教育者的无计可施引起。即便当代心理学在认识方面的研究已经相当深入，智力教育的理论和实践其实也无法顺利地从中汲取营养。理论上当然要好很多，但最为耀眼的成果也莫过于各种指向智力挖掘的教学模式，问题是此类教学模式在多大程度上改变了教育者在智力教育上的失意和自我怀疑呢？

聚焦现实，还有一个问题客观存在，那就是国内教育学者普遍缺乏心理学的兴趣，对于认知心理学通常也漠然视之，这便使他们的努力方向会在不同的意义上错开智力教育，以致一线教育者能够接触到的相关教学模式往往来自域外。遗憾的是，文化传统、思维风格等因素的影响，反倒使各种模式的积极实践者稍有不慎便会成为邯郸学步。他们需要专家指导的时候，又会发现一些专家还不如他们对智力教育更为上心。天长日久，他们也就只能将错就错或是半途而废了。

教育学者当然同样会感受到智力教育上的艰难，好在他们有条件不面对作为受教育者的智力主体，也就选择了相对而言有话可说而非无计可施的智力教育以外的问题。一定会有人在这里提醒我，教育学者同样可能面对作为受教育者的智力主体，因为他们一般也会指导志在研究的学生。的确如此，但事实是少有人会在这一教育阶段去做改善学生智力的尝试。或因此，我们能够注意到的是一些教育学者在接纳学生时的严格把关和教育过程中的埋天怨地。

从根本上讲，我们大概需要面对一个事实，即人的智力的、朝着积极方向的可塑性，远不及人的德性。经验的证据是，许多乖张的德性主体经过合适的训育或经受生活过程的磨炼，最终被众人认证为规矩的人。但我们听过多少关于迟缓的智力主体经过合适的智育或者是某种过程的磨炼而冰雪聪明的故事呢？这些终究是客观存在的事实，它一方面说明人的智力教育很不容易，另一方面也在告诉我们的教育学研究必须在这一领域下更大的功夫。

我们的教育在未来的质的飞跃一定会从智力教育领域突破，因为人的素质、素养提升的基础说到底还是智力的素质、素养提升。而在普遍有效的智力教育之法成熟之前，我们恐怕还得从优秀的教育传统中获得启发。

说到这里，我想到了众所周知的"有田不耕仓廪虚，有书不读子孙愚""宝剑锋从磨砺出，梅花香自苦寒来"。这显然也不是什么智力教育之法，但可以间接转换出两个智力教育的原则：有书就读，有剑就磨。这里的书是外在的材料，这里的剑是内在的智力。让学生读深刻的书，以滋养智力；让学生做艰难的事，以磨砺智力。即使将来真的有高明的智力教育之法出现，想着它的原理也不会超越对智力的滋养与磨砺。

一筹莫展时须重建心境

塑造灵魂即塑造自我

汉娜·阿伦特在论集体责任时说了一句极精辟的话，即"宗教语言中的灵魂就是世俗语言中的自我"，从这里我联想到了加里宁所说的"教师是人类灵魂的工程师"。如果他们两个人所使用的"灵魂"一词具有大致相同的意义，我们就能推知教师实际塑造的就是人类的自我。而人类的自我显然不具有现实性，又可推知教师塑造的实际上是个体的自我，这里的个体在学校教育中就是学生，教师要塑造的自我自然是学生的自我。

但深入地分析就会发现，言说塑造自我时，我们其实已经默认了学生个人已有自我这一事实。尽管对这一事实我们很难进行否定，但对现实的个人来说，自我绝不会是一种自然且持续性的存在。也就是说，在个人有意识的状态下，自我只能是时现时隐，进而我们所说的自我意识较强的个人，其自我在意识中显现的时间比例较大，而自我意识较弱的个人，其自我在意识中隐去的时间比例较大。

这当然也使另一个事实浮现了出来，那就是所有的个人在有意识的状态下，意识中的自我之显与隐都是一个动态的结构。具体个人的自我究竟是显还是隐，完全取决于最使他自己安全和得体的原则。通常情况下，强有力者的自我更少顾及，从而能以更大比例和更高强度的自我与环境交往，并在此过程中表现出显著的自信；反过来，非强有力者的自我更多谨慎，从而会尽可能隐匿或修饰自我，他们多数时候还会规避与环境的交往，这在旁观者看来就属于缺乏自信。

仅从这一侧面分析，两种个人自我的不同表现姿态，首先是与社会学意义上的心理安全联系在一起的。强有力者的潜意识中拥有一个判断是"世界是强有力者的世界"。如此，他们在自己的世界里自然不会有什么顾虑，心理的安全对他们来说并不构成问题。但在非强有力者那里，情况就迥然不同，面对不主要属于自己的世界，他们多少会担心数量和强度不足的自我在与环境的交往中有所损耗或出现闪失，因而会选择按兵不动或适度修饰的策略，以实现心理的自我防御。

我们完全可以想象出来这两种个人的存在状态和风格大不相同，前者阳光而凌厉，后者会韬光进而温和。在整全的视野中审视，各自并无什么等次上的差别，因而在人类积极的思维中，两种典型的存在状态和风格共同构成了具有辩证品性的人文生活整体。

但从个体存在的感受上来说，我们必须承认强有力者更值得我们肯定，原因是自然、流畅、创造、担当等建设性的品质无疑更容易发生在他们的意识中。非强有力者，固然也不失其独特的和可欣赏的侧面，但他们的心理世界往往充斥着朦胧、崎岖、保守和退缩，他们的自我也许并不孱弱，但在心理世界基本色调的映照下，总归是缺少自然、流畅和明朗的。对于个人的两种存在状态和风格，我们均可以投去理解的目光，却不能简单地顺其自然，否则一切人文理想和追求都无从说起。

教师要塑造学生的灵魂亦即自我，其前提应当是每一个学生均有勇气把自我用自己的方式交付给教师。无论每一个学生来自生活世界的哪一个社区，一旦走进师生关系之中，理智上都应该放下包袱。这自然是一个说来容易的事情，要使这件事情做起来也不至于多难，它必然需要教师至少在教育现场是一个比较纯粹的教育者角色，而不是明显携带着世俗原则的普通个体。

除了出于心理安全的考虑，个人不同的存在状态和风格还与其所建构的得体标准紧密相连。得体是具有社会性的人格必然上心的，它是基于存在感基础上的自尊感问题，若是要追根究底，恐怕还是要牵涉心理安全问题，因为个人所建构的得体标准，总是内含着自身以何种形象和姿态出现最能使自己达至内外的平衡。

在以上认识的基础上，我们再来思考教师对学生自我的塑造，需要指出三个依次显现的具体目标：一是要让学生有勇气在教师面前和同伴群体中显现自我，二是帮助学生形成适宜的自我认知，三是引导学生建构积极的自我结构。

永远不能低估了有勇气显现自我之于个人健康成长和发展的价值，对教师来说，同时也不要低估实现这一目标的难度。本土的传统文化一定程度上在暗示个体应对自我实施隐匿，这显然与现代社会生活的内在性格不相符合。严肃地讲，群体性的自我隐匿，所抑制的不只是个人行动的动机和热情，与此相伴随的一定有对个人创造力的抑制。教师需要提醒学生的主要是不能使自我的显现陷入自我中心的泥潭，最有效的策略莫过于帮助学生形成适宜的自我认知。

教师要让学生知道，缺乏适宜自我认识的个人，很容易走向两个极端：一是过度夸张自己的自我沉醉行为，二是过度否定自己的自卑心理。适宜的自我认知，一方面可以让个人得体地存在于生活世界，另一方面可以使个人的自我实现具有良性的背景和环境。应该说，在形成适宜的自我认知过程中，个人积极的自我结构也在被建构。在这一问题上，我们需要多说的是，教师需要借助科学的知识和人文的道理，让学生把自己天赋的个性心理特征与文化共同体乐见的世界观、人生观、价值观融合起来。

这也就是说，自我结构的建构，不仅具有纯粹心理的意义，而且具有社会文化的意义。众所周知，每当谈起我们缺乏创造型人才时，人们总是要展开对教育的批评，谁也不认为这种批评没有理性的色彩，但无论是现实的教育者还是现实教育的批评者，似乎都未能在理智的层面全面地分析这种批评。仅从经验的观察角度讲，教育系统对各种批评的积极应答，迄今为止主要还是局限于认知维度的教育过程与方法革新，很少有人去关注学生个人积极的自我结构建构。

虽然现代教育很注重对学生学习动力的激发和发展理想的引导，但对创造型人才必备的自我结构仍然缺乏系统的自觉。教育者甚至尚未普遍意识到自我的显现之于学生个人健康发展的作用，殊不知个人在自我不足的情况下基本上与任何的创造无缘。想必一定有敏锐的教育者会认为学生个人的自我显现和积极的自我结构不仅仅是教育的问题，这样的观念在很大程度上是符合实际的，但教育者却不能因此消极地等待教育之外各种因素的自然具备和自动组合。

现实地说，教育者和教育系统很有必要在全面的条件具备之前，依据历史赋予的教育精神法则无条件地履行自己的职责，即在力所能及的范围内，专业地、艺术地塑造学生的自我。足够强度的自我对个人而言至关重要，它的确是作为个体的人的灵魂。没有了自我，个人就失去了自主的意识，很自然地会毫无纠结地把自己的存在交由他人安排，这也就形成了与自主相对应的他主状态。

个人处于他主的状态时，便无异于一具空壳，空壳内本应存在的自我被他者的意志替代，他自己不得不成为自己之外的任何一种力量的工具。亚里士多德说："奴隶是有生命的工具。"这是多么理性的判断，但这又是多么残忍的观念。一个有生命的工具，其生命只具有生物学的意义，既然已成工具，就是没有精神生命的。没有精神生命的人，暂且不说其与创造型的人才有什么关系，他的健康发展也无可能。因此，坚守自我，塑造独立的灵魂，才是成就一个完整而真实的人的关键所在。

好风景都在寺庙的周边

很多好风景在寺庙的周边。这话好像说反了，应该说，很多寺庙在好风景的里边。把以上两方面的因素都考虑到，则应该说，寺庙与好的风景共同构成了第三种奇特的风景。走进宏阔的山川之间，如果自己身心强壮，或可能更喜欢没有一丝人迹的纯粹自然。若是自己的身心都比较平凡，云间山寺即使遥不可及，也能缓释一点人内在的孤寂。因而，通常的景致一定是被众人界定过的。

他们界定景致的方式并不似学者那样抓耳挠腮地整出一个逻辑的判断，而是把他们自认为有点美学价值的，尤其是比乡里、市井的事物更为纯粹和雅致的事物，搣进或粘贴在大自然中，其意味大致相当于"此山我开"，此中既有我属于自然之意，又有我拥有自然之愿。

凡来过有寺院的山间的人，在他们拾级而上的那一段时光里，间或有激情澎湃之感时，应是与界定景致的人心心相印的，比较符合多数人心性的审美体验就发生在这一朴素的过程之中。

我观览过许多的人文自然景致，小可以小到老家修仁村外长、阔、高均不过3米的薛仁贵寒窑，大可以大到伫立在三亚南海之上高达108米的观音圣像。各自的规模不同，却能给人以相似的感觉，其中之一是当我以崇敬之心瞻仰神圣的形象时，家乡的黄土和三亚的大海都不再具有水与土的本性，而只成为一种充作了背景的颜色和声音。

但当我把精神聚焦于土地和大海的时候，则忽然发现高大的观音和逼仄的寒窑竟然一样孤单。我不止一次地整理过类似的体验，最终发现一切神佛圣贤之所以被人安排在一时一地的最美丽之处，一方面固然有礼敬的意思，另一方面必然有日常生活中的人们的心中放不下神佛圣贤这一层意思。

也就是说，今天的人总体上虽然还是崇敬神佛圣贤的，最起码在口头和书面的表达中还是这样，但要众人将其时时留在心里，恐怕对神佛圣贤和众人都不是最好的安排。要众人面对见天飞舞的各种诱惑守一守静，无异于把他们架在火堆上烧烤；要让神佛圣贤寄居于备受煎熬的众人心中，又无异于对神佛圣贤的大不敬。

所以，把神佛圣贤安排在美丽的山水之间，既是古人智慧的创造，也是今人明智的选择。今天的人很多时候会想当然地觉得寺院越是古老，供在里面的神佛圣贤就越接近真实。我们明知其中的幼稚所在，却是极愿意随声附和的。因为，从人们的想当然中，我们能够品味出深受世俗问题困扰的人们还愿意相信某些精神的力量曾经存在和应能发挥作用。

据说近来求神拜佛的人又多起来了，这种情况一般反映的是他们自信力和对未来预测力的衰减。简而言之，人们曾经勇往直前的惯性正在消失，从而他们精神的难有自主和骤然增多的低水平失利，已经能使他们重新审察自己与环境的关系。

有一次，有一人问我信佛吗，我说信；这人继续问我拜佛吗，我说拜。我实际上是在附和他，只是我愿意附和，并认为这样的附和不仅能让问我的人心绪平静，而且能让我自己在附和之中有机会体会作为人类一员的幸福和高贵。

需要做出说明的是，我对佛的信虽然不同于问我的人，但我的信是毋庸置疑的。我信的是佛的大智慧，信的是佛对作为烦恼之源的无知和贪欲的揭示；问我的人，信的则是佛强大无边的、帮助他实现自己愿望的力量。从这个角度看，我的佛和他的佛就只是同名同姓的两种不同的精神力量，因而，我与问我者的心理也绝不会因为我的附和而有什么本质的联系。

若是有第三者恰好有机会在世俗的生活中同时见到我与问我者，应无可能把我们两者勾连在一起。我在努力地忘我，试图在美丽的自然中见到佛的智慧精神；但我却无法忽略问我者，在他问我的那一刻，仍然是在期盼一种绝对的力量能对他有特别的照顾。

需要说明，我也是拜佛的，实话实说，是心拜，原因是我觉得拜佛就是拜心。所以，在所有的寺院里，我都没有在大雄宝殿里五体投地。我无由烦劳佛祖看我这一俗人，反过来，应是我看着他无与伦比的面容，且从他的面容中读取能够饶恕一切愚痴和幼稚的宽容智慧。佛不会稀奇众人的焚香跪拜，他最乐见众人的觉醒。

或有一日，在三亚金刚洲上的观音圣像能见到海岸上均是行走的自己。他一定会变似笑非笑为开怀大笑。想到这里，我更能接受"求佛不如求己"的说法。美丽的山水之间是可以去的，自然也可以用自己喜欢的方式在山水之间礼拜神佛。我只能告诫自己，每见一次神佛，必反观自己的精神是否更加干净，也必静思自己的心胸是否更为宽广。

帕麦斯顿的信条需要怀疑

在帕麦斯顿第三次担任英外交大臣期间，1848 年 2 月，反对党在英国议会下院发起动议，审议自 19 世纪 30 年代以来的英对外政策得失，意在借机弹劾帕麦斯顿。当年 3 月 1 日，帕麦斯顿在英下院发表演说，为政府及其本人外交政策辩护时，说出了"没有永恒的朋友，也没有永恒的敌人，只有永恒的利益"。这句话的原文是：A country does not have permanent friends, only permanent interests.

虽然没有见到帕麦斯顿演说的全文及英国当时外交政策决策的具体背景，但凭借逻辑理性也可以大致想象到应该是秉持了利益优先甚至利益唯一的原则，而对英国传统价值有较大程度的忽视。因为，敌人和朋友分化的核心依据通常是"善-恶""正义-非正义"意义上的价值对立与否和程度高低，而不主要是"得-失"意义上利益有无和大小问题。

顺着这一思路去了解帕麦斯顿的外交思维，果真发现帕麦斯顿外交政策最为鲜明的特点就是以英国的利益为转移。继续演绎，在这样的外交思维支配下，只要能够使自己的利益最大化，既有的朋友可以成为敌人，而既有的敌人也可以成为朋友。这样的思维听起来的确不失精明，但这样一来，就等于说利益成为抉择和判断敌友的唯一标准，从而曾经发挥标准作用的"善-恶"和"正义-非正义"自然会被搁置，进而言之，世界上的朋友只有一种，那就是能以利相聚的多方存在。

在这种思维面前，那种"道不同不相为谋"的认识就显得保守了，积极地评说，这是一种道德理想主义；消极地评说，这是一种很可能因小失大的固执。帕麦斯顿与对中国利益的侵害有关，虽非直接发动了鸦片战争，但作为英国政府的重要官员，在当时政策制定中发挥了作用。为了自己的利益，英国政府不考虑其他国家的正义诉求，这种行为反映了当时国际政治中的强权逻辑。我们甚至可以想象，在这种强权逻辑下，当时的中国可能不及做其对手。

对于"善"与"正当"的情怀曾经是我们引以为傲的，也因此成就了许多伟大的事业。不过，历史总在运动，新的环境变化自然要带来新的应对策略。或可说在追求现代化发展的关键阶段，人们在某种程度上抽象地接受了"没有永恒的朋友，也没有永恒的敌人，只有永恒的利益"这一观念，并由此展现出了人们在发展过程中纵横捭阖的灵活风貌，当然同时也带来了一个值得思考的现象：在我们改变了对世界的认识和态度的同时，世界也改变了对我们的认识和态度。

这种改变在一段时间内给人们带来了宝贵的利益，然而也带走了人们曾经拥有的一些同样宝贵的财富。由于重视获得利益的效率，当下发达却曾经是敌人的邦国，在互利的交往中很像最好的朋友，而当下落魄却曾经是朋友的邦国，却因难以构成新的高互利关系逐步沦落为一门穷亲戚。而且，人们在互利交往中获得的新朋友还能一时淡化曾经的壁垒，这就让人更加容易相信"没有永恒的朋友，也没有永恒的敌人，只有永恒的利益"。

殊不知，这一信条的发明者才是该信条运用的真正行家里手，他们的高明之处在于可以为了利益而来回变脸。正像有人评价帕麦斯顿时所说："随着外交斗争的需要，他不断变换自己的面孔。他能使民主的词句和寡头政治的观点调和起来。他会在纵容别人的时候装成进攻者，在出卖别人的时候装成保护者；他也有一边溜走一边说大话的本事。在必要时，他撕下一切假面具，挥舞大棒，欺压弱者来达到自己目的。"①反过来想一想有悠久文化传统、堪称礼仪之邦的我们，又如何能做出那种不讲道义的事情呢？

但是，也正是在我们的纠结中，我们的新朋友可能说话不算数了，我们的老朋友可能翻脸不认人了，以至在某时某刻会出现只剩下我们自己的感觉。这样的感觉是令人诧异的，只是这样的诧异并没有多少难解之处。做一番系统的分析，便知这样的感觉之所以形成，也可能有我们自己的原因，简而言之，应是我们在优先高效率追求利益的同时，一方面淡视了与利益一样重要的价值问题，另一方面也过度相信了那些发达的新朋友真的只讲利益而无所谓敌友。

这当然是一件复杂的事情，我们实际上对那些新朋友的逻辑也心知肚明，但也不能完全否认我们自己在一定的条件下会抱有侥幸的心理，并对熟知的"事在人为"原则过分依赖。全面的实际当然是利益与价值从来就没有分离，只是说不同的阶段有优先哪个、兼顾哪个的差异，永恒的朋友必然是道义上的同类，而永恒的敌人也必然是道义上的对头。革命史上的先驱为了道义和价值都可以抛头颅洒热血；孟子也曾讲过"生，亦我所欲也，义，亦我所欲也。二者不可得兼，舍生而取义者也"（《孟子·告子上》）。这样一想，利益在积极文明的原则面前，尤其是在特殊关键的时刻似乎并不是最重要的。

体察现实的世界运动，我们更容易相信一个新的判断：没有永恒的利益，只有永恒的善和正义。这一新的判断应会具有生命力，而且有必要借鉴到普通人的人文生活领域。之所以做如此思考，是因为人文生活中的利

---

① https://m.163.com/dy/article/FKDQLTPG0549F6LA.html?f=common-recommend-list

益追求不仅在挤压道义价值的存在空间，而且已经严重污染了中华传统优秀文化。人心不古、世风日下还在其次，生命在运动中的失魂落魄才是最令人忧虑的现象。反思这一现象的形成，最为要害的影响因素只能是群体中的多数对利益的崇拜。

自然也可以说，对利益崇拜连接着人的生存和发展需要，是再正常不过的事情，但如果对利益达至崇拜的程度，人就会把利益的有无和大小作为自己行动决策的核心依据，并会以能否给自己带来利益和能否给自己带来更大的利益来决策自己与他人的关系。这样的价值思维和行动策略显然属于与"喻于义"不同的"喻于利"，无形中忽略了一个浅显的生活逻辑：文中子（王通）所言的"以势交者，势倾则绝；以利交者，利穷则散"（《中说》）。与之形成对照的是中华优秀传统文化中的"以道相交者，天荒而地老；以德相交者，地久而天长"。

我们中国人曾经是受外邦朝拜的，那不仅仅是因为天下富庶、国力强大，还有一个重要的原因是我们拥有先进的文化及其育成的文明礼仪，因而直至今天我们还是自信属于礼仪之邦。这至少说明在我们文化的深层，道义和积极的价值仍然占据着重要的位置。

邦与邦及人与人的交往从原则上讲是大同小异的，进而邦国的治理和人生的经营也是道理相通的。所谓君子之道，就其具体的内容而言自然会因时过境迁而不适宜于当下，但其承载"善"和"正当"的基本精神应该不会过时。而且，在较抽象的意义上，这种"善"和"正当"在人类社会生活中是具有普遍性的。话又说回来，崇尚道义和积极的价值并不能以利益的丧失为前提，理想的状态必是两者的平衡乃至和谐。事实上也只有这样，古人所讲的义与利才不会完全对立。

作为个人，为了生存和发展，当求有义之利，亦当求有利之义。如果在特定的条件下两者不可得兼，义字当头应是正途，只因行义者可长远、易持续，最终并不损利。由此又可知，为人做事最好还是先做格局和境界上的准备，用历史积淀下的智慧修饰和克服人性中的消极元素。暂时的损利必有未来更大利好得以补偿。经验和实践终会证明，"没有永恒的朋友，也没有永恒的敌人，只有永恒的利益"这一信条，即使具有合理性，也是极其片面的。

道德相对主义贻害无穷

当说起历史上的佞人、奸臣时，总有一种听起来很"有境界"的声音出现，其要义是说每个人都有自己的活法，压根也没什么对与不对。对于这样的声音，我从一开始就很难听进去，这倒不是因为我不懂得其中的有限合理性，而是对看似成熟的道德相对主义持一种不信任的态度。这一方面最强有力的支撑是：那些满口相对主义的成熟者，从来就没少振振有词地鞭挞他们认为的不对或恶。可以断定，他们在振振有词的鞭挞中一定是厌恶道德相对主义的。

而他们之所以能够摇身一变成练达的模样，要么是对练达本身心生羡慕，要么就是他们在各种因素的影响下向他自己也曾经不齿的原则产生了屈服。如果是第一种情况，我们最多可以说他们的心智还远未成熟；如果是后一种情况，那么他们的相对主义主张其实是对自己不慎重选择的巧妙辩护。虽然说这两种情况都可以被我们理解甚至谅解，但如果因此就对道德领域的相对主义网开一面，其消极的后果是怎么想象也不会过分的。

在自然世界中，不同物种间的差异的确无所谓好坏。在此意义上，麻雀没有理由笑话兔子没有翅膀；吃肉的狮虎也没有理由小觑吃草的牛羊。这全是因为不同的物种均有自己赖以存在的尺度，即使真的有作为比较依据的标准，也只能存在于每一个物种的内部。在此意义上，不同的麻雀、不同的兔子、不同的狮虎、不同的牛羊，还是可以依据某一具体的标准分出高下和优劣的。

明白了这一番道理，在人文世界的道德领域讲什么无所谓对错和善恶的相对主义，若不是一种深刻的糊涂，也会是一种肤浅的世故。假设他们是一种深刻的糊涂，就会毫无愧疚地在自己的时代复演岳不群、欧阳锋、东方不败的故事，并会以此为荣；假设他们是一种肤浅的世故，依我的观察，他们的真实状态应是羡慕那些糊涂人却又无力做到，因而心生羡慕，这在很大程度上还不如那些深刻的糊涂人在现实中活得畅快。

说句实在话，对于那些擅长违逆公序良俗的糊涂人，我也佩服他们的勇气，同时也佩服他们毫无理性的良好自我感觉。记得有年轻人问过我坏人知不知道自己是坏人，我的回答是绝对不知道。他们之所以绝对不知道，并不是因为他们心智衰弱，而是因为他们判断事物的标准中基本上不存在对错和善恶，而是只有利害和成败。试想一个根本就不用对错、善恶衡量事物的人又怎么能知道自己是不是坏人呢？

当然也不能把话说满了，客观的情况的大致是他们也是知道好歹的，只是不把好歹当作多么重要的事情，而且在需要的时候还能够把自己的不堪作为装饰成"好"和"对"的样子。从这个角度思考，这样的人原则上还是有药可救的，但要根治他们的恶疾，恐怕只有改造能使他们堂而皇之的人文土壤，这个难度无疑是较大的。

然而，越是在这种情况下，我们才越应该抵制道德领域的相对主义。只有这样，人文生活世界的公序良俗才不至于在那些深刻的糊涂和肤浅的世故面前处于明显的劣势。也只有这样，才能够为人文生活世界土壤的改良争取到适当的时间和空间。

或有人质疑抵制道德领域相对主义的意义，我以为其最大的意义应在于通过远离道德相对主义的思维让我们逐渐确立起清晰的价值形象。我们的文化中的确有中庸、平衡的元素，但也不乏爱憎分明的主张。不管生活世界中有多少小人的行径，人们从来就没有放弃过对"仁义礼智"的崇尚，否则人间的正义早就变成了传说。今天的人们之所以还有理由对未来充满希望，不就是因为绝对意义上的对错和善恶仍然被人们笃信吗？

真的存在绝对意义上的对错和善恶吗？是的，真的存在。只是我们需要为这个肯定的答案添加一个条件，即绝对意义上的对错和善恶在思维及道德的同一族群中是存在的。具体地说，中国人和非中国人可能有对错与善恶上的不同，但在中国人范围内，还是有对错和善恶可讲的。我们文化生活中的麻烦问题，其实并不是缺少那种绝对的标准，而是类似于"轻贫纵非"这样的亚文化规则在生活世界的主流舞台上也能够大行其道，这值得我们警惕。

我总是有一种执念，即当我们无视真假的时候，一定会令那些追求真理的人们伤心；当我们无视善恶的时候，那些道德上的模范很可能自惭形秽。谁也不会否认条条大路通罗马，但总有一些道路是人间正道，也总有一些道路属于歪门邪道。我们不能够因走在正道上艰难而怀疑正道的价值，更不能够因羡慕邪道上的收益而放弃对对错和善恶的辨别。

修养与理性和尊严有关

什么是修养？准确地说，在这个概念没有泛化之前，它指的就是一个人在人际互动中所表现出来的态度和方式；如果我们认可方式是由态度决定的，那么修养也就是一个人在人际互动中所表现出来的态度。在学术的表达中，"修养"是一个中性词，我们进而可以评说具体的个人修养好或是不好；但在日常的表达中，修养就不那么中性了，比如我们经常听人说某人有修养或是没修养，在这里，"修养"一词是接近"好修养"的。

说到底，这些都是语言形式上的事情，我们关心的则是修养的实质，亦即修养作为人际互动中的个人的态度究竟意味着什么。我相信明白了这一点，对教育和自我教育都是有意义的，至少可以让我们不只是觉得其重要却无相关的行动策略。对于这样的问题，寻找到相关的论述并无难度，但我们因此获得的终归是一般的言论。要实现对修养具体、深入的了解，还是走进生活现象的世界比较合适。

一方面，古人有过相关的提示，即"纸上得来终觉浅，绝知此事要躬行"；另一方面，修养本就是真实生活情境中的现象，只有深入生活世界之中，我们才能够真正体味存在于生活世界里的修养的意蕴。从简单处入手，我们首先可以反思这些问题：当我们说一个人有修养或修养好的时候究竟在表达什么？我们又依据什么做出了一个人有修养或修养好的结论？

仅凭感觉，我们说一个人有修养或修养好时，通常是他的一言一行给予人舒适和放松的感觉，但绝不仅仅如此，在感觉到舒适和放松的同时，我们还意会到一种与人性相连接的美感。

之所以把能给我们带来良好心理体验和美感的言行者视为有修养或修

养好，要追究起来，除了我们的积极心理体验和审美愉悦本身，好像也没有别的依据。其实并不完全如此，因为体现一个人修养的言行本身并不完全是因其特殊的形式才使人舒适、放松和具有审美价值，根本上是因为那些言行符合了一定社会历史背景下文明的标准。

文明是什么？它就是一种状态，以真善美为材料，并以真善美为形式，其功效一则是彰显人的理性，二则是宣示人的尊严。由此反推即可得出一个结论，即没修养或修养差，对一个人来说就是丢弃了自己的理性和尊严。由于他事实上可能是为了自认为比理性和尊严更有价值的目标而放弃了一部分理性和尊严，因而他的言行一则理性不足，二则有失尊严。

这在他自己那里，因合情合理，一般而言并无不适的感觉，但在别人的眼里，一定是远离真善美的，并因此让别人感到别扭和不快，从美学的角度审视几乎一无是处。有机会知道修养这回事的人，正常情况下是想有修养的。哪怕一个人在别人眼里没有修养，他自己也愿意装出有修养的样子，而且会用各种方式、利用各种机会强调自己有修养，这说明"有修养"对于正常的个人来说是一件好事情。

所以，就让我们都努力做一个有修养的人吧！在认同这一愿望的情况下，我们去寻找通向有修养的道路就会成为铁板钉钉的有意义的事件。无论我们最终能否找到，去寻找本身都会是一种别样的好修养。客观地讲，凡能走上这条道路的人，只需向前走，有修养或说是好修养就始终与他相伴。

任性来自个性表现的失度

每个人都有自己的个性，这属于一种自然现象。在纯粹科学的眼光中，个性的第一价值就是能使个体在群体中具有一定的显示度。换言之，如果个性不突出，一个人的存在就容易被遮蔽，就很难引起其他人的注意。即使说到这里，一个人的个性也不存在优劣问题。如同植物中的向日葵喜阳而绿萝喜阴，纯属各自的自然秉性，并不存在孰优孰劣。的确存在着一部分人更喜欢向日葵或更喜欢绿萝的情况，但他们之所以更喜欢其中的一种，大多不会是因为植物喜阴或是喜阳。可见，个性这一现象在纯粹科学的眼光中真的无所谓高低好坏。

但在社会生活中，个人不同的个性就会有不同的效果，社会生活的活力需求，客观上会使某种个性更具有优势。虽说萝卜白菜各有所爱，但我们还是能够感觉到，适度的阳光比起适度的阴郁要更受人们的欢迎。哪怕我们自己是比较阴郁的，还是更喜欢适度阳光的他人，根底上是因为偏于阳光的心性特征更能使生活具有温度，毕竟没有多少人愿意长久处于沉闷和半死不活的状态。

话又说回来，如果生活中只有阳光的明媚和温暖，这不仅不符合人性运动的自然节奏，而且不利于人心灵的坚韧与深刻。因而，活力四射的人也需要休养生息，否则，精疲力竭很可能使他怀疑自己个性的价值。反过来看那些个性相对沉郁的个人，我们偶尔也能从他们的沉郁中捕获些许的美感，但通常不大会接受他们将沉郁进行到底。

实际上，惯于沉郁的他们自己也会有讨厌他们自己的时候，其底层的根由是：任何个性表现一旦超越了某个限度，都会给人（也包括他们自己）带来不适。做一个简单的归结，个人的个性作为自然现象无所谓好坏，但一旦通过社会交往与他人发生联系，进而转化为人们评价的对象，便有了人的主观意义上的优劣。在很具体的意义上说，"萝卜白菜各有所爱"的现象就是这样产生的。

但可以肯定地说，爱萝卜的人并不见得厌恶白菜，爱白菜的人也不见得厌恶萝卜。转换到社会生活中，我们也许有自己最喜欢的个性特征，但在此之外的个性特征并不必然让我们讨厌，除非它们在我们的意识中成为过度的刺激。也因此，大多数人在大多数情况下能表现出对他人的足够宽容。

真的出现了我们对某种个性的难以容忍，切记我们无法容忍的并不是该种个性本身，而是具体个人对一种个性的表现程度。比如，认真这一个性特征总体上是受人欢迎的，但如果超越了某个限度，就会让人感到不适。因而，我们可以经常听到"老李这个人什么都好，就是太认真"之类的说法。"认真"无错，但认真到了"太"的程度，就可能令人生厌。

　　细心人一定注意到了我一边在谈个性，一边在谈适度，之所以如此谈论，皆因个性表现的"度"对个人存在状态和社会生活质量的影响实在不容忽视。不难发现，在不大在乎神圣、不懂得敬畏规则的环境中，许多烦恼就来自具体个人个性表现的失度。这里的失度存在着两个方向，一是严重不足，二是明显过度。

　　我们仍以认真为例，其表现的"严重不足"就是"太不认真"，"明显过度"就是"过于认真"。无论属于哪一种情况，只要其中富含个人的主观意志，我们就可以称之为"任性"。从字面上讲，任性就是个人不顾及他人的感受，同时几乎不考虑言行的后果，只是固执地依据自己的心理逻辑或言或行。用通俗的话说，当一个人处于任性状态时，他自己实际上关闭了自己的社会性和理性，在他人的眼里几近心理学意义上的裸奔，之于他个人当然是一种异常状态。

　　由于社会性的群体必然会重视理智的价值，因而通常会把任性视为一种个性的缺陷。幼小的孩子是容易任性的，原因是孩子的理性发展远未充分，意志力也严重薄弱，但因其幼小，成人世界是可以谅解他们的；如果任性的是成人，情况就大不相同了，我们一般会将其判定为理智的缺失。

　　任性一旦发生，就自然显露出具体个人的理智力和意志力不足，这对于成人来说虽然算不上什么大事情，但显然会降低他们自己对他人和在群体中的影响力。如果他的任性影响到了他人或群体的重要利益，就不仅仅是他个人的事情，转而可能成为社会生活中的灾异。基于此，站在教育的立场上，我们应该鼓励个人的个性发展，同时也应该鼓励个人通过克制失度的情绪和私欲，避免任性的发生。

积极奋进还须附加正确的价值引领

　　向前走，向上攀，往高登，往深挖，不管这些现象出现在哪一个领域，都会给人积极奋进的感觉。其实这就够了。方向对了，趋势中隐含着生命的力量，还有什么能比这样的状态更符合人的本质呢？若有不信的，不妨设想一人什么都不缺，唯独没有积极奋进的状态。先说这怎么可能。如果可能的话，无非两种情况：一是他祖上遗留了他需要的和不需要的一切，二是天上真的掉下了和他祖上遗留毫无二致的大馅饼。可问题是，无须自我积极奋进便能衣食无忧的生活又有什么味道呢？

看到这样的说辞，我们是不是应该予以肯定呢？就其强调人不应坐享其成而应积极奋进而言，的确是应该肯定的。但我们也不能把这样的肯定强加给所有人，因为每个人的生活历史和生态并不相同。如果你经验过这样一种地方，无论个人怎样积极奋进，都无法获得充足的生活资料，就能理解躺平在祖上遗留和天赐馅饼上的个人是多么合理。通常情况下，我们还会羡慕他们的幸运，同时怪怨自己的祖上不积极奋进，遗憾自己头顶的那片天空穷困潦倒。多么有趣呀！我们还是说到了祖上的积极奋进，大概是潜意识里并不认可天上掉馅饼这样的事情。

不过，对这种说辞的肯定只有在比较粗放的条件下才大致可取，原因是积极奋进只是显示了一种生命的状态和生活的态度，并未接受社会价值的衡量。一旦用具体的价值标准去审查具体的积极奋进，就会知道并不是所有积极奋进都值得我们赞许和欣赏。可曾见过兢兢业业、积极奋进的毛贼？他们真的能够做到窃而不厌、盗而不倦，表现出来的生命状态似乎也是"积极奋进"的，但心智正常的人绝不会从心底向他们投去尊重，这显然是因为他们是行窃盗之事的毛贼。

看了这段话，我们会不会觉得正确的价值比积极奋进的状态更为重要呢？如果给出肯定的答案，当然会符合先进文化价值的标准，但同样不能把它强加给所有人。这是因为，正确的价值在更多情况下可以抚慰心灵和精神，但在使人获取实惠的方面总的来说并不占据优势。反过来，不见得正确的价值，甚至一定不正确的价值，却能给一些人带来足够的实惠。难道我们能够贸然否定人们的实用主义选择吗？如果先进的文化价值基本存在于各种文本之中，实际生活中的约定俗成却是另一番景致，我们对先进文化价值给予肯定，在现实的意义上恐怕都不具有充分的道义性。

这是一件至少内含冲突进而令人纠结的事情。这种事情的普遍存在，已经成为个人生活价值选择和群体精神文明建设无法忽视的背景。考虑到每个人都要生存，都有愿望追求美好的生活，而生存和美好的生活不能没有各种各样的实惠，我们就会理解人们在获取实惠过程中对正确价值的忘却、无视和悬置，当然也会理解人们对许多非善观念和操作的羡慕。但考虑到群体的精神需要优化，进而考虑到人应该尽可能高贵和有尊严，我们又会默默地期望先进的文化价值遍地开花，当然也希望任何非善的观念和操作一无所获。怎么想，这都是一件内含冲突和令人纠结的事情。

现实的人不可能也不应该不现实，但现实的人总归是人，因而也不能完全地现实。若是完全现实了，也就不存在价值问题，人只须考虑自己的目标，而无须考虑手段的性质，此即所谓为达目的不择手段，那么群体生活也就没有了原则。目前人们普遍担忧的文明状况，应该就是指向这种现象的。人之为人，怎么也不能仅仅满足于无毛两足的层次，还是需要有一定量的精神以标识人的高贵。如果放弃了这一点，即便红光满面又如何？膘肥体壮又如何？间或有心灵空虚、精神变格者，即使他们满腹心机、满嘴仁义，又如何？

向前走，向上攀，往高登，往深挖，还是需要的，只是需要附加上正确的价值引领，才能让人在积极的奋进中彰显出人性的光芒。真的不能轻易放弃对正确价值的遵循，尤其不能艳羡非善的行为所能换取的利益，理由只有一个，那就是人之为人理应拥有尊严和高贵。对于这一点，也不必用什么"没有实利，难有尊严"来抵制。为什么不想一想没有尊贵人格的实利很可能成为人生的累赘甚至成为一种滑稽呢？如果近来过街的老鼠镶着满嘴的金牙，我们会不会一改往日的态度，对它们肃然起敬？

希望和担忧的微观沉思

无论是希望还是担忧，通常不是人心理系统功能的刻意表现。如果存在反例，就会被共同体界定为程度不同的"一惊一乍"。继续演绎下去，还会推论出当事人对现实体的不重视，然后，有关怀心的人就会劝他们不要想那么多。应当说，由一个人的希望或担忧引发的后续事件正是生活的真实，自然也是生活俗常的侧面。与此相对，习惯处于希望或担忧状态的个人，积极地说，是一种诗性方向的心态；消极地讲，是近似于麻烦的。但是，人是不能没有希望和担忧的。这一方面是说人具有希望和担忧的能力，而且不可能闲置；另一方面说明人所处的现实结构和过程必然作为刺激引起人非纯物理和纯生理的反应，否则人与非人的界限就会变得模糊甚至消失。

总之，人有希望和担忧的状态，既是一种自然的现象，也是人成为高级存在者的一种标识。且不说不幸的非正常个体在这一领域是有严重缺失的，即便是一个正常的个体，如果希望和担忧的状态几乎可以忽略不计，共同体的意识也会将其描述为没心没肺。这样的个人很难说是幸福的，当然也很难说是痛苦的，恰当的判断应是不具有作为人的完整性。

在此谈论希望与担忧，最主要的原因是充斥我们感官的心理声音正是这两方面的内容。这种情况在过去只能说是一种局部的存在，而现在却具有了普遍的性质。群体成员间显然没有相互的商量和约定作为前件，因而眼下的结果就属于地道的不约而同。当我们反思希望和担忧本身时，分明意识到人们对未来的思虑明显强劲于以往，但就其品质而言又不属于对现实的超越，也不属于杞人忧天和浪漫主义者的浮想联翩。继续察其真谛，原来不过是对未来不确定性的高度自觉。以往之所以没有这样的高度自觉，并不是人们欠缺了这种能力，而是他们有条件活在当下。

以此作为前提再行演绎，则可意会到现在的个人必然不是对希望和担忧突发了兴趣，而是未来的不确定性让他们在当下更容易如坐针毡。虽然说无法抑制的希望和担忧基本上没有用处，但人就是无法抑制，所以就无法抑制地被希望和担忧带走了。一定有细心人会说出有希望的好和有担忧的必要，他们兴许在心底认为正是希望使生活有了方向，正是担忧让生活规避了风险。那么，我只能谨慎地与他们商榷，其主题是目前流行的希望之实现是被希望者交付给天命的，因而不大靠得住，而他们的担忧之消除却无法托付给任何对象，因而只能由他们自己承担。

　　问题的关键是，如果他们有能力和信心承担自身担忧之消除，又怎么会把希望之实现交付给天命呢？借用由来已久的理性，我们隐约地发现许多人之所以陷于无法突围的境地，不仅由于他们真切感受到的未来不确定，而且由于他们在社会互动中已经接受了的因果关系不知不觉中不再灵验。因而，他们首先怀疑自己是否意识模糊，并用手使劲掐自己的皮肤，结果是他们感觉到了疼痛，意识到自己并未活在梦中，最终开始承认与自己长期相处的世界发生了某种结构性的变化。这样的变化让他们的经验乃至让许多共同体的智慧失去了效用。

　　于是，个体的精神世界在自感脆弱的同时渐渐地筑起了与世界两分的高墙。所谓人际情感的淡远、劳作活力的减退和思维速度的减缓，均不过是这种"建筑"行为的结果。

　　从人与环境互动整体的存在状况来看，与每一个人具有切身关系的因果关系弱化了，但作用于人与环境互动的因果关系却依然存在，由此带来众多的个人在意识中把自我的力量不断缩小，又把环境的力量成倍地放大。这种情况不管是对个人还是对环境，可能都算不上是积极的征兆。缩小自我的力量，一般会带来个人的退缩和更加谨慎，环境中的嘈杂声自然会减小，但彰显人主动性和创造力的行动也自然会减少；放大环境的力量，则使人可以把自己的退缩、谨慎、被动、内卷进一步合理化，还有可能间接地让维护环境秩序的另一部分个体在平衡原理的作用下更加有力。

　　随着新的平衡逐渐形成，人与环境各自会不同于以往，两者互动的原则和状况也会与以往不同。可惜的是，这所有的"不同于以往"，从逻辑上推论，我们所获得的结论很可能是担忧的持续和希望的降温。而就历史形成的人的心智状况来看，这样的结论既不符合善的趋势，也未趋近美的标准。如果这样的结论通过社会建构生成为新的集体无意识，那么冷淡、保守、无为等就很可能由天气演变为气候，进化论则会失去其最具有说服力的人类实践的支撑。

　　说到人类的实践，我们不妨引述一段进化心理学家的观点：使人类从其他动物中脱颖而出的天赋除语言外，还有其他两件法宝，一件是使用工具的天赋，即操控物质世界，使之为人类服务；另一件就是协作天赋，即操控社会世界，使之为人类服务。（史蒂芬·平克著，张旭红、梅德明译，《思想本质：语言是洞察人类天性之窗》，浙江人民出版社，2015 年版，第 264 页）现在，人们的语言能力减弱了，因为有效的语言实践减少了；人们协作的天赋隐匿了，因为人与人之间的交往屏障已使得相互的交往动力衰退了；唯有人们使用工具的天赋还在发挥作用，或因为它与少数人的好奇和多数人的贪婪具有更有机的关联。

算一算总账，人类从其他动物中脱颖而出的历史高度当然永远不会消逝，但既有的脱颖而出的纪录是不是越来越难以打破呢？上进的人们应不会满足于这样的状况，更上进的人们应不会容忍这种状况的持续，那他们紧接着的使命就只能是走出泥沼。至于用怎样的智慧走出泥沼，这必将是一个人类命运共同体要面对的问题。好在人类的哲学和科学探索已经清楚地表明，这个世界无论怎样变化，都在时间、空间和因果关系的范畴，这是我们继续前行的重要认识基础。在这三大范畴之中，时间及其表征的世界的过程，空间及其表征的世界的结构，都有人力可以作为的场域。因而，改变不利和不美的过程和结构，需要被优先列入人类实践的议事日程。

因果关系是比较复杂的，也是人力难以有作为的领域，那么就需要上进的人们重新审视我们已经认识到的有效因果关系，并遵循"人是目的"的原则对之做出选择和处理。特别要注意，遵循"人是目的"的原则，绝不是一切因果关系的选择和处理均要服从于人的私欲。恰恰相反，这里的"人是目的"是基于人类意识的、利于人类文明提升的原则，那种以满足个人私欲为目的的因果关系建构和选择应是受到鄙视和谴责的。人类文明需要选择的是显现自然规律和正确价值观的因果关系。

求学者须遵奉"书山有路勤为径，学海无涯苦作舟"的信条，其中内含着勤苦与学成的因果关系。一切愿求成功的人，都不能过于相信"世事洞明皆学问，人情练达即文章"的说法。世事也须洞明，但做事不能过于依赖人情，投机主义就是这种内含不正确因果关系的原则影响的结果，而各个领域的坏风气莫不与此有关。在此意义上，凡是要摆脱没有结果的希望和担忧的人们是需要做两件事情：一是抛弃庸俗的人间因果关系，二是敬畏自然的和积极正确的内在因果律。简而言之，就是要遵守不以人的意志为转移的客观必然性，远离必然导致投机主义思维和行动的庸俗价值观。

马不停蹄只是为了逃避虚空

总想从职责的劳务中逃逸的人很难被鞠躬尽瘁的人理解。反过来，每日像永动机一样没有停歇的人也很难被那些喜欢逃逸的人理解。这种相互的难以理解，并不是因为任何一方存有智力上的不足，完全是因为两种存在者不同的存在哲学不可通约。我曾经观察过惯于从职责劳务中逃逸的人们，说真的，他们并没有多么不可爱，我甚至还能从他们得意的神情中读出成堆幼稚的心情，但从他们的得意中的确也能看出来他们与文明之间毫无关联。与此类似的还有刻意迟到和早退的人们，在他们中间，除了个别出于世俗生活的不得已，其余的多数人是把对职责劳务的逃避视为另类收获的。

我说这话还有点文气，通俗地说，他们是把迟到一会儿或早退一会儿当作占了便宜。对于这一类人，我是不忍心批评的，因为他们尽管不利于积极的文化生态形成，却也有活得简单的一面。他们的同伴只要不大在乎他们的迟来早走，天下还是太平的，何况他们既然能够迟来早走，也说明他们的在岗与否之于事业并无严重的影响。换言之，他们也就是可有可无的人，只是为了生计而寄生于某个组织和岗位，众人是没有必要与他们当真的。

那些每日鞠躬尽瘁的人是不是相对而言就值得我们称道和效仿呢？也不尽然。这必须得看具体的情况。他们中间自然有尽职尽责的人，偶尔甚至还会有天生劳碌命的人，但同样存在着借助鞠躬尽瘁而实现自我的人。无论哪一种人，肯定不应该受到任何人的批评，但要说去称道和效仿他们，还是应当谨慎一些。

　　尽职尽责的人好像值得称道，这种想法不过是常人的思维习惯所致，一个人做了自己本应该做的事情，有什么值得称道的呢？我们之所以具有了这种思维的习惯，则是因为现实的生活中，能够尽职尽责的人也很难得，从而使一种正常的状态转身成为众人的楷模。

　　若要纯粹地说理，那些天生劳碌命的人也不值得去效仿。这是因为那样的人以那样的状态存在，并非完全出自德性的驱使，在某种意义上已经接近于自然的本能。试想，如果你有一天知道了他们的马不停蹄是他们自适状态的必需，你还会认为他们不停息地劳作具有很大的难度吗？

　　再说那些借助鞠躬尽瘁实现自我的人，他们得尽心竭力地使自己受益，他们所在的组织以至组织所在的社会只是顺便沾了点光而已。果真如此，还有谁会把他们的表现与许多神圣、崇高的观念联系起来呢？

　　对比了各种存在状态不同的人，并没有让我们获得新的启示，实际的结果是：生活就是这样。任何一种存在的方式和状态就其外相而言都不过是一种自然的现象。或有人立即指出人的能动性，进而强调人的主体性，以此说明并不能把不同的存在者简单地归结为自然的现象。那我会回复说，人的能动性和主体性，在人自己那里显得格外重要，但在宇观的思考中也无异于其他任何一种自然的现象。造物主造出人这种存在者，就是有能动性和主体性潜质的。

　　我的这种自然主义的思维，绝不是某种哲学思想影响的结果，而是基于我对许多人文事物底细的揣测，也不排除其中有个人片段的体验。不妨举个例子吧。

　　有一日，一位同行问我如何能有不竭的动力。依照他随时表扬我的逻辑，一定会预备下"有理想""有追求"等令人激动的词语，但我的真诚回答，让他预备的那些好词儿始终没有派上用场。我向他汇报说，我之所以看起来马不停蹄、鞠躬尽瘁，并不是有什么远大的理想，或是强烈地追索某种实在的结果，只是因为想极力地逃避虚空。同样逻辑的话，我在以往也说过，具体的内容是：我之所以孜孜不倦，不是因为能够从中获得快乐，而是因为不孜孜不倦的话，我会十分痛苦。

　　也就是说，我的所有对职责劳务的承担及实际付出了职责劳务之外的心力，更多的情况下是为了逃避自认为消极的存在状态。就说所谓的虚空，对于极少有休闲机会的人来说，不只是一种奢侈，而且会因没有充足的经验而不知所措。尽管平时的紧张必然带来疲倦，但真的有了终日可以无所事事的机会，我还真的有点无法适应。

记得疫情刚刚开始的时候，因为不知道将要持续多久，许多人应该是以最轻松的方式被动等待的。但随着未来的愈来愈不可知，人们就开始琢磨如何度日的问题。读书、做学问的人，平日里不管抱着怎样的心态，多少感叹过没有时间，然而等时间真的来了，却没有几人真的能够静下心来读书、做学问。看着书架上的书阵，想着心里头的学问，我一时也陷入没有感觉的状态，转身望望窗外，一切的存在在视觉的意义上并无变化，但窗玻璃的内外却是边界分明的两个世界。

随着疫情的持续，窗外的世界变得越来越虚幻，而窗内人的主观世界则越来越接近虚空。虚空是一种心理失重的感觉，忽然间，脚下没有了根基，周边没有了依据，你想结束这种状态，但一切的决定权又都不在自己的手里。那就打开电视使劲地追剧吧？或者拿起手机去听相声？这些在平常颇具吸引力的事项，在人虚空的时候也奇迹般地没有了色彩。就是在这种情况下，我翻开了人们公认的最难读的哲学书。既然决定了阅读，就不可能没有一点求知的愿望，但这种愿望与自我力图逃脱虚空的愿望相较，简直不值得一提。

现在反思自己一路的学习和思考，在早期，多与兴趣有关；在中期，会有一些功利心介入；再到后来，占据主导地位的就是对虚空等消极状态的回避。当然，我也不能否认，在极其现实的心理运动过程中，个人与知识、思想、理论逐渐建立起了一种深刻的联系，以致没有理由、也没有必要对自己与学问的关系有所掩饰。要知道这种掩饰虽然明显透着虚伪，但在具体的文化环境中又不失为一种得体。如果自己的学问并没有明显的长进，除非还做着学生，或者是酒喝多了，谁好意思说自己是一个热爱学问的人呢？

我现在说自己喜欢和热爱学问已经没有心理障碍了，应该说不仅热爱，而且必须热爱，因为在热爱学问的反面就是虚空——这是不能接受的一种精神状态。也许是由于对虚空的感觉深有体会，我确实难以读懂以逃避职责劳务为乐的人们的心思，尤其难以理解他们逃逸成功之后的快乐究竟意味着什么。好在我为此还有意识地注意过他们的形态，隐隐约约地感觉到他们身上特别宝贵的一种品质，那就是简单。

首先，他们的精神是简单的，几乎能毫不遗漏地展现在他们的体态语言之中。就其内容而言，具有贴近人类最基本生活逻辑的生动，在他们认为必要的时候还能够不加修饰地把人类最基本的心理活动机制展现出来。所以，他们能从并没有技术难度的逃逸职责劳务中获得难以抑制的快乐。

其次，基于他们精神的简单，他们与环境的关系也比较简单。由于可以不去思考那些没用的高深问题，他们的生命活动没有什么额外的负担。他们的哲学很讲实用、很有效率，而且具有随环境变化而变化的灵活性，因而是真正能够服务于生活本身的。

反观那些为某种不切实际、通常也没什么用处的学问而废寝忘食的人们，好像也没有比简单的人们从这个世界中获取更多的报偿，他们整日的若有所思，分明是把轻松的生活过得格外沉重了。

忽然想到一件事，即时常有人问我做学问有什么用，我大多数时候是笑而不答，因为我真的不知道该怎样回答。可以肯定的是，我不是因为做学问没用而去做学问的，但也不是因为做学问有用而去做学问的。我偶尔会说，之所以一直没有放弃学问，是因为也不会做别的营生。如果对方不大认可我的说法，我则会进一步说也就是因为比较本分吧。今天想来，还有一个原因应是：再无可做的事情和比较本分，使我彻底习惯了与学问的共处，一旦分离，就怕陷入虚空。所以，一直没有放弃学问，也就可以说是一直在努力逃避精神虚空的状态。

戏与人生难以两分

应是 1978 年后，随着样板戏的退场，传统戏曲又开始出场。顺便插一句，我说的"又开始出场"是学了些历史后才知道的。那时候，我正上初中，在平平常常的日子里，开始与传统戏曲有了相遇的机缘。清楚地记得有一日，姥姥遣小舅来我家叫母亲去看戏，我也跟了去，具体的细节已经有些模糊了。至今还记忆犹新的是，姥姥家村子里有一个大戏台，那戏台我也是爬上去玩耍过的，平日里没有半点趣味，但当有戏的时候，坐在台下则能感受到一种高高在上的神秘。

那一天是我们县蒲剧团在新时期排演的第一出古装戏，戏目是《十五贯》，与以往看过的样板戏相比自然会有些新鲜感，虽然演员的唱词也不能听得完全，但在大人们的讲述下，了解个剧情大概并不是问题。整体的感觉就像是在看一本动态的连环画，挺美的，再把台上的表演和台下的热闹加以统观，基本上是一种享受，否则那些情景也不可能到今天还能历历在目。

《十五贯》的故事情节我不想叙述，在看戏的过程中我就知道它是根据话本《错斩崔宁》改编的，这个话本我先前是看过的。戏台上正、反两派的一号分别是苏州知府况钟和当地无赖娄阿鼠，但出戏讨彩的还是娄阿鼠。我猜想若是在近代，台下的戏迷要扔银元或铜板，一定是冲着娄阿鼠的，原因是这个角色是最见功夫的，即便不懂行的人也能看到他卖了最大的力气。况钟虽然是正面人物，又属于父母官，有身份，有级别，但在戏台上只能做娄阿鼠的配角。

这当然只是个戏，便只能做戏来看，并不可当真。真到了现实生活中，知府况钟是要坐轿子的，在大街上是有人鸣锣开道的，而同在一条街上的娄阿鼠恐怕只能溜边儿。这样说来，戏里戏外，迥然不同，就像这在戏外遛边的娄阿鼠，一旦被编排到戏里，便立马变成了主角，扮演他的演员在戏班子里一定会获得最大的分成。我们家乡懂戏的大人们说，《十五贯》是三花脸戏，耍的就是丑角，卖的就是丑角的票。

我想这其中的道理，绝不是人们喜欢偷鸡摸狗的无赖娄阿鼠，而是在欣赏表演艺术家对一个无赖淋漓尽致的艺术表现，这显然是属于审美范畴的事情。换句话说，人们喜欢和欣赏的是演员的表演，而不是他们表演的无赖娄阿鼠。那么，我这样的判断是不是绝对正确而毋庸置疑呢？在以往我会做出肯定的回答，但现在我越来越怀疑自己的判断了。虽然我仍相信我过去的回答并不随意，但的确不敢说所有人都在欣赏演员对娄阿鼠的表现，更不敢说没有人欣赏娄阿鼠这样的人。

戏不只是戏，人生也不只是人生。正像一句不知出处的流行语所说：人生如戏，全靠演技；戏如人生，何必当真。我估摸着台上的好演员一定得把自己当作真的娄阿鼠，才能把他表现得惟妙惟肖，而台下的娄阿鼠大半并不认为自己属于无赖和败类，在另一种语境里，无赖和败类很可能是智者和精英的意思。依稀可见的生活景象，真真地一次次向人们证明戏和人生难以两分，故而既不能权当儿戏，也不可完全当真。

只有认可了戏如人生，演员才能把角色演得真真切切；只有认可了人生如戏，普通人才能够在真与假、虚与实之间游刃有余。普通人是生活在现实世界中的。在现实的生活里，如果一个人纯粹地虚来虚去，就是一个十足的骗子，是不可能持久混下去的；如果一个人纯粹地实来实去，就是一个十足的呆子，恐怕连同混下去的可能都没有。人们通常所看到的混得好的人，大多是虚虚实实、真真假假的存在，而且虚与假处于主导地位，真与实只是偶尔应对观瞻的。我敢说我们各种事业中的资源浪费、风气浑浊、多多少少是与这种虚假横行联系在一起的。

不过，这也只是容易感觉到的现象，其背后起决定性作用的东西，是把人生如戏奉为圭臬者的依托。这个依托从功能上来看相当于古代神话中的风伯雨师，正是据说很丑陋的他们让人间无数的娄阿鼠要风得风、要雨得雨。前思后想，在如戏的生活中，在风伯雨师的编导下，务实的人们大多做了群演，主角多是懂得真与假、虚与实搭配的"艺术家"，有时候如娄阿鼠者也可能站在舞台的中央，原因是生活中也会有排演《十五贯》的机会。2002 年，我在苏州的大街上转悠，竟然见到了况钟祠，当时立刻想到会不会在某个地方也有一个娄阿鼠祠，现在看来肯定是没有的。

得与失整体上是平衡的

这个季节，在水边或草木旺盛的地方行走，最让人烦恼的就是各种各样的飞虫。它们瞎飞乱撞，一会儿进到人的鼻子里，一会儿撞到人的眼睛，在这种情况下，虽然内心还是留恋眼前那些即将消失的生机，一般来说还是会坚决离开的。对于我来说，行走的目的只是锻炼身体，之所以愿意到水边或草木茂盛的地方，不仅有愉悦自己的想法，更重要的原因是不想浪费优质的公共资源。要说为了锻炼身体而行走，在哪里走还不是一样吗？

当然也可以较真地说走在不同的地方，人的感受就是不一样，这一点无人能够辩驳，但可以肯定的是在任何情况下趋利避害都是人的本能。如果没有飞虫的侵扰，人们自然愿意走在画一样的风景中；但如果飞虫的侵扰足以使人甘愿放弃行走，那为了健康，我们宁可行走在飞虫不去的地方。这样的经验多了，就会发现，那些原先不在我们选择范围的地方，竟也有能带给我们积极感受的客观元素，正应了"尺有所短，寸有所长"的说法。

仅说一点，那就是美丽的公园里很有人气，从儿童到老人应有尽有。喧闹的小广场是扎堆的人群，像有星光闪烁的林间小道，也会有个性的活动者。这就是美丽公园的特点，人在其中，起码不会感到寂静，更重要的是各种元素制造出来的安全感，让人可以暂时放弃享受寂静的念头。反过来想，我们经常行走在美丽的公园，若遇到与公园的美丽不相匹配的不美丽甚至不文明的现象，假如我们对文明具有一定程度的忠诚，多数时候会有一丝不快从心头掠过，有的时候这样的不快还会在意识中持续一段时间。

对于此种感受，我的理解是得其利者不免受其害。严格地说来，一种情境中所包含的利与害的可能性在理论上应是对等的，决定我们在或不在一种情境中的依据，仅仅是具体时间里我们愿望的主要方面是什么。具体地说，为了享受一种情境的好，我们甘愿承受其存有的不好；相反，为了回避一种情境的不好，我们甘愿舍弃其存有的好。

我始终莫名其妙地认为，就整个的人生而言，得失总体上是平衡的，进而"得之东隅，失之桑榆"并非无用的古代鸡汤文字。问其根由，应是人的精力有限，且在同一时空之中"鱼和熊掌不可兼得"。正是这种人的有限性无法消除，才使得"得之我幸，失之我命"不失为深刻。尽管我们可以对身外之物保留意见，但有一点我们无法否认，即每个人无不是赤条条来、赤条条去，个人之外的一切有意义的东西，无非是有限利益在人与人之间的分配和个体心理上暂时的拥有。个人生命的实质性意义还真的不是我们从环境中攫取了多少，而在于我们生命的本质实现了多少。

我的一位熟人是亿万富翁，比我年轻一点，却全身是病；我的另一位熟人也是亿万富翁，比我年长一点，不幸在电梯里告别了人生。我首先肯定他们的勤奋与能力，其次我也惋惜他们过于忙碌而无暇顾及自己的精神。说到底，沉醉于任何非本质的事务，终了会在自以为清醒的状态下免费滑入糊涂。说句真心话，糊涂不见得是一种不好的事情，自得其乐的基础一定与无知觉的糊涂有关，倒是一个人真的清醒的时候，几乎无一例外地得接受尴尬与孤独。因而，不去刻意地较真，也不去刻意地不较真，兴许是比较明智的选择，这其实就是所谓的顺其自然。

我偶尔会想起历史上许多钟情于自然主义的人，他们不单纯是预先体味到了自然的好处，大半是遭受了过于执着的痛苦，于是可以基本判定他们的自然主义精神差不多属于经验之谈。卓越者的经验，无论是来自积极的还是消极的感受，都是值得我们借鉴的，尤其是那些自然主义信仰者的经验，怎么想都觉得他们的人生相对来说还是要更为深刻一些。在他们深刻的人生里面，共有的元素确实有很多，最为显眼的则是恬淡。

恬淡者，不只是性格上的恬静，还有生活哲学上的淡泊名利，再深挖下去，则是清心寡欲。寡欲并非无欲，真的无欲了，人与环境的关系就黯淡了，因而可以说，寡欲的要义应在于人能运用理性使自己免于成为欲望的奴仆。不过，这一认识又是需要进行条件设定的，因为欲望的对象也是一个多元的系统，高级的欲望恰是人创造的动力，我们通常羞于表达的欲望属于与本能紧密联系的那一部分。如果一个人热切地想把宇宙人生的奥秘参透，我们也许会劝导他不必累坏了身体，难道不会与此同时钦佩他的境界吗？这样的人注定也会成为他的宏大欲望的奴仆，但对这样的奴仆，我们除了尊敬还能说出什么？

回到一个比较基础性的问题上，我们人是一个身心的复合性存在，这便决定了我们的所求必然分布在与身体性存在相关的物质领域和与心理性存在相关的精神领域。比较这两个领域，物质的是基础的，精神的是升华的，没有了物质的基本满足，任何精神的宣言都略显空洞；没有了精神的基本追求，任何物质的收获都会尽显苍白。理性一点讲，谁都不必看淡物质，必须承认足够的物质财富可以让人踏实；不用说，谁都不可看轻了精神，必须承认足够的精神财富可以让人高贵。理想的状态无疑是物质和精神两种财富同样充足，只是这种可能性客观上较小，在更多的情况下，一个人的财富结构总是不大平衡的。

不过，这种不平衡算不得问题，问题根本上在于一个人对自己优势财富的过于在意，更在于他基于自己优势的财富鼓吹一种片面的价值。清醒而明智的个人，肯定不必减损自己的优势以求得低水平的财富平衡，而应该补足自己的劣势以获得高水平的财富平衡。如果难以实现后一种财富平衡，我们只要能做到理性地对待自己的优势财富，就不失为人生的恰当姿态。人生的烦恼，一来自求而不得，二来自要风得风、要雨得雨后的无人喝彩，三来自对自己的所获过度在意，四来自无法抑制地与他人较劲，这四者无一不与人性的局限紧密关联。

认识到了这一原理，那么祛除烦恼之法也就显而易见了。若是求而不得，或增强本力，或主动放弃所求；若无人喝彩，或增益公心，或对得意秘而不宣；若对自己的所获过度在意，就把这种在意局限于自身；若是无法抑制与他人较劲，我的建议是直接去读一读老庄的文字，也可以去学一学释迦牟尼。这些旷世的智慧必能使我们悟到个人的执着和在意不仅无关紧要，而且能给人徒增烦恼。王阳明说："汝若于货、色、名、利等心，一切皆如不做劫盗之心一般，都消灭了，光光只是心之本体，看有甚闲思虑？"（《传习录》）我越来越觉得这话说得实在、空灵和通透。

良善的实践需要配上一定的原则

精明的人通常也是能干的人，他们最大的特征就是能够运用自己的聪明和个性获得最大化的利益。说真话，我真的很羡慕他们，羡慕的原因需要说明一下，不是觉得他们的境况是我所求，而是因为我怎么努力也不能和他们一样，因而也可以说这种羡慕里是夹带着自卑的。同样是人，自己怎么就做不到精明呢？羡慕归羡慕，我也不隐讳自己的立场，那就是我不只是不喜欢，而是很厌烦那些看似精明的人，说白了是厌烦隐藏在精明背后的自私。

尽管我们每个人都会有自私的倾向，但具有较高修养的人能把私心控制在一个适当的程度。那些被多数人认定的"精明人"，其自私的程度通常超越了正常限度，他们的思维和言行也许在自己那里再合理不过，但在他人的眼里可能是极其蹩脚甚至令人厌恶的。现在的价值观多元了，好像什么样的人都能够提供自信存在的理由，但在经典的价值标准中，任何精明到能让他人厌烦的人是经不起推敲的。

要说我们这个时代的好处，或许在于它能够容忍那些虽未明显违背道德却过分关注个人利益的个体。然而，若谈及它的不足，则在于它竟能让极端精明且自私之人可能得志扬威。如果存在这种境况，无疑会让那些心性纯正之人感到压抑乃至窒息，进而使得我们生活的环境有可能逐渐陷入了庸俗的泥潭。如果庸俗的环境拥有了各种因素支持，那么我们的生活环境客观上可能不适宜纯粹良善者的生存。

对于纯粹良善的人，在道义上我们应该给予敬重，但我也要真诚地表达我的想法，那就是我不知多少次会怨憎他们的软弱与无力。正是他们的这种软弱，一方面衬托了另一方面也助长了那些精明自私者的无所顾忌。我由此想到了怒其不争、哀其不幸，进而理解了纯粹良善者亦即软弱无力者往往被环境无视的必然性。

我估摸着每一个有阅历的人，既见多了精明自私的人，也见多了纯粹良善的人。我们无疑在价值观的意义上会小觑前者而敬佩后者，但在心理上，我们难道不会为后者着急吗？精明自私的人，无论有多么能干，总体上不招人喜欢；纯粹良善的人，无论有多么朴实，却往往不易受到应有的尊敬。这两种人或因天性或因德性，分别走向了生活实践的极端，均非个人存在的理想状态。

稍加中和，我们理想的存在状态应该是把精明弱化为聪明，并为自己的良善配上一定的原则。之所以要弱化精明，不仅因为精明的过度外显无异于毫无顾忌地裸奔，人性的狭隘会暴露无遗，更因为精明的过度会自动窄化人的视野、促退人的精神。除非一个人只考虑自己，只考虑与精神相对的物质性的所得，而且还能心安理得，否则，好的视野和精神还是值得拥有的。

不过，这样的观念还是浪漫了一些，高度现实的精明者一定不会认可，唯我是重、唯利是求的生活哲学，必然驱使他们对这样的观念无视或哂笑。但他们无形中忽视了一个重要的道理，即人活着的要义是活人。仅用精明换来的东西连缀而成的人生，不是充满着什么，就是散发着什么，唯独不会有淡雅清新之气息，怎么说也算不得对人生的正当使用。

那人是不是应该无条件地实践纯粹的良善呢？一定不是。除非世上的人个个良善，否则，无条件实践良善的人很可能成为东郭先生。良善虽贵，却不是人人配享，对无良之人施以良善，实际上属于对良善的误用。要避免这样的误用，就需要为良善的实践配上一定的原则，以使良善不至于明珠暗投。总而言之，为人不可过度精明，也不可无原则地良善，那可取之途自然就只余下在两者之间了。

一筹莫展时须重建心境

遇到了让人一筹莫展的事情该怎么办？不轻易放弃的人一定会聚精会神，没有结果永不罢休。很多时候他们就成功了，其余的人羡慕和歌颂，也许还会为自己的退缩而自责。但一定会有这样的情况，即那些令我们羡慕的不轻易放弃的人，尽管已经费尽心力却劳而无功，那么这种情况下又应该怎么办呢？要强的人一定会重整旗鼓，抱着必胜的信念再一次向让人一筹莫展的事情进发。有的时候他们就成功了，其余的人通常会把他们当作英雄仰视。只要英雄们愿意带着大家做事情，一呼百应的局面也就能够自然出现。

如果有一些事情，在一定的时空规定下，即使具有英雄人格品质的人殚精竭虑也一筹莫展，我们又该怎么办呢？遵循通常的思路，我们可能做出以下选择：

其一，绕开这样的事情，选择别的路径继续向前走。这一选择成立的前提是绕开这样事情并不影响我们最终达到目的，只是效率可能要降低一些。我们许多时候就是选择了这样的策略，用一句俗语表达就是"惹不起，躲得起"。乍一听，这种策略中内含着消极与懦弱，不足以表现人的斗志，实际上这恰恰是人面对巨大困难时通常调动起来的明智。

与巨大的困难死磕，无疑能够显现出人的顽强意志，但无法回避的意志寂灭，也容易让人完全跪倒在困难面前。相比较起来，不放弃最终目的的暂时迂回，反倒不失为具有灵性的人的智举。可记得"敌进我退，敌驻我扰，敌退我追，敌疲我打"的游击战十六字方针？这在敌强我弱的情形中，难道不是能够最终以弱胜强的典型兵法吗？

其二，把这样的事情设定为攻克的对象，与它打一场智力上的持久战。其实，游击战的上位就是持久战，假如只是逞一时之勇，便无须游击。因而，对于绕不开、躲不了却又无法一时攻克的事情，人们通常会选择把事情设为攻克的对象，面向长远，深思熟虑，也不排除根据具体情况进行系统的规划。

其三，暂时搁置这件事情，但绝不放弃攻克的企图，一旦时机成熟便集中心力打一场歼灭战，彻底摆脱由来已久的一筹莫展。这一选择应该说是从属于第二种选择的，之所以单列出来，是要突出其中的"时机"和"歼灭战"两个元素。显而易见，把握时机体现了人在与困难迂回中的机智，而打一场歼灭战则体现了人在与困难的迂回中始终不忘初心的坚定。这便是与游击战十六字方针有机相连的"不争一城一地之得失，不计一朝一夕之荣辱"的战略哲学。

我们讲生活与工作中的事情，竟然联系到游击战争的方针，并不是无原则的浮想联翩，而是因为面对生活和工作中的非日常事件，在我们不轻言放弃的情况下，真的无异于面对需要我们战胜的对手。说实话，如果这个对手只是牵动了我们的智力，还算不上多大的困难，最让人一筹莫展的常常是任何外在的技术也解决不了的我们精神领域的问题。

就比如说突如其来的疫情，技术上的事情由医疗卫生系统的专家和工作者解决，基本生活层面上的事情由相关的行政和后勤部门解决，但由疫情带来的我们心理上的焦急、烦躁、忧郁等，能由哪个系统和部门解决呢？关键是这一类的问题是绕不开、躲不了的，就驻扎在我们的心理世界，想甩也甩不出去。而且，什么游击战、持久战的策略好像也派不上用场，毕竟这个需要战胜的对手不是外在于我们的事物，而是内在于我们的心情。

这显然就不是什么具有机智倾向的行动方针可以消除的难题，恐怕只能在自我意识中进行左右手的互搏。其中，左手可以是消极的心境，右手可以是摆脱消极心境的愿望。但一种心境与一种愿望，好像属于同一块土地上长出的两株苗，实际上心境正是被消极情绪染色的土地，那愿望作为一株苗，无论怎样地苗壮向上，又如何能脱离滋生它的土壤呢？一筹莫展，这就是最自然的结果。

那我们应该该怎么办呢？欲摆脱的愿望是要保持的，但更有效的办法应是无可选择地探究某种方法，以改造被消极情绪染色的土壤。直觉上，必须发起任何一种能够集中我们注意力的新事情，把疫情的晕轮从我们的意识中赶出去，起码也得把它挤到意识的边缘。因为只有这样，我们的心境才能够从根本上得以重建，依附旧土壤的消极情绪才能够因失去了根基而逐渐枯萎。因而，正处于特殊条件导致的消极心境中的人们，需要使用自己的生命意志，做一次自己的主人，把曾经最迷醉你的事情调动出来，迎难而上，重建心境。

对"自觉"的心理学议论

自觉首先是一种态度，比较操作地说，一个人从"要我怎样"转换到

"我要怎样"，就等于有了自觉的态度。但"我要怎样"就能怎样，显然是小概率事件，排除天大的好运降临这种因素，便可知自觉也是一种能力。这样的说法并不是一种理性的和语言的艺术体现，而是对应着经验事实的。从反面分析，我们所说的不自觉的人，真的不全是他们不愿自觉。他们之所以最终没能自觉，用他们自己的话说，就是有点不由自主，也就是控制不了自己。

当然，这只是为了方便说明问题，自觉或不自觉的实际情形都不会那么纯粹和简单，只是有一点可以肯定，那就是自觉必定是同时关涉态度和能力的。可如果考虑到一个人只是愿意自觉，却无论如何也自觉不了，那他的愿意实际上只有助于他人的谅解，于他自己而言并无实质性意义。因而实际一点说，视自觉为一种能力，不仅有利于教育范围的拓展，还可能促成某种新的认识。

关于自觉，我隐隐约约地感觉到，它的核心应是一种自我激活和自我维持的能力。如果我们暂时确定自觉是一种能力，那么它的基本构成就是自我激活能力和自我维持能力两种，而且两者缺一不可。只有自我激活能力而无自我维持能力，那么自觉将会有始无终；反之，如果没有自我激活能力，即便一个人有自我维持能力，恐怕也派不上用场。何况没有自我激活能力的人通常也很难有自我维持能力呢？

这样一想，作为能力的自觉应是以自我激活能力为第一元素的，善于并乐于自我激活的人一定是能够自觉的人。不能自觉的人自然不善于或不乐于自我激活，他们也要参与各种任务的完成，就只好被环境或他人激活，所以他们整个的精神状态自然会被动，因主动才能有的各种人生的福利也就与他们几乎没有关系了。紧接着的问题是，如果我们愿意自觉，那都要激活什么，又如何激活呢？我以为首先要激活我们的心情，而后就是激活我们的思维。

心情总是有的，好像不存在激活的问题，这的确是一种事实。但不是任何一种心情都适宜我们做需要努力的事情。尤其是那些需要我们创造的、具有挑战性的事情，客观上只需求各种适宜的心情。比如，平静与激越就分别为内在的和外在的创造所需；而浮躁与颓废，则对任何有意义的事情都是一种灾害。所以，我们要激活的一定是类似平静与激越这样的心情。

千万不能以为平静不需要激活，须知道平静并非死寂，而是一种有品质的心情。难道我们会把不言不语、甘愿躺平当作心情平静的表征？真正的平静在其深层是与一个人的秉性、修养及价值观联系在一起的。从而，激活平静的心情，其实质也许是激活一个人特殊的秉性、修养及价值观。激越的心情如果不是一定刺激下的应激反应，也是需要自我激活的，它同样会在个人的秉性之外牵涉修养及价值。

曾有一老友自述看破红尘，开口闭口都是"没有意思"。叫他吃饭，他说吃饭没意思；我说那就先别吃，他说不吃更没意思。在这样的心情之下，他终日无精打采、东倒西歪，显然没有感情激越，但怎样也不属于平静，问其缘由，秉性还在其次，主要是一个修养的和价值的问题。

那思维的自我激活又意味着什么呢？通俗地说就是让脑子活起来，这话说来容易，要真的实现又着实困难。如果思维那么容易被自我激活，劳动精英就不会始终寥寥无几。虽说多数人不会不思进取，但架不住脑子就是转不起来。若是没有环境的和他人的激励，不知道人们会躺平多少片。说到这里，我好像意识到许多需要激活的心情，很可能是因为思维方面的难处造成的，因而认为思维的自我激活很可能更为重要。

不过，思维的自我激活也更为艰难，我们可以想一想，人们多在进行重复性的生活实践，难道只是因为因循守旧更为便利吗？积极地思维，人们大多应是因为不因循守旧就会无所适从，这才随遇而安。从理论上讲，真问题可能会激活思维，然而真问题也完全可以使思维的主体丧失信心。如此看来，有一个古老的策略是可以借用的，此即孔夫子所云的"有鄙夫问于我，空空如也。我叩其两端而竭焉"（《论语·子罕》）。

两端者，统一体中的对立两面。思维者若能让自己的思维运动在对立的两面之间保持张力，他即使基于游戏的心态，也能使思维处于活跃状态。一般说来，人的思维活跃了，心情就不至于滑向消极颓废的方向。认知的愉悦很可能让人对于思维欲罢不能。一个人若是不忍自己的思维自我陶醉，很可能把自己的思虑付诸行动。这种情况下，无须环境和他人的激励、唤醒，他自己就会自觉自动。

总有什么在考验着我们

小区院子里的环形消防道路其实就是走路锻炼的好地方。记得刚住过来的时候，滨河路上的过街天桥还在新闻里，晋阳湖公园也还没有竣工，每当空气质量还行的时候，我就在院子转圈圈。一年四季里除了冬季，在院子里都能见到气质不同的绿，走着走着不想走了，几分钟就可以回到家里，渐渐地也就习惯了，不敢说有多喜欢，至少可以说相对满意。

后来，我就很少在院子里走路了，原因很简单，原来新闻里的过街天桥变成了实际，晋阳湖公园也在青运会召开的那一年建成开放了。人就是这样，有了好的新环境，大多数情况下还是愿意去体验一番的，时间久了，新的习惯也就形成了。对于我来说，现在只是偶尔在院子里走，比如摸不准老天会不会变脸的时候，为了避免狼狈，就暂时委屈一下自己。

为什么说是委屈自己呢？主要是说院子里没有水，楼前那个被开发商叫作湖的不大不小的脸盆，多数的时候直诚见底，有水的时候也没有生气，自然比不上汾河里散发着鱼腥气的波光粼粼。说起来，还真的是河里的水吸引了我，至于公园里的绿，的确有规模，但品质并不比我们院子里的好多少。

不过，要说我是为了那一河的水去散步也不尽然，因为真的走在那里的时候，我是很少专门去欣赏那水的。水在我的意识里最恰当的功能就是一种背景，当然是一种重要的背景。作为背景的河水，总体上贡献着它的温润与平和，让人不知不觉中生出别无所求的观念。所以我曾想，在潜意识中，河水日常的形态与我的心境也应是相契合的。

有一日，我驻足观看夜光中的河面，化了妆的城市倒映在水中，那种如梦似幻直教人不忍离去。可转眼又想，难道是那种半真半假的光学效应令我沉迷其中吗？一定有这个因素，但一定不全是这个因素，因为在观赏的中途，我分明感觉到了光影的虚无和自我精神的出走，我只是知道自己还存在，除此以外便一无所有。

　　渐渐地，眼中的一切与我截然两分，我好像发现了一个心理学的秘密，即我们人之所以能与身外之物构成审美的关系，首先是因为身外之物的性状使我们安定，其次是因为它让我们有机会和条件体验纯粹独立的自我。再往深处挖掘，意识到纯粹独立自我的我们，顿然有了类的尊严。进一步说，如果身外之物的性状发生了改变，一切都可能是另一番景象。

　　沿着这样的思路，我在观念中让眼前温润、平和的水面汹涌澎湃，继而把它切换到怒不可遏的状态。一时间，层层的巨浪向我袭来，而且一点也看不出来平息的迹象。同样还是站在原处的我，一个不会游泳的现代人，真的不知道如何应对这突如其来的变化，哪里还谈得上生出纯粹独立的自我呢？但有一点可以肯定，只要我还有机会离开这一河的情绪，就断然不会再度光临，仅仅因为类的尊严由我遗失是一种无法弥补的过失。

　　通过这样的思想实验，应能使我们更加理解人们对自然界和谐的欣赏和对人世间和平的渴望，同时也就让我们理解了亚当和夏娃被赶出伊甸园之后的一切忧虑与烦恼。亚当和夏娃之所以被赶出伊甸园，是因为他们偷食了禁果，亦即"知善恶树"上结的果实。然而，令人不解的困惑就来了，难道知善恶进而明是非对人来说不是一件好事吗？按照日常思维确实不好理解，但转换一下思考的角度，我们就会恍然大悟。

　　我们想一想，不知善恶、不明是非时，人固然是懵懂的，却无忧无烦；一旦知了善恶、明了是非，人好像有了智慧，却也有了永远无法消除的矛盾。这种矛盾在自我意识中可能表现为纠结，在不同的自我之间则可能表现为冲突。有了纠结，自己不畅快；有了冲突，大家不自在。

　　若要追根究底，还不是因为不同的人坚守了自己认定的善恶、是非？可我们真的要是理解了世界的本无善恶和是非，难道不会为自己的执念而感到沉重吗？话虽如此，行为却难，但既然来到人世间，便须认真地做人。应铭记这人世人生，还就是个是非、善恶之地，它必忧我们的心，必烦我们的思，它永恒地在考验我们的修炼和智慧。

走向自信的三部曲

我们今天讲自信，并不是说要硬做出一种独立坚定的姿态，而是因为我们社会文化中存在的一种崇外倾向，与此同时担心外人觉得我们与他们不一样。要知道在一定的思维和价值背景下，我们或许在无知无觉中丧失自己的本色。如果在丧失本色的同时又无法像外人一样，那就真的陷入邯郸学步、不伦不类的境地了。但我们想要有的自信绝非有了自信的决心就可获得，从理论上讲需要在意识领域经历三个阶段，具体地说就是依次出现的三种心态：一是"我们并不比外人差"，二是"我们和外人一样好"，三是"我们其实比外人好"。我们可以把这依次出现的三种心态称为走向自信的三部曲。

说"我们并不比外人差"，这一判断既可以来自我们对自己现实进步的自觉认知，也可以来自历史的辉煌，这一判断通常能够让我们在心理上不自卑。不用说，来自前者的自信具有更坚实的基础，原因是现实的进步具有可感觉的特征。毕竟人是容易健忘的，对于历史上曾经的辉煌，我们要么记忆模糊，要么羞于大张旗鼓地回忆，实际上是担心别人嘲笑我们言必"祖上如何"。虽然说祖上的辉煌也是我们自己祖上的辉煌，但那已是昨日，若当下无所建树，只能说明我们作为后人的不济，所以无法成为支撑我们自信的坚实基础。

说"我们和外人一样好"，这样的判断必须建立在一个前提下才有与自信相关的实质意义，这个前提是我们的和外人一样好，是我们自己智慧实践的产物，而非因简单复制了外人的智慧获得的。这便意味着我们自己的智慧并不见得非得纯粹是自己的，当然可以是在继承和弘扬我们自己的优秀传统基础上合理借鉴外人经验进而形成的常新的智慧。显而易见，问题的关键在于我们所坚持的和借鉴的，均需要基于我们的理性，基于我们思维和人格上的自主。那些伴随着外人胁迫而不得不接受的东西，即便客观上给我们带来了利益，也只能使外人而不是使我们更加自信。恰恰相反，无批判地接受了外人的经验且获得了实际的进步，正是许多个人对我们自己的本色妄自菲薄、对外人的经验顶礼膜拜的真实原因。

　　说"我们其实比外人好"，这一判断如果是依据某种公共、普遍的标准得出，那它得出之日就是我们自信的确立之时。理性而言，失利者若想摆脱失利的状态绝对不能自卑，但只有成功者才能拥有真正的自信。长期失利者自以为具有的自信，本质上只是不服输的精神。讲一点科学，人的自信只能在一次接一次的成功中自然形成，不可想象一次次的失败还能够使人真正地自信起来。回顾我们今天讲自信这件事情，不就是因为我们在各个领域获得了前所未有的成功，且这些成功来源于我们自主选择的道路吗？

　　自信对于我们自己来说是一种不竭的动力，但对于外人来说很可能是一种压力，因而一部分外人就会因我们的自信而郁闷。这又启示我们在任何情况下都不能因坚定自信而蔑视外人，最为适当的姿态或应是文明的平视。也许我们的平视都能让一部分外人心神不宁，那就不是我们自己的问题了，只能让那一部分外人在时间的长河中慢慢适应。目前的我们实际上正在以平视的姿态、自信的心态与外人对话，但在各种因素的影响下困难重重，那又该怎么办呢？我想，既然有了基础自信，就应当保持平视的姿态和自信的心态，实际上除此之外也别无选择。

教训比经验更深刻也更可靠

　　失败的教训比成功的经验更深刻也更可靠，最主要的原因应是导致失败的教训与失败之间的联系既是显然的也是直接的，而由成功者主诉的经验与成功之间的联系细究起来只是程度不等的相关。

　　换句话说，被称为失败教训的事件，无论谁去重复都会失败，而被称为成功经验的事件，并非所有的重复者都能够获得成功，客观地看，能因此取得成功的往往还是少数。

我想，这大概才是"失败是成功之母"成为格言的真正原因，原来是失败的教训中存在着失败的因果规律，失败者若能够反其道而行之，即使不必然取得成功，也能够避免同样的失败，天长日久，只要咬定青山不放松，就能够最终获得成功。

所以我推测，思想家的成功应该大概率地与非思想领域的失败相随，进一步说，越成功的思想家则会与越触心的失败相随。这里所说的失败，并不限于具体的有目的行动，也可以是未成行动的失败念头，甚至还可以是导致念头难有的失败心性，它们中的任何一个都可以成为人傍上思想的原因。

当然，这只是一种推测，而且必须排除一种情况，即一个人的各种失败全是因为他低下的思维能力。反过来也许应该说，只有思维能力卓越的人，失败的体验才可能成为他深刻思想的催化剂。

说到这里，有一个疑问必须说出：难道成功与思想的深刻竟没有缘分吗？在释解这一疑问前，有必要先说明任何人间的事情都难有绝对，因而我们说非思想领域的成功者难有深刻的思想也只是相对而言，谁也不能排除样样都好的人冷不丁地会出现。

不过，只要深入分析非思想领域的成功，就会发现那些成功者的"众性"并不具有思想性的内涵，通常内含特殊的个性品质和行动的天赋。其中的个性品质集中在自信、坚持等方面；其中的行动天赋，首先集中体现在"行不行都试一试"的观念上，其次还表现为行动的机智。

由于这个世界从来就是行动者的世界，因而行动者的语法和逻辑从来都是占据主导地位的，换一个角度，也可以说这个世界的话语权是由行动者拥有的，进而他们会被委托界定成功、运用成功，无须深思即能成功，那么成功的经验更可能是成功者解释性的自言自语。

有俗语说成功者可以解释一切，足可见成功者的成功经验，其更大的价值在于让成功者能够自我欣赏。既如此，失败者的教训较成功者的经验更深刻也更可靠也就没有什么稀奇了。

但是，我对这一很可能靠谱的判断还是有点拿不准，便请教一位真正聪明的朋友。他告诉我说："失败者的教训之所以深刻和可靠，是因为教训来自失败者的反思，反思者之为反思者，则因其真诚与足够理性，而成功者的经验不大可能来自反思。成功者通常认为他们的一切拥有和作为都是成功的原因，所谓经验不过是因为他们是成功者所以他们成功了。"

我觉得他的说法角度新奇，直击要害，让我很是受益。由此我也有了新悟，即失败者的教训比成功者的经验更值得珍惜，因为成功者的经验很难使学习者获取和成功者一样的成功，但失败者的教训却一定能让学习者避免和失败者一样的失败。

作为生活技艺的解释

解释作为人合理化自身的技艺，远比许多生存的本领还要重要，因为它能让人对任何一种处境和选择实现心安理得，而这一点对于人自我生活感觉质量来说简直太重要了。如果人不能确证自己处境和选择的合理，他就会心虚进而神不守舍，最坏的结局就是对自己存在之道义性的怀疑。毕竟人是具有社会性的。人的存在并不主要以生命体的健康存续为本质。

如果他因自身存在的道义性不足而无法为群体接受，作为社会性存在最重要的指标即归属感就无法形成。在这样的情况下，无论他占据了多少物质财富，甚至无论他获得了多少精神的成果，都只是他个人的事情，他自己的存在价值因他自己的绝对孤立永远不能显现出来。

那么，这样的结果与解释的技艺又有什么关系呢？问题的关键仍然在于解释所具有的使人的存在状况实现合理化的功能。

合理化，就其心理学的实质言就是自我安慰，但这种自我安慰绝对不同于阿Q的精神胜利法，其核心的要领是人借助形而上学的方式把自己置于无限的自然世界之中，从而在思想上消除自我的任何傲慢基础，完全把自我视作自然存在的细小部分和卑微环节。这几乎等于说个人的一切处境和选择均无非是自然运动的结果，与他自己并没有多少关系。

只有在此之外的解释才可能是人以自我为中心的蹩脚辩护，阿Q的精神胜利法也属于这个范畴，算得上令人同情的滑稽，但算不上个人积极存在的技艺。现实中，人们合理化自己的解释在多数情况下的确是以自我为中心的辩护，但如此的多数并不能承载它最本质的意义。

多数人之所以如此，只是因为多数人并不具有形而上学的思维习惯和把自己置于无限之中的本领。如果他们能够幸运地走出思维的局限，就有机会体验自己与无限自然世界的真实关系，这将使他知道自己无论怎样不堪，只要未选择精神的猥琐，就都可以获得原谅。从此意义上来说，所谓用于合理化自身处境和选择的解释技艺，实为在意识中自觉陈述了自身与无限自然的关系。

那么，我们是不是可以说这一技艺至关重要呢？这一问题的答案可以是否定的，如果有生命个体的生存和安全需要尚未满足，那么来自他们的否定答案合情合理。这一问题的答案当然也可以是肯定的，如果有生命个体想真的实现自我或在此基础上有了对生命、生活的审美意识，那来自他们的肯定答案就不仅合情合理，而且是必须和必然。

在最高的层面，人对自我的认识绝不限于对自我物质躯体和心理需求的认知，其核心的内容一定是人在感动中理解了自己与无限自然世界的关系，这当然就包括清楚地知道自己的位置和质量。

养生在无雪的冬天

冬天不下雪的时候，周围的一切似乎都没了生气，运动着的事物在人的感觉中和动画没什么区别。世界还是那么大，但是很多事物明显变得稀薄和脆弱，因而走路、开车、张嘴、动步都需要缓慢一些。这样做了，即使仍然感到干燥、寒冷，也可以算作养生。

最好能多喝热水，一方面可以驱寒，另一方面也能润泽血管、骨骼和肌肉。只要还上班，该做的总要做，工作不会因为天气寒冷和不飘雪花就自行消失，所以多喝热水也是工作的需要。

简单地总结一下，在不下雪的冬天，肯定不能着急，说话、做事、想问题，都应该慢慢地进行，只要不停歇、不窝工，就会不断有新的收获。很可能因为我们慢而少收获了什么，这也没有什么关系。俗话说得好，"留得青山在，不怕没柴烧"，还说"不怕慢，就怕站"。这些都是先人的智慧结晶，是经过实践检验的，应该不会有什么错误。

关于多喝水，确实很重要。平时伤风感冒或者有一点不舒服，医生和有经验的人都会给予我们这样的建议，其中必定是有科学依据的。水在我们的身体里是流动的，会把有益的东西带到各个角落，也会帮助我们把无益的东西一点点带走。这其实就是新陈代谢。

有了健康的新陈代谢，我们的身体就会自然趋于健康。更重要的是，身体的健康会直接支持我们精神的良好状态，精神状态好了，又会反过来回馈我们的身体，此即良性循环。现在，我们都知道了身心的交互作用，这是科学知识普及的结果。我们是需要在生活和工作中讲科学的。科学既能给我们带来认识上的清晰，也能给我们带来行动上的高效。

认识上没有了模糊，行动上减少了迟滞，我们的心理感觉应该是比较好的，精神状态当然也不会差。说到心理和精神，在不下雪的冬天尤其应该引起重视，原因主要是自然界在这时候活力较弱，进一步也会降低人的心理过程质量和精神世界水平。

要摆脱这种结果对生活和工作的消极影响，我们至少应该对其重视起来。这样的重视，实际上是我们在与外部环境的相互作用中需要采取的必要平衡措施。如不然，我们的内在世界和外部世界就会是一个样子，没有生气和活力，只有寒冷和干燥。

要做到这种平衡，也是需要付出努力的，但很值得，而且也不会持续很久。雪莱说过，冬天来了，春天还会远吗？这样的话，在物理学的立场上的确没什么实际意义，甚至还显得天真和幼稚。然而，对于以心灵运动方式存在的人来说，这样的话自带三分温暖，并给予我们坚持做有意义事情的希望。

其实，春天什么时候来，自有季节运行的规律决定，雪莱说不说那样的话，春天都会如期而至。但他说了，人间就多了很多的希望。我估计春天没来之前，八成会天降大雪。真到了那时候，虽然还走在冬天的地界，但我们的一切必定比现在好很多。想了想，天已经好久不下雪了，离下雪的日子还会远吗？

想起了"行路人"

行路人，这是我青年的时候对人生的把握，基本的意思是说人的一生很像从街的一头走到另一头，但不同人走这一路会有不同的主观感受和客观效果。有的人招摇过市，有的人东游西逛，有的人行色匆匆，有的人若有所思，不胜枚举。每一种人的行走都伴随着自我的主观感受，会留下不同的街谈巷议，当然也会有风一样地走过去而了无痕迹的。

这就是所有人的人生整体图像，听起来淡淡的，不失简明，却略显轻飘，又倍觉沉重。如果有人清晰地意识到这一切，又恰好遇上降薪或降霜的秋末，就容易接受宿命论的思想，并很容易欣赏和信仰悲观主义。

我庆幸自己是个马虎的人，走在街上的时候，只是自顾自地穿过人与人的间隙，渴了就买汽水，饿了就要炒面，既不急着往前奔，也不多余地往后看，恍恍惚惚地少有思谋，反倒是无意中错过了许多烦心的物和烦心的事。虽然少了些阅历，却无形中多了许多快意，最起码多了许多也许属于平庸的平静，而我却能欣然接受。想起来刚有行路人意象的青年时期，真的就像与自己没有关系的他人的历史。

在此刻回忆起那时，就如同在傍晚眺望远方隐约闪烁的路灯下穿戴朴素的异邦人，一时间自己的眼中不由得生出笑意，自知那远远的路灯下有一个曾经的自己。还记得"行路人"在那时成为一篇短文的名字，擅长隶书的伙伴用亮黄色的广告颜料在绿色的一开纸上整齐地书写了《行路人》，然后就上了我们的墙，存续了好久好久，让每一次品读拙作的我都比上一次更老气横秋。

那时的青年不娇气，相反，倒是唯恐他人觉得自己是个青年。没胡子的人实在是没什么办法，但凡有点男人底子的，恨不得一夜之间把自己变成张飞。剃须刀是每个人都有的，但包括我在内的一部分人即便偶尔让它派上用场，也是因为道听途说人的胡子会越刮越硬。

青年时期的我，有不留胡子的时候，也有留胡子的时候，再加上自以为能彰显成熟的纸烟，活脱脱地就是一副装大人的样子。想象一下这样的青年行走在人生的大街上，哪还有什么对未来的乐观和悲观，吞云吐雾中若有所思，也不过是为赋新词强说愁的扮相，自我期待的成熟多半会用唉声叹气的方式表达。

关闭回忆的开关，路灯和它下面的异邦人自行消逝，回到当下的我方有机会察看包围着自己的熙熙攘攘。卖烧烤的，闯红灯的，按喇叭的，打酱油的，下象棋的……这些都是我想象的，要说在我的意识里，熙熙攘攘的其实是各色的人类和各种思想，他（它）们倒着班地一会儿让我眼花缭乱，一会儿让我左右为难，且不说这脚下的路有多长，这路上的脚是一步也不想往前挪。一则是因为挪不动，二则是因为不想挪。

挪不动，是因为街上的人太多，有事的、没事的都挤到了一处，愣是让前行的人们只能在拥堵中长叹；不想挪，则是因为如今的街道虽然更宽、更平，但没有必要的速度和效率，总是让不忍虚度时光的人们无论获得了什么，心中却是一片的空白。那种空，是令人胆寒的无底的空，任你把多少思虑扔进去，都无法听到丝毫的回声；那种白，是令人瞠目结舌的无生气的白，即使是鲜红的山楂酱也遮不住它的僵冷。

总有人说现在的人活得累，这样的说法并不准确，即便是说心累，也还是有点笼统和模糊。如果追问这心累究竟是何意味，我们又该如何回答呢？要我说，这个心累其实并不是累，而是人心无药可救的空与白。须知身体的累可借助休眠而消除或缓解，只有无药可救的心之空白才能够让人的精神没有着落和前程。

我们都听过有梦游的人，有惊无险的时候只觉得有趣，若是引发危急之事，我们多少是会有忧虑和恐惧的。设想满大街的人中有半数正处于梦游状态，可我们又无法分辨出谁正在梦游，这时候的我们会是怎样的感觉呢？又设想根据科学的标准，我们自己就是一个梦游者却不自知，这街道和这城市以及向外无限延伸出的世界又是怎样的景象呢?

　　有一天，我趁着好空气和好心情，走在了城市里最讲究的一条街上，见识了许久没有见识的灯红酒绿和人头攒动。我故作清雅地只看牌匾上有傅山等级的书家所书的大字，自觉得半自动地走过了街道的大半，便不再想移挪。闻着扑鼻的香气，我排着队走进了能够吃到地道的大同羊杂的一家饭馆。

四

摆脱思维的固化

如果每一个人……

如果每一个人只需要尽自己的力量做好每一件具体的事情而不需要考虑更多，这对于他们来说是一件好事还是一件不好的事？我估计在不能做细致思考的情况下，更多的人会倾向于认为是一件好事，原因是单纯地做事省去了人们许多顾虑，自然也就省去了许多烦恼。但如果有充分的时间来思考，我估计应该有一部分人觉得那样做事情没什么意思。因为单纯地做事而无须有更多的顾虑，人们固然可以省去烦恼，却也一同丧失了在自然真实的环境中成长的机会。既然现实的人生不可能纯而又纯，又何必刻意使做事情变得简单、平和？

这两方面的道理在各自方面的逻辑中都讲得通，但第一方面的道理更容易为多数人接受，但此种多数的力量却不见得巨大，反而是第二个方面的道理，虽然怎么想来都有些怪诞，但其实际的力量却会占据优势，好像二八定律在这里也有了用场。正是这种情况使得人们无法避免困惑和迷惘，也使得生活与工作不仅在考验人的智力，而且在考验人的非智力因素，各种各样的困扰也由此而生。不断经历生活与工作中令多数人烦恼的事情，我们能够发现，那些事情从其性质上看大致有这样两类。

第一类是纯粹物理性的时间被目标事情之外的因素占用，从而使该做的事情失去了不该失去的时间。

我记得一位朋友告诉过我，他们一个小组要完成一项打扫卫生的工作任务。他说这任务本身并不复杂，如果小组人员集中力量行动，一日之内便可顺利完成。但他们的小组长是一个做事有板有眼的谨慎人，而且善于做计划、搞细节，这么说吧，那项工作从开始到结束总共花了两天的时间。

第一天上午，组长先召开了工作动员会，主要是说打扫卫生的工作看起来简单却意义重大，与人们的感受和社会的精神文明都有联系；讲完意义，他要求每个组员谈一谈各自对该项工作的认识，并进行交流；交流之后，他非常真诚地表达了对组员们认真参与讨论的感谢，并强调有了一个好的开始，就一定会有一个好的结果。

第一天下午，组长又组织大家研究未来工作过程中的一些细节并形成方案。很值得小组成员敬佩的是，组长还能够想到制定各种应对突发情况的预案。在组长看来，做什么事情都应该清楚有备无患的道理，只有这样，才能在面对突发情况时不至于手忙脚乱。

第二天，打扫卫生的工作正式展开。组员们也许是因为经常做这样的工作，既表现出了工作的高效率，也制造出了工作的好效果。应该是由于工作本身并无多大难度，因而任务比较顺利地完成了，也没有发生任何的意外情况。组员们按照平常的逻辑就准备各自回家，继续忙别的事情，但站位很高的组长并没有放任大家散伙。在他的要求下，小组全体人员一起吃了盒饭，放下筷子又继续在组长的安排下，对刚刚结束的工作进行总结与反思。

按组长的话说，总结与反思的目的是要总结经验和教训，以利于往后同类工作效率的提高。组员们还是认识水平偏低一些，一个个显得漫不经心，好像总结与反思并不必要。其中一个生性直率的组员竟然胆大包天地说组长纯属多此一举，这下子惹火了谨慎、负责的组长，说实话，也害苦了其他组员。

组长很巧妙地抓住了这个机会，对全体人员进行了有板有眼的谆谆教诲，组员们一方面心急火燎，另一方面又觉得组长说得头头是道。时间不断地流逝，组员们的情绪上下翻腾，打扫卫生的事情好像从未发生。最后的结果是，组员们一边轻轻地羡慕组长的时间足够多，一边异口同声地指责那个直率的同事。如果他不多嘴进而引起组长的创造性思维，大家也不至于糊里糊涂地捐出自己的时间。

第二类是严肃的事情总能被不严肃地对待，从而使人文世界的许多神圣信念在世俗的逻辑面前面目全非。

我又记起一位朋友讲过这样一个故事。说是他的一个熟人简直是个奇才，总能够用非常的手段做到一般人难以做到的事情。他紧接着又解释说，那个堪称奇才的熟人其实是众人口中的一个笑话，原因是奇才的非常手段并不包含任何智力上的优势，而是能做出常人羞于做出的姿态和使用常人不愿意使用的手段。我对此感到好奇，便恳求他能够说得具体一点。

　　我的朋友好像并不愿意多说，却又架不住我强烈的求知欲，最后便显得为难地讲述了两则在我看来像寓言的故事。

　　他首先告诉我，那位奇才具有常人不可能具有的勇往直前的天赋，具体表现为面对神圣信念时的大无畏精神，并难能可贵地把这种精神转化为坦然背离公义的能力。我的朋友这样一讲，让我想到了道德教育的内在机制是要激发人们内心正确荣辱意识，一时陷入迷茫。因为有"知耻近乎勇""知不足而奋进"的说法，而从朋友口中的那位奇才那里，我分明感觉到的是"不知耻近乎勇""不知不足而奋进"，这到底是怎么回事呢？

　　我也懒得去想这些事情，不过还是觉得那个奇才是真够奇的，但更准确的称谓应该是奇葩。我把内心的活动也简略地告诉了我的朋友，他深以为然，紧接着就比较有兴致地讲了那个奇葩的另外一则故事。

　　有一次他们一起坐着别人的汽车去参加一个活动，恰逢红灯频频，虽然没有拥堵，但遇红灯便停。我的朋友也是个聪慧的人，属于规矩那一类的，所以始终表现出听天由命、顺其自然的样子。照我的朋友说，那位奇葩顶看不上他这一点，并说这样的姿态在一生中不知要耽搁多少大事。看着司机和我的朋友面对频频出现的红灯若无其事，那位奇葩按捺不住性子，随手操起了电话，拐了好多弯子，最终打了一个着实顶用的招呼。

　　简单地说吧，招呼打完以后，他们的车再遇到红灯就没有停过，客观上的结果是司机后来也没有收到类似罚款的通知。当时，他们的车一方面无疑收获了一部分人羡慕的目光，另一方面应该也收获了他们听不到的更多人的蔑视。

　　听完这个故事，我一点也不觉得有什么精彩之处，因为与此性质相同的事例在我们熟悉的日常生活中也见过，归结起来，不过是对信念及规则的无视。而且，这种无视之所以能有尽如人意的实际效果，并不能完全归咎于各种情境中的奇葩人。如果他们的作为到处碰壁，就不会存在持续无视信念及规则的行为。所以，直接令人们困惑和烦恼的当然是朋友口中的奇才的言行，但更深层的问题实际上是神圣意义在一定条件下的被游戏。这才是我们人类的一个根本性问题。

苏醒

好长时间我的脑子休息了，对曾经计划中的事情都有点陌生。我看着桌子上凌乱的书稿很委屈的样子，一时觉得不好意思。这几天，我要么无视它的存在，要么有意躲着它，心里知道是有点怕它了，就像有了前约的爱人，因为长久的分离而生出自然的拘谨。好在我做事情从不敢规划，否则我一定是深深挫败的。倒是历来的率性顺生给了我心安理得，委屈的书稿就让它再委屈一阵子，我终究是要认真面对的。

今年的春天，是略带凉意的，如今虽已入夏，晚上仍然盖着被子，自然和人生有时候真还是相映成趣的。我其实是喜悦凉爽的，热和热闹容易让头脑昏昏欲睡，所以，像今年的样子应该说是不令人厌烦的。看看窗外的树冠绿意浓密，室内整洁清净，我的心便开始苏醒了。我顺理成章地开始思考新的工作，如小学生般聚精会神，思路便明晰地浮现出来，我打开电脑，建立文件，手指飞快地在键盘上舞动，清脆的响声让我舒心和踏实。要做的作业也就神奇地完成了。

意识在闲散和懒惰之后又一次恢复了运动的常态，下意识的浮想联翩积极展开了。从工作想到生活，想到人世以及更远的历史、宇宙，自我运动的信念和原则也悄悄登场。在平常的日子里，行动是一种例行，在旁人眼里也许杂乱，但行动的背后隐藏着某种原型，也就是个人的生活信念和原则。人们通常会说每个人都有自己的生活信念和原则，事实上并非如此，直率地讲，一部分人终生是没有的，还有一部分人具有的是别人的原则。那些有自己信念和原则的人也不可等量齐观，有的可钦敬，有的可厌恶，可厌恶的那些原则对于积极的人生来说倒不如没有。

人间似丛林，个人竞相发展，就有了丛林法则，这无疑是一种恶的法则，因为人性中的恶不可避免要冒将出来，野蛮会出现，效率也不见得有。文明到今天，崇尚人文，然而，更多的人还是信奉丛林法则。一些管事的人为做事的人编框框、定规矩、设诱饵、立重赏，本质上是利用人们的欲望和弱点进行操控。当然就会有人为了利益自愿被利用，这对于那些被利用的人来说或许不无欢快，但对于文明则是一种戕害。不去想这些了，再看看窗外的绿，我心里好静，就入神地看一会儿。

在我的视野中绿淡淡退却，余下的枝杈骨感遒劲，因没有丝毫的风，显现出了它的个性。我先前学习过个性的知识，获悉个性属于人的个性心理特征，后来的生活让我感觉到个性不仅仅是一种心理的特征，还是道德意义上的人格特征。个性在语言上只表示与众不同，至于这个不同是好或坏就没有限定了。事实上，的确存在着与众不同的好，也存在着与众不同的坏。我至少不会把个性简单地视为或褒或贬的概念。这是不是应属于在人生道路上一定程度的苏醒呢？

苏醒当然不意味着对人事的洞明，切身的体验是每一次新的苏醒恰恰会伴随着新的迷惘。只是这种迷惘中没有理智上的愚钝，基本上是情绪上的纠结，说到底是自我与环境的冲突。每当失去了纠结，恢复了平静，人就愈加暮气，会面临存在意义的危机，活力便渐渐地少了。我由此却能理解少思考又专注于一事的人们，他们总能有无穷的动力，也能获得接二连三的快意，世界真像为他们预备的。所以就想着如果自己不苏醒，囫囵度日，一定会没有许多的烦恼，并一定会不分辨颜色与分量。

遗憾的是读了书，自觉得苏醒地糊涂着，遇到人和事总要迂腐地去衡量，只能喝得纯净水，稍有点杂质就万分不适，岂不是自寻烦恼？于我来说，是要糊涂的快意还是要苏醒的烦恼，从来就不是一个问题，因为苏醒的我也是快意的，想糊涂也糊涂不了，想烦恼也很困难，是一个幸运的人。即使有过一些烦，多像风一样掠过，反倒在这燥热的人间得到了额外的凉爽。

姓名粗记可以休

对于许多变化的木然，一方面与我先天的迟钝有关，另一方面应是受了读书的影响，这种感觉在最近特别强烈，并让我开始反思读书的效用和书的价值。反思的内在标准当然是我对于自己的木然持什么样的态度，还有就是世上的书都是什么样子的。之所以对我先天的迟钝不加考虑，一是因为我无力改变，二是因为它至今既没有使我深得其利，也没有让我深受其害，也就可以忽略不计。

实际上，与此直接相联系的是我对自己木然的态度，客观而言，在我的意识中，这种木然的状态或说姿态，正如我的肤色和眼神，都不在我的注意范围。仅当我看到世上激越的神情涌动时，才发现自己的确有点缺乏热度，好像那些变化都与己无关。但回头一思量，最终发现我不大注意的变化无不与自身存在的质量有着千丝万缕的联系。

思量到了这些，我开始意识到对于环境中变化的木然，很可能错过紧跟变化才会有的福利。进而想到，若是所有的人都要和我一样迟钝，那公共的道义岂不成为虚无？从这个角度看，对于那些对各种变化反应敏捷的人们，我们是应该给予支持的，他们实际上是作为我们的代表在与环境对话，并用自己的方式维护着包括我们每一个人在内的共同体的利益。

那我是不是应该从此以后也对环境中的变化敏捷反应，并进一步为公共的道义做一点贡献呢？肯定是应该的。不过我对此觉悟的实现并没有很大的信心，第一位的障碍自然还是天生的迟钝，而同样具有力量的障碍还有读书对我的影响。这也不能笼统地怪怨读书本身，问题的关键还是在于我对于书的选择。世界上的书林林总总，世界上的读书人摩肩接踵，也不都是面对变化木然以对的，要归咎也只能寻找自己。

于是，我就琢磨我究竟如何受到了读书的影响，琢磨的结果还是令我满意的，因为我发现：①无论书中写了什么，作者并没有强迫我们接受；②书里的世界和书外现实的世界只有微弱的联系，重要的是书里的世界不现实；③不读书当然不行，但尽信书不如不读书。

对照自己的发现，我严肃地批判了自己，终于自觉到自己的问题主要在于两个方面：一是不该把书中世界的法则作为判断现实世界事物的依据；二是不该忽略一个基本事实，即那些容易在理智和价值上征服我们的经典作者，在现实世界中属于少数人，通常也不在自己日常社会生活的中心。认识不到这些，我们跟着书作者走，只能是一条道走到黑。难怪世人从古至今都不会吝惜对书呆子的嘲讽。

想一想那些按图索骥、机械呆板的书生，练达的人们怎么能够抑制住自己嘲讽的冲动？千言万语汇成一句话，即我对环境中变化的木然以对是有问题的。这样不仅容易暴露自己先天的不足，还容易折射出自己对书本的不明智态度。往更深处思考，对变化的木然一点也不利于日常生活的积极氛围营造，尤其在今天，我们太需要红红火火和热热闹闹了，这就需要无数的个人对环境的变化做出积极的反应。

现在我想通了，而且准备把新的观念付诸行动，但我不会急躁冒进，而是要采取一切从实际出发的态度。比如，我就不会在改变先天的迟钝上下功夫，因为下多大的功夫也没用。我要做自己力所能及的事情，那就是少读书，并努力做到不读容易在理智和情感上征服自己的书。

苏轼诗曰："人生识字忧患始，姓名粗记可以休。"这可是经验之谈呀！什么孔孟老庄、刀枪剑戟，知其然即可，听到人唠叨之，就当是看到了肥皂剧，草草一阅即可，可不当真。使用这样的方法，我对变化的木然也不可能得到根治，但症状会减轻一些，至少可以确保以比较纯粹的心理系统来应对来自环境的各种刺激变化，而不是戴着老花镜看一眼书本再看一眼现实。

能做到这一点其实很重要，在实践中我们最终会发现，只要最简单地使用了我们的感知和思维，就能与环境形成最简明和最健康的关系。无数的智者告诫我们，要活得简单一些。那么怎么能够活得简单一些呢？最可靠的方法就是少想一些无关紧要的事情。我预计"想那么多有什么用"，必将成为深得人心的智慧之问。山川无思，风光万代；日月无思，光耀千秋。与时俱进，随时而变；气血通畅，精神抖擞。

如果把人为的统统视为自然

心情放空的时候，正好游走在野外，假设还不是北方的深冬，一定能见到各种各样的花草树木。它们中有的不起眼，只是做背景，有的很夺目，我们想躲也躲不过，很像大地舞台上的主角。不管怎样，在我们的心里，它们是平等的。这种平等感使我们不至于在情感上高看那些夺目的，更不至于低看那些只是做了背景的。如果一时兴起，心里不再是原始的平稳，我们极可能使原先的主角变得模糊，继而对原先只是背景的那些情有独钟。

比如，我们常常会俯下身子抚触一株小草、把玩一粒卵石，并像幼童一样情不自禁地露出微笑、目不转睛。时间久了，我们的腿有点酸，然后费力地起身，向前走，不料却踩进了坑或是踢到了一块石头，心里定是一惊。但我们只会提醒自己应该小心一点，断不会怪罪和咒骂那一坑一石。

要说其中的道理，不外乎那坑和石并非人为，它们只是自然地存在于自然之中。正是这样的道理，让直接与自然物打交道的人，即使有什么磕磕碰碰，也几乎本能地责备自己，而不会反过来记恨自然的事物。因而我们会发现，直接与自然事物交往的人，他们的精神是朴实的，心情是平稳的，能够承受的压力较大，胸怀是未加努力就自然具有的开阔。

还是这样的人，把他们派遣到需要与人打交道的事务中，形势则会发生变化，原本朴实的精神退化了，原本平稳的心情消失了，原本开阔的胸怀被计算的欲望替代，幽怨、愤懑、失意、绝望等破坏性的情绪开始成为他们精神的主人，进而左右他们的思维和行动。历经这一变化，他们眼中的环境由绿洲而戈壁，他们自己也与此同时变得面目全非。

追根究底，都是因为与人打交道的事务中充满了人造的观念、规则和承载它们的物质。这些东西即便在形式上没有主人，我们心里也知道在不远的地方有样貌和品质不同的主人在悄悄地注视。只要心里想到了那些主人，我们的主观世界就不再那么纯粹，接踵而来的可能是不平静、不顺畅和不愉快，整个生活的质量因此可能向下沉降，主观心理与环境的关系不仅无法和谐，而且会严重恶化，最终的结果不是人与环境对抗，便是人与环境的远离。

人之所以对抗和远离环境，大致是因为在与人打交道的事务中存在着让人踩进的坑和踢到的石，人不能承受由此而来的心惊，出于自保，所以远离，出于义愤，所以对抗。这样的反应，听起来有点超脱和坚毅，实际上充其量也不过是一种消极的智慧。既然如此，我们是不是应该寻求一种积极的智慧呢？所谓积极的智慧，关键在于彻底而策略地解决问题，其前提是不能在解决问题的同时破坏人与环境的和谐，恐怕也只有这样的智慧才算得上积极的智慧。

但是，这种积极的智慧并没有那么好找，至少在现实的与人打交道的原则下是难以找到的。怎么办呢？面对这样的问题，我们很容易束手无策，时间久了，自然就失去了信心和动力。这显然是消极退缩的前奏，是我们必须努力规避的，哪怕一时没什么方向和方法，我们也不能简单放弃。当然，我思来想去也没有好的办法，好在经常放空心情，且喜在野外行走，逐渐理解了人能自然善待自然事物的道理，从而想到了"自然"。

既然人并不会抱怨让自己心惊的一坑一石，为什么不能把人造的观念、规则及承载它们的物质统统视为自然呢？我们执着地在意人为与人造，其实是过于肯定了人的独特，并武断地把自己从自然事物中分离了出来。试着从宇宙的立场上重新认识我们人自己，是不是能意识到人也是一种自然的事物呢？意识到这一点，我们就有条件把一切令我们不平静的事物视为无意志的一坑一石，从此便不会因环境而幽怨、愤懑、失意、绝望。我们自己变了，环境就变了，我们与环境的关系也就跟着变了。

累和困不一样

关心我的人时常告诉我不要太累了，我通常也会告诉他们"你也一样"。回过神来，我发现自己已经承认了累这一事实，可问题是我真的累吗？我内心的回答是否定的。我之所以糊里糊涂地承认了自己累，实际上是把困未加思考地等同于累了。

困，是我常常有的感觉，但只是身体的感觉。遇上从早到晚或从周一到周五没个停歇，等到了晚上或周末，真的是站起来就不想躺下，躺下就不想再起来。平日下午喝了新茶都能彻夜难眠，那种时候，喝上一斤咖啡也能倒头便睡。但即使这样，也还是身体的困乏所致，并算不上累的反应。

我理解的累是与心相关的事情，它一定会影响到人的心境，最典型的表征有两个：一是心烦意乱，这一般是由不愿去做又不得不去做的事情引起的；二是得过且过，这一般是由愿意去做又超越自己能力范围的事情所致。也可以说，当有这种表现的时候，我知道自己真的有点累了。

一旦心累了，睡多少觉也解决不了问题；更糟糕的是，一旦心真的累了，也睡不了多少觉。这样，累很快就会与困接上头，就让我不仅累而且困，整个人就没了状态，本质上是没有了生机和活力。

在这种情况下，面向未来的希望、理想、梦幻统统会势利地离家出走，过去的记忆，无论好赖，都懒得走进我那时的意识。其结果是我的心和我的身完全同一，"我"便成为没有历史和未来的"每一时每一地的我"。由此也可以想象到，我不怕困，我怕的是累，我尤其怕的是累与困的勾结。

为了能有好的状态，我显然需要首先解决心累的问题，现在看来，正确的思路应是消除心烦意乱和得过且过的症状。要真的实现这一愿望，根本上需要放弃自己的偏见并提升自己的能力。

我的偏见主要体现在对一部分不得不做的事情缺乏全局性认识，进而产生基于个人主观的不愿意。放弃偏见，对我来说主要是要深挖"不得不做的事情"的社会意义；提升能力，对我来说主要是得确立"不断学习，不断进步"的信念。

有些事既然不得不做，说明那些事情具有"不做不行"的性质。对于"不做不行"的事情，既然躲不开、扔不了，为什么不能愉快地去做呢？我相信自己能这样想的时候，心烦意乱的状态就失去了心理基础。对于超越自己能力的事情，我为什么不能视之为倒逼我学习、进步的积极力量呢？

如果能这样想，我还怎么可能有得过且过的念头呢？对事物的看法改变了，自己的心境也就变了，原先近乎必然的累也会因此无从发生。至于困，那是身体的生理感觉，吃好点，睡多点，也就不是什么事情了。

摆脱思维的固化

如果思维固化了，许多可能性会被埋没在低级的喧嚣中，我们既有可能无需论证地自信，也有可能毫无愧疚地做许多没有意义的事情。如果思维被固化的不是普通人，而是领导，那无厘头的、无意义的事情就可能成为普通人生活和工作的主要内容。在此背景下，资源的浪费和行为的荒诞，就成为与背景高度协调的主题。

人的思维怎么就被固化了呢？提出这一问题的同时，我就感觉到了自己这一提问的可笑，原因是并无人刻意固化人们的思维。也因此，我们很难搜寻到从正面固化人思维的方略，常见的是智慧的领导从反面设法降低人们爱上思考的可能性，并对远离固化的思考者时不时作提醒，很艺术地就让人们的思维不那么狂躁了。最终的结局是，领导和员工在思维上高度一致，相互之间的默契，既让人惊奇，又让人感动。

在具体的项目活动中，虽然大多数时候谈不上高明，但那种相互间没有怀疑、干劲十足、意志坚定的样子，也是一道美丽的风景线。然而，这一美丽的风景线也有其存在的严格条件，那就是身在其中的人必须保持思维上的高度一致。一旦有一定比例的参与者的思维有了松动，哪怕不表达出来，也能使原先的美丽出现瑕疵。

这种有瑕疵的美丽，在旁观者的眼里便成为蹩脚的表演。而对于那些思维松动的参与者来说，曾经的纯粹和投入会立刻消失，而且会为自己思维的松动付出身心煎熬的代价。他们几乎没有例外地会默默审视自己的领导，还会渐渐地怀疑先前与领导十分默契的那个纯粹的自己。作为结果，他们中的一部分成为改变自己和环境的积极力量，一部分成为玩世不恭的人，还有一部分成为得过且过者。

不用说，最值得肯定的是第一种人，他们是生活世界的希望，是进步和发展的促进者。但对于后两种人，我们也不必去过分指责。他们虽然算不上生活世界的建设性力量，但与思维依然固化的那些参与者相比，至少属于头脑清醒的人。我们可以不欣赏他们的玩世不恭或得过且过，但不能无视他们的心智优异和摆脱固化思维的勇敢。

心智优异本就是难得的，运用心智摆脱思维固化的勇气更为宝贵。不知有多少人，正是因为缺少了那份勇气而浪费了自己优异的心智，最终平庸无奇；相反，又不知有多少人，正是因为有了那份勇气，而以中等的心智取得了卓越的事功。凡人难免陷入思维固化之境，这并不可怕，怕的是拒绝一切变化的可能和没有一点摆脱困境的勇气。

哪有什么复杂

社会生活的复杂性是被许多人接受的，可这是不是意味着社会生活本身真的复杂呢？换一种说法，我们说社会生活一点也不简单，这个不简单究竟是认识意义上的，还是实践意义上的？

现在看来，这种说法主要的或者优先的是实践意义上的，因为从社会生活复杂或不简单的语言表达中，我们最深刻的感觉是接收到了一种感叹。我们由此能对说话人的境遇和行动产生同情，有趣的是这种同情中已经包含我们自己曾经体验和耳闻目睹过的挫折、失尊及乏力。在我们的回忆中，以下两种的情形一般会跃然于意识：一是没想到一件事情如此不顺，继而发现一件事情远不如我们最初想的那么简单；二是没想到一个人如此难以理喻，继而发现一个人远比我们最初想象的要复杂。

随着时间的推移和一件事情渐渐成为历史，我们又会发现其实许多的事和人并不是多么复杂，复杂的是我们的内心，比如我们想多了。

被我们想多了的事，在事后是那样的清晰；被我们想多了的人，原来是被误解并因此感到委屈的。也就是说，人及人事原本并不复杂。那么我们是不是因此就可以说对人和事产生了复杂的感觉完全是我们自己咎由自取呢？

当然不是。

如果非得说清我们在获得这种感觉中的责任，只能说我们在日常的思维中不大习惯把握自己在不同情境中的同一性。我的意思是说，几乎所有人都很难在不同的情境中保持自己一贯认可并自认为属于自己内在品性的美德，以致他人会自然地认为"你原来并不是这样"。

实际上，原来的和此刻的我们即便在别人那里判若两人，其实都是我们自己，根本不存在所谓一真一假和我们的变化。我们并没有虚伪，也没有改变，只是在不同的情境中呈现了属于我们自己的一部分品性。

古希腊的哲学家普罗提诺说："人一半是天使，一半是魔鬼。"如果我们还能认可这一判断，那么人与人在这个意义上的差别，应该只是天使和魔鬼在我们自我统一的人格整体中的比例结构不同。天使的比例越大，我们越容易认定它的主人是一个好人；魔鬼的比例越大，我们越容易认定它的主人是一个坏人。

个人道德修炼和社会道德教育的意义，就在于使人自己把人格结构中的天使成分强壮起来，至少让人能够具有掩饰和修饰魔鬼成分的意识和策略。

关于事情的复杂，本质上还是人的复杂。不必说那些显而易见的"弯弯绕"，就是那些被公认的"老狐狸"，既然已经被环境界定，那也就没有了任何的秘密。他们自认为的高明言行，在众人眼里还不是"皇帝的新衣"？

我们做一点语言学的工作：复杂，一有多重或多元之义，可因我们的知觉过程而消失；二有欠缺秩序之义，可因我们的分类活动而归零。与复杂相对应的简单，一是明快，二是单一。简单既可以是一部分人和事的自性，也可以是全部的人和物在我们理性思维后的告白。归根结底，复杂与简单还是取决于我们思维的功夫。

从历来的辉煌思想中，我有所觉知：人和事的复杂是我们的思维简单惯出来的；反之，在我们的思维复杂起来后，原先复杂的人和事也就能呈现出它们的本相。让思维复杂的我们重新走进社会生活，那么，一方面社会生活也就那样了，另一方面，我们自己则不需要动不动、时不时就长吁短叹。

从爬山和转湖出发的自问自答

老阳唤老阴爬山。老阴看了看天说，这天灰蒙蒙的，让人烦得不行，等上两天天气好了再去。老阳说道，这天还差了？知足吧。两天过后，老阳又唤老阴转湖。老阴看了看天说，你看这天，一片云都没有，阳光刺眼，晒得人头疼，过上几天天气好了再去哇。老阳火了，骂了老阴一声神经病，独自去了湖边。

老阳和老阴别的日子是如何度过的，我不得而知，单从直接感受到的情节来说，至少可以获得以下信息：

其一，老阳在短短的几天里，既爬了山又转了湖，而老阴，也许做了我们不知道的邦国大事，但肯定是既没有爬山也没有转湖。

其二，老阴比较娇气，天气对他的出行影响很大。换言之，他的出行对天气的要求较高，而老阳就显得相对皮实一些，好像什么天气也阻止不了他的出行。天气的状况在老阳那里顶多也就是能影响到他出行之后的活动类型，天灰了爬山，天晴了转湖。

其三，老阴习惯于等待他认为的好天气，兴许平日里真的等来过不少，但从我感受到的有限的天数来看，他的等待显然是没有结果的。主观地揣测，老阴更像是见天就烦，以此类推，适宜他有所作为的天气也只能持续地等待。

今日闲极无聊，老阴、老阳二人的形象飘进了意识，很朴素，很生动。他们的对话内容也属于司空见惯，但其背后却隐藏着难为人们注意的几个问题：天气的好坏如何判断？能不能等到美好的到来？如何能够成为自己情绪的主人？这几个问题并不奇异，但回答起来却不见得轻松。好在从小到大就是从考试和评价中趟过来的，于是就有了把应试的本领加以发挥的愿望。

问题一：天气的好坏如何判断？

关于这一问题，不同的人会有不同的看法。产生分歧的根由在于不同人主观意识中的好坏标准不尽相同，而且具体情境中的判断还会受到人当时存在状况的制约。基于以上的事实，天气的好坏如何判断，绝不能简单地从方法和技术的角度考虑，还需要把问题的回答与具体个人的实际结合起来。

作为答题者，我首先表明自己尊重任何一种关于这一问题的答案。每个人的情况不可能完全一样，只要一个人不是心理上有了病症，我们就应该相信他的真诚并尊重他对问题的个人性回答。

还记得白居易《卖炭翁》中的"可怜身上衣正单，心忧炭贱愿天寒"吗？我们会如何理解卖炭翁那一天对天气好坏的判断呢？估计再高明的人大概也只能说，想到"衣正单"，卖炭翁会觉得天气坏，但因"心忧炭贱"，他又会觉得天气越坏越好。其中的原委众所周知，给我的启迪则是天气本身无所谓好坏，它的好坏完全取决于它之于我们的利害情形。

由此想到多数人喜欢井井有条和讲究规矩，那么对于他们来说，风清气正就是好的环境；反过来为那些擅长乱中取胜的人们考虑一下，风清气正就不见得好，月黑风高、乌烟瘴气才能让他们如鱼得水。所以，关于这一问题，我觉得提得好、很重要，但无须统一答案，应充分考虑和照顾到不同个人的存在实际。

问题二：能不能等到美好的到来？

看到这个题干，我立即联想到了岳飞的词句"待从头收拾旧山河，朝天阙"。客观的情况是岳飞并没有等来他愿望实现的日子。当然，我还想到了雪莱的诗句"冬天来了，春天还会远吗"，客观的情况是春天确实在冬天之后就来了，而且总来。毛主席的诗句"风雨送春归，飞雪迎春到"，虽然没有表达等待的意思，但春天实际上不等自来和不请自到。把这种种诗句里的信息整合起来，让我们反倒不好一概而论能不能等到美好的到来。

经过进一步的分析，我发现自然世界里的因果循环其实是不用等待的，即使个人有了自觉等待的意愿，也不能说类似春天这样的事物是等待的结果。倒是人文生活中的美好，因为具体的个人或许预先捕捉到了某种信息，还真的可以通过耐心的等待见到了美好的现实，但好像也不能说是纯粹等待的效果。等待在此过程中充其量也只是反映了具体个人独自的心知肚明。

所以，关于"能不能等到美好的到来"，从积极进取的意义上讲，不管客观上能不能等来，都不宜简单地等待。加上一人所觉到的美好并不能推及他人，我们更不能对等待有过高的指望。最关键的是不等待又应如何，我觉得需要遵循一个重要的原则，即学会发现和利用每一个当下环境中的有利的因素。不管怎么样，任何一种环境中都不会充斥着全利于或全不利于我们的元素。

问题三：如何能够成为自己情绪的主人？

从理论上讲，只要不是处于绝对强力的控制之下，建筑好自己的精神世界、加固自己的精神结构，相信独立人格和自主思考的绝对价值，就是最可靠的能使自己成为情绪的主人而非被情绪完全左右的方法和途径。环境对我们的影响是客观存在的，一方面不能小觑了它的力量，另一方面更不能夸大了它的力量。

也许在整体上，人的确是环境的产物，但在有限的局部和阶段，人的主观能动性也是可以与环境的力量相抗衡的，如果风水利好，人定胜天的局面也可以幸运地成为现实。如果这仅仅是一种主观的想象，也就不存在各个历史阶段的改变环境的关键人物。

毛主席有诗曰："多少事，从来急；天地转，光阴迫。一万年太久，只争朝夕。"（《满江红·和郭沫若同志》）我理解就是人不能只是等待，而要积极主动地实施建设性的行动。1960 年，大庆石油会战如火如荼地展开。面对恶劣的自然环境和财力、物力的严重匮乏，铁人王进喜提出了"有条件要上，没有条件创造条件也要上"的口号。这里面洋溢的就是只争朝夕的精神，丢掉的就是消极等待的思想。

铁人的精神当然是特殊环境下的卓异表现，普通人难以做到也在情理之中，但尽可能发现和利用环境中的有利因素还是可以努力为之的。既爬了山又转了湖的老阳，应该就是善于发现和利用环境中有利因素的人；总想着过几天再说和等两天再看的老阴，则应是善于发现和利用环境中有害因素的人。

其实就没有什么他乡

你信不信，如果为了逃避某种不好的东西而远走他乡，那一个人从此以后就基本处于逃避的状态。要知道我们逃避的东西，原则上哪里都有，只是载体不同，难道一个人值得为逃避某种具体的载体而四处流浪吗？假如一个人笃信自己的纯正，就没有必要对自己否定的对象采取最懦弱的逃避方式。因为这样的选择，对否定的对象是一种纵容，对纯正本身则是一种不忠。

他乡或有我们本地不曾有或不会有的好处，但他乡一定不缺少我们本地也有的种种坏处。所以，从节省力气、少些麻烦的角度考虑，自认为纯正的个人不妨做两件看似平行实则有联系的事情：一是涵养心性，二是增强力量。涵养心性的目的是要能容得下各色的事物，增强力量的目的是要能敌得过各色的挑战。

这两样事情听起来都不容易做，甚至会觉得有点过于迂腐并近似于鸡汤，实际上它们是两样再实在不过的事情。不必想当然地觉得涵养心性是类似于和尚、道士那样的专门功夫，它就在我们日常的社会生活之中。古来圣贤们的训喻自然听得，最便捷的方法应莫过于遇事沉稳并切忌大惊小怪。

世界之大，无奇不有。不论令人神往的，还是令人作呕的，都出自造物主的手笔，根本不存在不能理解和不能接受之类的事情。等到有一天，一个人觉得小溪里的水，鸡喝得鸭也喝得，牛羊喝得猪狗也喝得，那他的心性就成熟了一半，至于另一半就要看他能否因自己的觉悟而心平气和。

真的心平气和了，一个人就知道凡是有人迹的地方，就会有人所生发的一切。即使他一时做不到对性质不同的事物均欣然接受，也不至于情急之下远走他乡。不断走向成熟的人，终将觉悟到他乡不过是狭隘的心性画地为牢之后的想象。全体人的家乡其实就是由一个个被称为他乡的城堡构成的。可以走出城堡的人，莫非还能继续走出地球？

也许有人会说人是可以走出地球的，那你会认为他走出地球之后就不再回来吗？鸟有候鸟和留鸟之分。人不是鸟，只有留在家乡这一种存在的方式。处于流动中的人，与其说他们具有非凡的飞翔能力，倒不如说他们缺少了热血动物应有的应变能力，甚至还能说他们缺少了在不同条件下生存的能力。所以呀，要增强力量，理应优先增强这两种能力。

有了足够的力量，一个人当然会直接受益。他可以日出而作，日落而息；如有余力，也可以把家乡建设得更好一些，以便他乡的冒失鬼来做短暂的栖息。我们中国的文化是有逃避这种基因的，有时候表现为"多一事不如少一事"，有时候表现为"各人自扫门前雪，莫管他家瓦上霜"，有时候表现为阿 Q 的精神胜利法。虽然品种繁多，但核心的内容又不外乎明哲保身和自欺欺人。

那种种近乎生存哲学的观念，几乎约定俗成地成为成熟者的标志，但有趣的是那些成熟的人们好像什么样的灾祸也没有躲得过去。不仅如此，他们常常还成为精神侏儒的标本，适宜做人生修养的反面教材。因而，除非有不可抗拒的自然灾害，我们根本就没必要逃避令人生厌的事物。理智和更为可取的办法，还是自觉地建设好自己的家乡。即使没有这样的境界，也得能做到不那么少见多怪甚至惊慌失措。

稳健有时候会被误认为保守

保守的积极意义，我想人们是可以理解的，但某种由语用造成的定势，还是让人容易把它打入消极的范围，至少大多数人不愿意接受别人对自己做出保守的判定，即使他们真的属于保守的人。探究人们内心的想法，大致应是他们首先未加反思地接受甚至迎合了大众对保守的理解，进而参与强化了保守与落后、懦弱、死板、教条等消极表象的联系。在这种理解和参与中，一个人也就融入了众人，他便以众人的目光和态度作为自己的参照，来决策和判断自己的言行。既然他对保守的理解很符合他所在的群体，和其他成员共享着一样的偏差，自然就不愿意让保守沾染上自己。

这种理性局限所导致的认识偏差，实际制约了人们许多合理的想象，当然也就影响了各个领域进步的速度。保守在目前的流行观念中仍然没有一个好名声，这种情况估计在未来也不好改观，并必然会使我们的生活实践持续偏离事物辩证是本性，"错了就改，改了再错，错了再改，以至无穷"，基本上成为铁律。在这样的消极循环中，一方面流动着人性的局限，另一方面还是流动着人性的局限。具体地说，我们作为人而具有的人性局限，必先表现为理性能力的不足，要么不具备先天的认知优势，要么因有限的个人经验无法摆脱执迷不悟，到头来总归是荒废了自己的生命，无缘人世间的理智敞亮和真正的自由。

回到保守这一问题上，我之所以要关注它，尤其关注它的积极意义，是因为与保守相对应的激进，常常以革新的名义存在和运动，它所带来的麻烦在某种程度上一点也不比它未存在时少，而且麻烦的性质和种类还发生了变化，客观上使人们更难以适从。我由此想到了冒失，说实话，这是一种谨慎的联想，因为我宁愿相信各种求新的失误并非源自求新者的动机品质，而是由于他们多少有些冒失。事实上也的确如此，要知道把求新当作改良现状的撒手锏，是只有毛毛愣愣的人才会做出的选择。就是因为他们的毛愣，注定了选择了求新就开始了冒失。我这样说，看上去就是个活脱脱的保守分子，好像在表达一种抵制求新的意愿。其实并非如此。

谁也不会否认，没有求新就没有进步，我同样也不会否认这一点。换言之，如果我有否认的意愿，那只能指向借用了求新名称的冒失。不过，我也不遮掩自己的立场，即如果有可能，我还会去分析冒失者不习惯于反思的心理机制，目的是设法使他们清楚任何偏离理性的举措，无论采用了怎样的名义，都会给生活整体带来麻烦。由对激进的注意转向保守，我立即意识到的是与冒失形成鲜明对照的稳健，而且进一步想到了非常容易被误认为是保守的稳健，才应该是促进我们生活实践整体进步和发展的基本力量。在必要的时候，我们的生活也需要改良，但在求新的时候仍然不能搁置必要的稳健，否则就难免出现"好心办坏事"的常见结局。

那么，有没有真正的、有害的保守呢？当然有。这种保守通常是与保守者的利益连带在一起的，所以，与其说他们在保守一种观念或规则，不如说他们在保守一种利益或符号。这样的保守对于保守者自己一定是有利的，但对于更多的人来说，或对于新生的价值群体来说，则可能是有害的。还有一种容易被误解为保守的现象是懒惰，我们不难发现有些人的保守实际上并不是他们的意志外显，而是能遮掩他们骨子里的懒惰的一种表演，如果求新势在必行，他们绝不会主动求变。这样看来，具有积极意义的保守其实是被误认为保守的稳健，那我们对保守或应重新认识。

经一蹶者长一智

王阳明在《与薛尚谦书》中说："经一蹶者长一智，今日之失，未必不为后日之得。"这段话后来就演化为"吃一堑长一智"这一俗语，明示我们一个道理，即一个人如果能从挫折、失败中汲取教训，长远看来也可谓因失而得。另一个俗语"失败是成功之母"，内含的逻辑其实也是一样的。

这一人所共知的道理，理解起来并不艰难，但要真正融入人的理性，却不是一件容易的事情。应因此，才有重蹈覆辙、老调重弹、屡教不改等情形的出现，这无论是对当事人还是对与当事人相关的人，都不是一件好事情。

其中，对于当事人来说，不能经一蹶而长一智，可以被人理解的一面是行为的惯性。可如果同样的事情屡屡发生，恐怕就不是惯性问题，很可能涉及意志障碍，甚至有可能是心胸和格局不足的外化。

对于与当事人相关的人来说，目睹当事人并不能因多次同样的挫折而有所反思和纠正，渐渐地就会产生悲观主义的情绪。我们每一个人都是从小到大、从幼稚而不断成熟的。在此过程中，来自环境和教育的正向引导功不可没，与此同样重要的则是我们在成长中遭遇的许多反向的教训。

在一定程度上，反向的教训之于我们的成长，影响更为深刻。这也是老一辈人忍痛也要让晚辈人经风雨见世面的原因。他们深知，只有生活的风雨才能磨掉人身上多余的毛刺，才能唤醒人心中和谐的理性。

当然，优秀的老一辈人更知道：其一，磨掉多余的毛刺，晚辈会显得柔润，于己利于心灵密静，在他人的感觉中则是得体与良善；其二，拥有和谐的理性，晚辈会显得成熟，于己可以规避思想和行为领域的偏执，在他人的感觉中则是圆通与睿智。

基于对生活的观察，我们能够发现大多数人具有"吃一堑长一智"的能力。也可以说，人群中仅有一小部分人是因心智不足而不能具备这种能力，对于他们的现实遭遇，我们应具有同情和理解的立场，他们客观上属于不幸者，也许是上天的笔误。

真正值得我们关注的，应该是主观上具有该种能力，但客观上又不能"吃一堑长一智"的人。确实不知道这类个体自我评价的究竟，仅从人之常情上考虑，他们也应是有烦恼的。

想一想，挫折和失败并没有让自己获得应有的成长，一旦被自己意识到，怎么可能心情平静呢？

以往，我遵循过迂腐的人道原则，唯恐这样的人意识到了自己的问题后会一蹶不振，所以不主张唤醒他们，现在看来这是不负责任的想法。因为在这种担心中，实际上使对方无知无觉中错过了宝贵的成长机会，这反倒使我们从人道出发的想法变得不大人道。

认识到了这一点，我们就应该鼓起提醒对方的勇气，努力做对方的净友，他们最终会理解和感激我们的。如果实在鼓不起这样的勇气，那么至少应该做一些不指向任何个人的理性分析，然后顺其自然地希望相关的个人能够偶然受益。

正是本着这一原则，我才有一点信心捉摸一个人虽有能力却难以"经一蹶"而"长一智"的原因。我粗浅地判断，这种情况的发生，主要的原因有三个方面：一为主人过于自信，几近于自负，每遇到挫折，便告诉自己一定能战胜；二为主人无深刻的主见，易被外界现实的因素俘虏，从而在自我欺骗中享用现实的利益，却不知许多的难题已经被他们自己成功地植入未来；三为主人价值思维方面的问题，实际情形中会连带个体人格上的些许偏失，此处不拟赘述。

人生有得有失乃常情。能因失而有得者是幸运的，我们当然希望所有的人都是人生的幸运者。那就需要不仅要懂得，还要实际地能够丢掉自负、捡起主见、健全人格，以使成长与生命同行。

与自然的相处

面对自然的事物，如果我们觉得一切都那么自然，甚至自然到我们除了接受别无他念，那么我们对自然的感觉就永远不会发生变化。这样的结果，好的一面是我们与自然的关系能够保持和谐，不好的一面是我们只能接受自然给予我们的量与质。

问题是我们并没有满足于这样的和谐，我们中间从来就不乏好事者（实际上是好思者）带着好奇心，要对自然探问个究竟，想知道自然为什么就那么自然。经过几千年的探问，我们终于知道了自然之所以自然的一些秘密，从此，我们与自然的关系就不再那么自然了，换句话说就是不再那么和谐了。

品味这种不和谐，肯定不能怪罪于自然，因为它不会有好奇、不会有理想，当然也就生不出欲望，只是保持着自己的姿态。那就只能怪我们自己会有好奇、会有理想，继而会生出许多欲望。发生在人类身上的这一连串运动，其客观的结果就是我们借助自己的任性让自然不再是曾经的自然。

几百年来，人类在科技探索上取得了显著成就，这种持续的成功无疑激发了我们对未知世界的无限向往。如今，凭借先进的技术和充足的资金支持，"上九天揽月，下五洋捉鳖"的梦想正逐步成为现实，技术难题已不再是不可逾越的障碍。然而，这种前所未有的能力也引发了一些深思：部分人士对于探索宇宙的渴望或许已经超越了理性的界限，比如有人甚至设想了改造或影响月球的可能性，这不禁让人思考，我们在追求科技进步的同时，是否也应该保持一份谦逊和对自然的敬畏之心。

可话又说回来，如果我们没有好奇、没有理想，进而没有更高级的欲望，那我们从北方去南方得走断多少条腿，我们煮一头牛得烧掉多少棵树。所以，我们既然享受了这么多好奇的好处，遭遇相应量和质的自然灾害也只能自己消化。

即使这样，我们的好奇仍然不会减弱，这里面有天才科学家具有影响力的乐观，说不准也有与满足好奇相伴随的听天由命。天才科学家的乐观，基本上可以理解为我们对自己理性能力的自信，在满足好奇的同时听天由命，应该说是基本上好奇成瘾了。

无论由哪一种情况引起的好奇无度，都不应该被人自己抑制，最重要的理由是，我们人类的智力过于珍贵，以至于它的自然流失或是人为浪费，都会成为最深刻的遗憾。需要抑制的，永远不该是好奇，而是我们对好奇的功利心态。

这种功利的心态，会带着我们把原本自然的物质、能量和信息转化为对我们来说有用的东西，但这些我们认为有用的东西，对于自然来说却可能是一种垃圾。当然，我这样的判断仍然未能摆脱人类中心主义的思维，无形中已经把自然视为和我们一样有判断力的主体。

实际上，什么样的东西对于自然来说都无所谓。当我说那些东西之于自然属于垃圾时，意识里无非那些东西污染了水土，可被污染的水土如果对我们并无害处，我的判断是不是就有点无根无基了呢？说到底，值得省思的，既不是我们的好奇，也不是我的理想，而是我们难以节制的欲望。

要说这欲望也是一种自然。因而我就想，既然我们对自然那般充满好奇，何不分一点点给我们的欲望呢？我觉得很有必要探问一下我们的欲望为什么会那么难以节制，以便改变一下欲望的基因，最好找到一种能让我们的欲望维持在一定的程度不再上升的方法。

如果真的能够做到这一点，我们人类的存在状态应该是具有审美价值的。一方面，我们不至于生活得太寒碜，因为我们可以适度地享受科学、技术带来的便捷和其他积极的利益；另一方面，由于我们的好奇并不会消失，我们的理想也不会放弃，因而我们的精神质量一定会不断提升。

在我们与自然的相处中，也许应该确立这样两个信条：第一，用纯粹的好奇引发我们对自然的探问，并由此释放我们的智能；第二，用健康的理性支持我们对欲望的节制，并由此显现我们的高贵。

急躁的逻辑

有的人生来就是急躁的，这就是所谓的性格所致。这样的人从小到大不少指责别人，因为他们总觉得别人过于拖沓；但他们也不少受别人的指责，因为他们的急躁很容易让别人心急火燎、手足无措。其实，这种源于性格的急躁，虽然会招人厌烦，却不会因此败坏了自己的营生，也就用不着修改。说真的，也修改不了，只要当事人能够时常有意识地克制一下就不碍什么事。

然而有另一种急躁，并不属于天性的外显，而是一种在现实生活中形成的态度，隐隐约约地与当事人的世界观、人生观联系在一起，那就应当引起重视了。如果这种急躁明显掺杂着与他人生活比较的因素，那么对当事人自己是有百害而无一益的。譬如一人见同伴发达了，便有了情绪上的着急，恨不能急起直追，心里同时还想着自己并未在任何方面逊色于别人，渐渐地就会急躁起来。通常情况下，他的急躁除了让自己和近处的人不安之外并无好处。要知道他之所以急躁正是由于自身的力量不足或不谐，而急躁显然不能增益与完善其力量，从而不仅没有善果，还坏了原本自然的节奏，很自然地把原先可有的收获也统统耽搁了，他不仅一无所获，还会狼狈不堪。

想必许多人有过狼狈的时候，也见过他人的狼狈。若是这狼狈是来自急躁，那么一定得清楚它的危害绝不只是影响了当事人的收获，而且会劣化他内在的心境。听到有人郁郁寡欢，大半是因为有不顺遂的经验，而且其不顺遂大半应是急躁的伴随效应。进而言之，其急躁大半是由于不能自已地与他人进行了比较。当然，作为他比较的对象，一定是他认为并不比自己强悍却志得意满的人。这难道是作为比较对象的他人的过错吗？显然是他自己的问题。

与人比较也没有什么不好。人的生活具有社会性，其意义不纯粹是当事人独立状态下的切身感受，恰恰生成于与他人的比较中。维柯说过："实际上，伟大的成功只能来自同样伟大的努力。"有的人一定认为自己并没有比他人少付出一点，那是不是就应该检视一下自己是否具备他人所具备的条件呢？面对这一问题，千万不可在自我保护机制的作用下认为自己的条件绝对不逊于他人。要知道我们所感受到的他人具备的条件，只是我们感受到的那一部分，而我们未能感受到的部分，很可能是他人成功的关键。

在这种情况下，我们容易同时也很愿意将之归因于上天的不公，这样的归因虽然可以获得他人的同情，但于事无补。要我说，还是应该有积极的心态，想办法从内在条件上建设一下自己。我觉得成功也许真的有命运的左右，但失败必定是自己的责任。切莫说外在于我们的环境阻碍力量强大，难道能否认成功本身就内含对环境阻碍的克服和战胜吗？如果一切顺遂如意，那我们的所获也不过是某种自然的结局，又何谈什么成功呢？

与别人比较不仅没有什么不好，换一种思维会发现它还是极其必要的。理智的人在与他人的比较中，更倾向于发现自身的弱点，进而明确自己与他人的差距。这个过程不会令人愉悦，但正因为能在不愉悦的心情下进行反身检视，才显示出一个人名副其实的理智。理智并非我们的终极追求，之所以要理智，是因为理智能够预防和医治有害无益的急躁。人世间从来就没有轻而易举的成功。即便我们发现的确存在着看来轻而易举的成功，也只是我们过分夸大了他人胜之不武的事实。实际上，即使在那些不为我们认可的成功者身上，也存在着值得我们分析和借鉴的品质。

如果有条件，我们完全可以用理性的方式去解析各种成功者的素养。撇开其中的人文社会意义，只去从科学，比如从心理学的角度去解析一下他们的心理形式，必会发现凡可称为成功者的人，在心理形式上均有过人之处。我们可以拒绝甚至可以鄙夷某种具体的做派，但不可轻视一切可贵的心理形式和品质。我又要引一段维柯的话语。他说：心灵可能为了求利而让自己从事某一学科，学习另一门则是为了享受乐趣，学第三门是为了炫耀。（维柯著，王楠译，《论人文教育》，上海三联书店，2007年版，第48页）我们可以贬低求利的和炫耀的动机，但不能贬低任何动机支配下的用心、坚持和殚精竭虑。

客观而言，因能享受乐趣而做事是一种幸运，但这种情形中也不天然具有道德上的优势。既然如此，为求利或为了炫耀而做一件事情，也不应受到道德方面的指责。每个人的一生中，都包含有三种动机支配下的做事，这种情况不会因为人的贫富贵贱而有例外。何况在某些事情上，乐趣、利益和荣耀可以相安无事呢？就像有人喜欢表演，可能因为表演可以为他们生产出乐趣，但他们同时也可以为了表演可能带来的利益和荣耀而加倍努力。

人们之所以会在比较中急躁，一般情况下是因为乐趣、利益和荣耀难以兼得。在不可兼得的情况下，面对一件具体的事情，就存在选择的问题，其间的要害无非是具体的事情能为我们带来什么和我们在具体的背景和环境中更在意什么。假设一件事情可给我们带来的乐趣最多，而利益与荣耀较少或太少，恰好我们在一定的背景和环境中又很在意利益和荣耀，自然的结果应该是放弃这件事情。

遗憾的是，事情常常没那么简单。比如，某件事情就是你的事业，放弃不得，而这时又看到他人名利双收，难免心生急躁。不仅如此，最让人郁闷的是，我们发现与自己做同一样事情的人，好像发了不义之财，取了不义之名，心里就不只是有急躁，还可能有苦闷。对于这种情况，我半点同情也没有，还会怀疑当事人的急躁与苦闷可能成为堕落的前奏。我们只应为自己的不努力而揪心，而不应在价值的纠结中急躁。想一想梁上君子取得多少东西与我们有什么关系？谁又会嫉妒一夜暴富的江洋大盗呢？

选择的困惑

选择的困惑源于可选择对象的价值难分伯仲，选了 A 便丢了 B，选了 B 又丢了 A，因为这样我们才有了心理上的纠结。在纠结的过程中，我们往往会尽可能兼顾 A、B 两者，表面看来未有偏废，但到了终了，就会发现我们在 A 和 B 上均未能做到自己能力阈限范围内的极致，以致人生既无彻底又少畅快，遗憾相应就会多。

　　若是未知其理也就罢了，糊里糊涂过上一生也不见得不快意，甚至因各种因素导致我们没得选，倒也自然地没有了纠结。因而，最笑人的莫过于我们既难逃选择，又深知其理，这便让我们的心思在 A 和 B 之间、在想和做之间迟疑和徘徊不前，结果是事功无至、心意难平。这样的状态持续久了，状态与我们自己就渐行渐远，俗称没有了状态。

　　恐怕只有某种特别的事件，能如智者的棒喝，令我们清醒继而令我们果敢，平庸的生活才有机会改变。在此意义上，我们是应该感谢时光流变中的那些特别事件，无论该种事件本身胎带了多少愚昧和无知、沾染上了多少私欲和狭隘，要知道我们感谢的只是促成我们果敢决策进而摆脱纠结的机缘。

　　可记得人们常说的"小成功靠朋友，大成功靠敌人"，把此中的灵魂加以迁移，当然也可以说"小的果敢靠我们对积极事物的追逐，大的果敢靠我们对消极事物的厌弃"。但需要知道，追逐的前因是心外的诱惑，厌弃的前提则是我们内心坚定的信念。进而言之，被诱惑者本质上是诱惑物的奴隶，而行从本心者在出发时就是自己信念的主人。

　　做奴隶的也许能有物质上的富强，但他们的精神必是贫弱的，伴随他们的是心存侥幸，等待他们的是精神畸形，切记这一判断已经接受了历史的检验。那么，那些做了自己信念主人的又如何呢？他们在物质富强上的概率不大，但只要能够坚持到底，则无一例外地成为各种风格的精神贵族。

　　一定有许多人觉得那些精神的贵族不过是在虚空中自我安慰，远不如物质上的富翁来得实惠，最有力的证据是精神并不能换饭吃，物质则可以通过交换使人获得珍馐美味、锦衣狐裘。这话绝无虚假，否则世间也不会流传下孔夫子吃元宵的故事。

　　但这话也没多少分量，因为在今日时代，一个像样的精神贵族断无必要改"一文一个"为"一文十个"，薄薪也足够他们绿色衣食、健康住行。因而，如果他们暂时储藏了自己的精神，转而有泰勒斯出租榨油机之举，一定是要那些愚昧、狭私者知道智慧与德行的力量。

　　这是不是一种不必要的行为呢？大多数时候没必要，有的时候很必要。当愚私者自知愚私且不敢张扬时，便无此必要；当愚私者不知自己的愚私反而自以为聪明、正派时，便很有必要。自古智者有化人之责，学而不教，斯亦可谓不仁，因此，面对愚私，真正的聪明、正派人须以身作则、率先垂范，尽一己之力，把困顿的选择者从纠结中解救出来。

毛润之有诗云，"天若有情天亦老，人间正道是沧桑"（《七律·人民解放军占领南京》）。做正确的事情，道路艰难而漫长；做愚蠢的事情，自私一点加上不动脑筋就完全可以。我不想在头脑清醒的情况下做愚蠢的事情，所以宁愿选择一条艰难而漫长的新路。如果没有机会证明智慧的成功，也可以借用反证法由愚私者展演愚蠢的失败。

绵绵细雨中的纪先生

纪先生究竟有多少钱，恐怕连他自己也不知道，更不用说我们一般人。从他的发型、派头上看，咋说也得有那个数，但从他老骥伏枥的状态上分析，他的钱咋说也不会多于这个数。其实，谈到纪先生又连带上钱，就是一种不恭敬，因为他是不谈钱的，他不会给你钱，却也不会从你那里拿钱，钱对他不是事儿，关键是他不会拿钱当事，更不可能因钱生事。这样的品质莫说是在今天，即使在宋朝也应该是稀有的。

说起他的发型，二十多年前，他四十出头的时候就是现在这个样子，俗称大背头，后来知道这种发型是与风流、自信和成功连在一起的，一般的人是顶不住的。如今一思量，还真是那么回事，你要说纪先生不风流、不自信、不成功，三岁的小孩也不会信。再说他不拿钱当回事儿的事情，上上下下、街坊邻里都知道，这本身不就是成功的一种标配吗？

要说今年的春天虽然阴晴不定，但清明过后，大地就像从梦中醒来一般，该绿的开始绿，该红的正在红。虽然不能说是漫山遍野的五彩缤纷，但那种趋势所带动的人们的想象，应是早已经山清水秀、花红柳绿了。这样的景象中是不可能没有纪先生的，不过这是过去的情形，现在应当说是不能没有纪先生。这中间的变化是他越来越像个老先生了，而这变化的中间则是他天生自带的不懈坚持和为了理想可以笑对一切的气质。

他的坚持不是一种抽象的形式，而是与站在人群中央的姿态相伴相随的。年轻的时候，老一辈的人们喜欢听他的天南海北，他就在老人们中间口若悬河；待老人们累了，他就到同辈人中间唇枪舌剑；若是同辈人烦了，他则会不知疲倦地到晚一辈的人中间指点江山。太阳不落，或是星星还眨着眼睛，年轻的纪先生就不累。几十年来，不敢说风雨无阻吧，用比较平淡的语词"坚持不懈"来形容，还是比较恰当的。

此刻的纪先生，胡子也留住了，灰白相间，颇有风度，稍显稀疏的长发在春风中零星飘动，想必在摄影家的眼里是很有镜头感的。纪先生戴着变色的近视镜，远望着山坡上的片片桃花，口中念念有词。在他的身边有恭敬如弟子的三五人，随着他的目光转动着身体，伴着他的声音上下点头，没有喊累的，没有嫌烦的，太阳也一边向西、一边徘徊，整个的一幅图景，就该被命名为《纪先生的好日子》。

渐渐地，风大了些，真不愧清明时节，一片片云彩飘来，聚集在纪先生他们心旷神怡的地方的上空，不一会儿便做出了细细的春雨。一位已经穿上了T恤的年轻人撑起了一把硕大的伞，却只见纪先生绵绵地拒绝了。他摘下那副白金边的变色近视镜，潇洒地举起那两只老手，依照他的境界应是要向天借年的。

从年轻的时候起，纪先生在他气宇轩昂的角落就保留着一点小心思，大致的内容是要比旁人长寿许多，他的理由是有许多的使命必须他去完成。但他当时并没有说究竟有多少和有什么样的使命，听他布道的各辈人多不便问询，偶有勇敢的去打问，纪先生又说不便告知。其实他的内心想的总是两件事情，一件是对天机不可泄露的敬畏，另一件是时时不忘一则古训，即"井蛙不可以语于海者，拘于虚也；夏虫不可以语于冰者，笃于时也；曲士不可以语于道者，束于教也"（《庄子·秋水篇》）。

现在的纪先生仍对他的使命闭口不谈、秘而不宣。应是他始终没有离开人群的中央，因而，虽然看上去精神矍铄，内在里却一定是身心疲惫的。莫说一个已经走过花甲之年的人，即便是朝气蓬勃的青涩人，从春到冬地硬撑着，也会精疲力尽。不过，纪先生就是纪先生，他可以上车就打盹、沾床就造梦，可只要到了人群之中，一定是那样潇洒倜傥兼生龙活虎。当下只见他高举着双手，且有节奏地舞动，同时还像在与上天交涉着什么，就凭这气势，就能断定他少说也还会有半个世纪的活力。

小雨开始变得稠密，纪先生的风衣上斑斑点点，个别的地方已经看似由点而面。他终于撑起了伞，一边向着不远处的亭台处移步，一边活像他大半生钦慕的东坡居士那样说道着自己并不怕雨，只是心疼自己那一挂风衣。纪先生的风衣是深灰色的，料子的质地应是好的，既不拉风，又不平庸，与英国电影里的绅士们的风格相似，大约是真的从英吉利带回来的，因为他是去过那里镀过金的，以致说出来的英语总有那么一点伦敦口音。

纪先生他们顺着山坡上的小道很快就到了有亭台的地方。估摸着他们事先预订了茶座，这才能从容地在竹制的各种椅子上坐下，几位身着古装的服务生立刻上前接应。站在远处看着亭台和亭台中的纪先生一行，活脱脱地就是一幅画，在雨丝的衬托下半清晰半朦胧，这兴许也是纪先生的使命之一。现在的生活世界是有密度的，有繁忙、焦急、迷惘、烦恼，自然也有茶酒、鱼肉、青笋、红果，还有快意、闲逸、豪放、淡定，各色的事物交会在一处，能让任何位置上的个人都无法置身世外。

在如此高密度的生活世界里，人们是需要风景来占心的。纪先生一定从年轻的时候就预见到了今天的市场，要不然他怎么能几十年如一日地甘做众人的风景呢？他一定是疲惫的，但他一定不知疲倦，因为他心里的使命容不得他精神萎靡。就在这一刻，纪先生端起了一杯茶，他透过恰如其分的雨丝，观瞻远山的云烟氤氲，而他已显清瘦的身体分明也在青云之中。忘了交代一个并非不重要的细节——纪先生还是一个爱好吞云吐雾的烟民。

岁月也会老的

我第一次见到老李的时候，他也就四十岁，比现在的我还要年轻十五岁，有心思的人可以算一算他现在到底多大年纪，估计再精明的人也没有答案，因为我没说我在什么时候见到他。不过这一点也不重要，毕竟我要说的是当时的他在我的眼里一则久经沙场，二则相当社会，而我一介书生，自然只有聆听的份儿。印象中他所说的每一句话都可奉为经典，以至我那时真的以为世界上多半的事儿都是由他做主的。

我说这话并无丝毫夸张，换了谁，目睹他轻轻地弹着烟灰，发型是成功者通常选择的那种，手指上还套着看上去价格不菲的戒指，而且在他愿意的时候，随口就能吐出一串烟圈，你不服又怎么能行呢？不过，服归服，心里总觉得老李与我不在一个世界，有幸受他的指点已经知足，根本不敢奢望还能再有同样的机会。客观上也的确如此，毕竟老李是朋友的朋友，人这一生说长也短，除非上天刻意安排，谁能知道与一位原本陌生的人何时还能相遇？

想必是上天总有自己的主意，总会择机让该出现的人在该出现的时候忽然出现。老李就这样像从天上掉下来一样走到了我的眼前。具体地说来，是因为我走了一条平常没有印象的小路，这才意外地听到了多年没听到的称呼。"你是小刘吧？"我心里一惊，抬头看着皱纹遍布、头发花白的老人，快速地搜索着记忆中的形象，但无论如何也没有线索。

我只好礼貌地问道"您是？"老人爽朗地说："咱们是吃过饭的，就在凤凰大酒楼。"他这一提醒，我立马有了回忆，因为我在那里只吃过一次饭，而那次的饭桌上只有一个陌生人，就是指点江山的成功者老李。有了这样的回忆，我算得上机敏地说："您是老李呀！多年没见，是不是已经退休了？"

老李笑着，一时间也放低了声音，告诉我没有什么退不退的，原本就是做自己的生意。要说退，早退了，因为当年的生意在离开凤凰大酒楼之后不久就黄了。后来的日子里，走马灯似的给朋友帮忙，但每一次的帮忙都没有持续多久，再到后来就只能打些野食，好坏也活到了今天。

我听着他大致的真诚，轻轻地瞧着他明显松弛的脸，脑子里冲出的第一个念头竟是人生如梦。后来，我问到当年在凤凰大酒楼做东请客的我的朋友，才知道老李这多年的命运不济。原来他当年只是个倒腾海鲜的小老板，赚了几个快钱便自觉上了层次，长于侃山，好为人师，最受用熟人的恭维，最终被人骗了个精光。

他的朋友们怜其不幸，唤其指点，怎奈他自认是豪杰，架子不倒，一次次被朋友委婉劝离，渐渐地在朋友们的视野里消失了。如今，当年的凤凰大酒楼已经成为历史，老李的时代已然过去，一个活生生的人就这样被人海淹没。可叹这世上不知有多少老李，因几箩筐海鲜膨胀，又因虚张声势而没落。若是让他从头再来，也不知他会选择什么样的道路，但可以肯定的是，他应该不再以成功者自居进而夸夸其谈。

师傅呀，我理解了你

车蹭了，掉了许多漆，很难看，我无法让这种状况延续到第二天，怎么办呢？只能去修车的地方处理一下。但想到以往去 4S 店的经历就有点发怵，先不说价格明显高于我的判断，耗时过长就是一个大问题。好在网络上无所不有，便去搜狗，输入"快速钣金喷漆"，一眼就看到了"快补匠"。最吸引我的是店家广告中说，局部损伤，有免烤的技术，快的话半小时左右就可以搞定。

我看到这样的信息，心里着实激动了一番，吃罢午饭，点开导航，直奔目的地。到达之后立即想到的是，如果没有这件事情，估计不会知道自己的城市中还有这样一个地方，它可以解决各类车主的各类问题，我算是又拥有了一种新的经验。进到店里，一位朴素的技工师傅接待了我，他看了看车伤，便说明天来拿车吧。这如何了得？若是我预先知道还得耽搁一天，断然不会来到这偏远的地方。

"师傅呀，我可以等一会儿，你快快地喷上一下，加急费我也可以付的，而且不讨价还价，行不行呢？"听到我这样说，师傅一脸的不理解，说那不平整的地方总得要整一整。我说："你看我是客户吧，客户不需要你整，就在那不平整的地方喷一喷就行了。"

　　师傅的脸上绽出一种说不清的笑容，显然操着一口我老家那边的口音说："那怎么能行？不先整平，喷出来很难看，还不如不喷。"我见到他那样的执着，便让了一步："好吧，只要不让我等到明天就按你说的做。"师傅虽不算痛快，却是个利索的人，说清价格后立马就开始了他工作。我注意了一下时间，是三点二十多分，心里想着下班前能结束就可以，这一下午我就豁出去了。

　　可惜那店里虽然老大，硬生生没个坐下来的地方，想必这里平时是没有车主在现场死等的。反正这长约两三里长的小街上少有走动的车辆，正好来回地走走，就当是天赐的运动场所。

　　我从西走到东，再从东走到西，每走完一个来回，就去看看师傅的进度。先前两三次我也不着急，心里想着大不了今天多走些步子，对身体总归是有好处的。但渐渐地，看到师傅那样按部就班，我心里便急了起来，当然也只是急给自己。理性告诉我，任何人也无法改变师傅的工作程序，因为在他的操作过程背后一定有靠谱的科学道理。

　　毕竟师傅也和我一样是珍惜自己时间的，再说时间的加长对于他来说并无经济的附加值，因而他的按部就班一方面是科学的，另一方面也是道德的。有了这样的想法，我再去看师傅聚精会神地操作，心里就有了一丝感动，进而觉得师傅的朴素表情和机械的操作是足可被视为善和美的。

　　我甚至自由地想到他在工作之外也会偶尔耍耍坏，但这一刻，在特定的技术操作过程中，他完全有可能在我面前用正经的样子宣示他的专业及其价值，同时也完全有可能把流动在我们家乡那边的古典精神倔强地展示在一个城市人面前。

　　那是一种什么样的古典精神呢？要而言之，其前提是坚信任何事情都有自己的本性。就做事而言，必遵循一个原则，即要么不做，要做就要按照事情的本性做出个样子来。我也来自那片文化厚重的土地，所以我有条件更顺利地理解师傅的所想、所说和所为。

　　等车完全处理好后，天早已经黑下来了，时间已是晚上八点十多分，悄悄算了算，竟然经历了近五个小时。在这五个小时里，我有过急切，有过等待，有过理解，有过欣赏，还有过思考，感觉上像离开了日常的工作，自然不能说有什么劳绩，但绝不能说是一种荒废。恰恰相反，从这样平常的生活片段中，我不仅获得了新的经验，而且唤醒和强化了心灵深处和记忆远方的珍贵继承。

我敢说，在我心灵的记忆中存在着被各种东西埋没的精神资源。它直接来自我家乡那片土地，却属于古老的民族。也许有一天我们有了闲暇，不再需要为短近的进步劳心伤神，那时候，应有可能沉静下来，用古典的民族精神矫正一下我们多少有些迷失的心灵。

走出迷宫以后去哪里

在实验室里闭着眼睛做迷津游戏，可以体验不断尝试并最终习得固定图式的快乐。在这个过程中，人可以为自己的空间记忆和空间知觉能力发出得意或失意的感叹，总体上是没有负担的。但如果在实际的迷津中寻找出路，虽然不需要蒙上眼睛，但因只能看到眼下的事物，整个人的精神并不是明亮的，一旦尝试无果，急切与烦躁的情绪会迅速出现，欲摆脱困境的愿望伴随着那种情绪会变得特别强烈。

记得小时候和小伙伴们为采摘槐花和蘑菇进入森林，到了深处，大树的枝叶繁茂，密不透风，且遮蔽了多半的自然光。恰好有一次天由晴转阴，我们不知不觉地失去了方向感，无论怎样突围也没有结果，心情便由开始的沮丧转为忧虑和恐惧，直至看林子的大人出现，我们才在严厉的训斥和威吓中回到了日常世界。

还记得一次在圆明园那里走进一个有设计的迷津，后来查阅资料，知道那叫黄花阵，是仿建的一个欧式迷宫，好在那个迷宫虽然南北长 89米，东西宽 59 米，阵墙总长 1600 余米，但墙高只有约 1.2 米，因而并无多少急切、烦躁，更没有接续的沮丧、忧虑和恐惧。设想如果墙高不是1.2 米而是 2.1 米，我的感受大概无异于走进小时候的森林。

实际上，现实的生活中也存在着这样的迷宫。对于那些涉世不深的年轻人来说，受各种原则支配的人间戏剧，足以让他们既怀疑自己的感觉和思维，也怀疑生活的真实和确定，直至他们有朝一日顿悟到生活就是一个黄花阵，均属自然和正常。有了这样的经验，年轻人的前路就有了各种可能性。

他们很可能选择适应，认真识别不同的符号及其背后的各种原则，如果顺利的话，他们就能够掌握迷宫的规则，并一改最初的懵懂而能够自得其乐。

他们也可能选择逃脱，努力使自己生活在与原先不同的新世界，但结果也不是单一的，既有如愿的情况，也有不如愿的情况。除非有条件进入比较纯粹劳作领域，通常情况下，他们不过是从一个迷宫转入到另一个迷宫。所有由迷宫生出的坏心情只是换了一个发生和存在的场所，其余的一切并无本质的变化。

当然还有一种可能是他们既无主动适应的意愿，也无主动摆脱的想法，只是在被动中顺其自然，也许心理上不存在纠结和煎熬，但生命的颜色黯淡、状态萎靡，整体上是不可取的。

对于不嫌麻烦的人来说，适应迷宫里的生活也是一种选择。人生短暂，玩一玩令人心跳的游戏还能够激发起生命的活力，主流的成功就集中在这种选择之中。但对于不喜欢麻烦的人来说，摆脱迷宫里的生活应该是一种明智。人生漫长，总在迷宫里消耗能量，不仅会心力交瘁，而且会一事无成。如果打定了主意要摆脱迷宫，切记不可走进另一个迷宫，最好是走进纯粹劳作的领域，接受单调，享受清醒。

收成如何完全取决于个人

每一次听人说他自己若不是曾经怎样就绝对不是今天的样子，我一方面不能不认同这种说法所内含的真实性，毕竟每一个人的过去若有一星半点的出入，他都不会是今天的样子；另一方面，我又会发自内心地不太欣赏这样的虚拟假设。要说我不太欣赏这种虚拟假设的原因，主要在于自己对个体生命社会运动必然性的过度相信，而这种相信在传统的语境中就是所谓的迷信，高雅的说法就是唯心主义。对于这种倾向性我是必须承认的，但我并不是在承认一种误见，仅仅是说自己确实相信那种必然性，至于说它是不是一种迷信，我实在不好否认，但也实在不好接受。

我偶尔回忆自己走过的道路，应该说在行走的每一个段落中都是五味杂陈的，但站在当下做理性的考量，又总觉得每一个段落都是个人成长中不可或缺的组成部分。其中不顺利的段落，站在今天来看，也许是某种意志在帮助我规避某种不合适，当然也可能是让我避让更合适前行到某个目的地的个人；较为顺利的段落，站在今天来看，很像那种意志唯恐我对世界失去信心或对努力失去耐心，进而让我有机会体会顺遂带来的自信；对我来说，还存在着整体上在意料之外但在当时却顺理成章的段落，现在想来都好像在为我更上层楼积累更有说服力的资本。

在我的成长过程中甚至还有过这样的段落，在其中，我并不需要殚精竭虑，却能够心想事成，同时又使我格外自然地拥有了继续进步的条件。对于这些看似自然而然的段落，不知我者完全有理由推测我的努力程度，我自己还是比较清楚自己的进步虽不能离开必要的努力和健康的心智，但更具有决定性的力量却是无法名状的某种自然的意志。尽管我如此言说，但朋友们切不可认定我是在做唯心的梦呓，更不能以此为据去主张每个人只需认命。要知道，即便是我自己，固然相信那种生命运动的必然性，也从来没有、永远也不会否认自己在每一个具体时空中的主观努力。

我自知天资中常，因而须年复一年地孜孜不倦。而我之所以更相信某种自然意志的力量决定，是因为我十分明白，在同一个时空中，那种自然的意志并没有去打扰我之外的人，我当然也曾猜测那种意志在许多个人面前很可能手足无措。这样一想，每一个人的结局在完全的意义上应是由自己的综合力量与那种自然意志的力量结合状况决定的。比较理想的结局，应来自两种力量的脾气相投；相反，较不理想的结局，则应来自两种力量的性格不合。

就说我自己吧，总体上算得上是幸运的。每当我心中泛起思想的涟漪，那种意志就会把我拉到书桌前，现在是拉到电脑前，并勒令我的手为我沏茶倒水。说实话，我也见过天资应胜于我且头脑中也会有涟漪的不幸运的人，他们的不幸运主要表现为那种意志总能在他们心有所思的时候用更具有诱惑力的事物把他们从思考中拽走。这样的事情日积月累，平常但幸运的我，虽然不善于做长远的规划，却总能够多多少少有所收获。那些胜于我的天资却没有我的幸运的人们，即使计划做了半抽屉，一路走来不能说颗粒无收，也可以说所获无几。

所以我说，每一个人最终的结局从他的力量与某种自然的力量之间的关系结构基本定型的那一天起就已基本注定。然而，一切人文的事情又都不会是什么不可改变的僵局。个人的命运如何，果真如我所说至少从某个时刻起就已经注定，那成熟的人们就无须再为自己的未来做无谓的打拼。换句话说，我所描状的那种生命运动的必然性并非没有条件。最关键的是，那种自然的力量只要称得上意志，就来自我们人自己的精神系统，从而它的内容也是人间的和人文的。

直截了当地说，那种意志的力量无非两种成分：一种是基于自我修炼的自控力，另一种是基于价值信仰的责任心和使命感。说到这里，想必多数人已经恍然大悟。因为我们太容易发现，少有收成的人，或者缺乏自我控制的能力，进而放任自己趋乐避苦的本能；或者缺乏远大的理想，进而缺乏所谓的责任心和使命感。

陶行知先生在《自勉并勉同志》中云："人生天地间，各自有禀赋；为一大事来，做一大事去。"其意境恬淡，精神高远。一个人若无上等的自控力与使命感，又岂敢说出此言？任何时代的个人之间都存在着禀赋上的差异，但这一方面的差异最多能够影响不同个人的成就领域，只有责任心和使命感上的差异，才是决定不同个人人生结局高下两分的关键。基于此种认识，教育当在两个方面加紧用力：一是要唤醒个人的心智并帮助他们了解自己的禀赋优势，二是要借助价值与道德塑造个人的精神并帮助他们确立远大的理想。简而言之，就是德智并举。

超越专家思维和专家人格

各个领域的研究者通常不会在专业知识的积累、思维结构的调整和研究方法的训练上省时间和力气，这既是专业劳动思维运动的必然结果，也是劳动效率意识的充分体现。因而，做不到这些方面的研究者，如果不出意外，应是无法获得专业进步的。如果各个领域的研究者仅仅在这些方面用心用力，并不向外扩张一丝一毫，且不说这样的情形究竟有多少，那么他们的研究或许不乏产品的数量增益，却也很难进入专业的堂奥。值得警惕的是，研究者在这种情况下很容易陷入专家思维和专家人格泥潭。

一般人当然有权利认为专家就应该如此，这也无须争论。尤其是如果有一些人对他们的看法持有格外坚定的信念，那就更不必做进一步的争论，许多更基础性的道理也因此与他们的研究和评论没有了关联。对于信念坚定的专家而言，他们大概率地觉得自己的思维和人格也是符合专业标准的，进而觉得他们的存在方式是最为恰当的，他们的存在状态是最为理想的。事实上，如果他们愿意哪怕以游戏的心态参与一次心理分析，也有机会和可能知道自己的思维和人格之所以坚定不移，不过是未能谙通专业和学科的实质，并恰好在生活世界中遇到了能让他们心生敬仰且愿意起而追随的具体偶像。

他们真的难以知道一个具体的偶像只能为他们留下具体的形象碎片，却无法传递给他们超越局限的无限精神。我们当然可以问询专业的和学科的研究者何必要有无限的精神，不过在问询的时候切不可携带着逆反的情绪，否则，一个简单的答案不仅不能释解我们心中的疑惑，反而会加重我们原有的专家思维和专家人格。因为专业的和学科的研究者之所以要有无限的精神，是因为这种精神可以根除他们在不经意中形成的思维机械和人格狭隘。根据历史的经验，这样的解药虽然具有出奇的效果，却很容易损伤极端自负者的自尊，所以它的市场收益至今仍然不很理想。

话说到这里，就很有必要就一个小问题展开思考。这个问题是：专家思维和专家人格究竟有什么不好？对于这一问题，真的不好做正面的回答，倒是可以先做必要的铺垫。此即我们对专家思维和专家人格消极性的谈论是以对它们不可替代的功效为必要前提的。进一步讲，即便一个谈论者对专家思维和专家人格有一箩筐的消极判断，也无法保证他自己从未具有和终能摆脱。所以，我们是在谈论一件事情，琢磨一个道理，而非针对任何现实存在者的信口雌黄。

作为谈论的必要前提，我们至少需要对专业、学科和专家形成如下的认识：

其一，专业和学科是人类个体梦想无限和力量有限所导致的必然结果。也可以说，无论一个研究者有多大理想，或有多么不情愿，他都不可能真的成为百科全书式的人物。曾经享有此声誉的历史人物，也只是在相对的意义上超越了他同时代的人们，从而使他具有了"有限的多"并与常人"有限的少"对应，在性质上显然不同于"有限"与"无限"的对应。

现实的研究者要么是某一个领域的专家，要么就是能将有限的、较多领域的专家素养集于一身，却无法真的具有整全的视野和无需分片、分段即可运行的思维。换句话说，研究者做专家是必然的。但是，这种必然并不能成为研究者个人自觉到专家思维和专家人格之后仍然坚定执着的理由。理智的应对是：在态度上，正视自身力量的有限所造成的、无法规避的局限；在行动上，尽可能拓展自己的视野、改善自己的思维结构和优化自我的人格品质。

其二，专家思维和专家人格既是一种现实性的存在，也是一种可以通过改良趋于理想状态的对象。美国卡耐基梅农大学计算机系教授金出武雄在其科普著作《像外行一样思考，像专家一样实践：科研成功之道》中，对外行和专家之间做出了有趣的阐释。金出武雄指出，为了取得科研的进展，有时候要学会像外行一样思考，才能突破专家的局限。我理解这里的"像外行一样思考"，其实就是具体领域的专家对自身视野、思维的自觉超越，而当他做到这一点的时候，就不仅在一定程度上摆脱了专家思维，同时也摆脱了专家人格。

从这里想到今日被人们重视的"跨学科"学习、教学和研究，它在现阶段基本上还被维持在知识的层面，再往前走一步也是要触及思维和人格的，否则就还是匠技意义上的实践策略，很难最终得其所愿。令人欣喜的是，思维和人格在具体主体认知上无障碍的时候是完全可以得到改善的。我们不妨举出一个大人物维特根斯坦。他在后期的研究中，通过自己的《哲学研究》对自己早期的《逻辑哲学论》进行了自我批评，认为自己早期的认识过于抽象和理想化，没能充分考虑到语言的实际使用和语言的多样性。这是多么令人尊敬的反思呀！

伟大的维特根斯坦能如此，世上无数的专家自然也可以如此。若真的如此，自然也就可能和维特根斯坦一样的伟大。设置以上的两个必要的前提，主要是力求使世间的专家不至于因任何关于自身局限性的谈论而暴跳如雷。要知道做一个专家，特别是成为一个优秀的专家，已经获得了人世间足够显耀的荣光。然而，永远不变的道理是"山外有山，人上有人"。再高明的人也无法与全知、全能、全善的理念相媲美。既然如此，何不开放精神、更进一步呢？更何况拒绝改良的专家思维和专家人格客观上并不利于个人积极的存在、认识有效的进步和学科快速的发展呢？

首先说专家总分布在不同的专业和学科领域，这表面上是一种合理化存在的各自为政，殊不知这样的感受完全是因为作为认识者的专家未能与较广阔的世界直接面对。正如苏联文学家高尔基的名言：当书本给我讲到闻所未闻、见所未见的人物、感情、思想和态度时，似乎是每一本书都在我面前打开一扇窗户，让我看到一个不可思议的新世界。我们基于此论加以延展，也可以进一步说，每一个专业和学科都是我们"看世界"的一扇窗户。而必须同时指出的是，在相邻的或是相距不远的窗户前看窗外的世界，除了角度上不同程度的差异，不同领域的研究者相互的观感应该是很容易交流与分享的。

令人遗憾的是，今日，其实过去也如此，一些专家仅靠文字文本过着专业的生活。"做研究"被"写文章"替代，"求真理"被"发文章"替代，导致他们鲜少有时间或意愿去关注窗外的世界。因此，他们在自己狭小的空间闭门造车，未意识到周围还住着和他们有相似想法及性格的"邻居"。学科间的壁垒和学科内方向间的壁垒日益坚固，使得本应属于同一知识体系的学者互不相识，甚至能在缺乏交流的情况下将对方视为异类，这实在是人类认识领域的一大悲哀。在这样的知识体系中，各领域的研究者若平庸，或许还能保持身心健康；但若出众，则可能成为人文领域的不幸。

其次说人们心心念念的认识进步和学科发展，在今天几乎变成缺乏实质意义的口头禅。试想，若不同领域的研究者都躲在自己精心打造的"房间"里，却不去站到窗口看看生动活泼的真实世界，那么长此以往，出自各个房间的具体研究成果又怎能被整合为一个完整的世界知识体系呢？再想一想，若不同学科和专业领域尤其是相近学科和专业领域的研究者，均忽视了自己作为认识劳动分工中有限的角色认知，而过分强调自己关于世界局部和片段的认识，那么所谓的认识进步和学科发展，就可能成为各个封闭小圈子里的语言游戏。

无论我们是否愿意面对，这都是客观的事实，它正被一些研究者视为理所当然，并自然地制约着人类认识和实践的继续发展。如果这种局面无法改变，小而言之，将影响专业和学科的未来；大而言之，人类认识的未来亦不容乐观。有一日，我在一所大学的研究院的走廊看到了许多科学家的图像，立即意识到那些能够上墙的人物必是那个研究院里的研究者所崇拜的榜样。我还意识到，那些墙上的人物之所以能够被现实的研究者崇拜，是因为他们难以企及。他们之所以难以企及，最重要的原因并非他们各自的研究创造，而是他们超越了专家局限后所展现出的优良思维与高洁人格。

智力的真诚与心性的平和

站在自己的立场上说话，等于基于自己的经验下判断，这其实没什么错，也很正常，重要的是我们必须真的知道自己的立场和经验并不具有普遍性，否则就会出现某种程度上的武断，并自然流露出傲慢和狭隘。

或有问，既然知道自己的立场和经验不具有普遍性，为什么不保持缄默呢？因为我们不能不表达自己的想法，而我们又不可能具有普遍的立场和经验，更因为我们知道任何语言上的中和都无济于事，最多只能呈现出一种谨慎的姿态，弄不好就会陷入圆滑与世故。

任何的个人都无法获得认识上和表达上的整全，在这种情况下，最宝贵的其实是智力上的真诚和心性上的平和。有了这种真诚和平和，即便我们不可避免地出现认识和表达上的偏差，别人也能够理解和谅解。

然而，拥有这种真诚和平和并不是一件容易的事情，因为这需要一个人心存对真理的敬畏和对自我有限性的认知和接受。

有了对真理的敬畏之心，一个人就会谨慎地表达自己的所知，只自信自己可自信的部分；有了对自我有限性的认知和接受，一个人便既能轻松打消做真理代言人的狂妄，又能不丧失探索真理的进取之心。

以上这些说辞可以说给一切的人，但对小有成功的个人尤其有意义，因为我们见到的那些惯于武断的个人，通常既不是一无所成的，也不是力压群雄的，而是有一定的成功经验却远没有成为巨匠的人。

若是真的一无所成，一个人便没有市场；若真的力压群雄，一个人难免独孤高寒，要么寡言少语，要么恭敬温和。所谓"智者不争，仁者不责，善者不评"，说的大概就是这种情况。

转眼一想，不与人争、不苛责于人、不滥评他人，三者无一不悖于人的本能，该有怎样的修炼才能如此呢？难是自然的，但并非不可能，只要能不满足于所得，只要知道山外有山，一个人就不会莽撞地把自己当作绳规，就不会拿一孔之见贻笑大方。

物有千姿，人有百态。一物之姿，自有其独特；一人之态，自有其风格。费孝通先生所说的"各美其美，美人之美，美美与共，天下大同"，恐怕不只适用于不同文化之间的和谐相处，也应适用于不同认识者之间的相互理解与尊重。

某一日我有幸目睹稍有成功者的志得气满，可见仰面视天、言如泉涌之状，又可见居高临下、指点江山之貌。聆听其所言，并无多少新奇事物；细察其指点，也不过三五老生常谈。略去这些个杂碎，竟只留剩下仰面视天和居高临下。

想必他本非草莽，却被这貌似见多识广的轻浮活活地耽搁。归根到底，还是没有或缺少了对真理的敬畏之心和对自我有限性的清醒认知。

我们中国古人特注重涵养，这一优秀的文化元素真需要我们呵护与继承。无论到了哪里，无论到了何时，傲慢和狭隘都不会具有美感，相反，虚心和恭敬才是文明人最恰当的形象。

俗语有云：一瓶子不满，半瓶子晃荡。通俗地说，瓶子里的水满了，就没有了晃荡的空间。反过来，那些晃荡的个人，必定属于半瓶子一类，是不值得他人重视的。我们说话，完全可以站在自己的立场上，完全可以依托于自己的经验，却不可以有自我中心的固执和自负。

须知所有莫名其妙的自信都经不起理性的审视和推敲，更须知被理性审视和推敲过的无端自信大多数情况下会转化成为平庸的谈资。对事恭敬，对人平和，可使人有得而无失，我们不妨把它作为原则，不仅有利于成事，而且有利于修身。

各求所需，各得所求

职业的研究者，如果始终朝向柏拉图的洞壁，不失为一种幸运。一旦他们中有人有意无意地回头，必能发现来自洞外的光芒，这就为他否定以往存在的意义创造了条件。更为有趣的是，洞外的人（如果有的话）不见得接纳他，而洞内原先的同类也会视他为异类，尤其是当他述说其新经验的时候。因而，我们做一件事情，不要轻易回头，这当然算不上是制胜的法则，但一定能保证做事的人心神安宁。

不管怎么说，安宁是人自在自足的重要前提。现在看来，拥有这个前提的难度应该会越来越大。自然界的变化不断加剧，日常生活的多元化更趋向常态，安宁的获得因此也更为需要人的力量和智慧。有一点非常重要：使一部分主体难以安宁的另外一些主体，他们的精神却基本上是安宁的。他们的行为样式很像浮躁，但人们却不知道那些主体是安身立命于那种浮躁的。关键是那些主体自己并无浮躁的自我意识，回过头来还会惊诧于其余人的无知、无觉和无力。

俯瞰这样的局面，我们是不是能悟到真假的次要呢？仅说作为世界整体有机构成要素的主观世界，在一对一的人际交往中，其真假或至关重要，但在整体的人群互动中也会同等重要吗？假如答案是否定的，或是半否定的，那么我们很可能陷入悲观，自然还有一种可能，是我们无须努力就成为出色的实用主义哲学家。

在这里，我们千万不可以为实用主义哲学是肤浅的，它的深刻实际上并不亚于以往任何一种哲学，只是把哲学与我们的存在状态和理想结合了起来。实用主义哲学家并不失真诚，却比他们的哲学前辈更为亲切和更接地气。我臆测以往的哲学家是与烦有缘的，实用主义哲学家则一定很累。

曾经目睹过聚光灯下、电子屏前的演讲者，他们比较有激情，且有表现使命感的强烈意识和技艺。要说他们有什么可以改进的地方，也就是他们思想的零碎和随俗，但华美的包装和颇有艺术感的信誓旦旦，足以平衡零碎和随俗所导致的平庸。而且，换一种立场，比如从文化传播的意义上讲，一千个书斋里的理论家也许也抵不上一个擅长演说术的演说家。

一定有人不太同意我的想法，对此我很理解，因为我随后也可能和他们成为同道，根本原因在于我始终认可演说家之于文化传播的价值。他们有书斋里的人较少具备的现实敏感性，他们了解大众最喜欢听什么，他们有方略把画出的饼卖出比真饼子多不知多少倍的价钱。从这个角度来说，他们基本上属于优秀的商人兼演员。

知识和思想对书斋里的人讲是学问，对演说家来说主要是台词，两者的分野皆因行当不同。既如此，我觉得说台词的人，不管自己收了多少门票，都不必小瞧书斋里的学问人；而做学问的人，不管自己坐坏了多少冷板凳，也不能小瞧舞台上的脱口秀演员。各求所需，各得所求，岂不是和谐？三十年来，气象更新；东朗西雨，朝晖夕阴。物竞天择，适者生存；惯看四季，各善其身。生活的流变总在让我们精神不断宽阔，同时也在让我们思维更加豁达。

凡体验均不无意义

日落时，如果觉得刚刚过去的一天虽然没有偷懒却无所收获，很可能突然意识到这一天始终是飘浮在空气中的。心里没有底，脚下没有根，十几个小时完全可以用右手的食指和拇指拈捏成一毫米。换句话说，一天固然告终，但今天似乎并未开始，生命和生活在整个一天是处于混沌状态的，无法纳入可用文字记载的历史。

一般来说，人们容易在这种情况下对生活的、世界的和自我存在的意义进行思考。而且，这种思考一般来说不会有什么结果，因而也就谈不上有价值。务实的人如果听到世上有这样的思考发生过，通常会在不理解中自信地认为其不可理喻。古人有云"为赋新词强说愁"，有时候也会指向这样的思考。

有一点值得说出，即说愁者也不必然是为了赋作新词，那么他们的说愁也就不属于故作姿态，完全可以是一种自然现象。人的理智巧妙地把自己从自然中剥离了出来。我的感觉是，被剥离出来的人，在忙碌中或有深刻的自豪，可一旦忙碌完毕，尤其是忙而无果时，那种沉重的自我否定或惶恐几乎是无法避免的。

所谓的烦，大致是与这种体验有关的，因为这种体验的核心内容是人对世界的虚幻感和对自我存在价值的怀疑。还有什么能比虚幻带来的恐慌和怀疑带来的沮丧更能让人心烦呢？由此也可推知，基本没有心烦的人，一定活得比较真实。即使他们有理想，那理想也是比较科学的，既可以被规划，也可以被计量，非常利于成功感和自信心的形成。

相对而言，那些动不动就有烦的人，一定是活得半虚半实。其虚的一半，内含纯真与浪漫；其实的一半，则是由无法摆脱的现实条件与规则构成的。大多数人恰恰就是活在这半虚半实之中的，因而每一个人都会有烦，相互间的差异仅在于烦的程度和品质。因此也可以说，能烦，是人的标识；有烦，是正常人的标识。

相对而言，自觉得没有烦、只有愉快和得意的个人是异乎寻常的，既可能是极端的超脱，也可能是极端的不超脱。但有一点需要觉知，即时常无烦的个人，在自己的愉快体验中，会逐渐失去烦的能力，最终会因不能烦而令自己、更令他人苦恼。明晰了其中的理道，我顿时对刚刚过去的一天没有了感叹，并能觉得那种真实的漂浮感和陷于混沌的状态，其实不过是有意义生命的一个音节。

人世间实存有万般的感受，每一个人都不可能有机会完全拥有。既然如此，每一种真实的体验都不是生命过程的多余物，每一个时刻的愉悦或烦闷当然也属于完整心理的有机成分。不过，我们也无须因此而为自我无意义的感觉感到紧张，原因是这样的感觉也隶属于生命体生活的自然。花无百日红，人无千日好，不就是在说明起伏与曲折合于存在者存在的情理吗？

所以，日落时有了感伤，就让它有吧。现在看来，明天的太阳还会如常东升。假如明日春风得意，我们还非要得意忘形不成？对于自然的眷顾和忘却，我们最合适的态度应是以平静之心待之。如此，不可躲避的烦是能够减弱活性的，我们生命的状态则会顺理成章地平和温雅。

后　记

　　在这本随笔集出版之际，我觉得有必要做一些相关的说明，这不仅仅是一种写作者的习惯，某种意义上也是作者的一种义务。其中的道理是：任何既成的文字，如果不属于天启的结果，其作者便应当对自己写作和出版的原因或理由做出解释。否则，一方面会影响读者对作品的理解，另一方面也会使与既成的文字相关的有效信息被无端地埋没。且不说作者自己毕竟有所付出，即便从社会学的意义上讲，如果能够说清楚作品产生的过程，透露一点运行于其中的情感与价值，也能够增强作品在读者意识中的活性，于人于己均属于有益的作为。

　　于我而言，最需要说明的应是随笔集中这么多文章的来由。须知对于一个教育者兼研究者看来说，本职的教学和研究工作足以消费掉自己几乎所有的有效时间，哪还有什么心思去写这些小文章？说实话，这一问题一经提出，我便立即自觉到专门的说明有多么重要，因为这看起来很有规模的随笔集，并非我业余的兴趣所致，严格地讲，应属于本职工作的有机成果。进一步说，集子里文章的数目可观，但就其主题来说，也无外乎"正心""修身""育人""问道"，恰是一个典型的中国教育者和研究者的本分。

　　而这些文字之所以在我的职业生涯中生成，应摆在第一位的功劳还是时代和本职工作在灵感上的恩赐，作为作者的主要作用只是贡献了基于本分和认真的反思习惯。说白了，作为一个教育者，我不可能时刻刻站在讲台上；作为研究者，我也不可能时时刻刻在写所谓的论文和著作；更多的时间里，我在阅读，在思考，当然还得带着忍痛割爱的心情，拿出大把的时间，去做一些少有意义却不能不做的事情。在各种各样的事情中，我自然会获得各种各样的感受，而我又不愿意让这些感受随风飘逝，便从某一个年代开始，选择用反思性的写作把它们记载下来。

现在回忆那个选择反思性写作的年代应是 2005 年的夏季，至今整整 20 个年头。简单地说，第一个十年的随笔写作，最终结集为《思想者的逻辑》出版；如今要出版的这本《正心之念与修身之思》，加上另一本《育人之道与问学之理》，则是第二个十年里的随笔作品。

关于这本集子的特点，本书的责任编辑崔文燕说道："本书是作者在教育人文精神和'生活即教育'理念引领下，对现代社会个人自我教育和发展的理性思考，主题集中在'正心'和'修身'两个范畴，充分体现了当代精神和中华传统优秀文化的结合。作者以随笔的形式书写，对具体环境中的个人存在和发展进行了潜在的教育学关注，内容通俗而深刻，体现了教育之道和'教育家精神'的内涵，既具有理论的严谨性，又具有面向实践的生动性。"这样的概括显然有溢美之词，但又甚合我意，说明她的理解和把握是相当到位的。

由片段的文字结成的集子，自然赶不上理论著作的系统性，但因它是我们这个时代影响下的产物，对于未来想理解我们这个时代的人们来说，也可能成为一种类型的文献。晚清山西士子刘大鹏曾著《退想斋日记》，记述了自 1890 年以后半个多世纪自己的生平活动和社会见闻。他自然想不到自己的"日记"成为后来社会史研究者不可多得的民间视角的记述。我的随笔集虽比不上刘大鹏日记的具体、生动与连续，但也能反映我们这个时代的一个教育者兼研究者思虑的个人视角，更不用说其中难免有在理论论文和著作中未能尽及的内容。因而，我相信对于有缘读到它的人们，应能从中有所获得，自然也不排除从中获得反面教训的可能。即使如此，吾愿足矣！

感谢所有赐给我灵感的人们！

感谢这个让人总有所思的年代！